CW01639218

IR

OD

# Grym y Gair

a

# Fflam y Ffydd

Ysgrifau ar hanes crefydd yng Nghymru

gan

R. TUDUR JONES

Wedi'u dethol a'u golygu
gan D. Densil Morgan

Canolfan Uwch-Efrydiau Crefydd yng Nghymru
Prifysgol Cymru, Bangor
1998

Argraffiad Cyntaf – 1998

ISBN 1 85994 165 6

*Dymunwn gydnabod yn ddiolchgar gymorth hael Cymdeithas Hanes yr Annibynwyr ac Undeb yr Annibynwyr Cymraeg tuag at gyhoeddi'r gyfrol hon*

Argraffwyd gan Wasg John Penri, Abertawe

# *Cynnwys*

Cyfamodau' yn *Y Traethodydd* (1950), 'Yr Eglwys a'r Eglwysi' (dan enw arall) yn *Y Cofiadur* (1951), 'Eglwys Loegr a'r Saint' yn *Diwinyddiaeth* (1963), 'Y Dwym Ias a'r Sentars Sychion' (eto dan enw arall) yn *Cylchgrawn Hanes Eglwys Bresbyteraidd Cymru* (1962) a 'J.R.Conwy' yn *Trafodion Cymdeithas Hanes Sir Gaernarfon* (1960). Yn y gyfrol *Cwmwl o Dystion* (Abertawe, 1977) y cyhoeddwyd yr ysgrif 'Cewri ar eu gliniau' gyntaf, yn *Hanes Methodistiaeth Galfinaidd Cymru Cyfrol 1: Y Deffroad Mawr* (Caernarfon, 1973) yr ymddangosodd 'Yr Hen Ymneilltuwyr, 1700-40', ac o'r *Traddodiad Rhyddiaith* (Llandysul, 1970) y codwyd yr ysgrif a alwyd yma'n 'Y genedl Galfinaidd a'i llên'. Hoffwn ddiolch i olygyddion pob un o'r cyhoeddiadau hyn am eu caniatad parod i ail-gyhoeddi'r ysgrifau hyn. Traddodwyd cynnwys yr ysgrifau eraill, 'Hugh Owen Bronclydwr', 'John Jones Tal-y-sarn', 'Gwilym Hiraethog', 'Pregethau Henry Rees a Gwilym Hiraethog' ac 'O Genefa i'r Bala: marchnad rydd y diwinyddion' fel darlithoedd cyhoeddus yn ystod y blynyddoedd diwethaf ac 'Awr anterth Efenylyddiaeth yng Nghymru' fel Darlith Goffa Hywel D.Lewis yn 1995. Maent yn ymddangos yma am y tro cyntaf.

Hoffwn ddiolch i'm cyfaill y Dr Huw Walters o'r Llyfrgell Genedlaethol am gytuno mor ebrwydd i lunio'r Llyfryddiaeth ym mhennod 15 ac i'm dau gydweithiwr yn y Ganolfan, y Dr Robert Pope a'r Dr Geraint Tudur am eu help gyda'r proflenni a'r mynegai. Cafwyd cymorth ariannol hael gyda'r cyhoeddi gan Gymdeithas Hanes yr Annibynwyr ac Undeb yr Annibynwyr Cymraeg ac y bu Mr Elfryn Thomas a'i staff yng Ngwasg John Penri o gymorth amhrisiadwy yn ôl eu harfer. Erys fy niolch pennaf i'r Athro Tudur Jones am ei gymorth gyda'r fenter ond fel golygydd myfi biau'r cyfrifoldeb am bob gwall a bai.

D.Densil Morgan *Gwyl Ifan, 1998*

•

**Byrfoddau**

B – *Y Bywgraffiadur Cymreig hyd 1940*
DNB – *The Dictionary of National Biography*

Llundain yw man cyhoeddi pob llyfr a ddyfynnir oni nodir yn wahanol

PENNOD 1

# *Athrawiaeth y Cyfamodau*

Yn y ddogfen sydd yn dwyn y teitl *Cyffes Ffydd y Corff o Fethodistiaid Calfinaidd* gwelir yn fynych ail adrodd y gair 'cyfamod'. Nid rhyfedd hyn gan fod y gair yn digwydd droeon lawer yn y Beibl. Ond os creffir ar y Gyffes Ffydd, buan y gwelir bod yr hyn a ddywedir am gyfamod yn sylfaenol iddi. Llefara'r nawfed adran 'Am y Cyfamod Gweithredoedd', a'r drydedd adran ar ddeg 'Am y Cyfamod Tragwyddol o Ras'. Darlunnir Crist fel 'Cyfryngwr y Cyfamod newydd' (Adran 16), ac Adda yw 'pen-cyfamodwr y Cyfamod cyntaf'. Enw arall ar Grist yw 'pen y Cyfamod Gras' (Adran 23). Neilltua Thomas Charles bumed pennod ei *Hyfforddwr* i sôn 'Am y ddau Gyfamod'.

Yn y pwyslais hwn ar y cyfamodau, y mae safonau ffydd Eglwys Bresbyteraidd Cymru yn dilyn esiampl y safonau a baratowyd gan Gymanfa Westminster ym mhedwardegau'r ail ganrif ar bymtheg. 'Cyfamod Duw a Dyn' yw pwnc seithfed bennod Cyffes Ffydd y Gymanfa honno, ac fe ragdybir cyfundrefn athrawiaethol gymhleth a throfaus am y cyfamodau yn holl gynhyrchion diwinyddion Westminster. Digwyddodd dadleuon y Gymanfa ym mlynyddoedd cyntaf oes aur athrawiaeth y Cyfamodau,[1] a chan iddi fwrw ei chysgod yn drwm ar feddwl crefyddol Cymru, nid anfuddiol efallai geisio adrodd peth o'i hanes.[2]

Y mae'r gair 'Cyfamod' yn un canolog yn y Beibl. Adlewyrchir hynny ym mhrif raniad yr Ysgrythur yn Hen Destament ac yn Destament Newydd. Ond nid â'r defnydd ysgrythurol yn unig y mae a wnelo'r athrawiaeth sydd o dan sylw. Cais adeiladu cyfundrefn o ddiwinyddiaeth ar sail y syniad o Dduw yn gwneud cyfamod â dyn. Ceir sawl cyfeiriad at Dduw yn ymgyfamodi â dynion mewn llenyddiaeth Gristionogol drwy'r canrifoedd, ond wedi'r Diwygiad

Protestannaidd y ceisiwyd gweu corff o ddiwinyddiaeth o amgylch y syniad hwn. O'r Tadau cynnar Irenaeus a ysgrifennodd fwyaf am y cyfamod; a dengys John Calfin beth o'i ddylanwad pan ddadleua mai o ras y mae'r Gyfraith a'r Efengyl.[3] Er mai Calfin yw ysbrydiaeth ysgol y cyfamodau mewn diwinyddiaeth fodern, nid efe a roes gychwyn iddi. Ymddengys mai'r diwygiwr Henry Bullinger oedd y cyntaf yn y maes gyda'i lyfryn *De Testamento sive foedere Dei unico et alterno* a gyhoeddwyd yn 1534. Yn Lloegr bu cryn drafod ar y pwnc yn hanner cyntaf yr ail ganrif ar bymtheg. Y prif lyfrau oedd John Downame, *The Christian Warfare* (1604); [Anad.] *The Covenant Betweene God and Man Playnely declared* (1616); John Ball, *A Treatise of Faith* (1632); Robert Harris, *A Treatise of the New Covenant* (1632); George Downame, *The Covenant of Grace* (1631); John Preston, *The New Covenant* (1629). Yn ystod y rhyfeloedd cartrefol, ac wedi hynny, daeth athrawiaeth y cyfamodau yn brif bwnc trafodaeth ddiwinyddol. Ysgrifennwyd llu o gyfrolau yn ei hesbonio, ei helaethu a'i hamddiffyn. Tyfodd i fod yn un o nodweddion amlycaf y meddwl Piwritanaidd. A thrwyddynt hwy y daeth hi gyntaf i Gymru. Yn 1650 cyhoeddodd Vavasor Powell gyfrol drwchus ar y mater, *Christ and Moses Excellency, or Sion and Sinai's Glory*. Y flwyddyn ddilynol ymddangosodd *Madruddyn y Difinyddiaeth Diweddaraf*, cyfieithiad John Edwards (Siôn Tre-rhedyn) o lyfr pwysig Edward Fisher, *The Marrow of Modern Divinity*. Yn y cyntaf ceir barn gŵr a adawodd ei ôl yn drwm ar Biwritaniaeth Cymru, ac yn yr ail clywir Athrawiaeth y Cyfamodau yn siarad Cymraeg am y tro cyntaf. Yn yr un cyfnod, astudid y gyfundrefn yn ofalus ar y Cyfandir, ac yno y cyrhaeddodd ei gwir uchafbwynt yng ngwaith Cocceius (John Koch, 1603–1669).

Yr oedd yr ysgol hon yn Galfinaidd yn ei phwyslais ar benarglwyddiaeth hollol Duw, a'i ryddid diamodol. Beth bynnag a wna Duw, y mae o ras; nid oes orfodaeth nac angenrheidrwydd allanol ynddo. Sut y gall meidrolion felly ddarganfod unrhyw gysondeb yng ngweithgarwch Duw? Os medr Duw ladd a bywhau yn ôl ei ewyllys, sut y gallwn ddangos nad yw'r drefn rasol hefyd yn gwbl fympwyol? Ar ba dir y mae hyder a sicrwydd yn bosibl i bechadur? A oes rhyw unoliaeth y gallwn ei holrhain yn ymwneud Duw â dynion? Dyna'r cwestiynau yr oedd athrawiaeth y cyfamodau yn ateb iddynt. Ac ateb diwinyddion y cyfamod oedd bod Duw wedi datguddio undod ei weithgarwch ac apwyntio moddion gras sicr trwy wneud cyfamodau, yn ei drugaredd, â meibion dynion. Dangosodd Duw mai'r un oedd ei fwriad a'i amcan drwy'r canrifoedd. Ni wnaeth hyd yn oed Pen Calfaria unrhyw gyfnewidiad yn y bwriad:

> Nid dim a wnaed ar Galfari
> Fu'n achos iddo garu dyn
> Fe'i carodd er ei fwyn ei Hun.

Myn y diwinyddion hyn bod dau gyfamod, sef y cyfamod gweithredoedd a'r cyfamod gras. Crewyd dyn, ar y cyntaf i fwynhau cymdeithas Duw, a'r gymdeithas hon wedi ei gwreiddio yn y cyfamod gweithredoedd. Os byddai i Adda ufuddhau i Dduw, ac ymatal rhag bwyta ffrwyth y pren gwaharddedig, enillai fywyd iddo'i hun a'i ddisgynyddion.[4] Rhaid oedd iddo barchu'r gorchymyn er mwyn mwynhau cymdeithas Duw. Egwyddor y cyfamod oedd 'Gwna hyn, a byw fyddi'.[5] Pe gofynnid ym mha ffordd y gwyddai dyn beth a ddisgwylid ganddo, atebid mai deddf ei greadigaeth oedd y cyfamod hwn yn ei hanfod.[6] Hynny yw, yr oedd dyn wedi ei greu â'r wybodaeth angenrheidiol yn rhan reddfol ohono. 'Deddf ein natur' oedd enw arall gan y Piwritaniaid ar y wybodaeth hon. Yr oedd gofynion Duw wedi eu hysgrifennu ar lech calon dyn; yr oeddynt yn egwyddor oddi mewn,[7] yn tystiolaethu i hawliau Duw arno. Diffinid y gyfraith naturiol, o ganlyniad, fel y wybodaeth honno a roddwyd i Adda, y gallai trwyddi wybod 'sut i wasanaethu ac addoli Duw, ei greawdwr'.[8] Yr oedd y cyfamod hwn yn golygu perthynas uniongyrchol a phersonol rhwng dyn â Duw, nid oes sôn am Gyfryngwr ynddo. A dibynnai parhad y cyfamod ar ufudd-dod llwyr a pherffaith ar ran dyn.[9] Os methai dyn a chyflawni'r gofynion, nid oedd darpariaeth yn y cyfamod hwn i'w osod drachefn ar ei draed. Cyfamod i'r perffaith ei ffordd oedd hwn, ac unwaith y torrid yr amodau yr oedd ar ben. Pan anufuddhai dynion i'r gydwybod a oedd ynddynt, collent eu cysylltiad â Duw. Ac yn wir, dyna a ddigwyddodd. Pechodd Adda gan anufuddhau i'r gorchymyn a thorri'r cyfamod. Collodd deddf ei natur ei hawdurdod; aeth yn aneglur ei thystiolaeth. Tywyllwyd y ddeddf gymaint gan bechod fel y gellid dweud ei bod wedi ei llwyr ddileu, gan mor ychydig oedd y goleuni a lewyrchai o'r gwreichion a arhosai ar ôl.[10]

Ond o'i fawr drugaredd, tosturia Duw wrth ddynion a sefydlu cyfamod arall i'w hachub oddi wrth eu pechod. Dyma'r cyfamod gras.

Uwchben hwn y gwresogai teimladau'r Piwritaniaid, ac yr âi eu hiaith yn delynegol. Derbyn hwn oedd nod uchaf bywyd – gallent ganu ac ail-ganu'r byrdwn,

> Dwg finnau i rwymau'r cyfamod
> Nas torrir gan angau na'r bedd.

Bod yn y rhwymau hyn yw bod yn dragwyddol sicr.

Y mae'r Beibl achlân yn dystiolaeth i'r cyfamod gras, ac nid oes adran nac adnod nad yw'n ychwanegu rhywbeth at ein gwybodaeth ni ohono. Am y rheswm yma y mae *Escodus* a'r *Actau, Job* a *Datguddiad* y tu mewn i gloriau yr un gyfrol. Y cyfamod gras yn unig a ddatguddia'r unoliaeth sydd wrth wraidd hanes dynion. Y mae Crist yn ganolbwynt hanes o'r dechrau hyd yr awr hon, a thrwy ei waith Ef y gellir deall beth yw arwyddocad pob hanes. Gan fod Duw yn datguddio'r cyfamod gras yn ei wahanol agweddau ar wahanol gyfnodau, yr oedd gan Athrawïaeth y Cyfamodau ddiddordeb dwfn iawn mewn Hanes, a llawer iawn i'w ddweud amdano.

Ar y cyntaf, arferai'r diwinyddion hyn ddechrau hanes y cyfamod gras gydag Abraham. Dyna mewn gwirionedd gynllun John Preston. Ond, y mae ef yn gweld addewid o'r cyfamod gras hyd yn oed yn hanes Adda, pan ddywed Duw y bydd rhyfel rhwng had Adda a'r sarff. Y mae hyn yn dangos na chai dyn fod yn gaethwas i'r twyllwr.[11] Yn natblygiadau'r gyfundrefn gyfamodol, aethpwyd cryn dipyn yn bellach na hyn, a rhennid hanes y byd yn oruchwyliaethau a ddechreuai gydag Adda. Yr un cyfamod a ddatguddid ym mhob goruchwyliaeth, ond bod y dull yn amrywio.[12] Yr oruchwyliaeth gyntaf oedd o Adda hyd Abraham; yr ail o Abraham i Moses, y drydedd o Moses i Iesu Grist, a'r olaf o amser Crist hyd ddiwedd y byd.[13] Y mae i bob cyfnod yn hanes y cyfamod ei neilltuolion ei hun. Apwyntia Duw sacramentau gwahanol ar gyfer pob goruchwyliaeth. Ond y maent i gyd yn perthyn i'r un cyfamod.

Nodwedd amlycaf y cyfamod gras yw ei fod yn pwysleisio ffydd yn hytrach na gweithredoedd. Y gorchymyn yw, 'Ti a gredi yn yr Arglwydd dy Dduw, a chymryd ei Fab Ef yn Arglwydd, ac yn Iachawdwr i ti, a thi a gei hefyd ei gyfiawnder Ef.'[14] Trwy ffydd yn Iesu Grist yr oedd pobl yn etifeddu iachawdwriaeth a mynnai'r Piwritaniaid eithafol i Dduw ohono'i Hun ewyllysio hyn ac nad oedd unrhyw amodau o du dynion. Dyma safbwynt Ussher, John Saltmarsh a Tobias Crisp.[15] Ond y mae John Owen a Richard Baxter yn sôn nid am un cyfamod uniongyrchol rhwng Duw a'i Fab ond am ddau gyfamod, y naill rhwng y Tad a'r Mab, a'r llall rhwng y Tad a'r etholedigion. Cyfamod iachawdwriaeth oedd y cyntaf, a'r cyfamod gras oedd yr ail. Yn ei hollwybodaeth, yr oedd Duw wedi arfaethu iachawdwriaeth dyn er tragwyddoldeb. Ac i sicrhau'r iachawdwriaeth gwnaeth y Tad a'r Mab gyfamod, a thrwy hwn penderfynwyd ym mha ffordd yr oedd dynion i gael eu hachub. Nid ffrwyth marwolaeth Crist oedd hwn ond ei achos.[16] Pan hysbyswyd y trefniant hwn i ddynion cafwyd y cyfamod gras, ac felly fe'u derbynnir i gyfamod â Duw trwy i ni feddiannu'r rhinwedd sydd ym marwolaeth Crist.[17] Yr oedd i'r cyfamod gras, yn ôl y meddylwyr hyn, amodau - yr oedd yn rhaid i ddynion feddiannu'r grasusau sydd yng Nghrist. Na! meddai Ussher, Crisp a Saltmarsh, Iesu Grist yw'r blaid gyfamodol. Trefniant rhyngddo Ef a'r Tad yw'r cyfamod, ac un o amodau'r cyfamod yw bod yr Ysbryd Glân yn cael ei dywallt ar yr etholedigion i greu ynddynt y ffydd sydd yn amhosibl iddynt wrth natur.[18] Felly, nid oes amodau o'n tu ni i'r cyfamod. Ond ni ddilynodd Athrawiaeth y Cyfamodau y gwŷr eithafol. Ar y Cyfandir gwahaniaethodd Cocceius, y disgleiriaf o'r cyfamodwyr, rhwng cyfamod iachawdwriaeth a'r cyfamod gras. Trwy ffydd yr oedd yr etholedigion 'yng Nghrist', ac yntau yn cyfamodi drostynt. Dyma hefyd safbwynt *Cyffes Ffydd* y Methodistiaid. Yr oedd y cyfamod hwn yn wahanol i'r cyfamod gweithredoedd. Gwir bod hwnnw o ras hefyd, gan fod Duw wedi cytuno i dderbyn gweithredoedd fel amod cymdeithas. Ond yma y mae gras wedi tra-rhagori. Gweinidogaeth y llythyren oedd y cyfamod gweithredoedd, gweinidogaeth yr Ysbryd yw hwn. Esgor ar ofn y mae'r naill, ond hybu cariad y mae'r llall. Cyfamod angau oedd y cyntaf, trwy wendid dyn; cyfamod bywyd yw'r ail trwy gariad Duw.[19]

Mewn diwinyddiaeth ddiweddar, y mae'n ystrydeb bron i osod Deddf Moses a'r Efengyl yn erbyn ei gilydd. Diddorol yw safbwynt y cyfamodwr ar y mater. Gwir eu bod hwythau'n aml yn defnyddio'r un cyferbyniad, ond cyferbyniad ydoedd yng ngoruchwyliaethau'r cyfamod gras, nid cyferbyniad rhwng dau beth hollol wahanol. Ni chwanegwyd y Ddeddf i ddirymu nac i wrthddweud yr addewid yn y cyfamod gras. At ei gilydd atodiad i'r addewid yw cyfraith Moses. Hi yw rheol ufudd-dod. Dywed Paul fod y gyfraith wedi ei chwanegu 'oblegid troseddau, hyd oni ddelai'r had' (Gal. 3: 19). Ystyr hyn yw, bod y gyfraith wedi ei chwanegu i beri i bechod ddod i'r golwg. Bellach y mae dyletswydd a methiant dyn i wneud ei ddyletswydd wedi eu datguddio.[20] Trwy fwrw goleuni ar wir gyflwr dyn, y mae hefyd yn canmol gras Duw yn yr addewid. Y mae'r ddeddf yn ymddangos fel 'ein hathro ni at Grist' - dangosai trwy gysgodion beth a fyddai Crist yn ei ymgnawdoliad. Trwy ddysgu dynion fod Duw yn derbyn bywyd anifail na phechodd yn lle bywyd dyn a bechodd, yr oedd yn eu paratoi i gofleidio'r gwirionedd fod Duw oherwydd aberth ei ddihalog Fab yn barod i dderbyn pechaduriaid i'w gymdeithas heb iddynt ddioddef cosb.[21] Gwir bod cyfamod heblaw'r cyfamod gras ym mhlyg yn y ddeddf. Dyna pam y sonia Paul am ddau gyfamod yn Galatiaid 4:4, a pham y mae'r Epistol at yr Hebreaid yn gwahaniaethu rhwng yr Hen Gyfamod a'r Newydd. Mewn un ystyr yr oedd y ddeddf wedi ei rhoi i fod yn gyfansoddiad i'r wladwriaeth Iddewig, ac yn yr ystyr yna y mae'r ddeddf bellach yn ddirym. Ond rhan o'r ddeddf yn unig sydd yn ddirym am y rheswm hwn. Yr ydym o hyd i barchu'r ddeddf. Nid yw'r cyfamod gras yn rhyddhau dyn oddi wrth y ddeddf, ond y mae yn newid ei berthynas ef tuag ati. Nid oes iachawdwriaeth heb santeidd-rwydd perffaith, ac y mae hwn yn ofynnol o dan bob cyfamod. Geilw deddf Moses am ufudd-dod llwyr, ond nid oes un dyn byw a fedr gyflawni'r amod hwn;[22] ond fe'i cyflawnir yn Iesu Grist, a 'fu'n ufudd hyd angau', ac y mae'r santeiddrwydd hwn yn eiddo i'r rhai a gred ynddo.[23] Gallent felly edrych ar y ddeddf yn eofn, heb boeni yng nghylch yr amodau celyd. Y mae'r ddeddf yn ddeddf Crist.[24] Ond sylwer nad cyfraith Moses yn ei chyfanrwydd yw'r ddeddf a elwir yn ddeddf Crist, ond y rhan foesol ohoni. Y mae dwy ran i'r ddeddf, sef y gorchymyn a Christ. Ond yn amser Moses ac wedi hynny, cynrych-iolid Crist gan y cysgodion - yr aberthau, yr offeiriadaeth a'r addoliad Iddewaidd. Bellach, y mae gennym y Crist ei Hun, ac nid rhaid i ni wrth y cysgodion. Ond y mae'r gorchymyn yn aros. Dyma'r allwedd i ddeddfoldeb y Piwritaniaid. Yr oedd y ddeddf foesol yn dragwyddol bwysig – rhaid cadw'r Saboth yn ogystal ag ymwrthod â phob eilun-addoliad. Ymroes y Piwritaniaid ati i ysgrifennu cyfrolau trwchus a manwl ar broblemau moesol astrus oherwydd bod patrwm y bywyd ufudd wedi ei roi iddynt yn y cyfamod gras.

Nid yn unig y mae'r cyfamod yn ffynhonnell cysur i'r unigolyn – ef hefyd yw gweithred gyfansoddiadol yr Eglwys Gristionogol. Drwy hwn y gwyddom fod rhai ffurfiau yn gwbl anhepgorol i wneud

Eglwys, oherwydd fod Duw wedi ewyllysio iddynt fod yn ordinhadau moddion gras. Nid dyfais ddynol yw trefn eglwysig ond gorchymyn Duw. Ac ar y graig hon yr adeiladai'r Piwritaniaid eu hathrawiaeth am y gyfundrefn eglwysig, am y weinidogaeth, y sacramentau a moddion gras.[25] Yn y darlun hwn y mae'r sacramentau yn cymryd lle pwysig oherwydd mai hwy yw seliau'r cyfamod. 'A Sacrament . . . of the new Covenant is a Divine institution, whereby by sensible signes, the blessings of the new Covenant are represented, exhibited and applied'.[26] Bedydd yw sacrament yr ail-eni, a'r cymundeb yw sacrament ein dibyniaeth lwyr ar Iesu Grist am adeiladaeth ysbrydol,[27] ac y mae'r ddau fel ei gilydd yn cyfleu i ni holl gyfamod Duw.

Aeth yn ffasiynol i ddadlau nad oes datblygiad diwinyddol yn bosibl heb ymryddhau oddi wrth ddulliau meddwl y gorffennol. Pa wirionedd bynnag sydd yn y gosodiad, tybed nad oes gennym rywbeth i'w ddysgu oddi wrth ddulliau meddwl y cyfamodwyr? Y maent yn trafod cyfansoddiad y byd, ac fel y bu ambell i deyrn yn eu cyfnod hwy yn caniatáu cyfansoddiad i'w deyrnas, felly gwelent Dduw yn ei raslonrwydd yn rhoi cyfansoddiad i'w bobl. Gwyddai'r Piwritaniaid nad oedd rhyddid gwleidyddol yn bosibl heb gyfansoddiad, heb i ddyn wybod beth a ddigwyddai pe gwnai'r peth a'r peth. Felly, ni allai dyn fod yn ysbrydol rydd heb wybod lle yr oedd yn sefyll. Ac yn y cyfamod y mae Duw yn datguddio natur y cyfansoddiad. Hanes cyfansoddiadol Teyrnas Dduw yw'r cyfamod – Duw yn dangos i ddynion o bryd i'w gilydd beth y cânt ei wneud, a beth sydd yn angenrheidiol iddynt i'w wneud. Hwyrach y gellid cael mwy o oleuni ar lawer cwestiwn dyrys mewn llywodraeth eglwysig, mewn moeseg ac mewn diwinyddiaeth gyffredinol pe mentrem ar hyd y llwybr hwn unwaith eto a gweld bod gras yn tarddu yn unig o sofraniaeth ddiamheuol Duw.

[1]Enw'r Dr Lewis Edwards arni yw hwn, gweler *Hanes Diwinyddiaeth* (Wrecsam, 1889), cxii
[2]Cf. erbyn hyn Gwyn Davies, *Covenanting with God: the story of personal and church covenants* (Bridgend, 1994) sy'n crynhoi llawer o ffrwyth ysgolheictod diweddar yn y maes hwn yn enwedig mewn cysylltiad â Chymru
[3]*Institutio* II ix 4
[4]Richard Sibbes, 'The Faithful Covenanter', A.B.Grossart (gol.), *Works* (1863), VI, 3
[5]John Preston, *The New Covenant* (1629), 71
[6]John Owen, 'The doctrine of justification by faith', W. Goold (gol.), *Works* (1863), V, 275
[7]William Ames, *The Marrow of Sacred Divinity* (1642), I, x, ı
[8]Vavasor Powell, *Christ and Moses Excellency* (1650), 184
[9]Owen, 'Justification', 276

[10]Powell, *Christ and Moses Excellency* , 187
[11]Preston, *The New Covenant*, 106
[12]Ames, *Marrow*, I, xxxviii, 1
[13]Ibid., xxxviii a xxxix; am y rhaniadau gweler Sibbes, 'Faithful Covenanter', 4; Powell, *Christ and Moses Excellency*, 2,23,32-6; Preston, *The New Covenant*, 71, 106-8
[14]Preston, *The New Covenant*, 71-2
[15]James Ussher, *A Body of Divinity* (1645); John Saltmarsh, *Free Grace* (1646); Tobias Crisp, *Christ Alone Exalted* (1643) 16 Owen, 'Justification', 191; 'Epistle to the Hebrews', *Works*, XIX, 78
[17]Owen, *Works*, V, 192; Richard Baxter, *Plain Scripture Proof of Infants Church-membership and Baptism* (1651), 327
[18]Cf. Saltmarsh, *Free Grace*, 72-5
[19]Preston, *The New Covenant*, 72-5
[20]W.Allen, *A Discourse of the ... Two Covenants* (1673), 57
[21]Ibid., 62
[22]Powell, *Christ and Moses Excellency*, 210
[23]Ibid., 214
[24]Ibid., 223
[25]Cf.R.Tudur Jones, 'The church covenant in classical Congregationalism', *The Presbyter* 7 (1949), 9-20; idem. *Yr Eglwys: Cymdeithas Iesu Grist* (Abertawe, 1962)
[26]Ames, *Marrow*, I, xxxvi, 12
[27]Ibid., I, lx

PENNOD 2

# *Cewri ar eu Gliniau*

## *Agweddau ar dduwioldeb y Piwritaniaid*

Erys hanes duwioldeb Cristionogol yng Nghymru heb ei ysgrifennu. Gwaeth na hynny, ni ddechreuwyd eto ar y dasg o grynhoi a hidlo'r defnyddiau ar gyfer ei ysgrifennu. Gellid meddwl y byddai olrhain diwylliant ysbrydol ac eneidiol cenedl yn waith allweddol gan mor ddwfn a llydan yw ei ddylanwad. Yng nghalon cenedl, wedi'r cwbl, y mae cyfrinach eithaf ei llwyddiannau a'i methiannau. Yno mae ffynnon ei moesoldeb a'i diwylliant. Ac o ganlyniad y mae astudio duwioldeb Cymru'n waith sy'n cysylltu â llawer agwedd ar ei bywyd gan ei bod hi'n genedl a fu mor drwm o dan ddylanwadau Cristionogol dros gynifer o ganrifoedd.

Prin y gellir gwneud mwy yn y drafodaeth hon na chodi cwr y llen. Fe ganolbwyntir ar y Piwritaniaid. Cawsom astudiaethau lawer o Biwritaniaeth fel mudiad crefyddol, gwleidyddol a chymdeithasol. Trafodwyd y llyfrau a gyhoeddwyd gan y Piwritaniaid fel cyfraniadau i lenyddiaeth Gymraeg. Ond bychan iawn yw'r sylw a roddwyd i'r mudiad, a'r llyfrau a gynhyrchwyd ganddo, o safbwynt duwioldeb. Ac eto, i'r Piwritaniaid eu hunain, dyma'r peth canolog. Dywedodd un o feibion ysbrydol amlycaf y Piwritaniaid, Jonathan Edwards, o berthynas i grefydd y Cristion,

> Gellir dweud amdano ei fod yn fusnes iddo nid yn unig ar dymhorau neilltuol, neu'n fusnes ar gyfer y Sabothau, neu ar gyfer amserau anghyffredin, neu'n fusnes mis, neu flwyddyn, neu saith mlynedd, neu'n fusnes iddo o dan amgylchiadau arbennig; ond yn hytrach yn fusnes bywyd iddo.[1]

Yr oedd hyn yn wir am y Piwritaniaid. I bobl na allant rannu diddordebau'r Piwritaniaid, hawdd galw'r peth yn 'obsesiwn' a chael ei wared. Ond nid yw hyn yn goleuo dim oll ond rhagfarnau'r sawl sy'n siarad. Erys y cwestiwn ynghylch gwerth a dilysrwydd safbwynt y Piwritaniaid. A chyn y gellir ateb y cwestiwn hwnnw, mae'n rhaid cymryd eu duwioldeb o ddifrif oherwydd yr oedd duwioldeb yn treiddio trwy eu holl fywyd. Tybed nad yw'r ffaith eu bod hwy'n rhoi'r fath bwyslais arno'n awgrymu y gallai ei astudio fod yn foddion i'w deall yn well? Oni all fod yn foddion i'n cynorthwyo i sylweddoli o ba ffynhonnau dyfnion yr oedd grymusterau hanesyddol a chymdeithasol a diwylliannol gorffennol ein cenedl yn tarddu?

Yn y llith hon ni cheisir rhoi dadansoddiad cyflawn o'r duwioldeb Piwritanaidd – byddai angen cyfrol go helaeth i wneud hynny. Ni cheisir hyd yn oed restru'r holl lyfrau Cymraeg y dylid eu defnyddio mewn astudiaeth o'r fath. Yr unig beth y ceisir ei wneud yn awr yw torri ambell lwybr trwy'r winllan a gwahodd y darllenydd i sylwi ar beth o'r tyfiant toreithiog a diddorol a geir ynddi.

**Pwy oedd y Piwritaniaid?**

Wrth sôn am Biwritaniaeth yr ydym yn sôn am fudiad a flodeuodd yn yr ail ganrif ar bymtheg. Er mwyn hwylustod haneswyr mae'n ffasiynol i feddwl am y mudiad yn gorffen tua 1689. Gall hyn fod yn ddigon boddhaol wrth drafod hanes crefydd yn Lloegr, ond y mae anawsterau pan ddown i drafod hanes Cymru. Yn un peth, gwelwyd cyfieithu llawer o lyfrau mwyaf dylanwadol y Piwritaniaid i'r Gymraeg yn ystod y ddeunawfed ganrif ac oherwydd hynny mae effeithiau eu duwioldeb i'w canfod ym mywyd crefyddol Cymru ymhell ar ôl 1689. Yn wir, gellid dadlau fod gwres y Diwygiad Methodistaidd wedi bod yn gyfrwng tra effeithiol i ddwysáu dylanwad y duwioldeb Piwritanaidd ar fywyd Cymru ac i'w gario'n wir drosodd i'r bedwaredd ganrif ar bymtheg. I'n pwrpas ni, nid yw'n amhriodol cadw llygad ar y llyfrau Piwritanaidd hynny a ddechreuodd lefaru yn y Gymraeg yn y ddeunawfed ganrif.[2]

Ond y mae ystyriaeth arall hefyd ynglŷn â'r geiriau 'Piwritaniaeth' a 'Piwritanaidd'. Wrth astudio duwioldeb Cymru yn yr ail ganrif ar bymtheg, un o'r pethau mwyaf diddorol sy'n digwydd yw'r ffordd y mae traddodiadau gwahanol yn toddi i'w gilydd ac yn effeithio ar ei gilydd. Ar y naill ochr, y mae gennym y duwioldeb a gysylltir ag

Anglicaniaid defosiynol fel, dyweder, Lewis Bayly, John Davies, Mallwyd, neu'r Ficer Prichard. Mae'r duwioldeb hwn yn cysylltu â'r traddodiad Catholig – ond y traddodiad Catholig ar ôl ei ddiwygio wedi'r chwyldro diwinyddol Protestannaidd. Ar yr ochr arall, y mae gennym dduwioldeb y to cyntaf o Biwritaniaid, pobl fel Walter Cradoc, Morgan Llwyd, Vavasor Powell, Christopher Love, John Owen a Thomas Goodwin. Mae cryn dipyn o wahaniaeth rhyngddynt mewn manylion, wrth gwrs, ond mae ganddynt hefyd nodweddion pwysig yn gyffredin. Gadewch inni, er mwyn eglurder yn unig, alw'r rhain yn 'eithafwyr Piwritanaidd'. Yn awr, y peth sy'n ddiddorol yw'r hyn a ddigwyddodd i'w meibion hwy yn y ffydd. Gwyddom y byddai cynulleidfaoedd enfawr yn casglu yn eglwysi'r plwyfi i wrando Stephen Hughes yn pregethu.[3] Yr un modd, cyfeddyf Charles Edwards ei fod yn mynychu gwasanaethau Eglwys Loegr yn aml.[4] Yr un oedd agwedd Philip Henry ym Maelor. Ai yntau i wasanaethau'r Eglwys er na allai dyngu llw ffyddlondeb i'r *Llyfr Gweddi Gyffredin*.[5] A diau fod ei gyfaill William Jones, gweinidog Ymneilltuol cyntaf Dinbych, o'r un argyhoeddiad, gan mai â Richard Baxter yr ymgynghorodd cyn troi'n Ymneilltuwr ym 1662.[6] Gadewch inni, eto er mwyn eglurder, alw'r rhain yn 'Biwritaniaid cymedrol'. Yr oedd yr eithafwyr yn gwbl glir eu meddwl fod duwioldeb yn ffrwyth uniongyrchol gweithgarwch yr Ysbryd Glân. Yr unig lyfr yr oedd ei angen ar gredadun wrth nesáu at Dduw oedd ei Feibl, er bod llyfrau lawer y gellid eu cymeradwyo ar gyfer ei baratoi at waith yr ystafell ddirgel. Yr oedd Llwyd, Cradoc, Erbury, Thomas Goodwin, Vavasor Powell a John Owen yn gytun ar hyn. Ond hyd yn oed cyn 1660, nid oedd y Presbyteriaid yn rhannu'r argyhoeddiad hwn. Wedi'r cwbl, yr oedd Cymanfa Westminster (1643-8) (a oedd dan reolaeth y Presbyteriaid) wedi cynhyrchu'r *Cyfarwyddiadur* enwog i gymryd lle'r *Llyfr Gweddi Gyffredin*. Ac yr oedd gwŷr fel Richard Baxter yn credu'n angerddol fod gwerth mawr mewn cynorthwyon printiedig i weddi. A dyma deimlad y Piwritaniaid cymedrol yng Nghymru. O ganlyniad, wrth symud oddi wrth lyfrau'r genhedlaeth gyntaf o Biwritaniaid Cymreig at lyfrau'r ail genhedlaeth, teimlir newid yn yr awyrgylch ddefosiynol. Mae duwioldeb yr ail genhedlaeth yn llai cynhyrfus ac yn llai creadigol, yn fwy ceidwadol ac yn fwy ffurfiol. Mae un nodwedd eironig yn eu gwaith. Er iddynt wneud cyfraniad mor bwysig i barhad sefydliadol Anghydffurfiaeth y tu allan i gorlan yr Eglwys, eu gwaith hwy hefyd a asiodd batrymau duwioldeb y Piwritan a'r Eglwyswr wrth ei gilydd.[7] Gwelir hyn yn arbennig yn eu gwaith gydag ailgyhoeddi llyfrau. Dyna Charles Edwards, er enghraifft, yn golygu'r trydydd argraffiad o lyfr poblogaidd Lewis Bayly, *Yr Ymarfer o Dduwioldeb* ym 1675. Neu Stephen Hughes yn ymuno â Dr. William Thomas (esgob Dewi o 1677 hyd 1683) i ailgyhoeddi *Catechism Mr. Perkins* ym 1672. Dyma Stephen Hughes eto ar ddiwedd ei ragymadrodd i waith y Ficer (1672) yn sôn am y bwriad i gyhoeddi *Yr Ymarfer o Dduwioldeb, Llwybr Hyfforddd i'r Nefoedd* ac *Agoriad Byrr ar Weddi'r Arglwydd* ac ar ddiwedd *Salmau Cân* Edmwnd Prys mae'n cymeradwyo *Holl Ddyledswydd Dyn*. Yr un modd, mae gan Charles Edwards gyfeiriadau gwerthfawrogol at 'lyfrau godidog tuag at adeiladaeth ysprydol', ac yn eu plith enwa, *Llyfr y Resolution, Yr Ymarfer o Dduwioldeb, Llwybr Hyfforddd i'r Nefoedd, Catechism Mr. Perkins.* A dyma'r Eglwyswr teyrngar hwnnw, Ellis Wynne o'r Lasynys, mewn rhagymadrodd sydd ynddo ef ei hunan yn gyfraniad dadlennol at hanes duwioldeb, yn dweud 'er godidocced pob un o'r Llyfrau Cymraeg' sydd megis 'yn swyddogion tân' y 'Bibl Brenin y llyfrau', y mae tri'n arbennig werthfawr, nid amgen, *Holl Ddyledswydd Dyn, Llyfr y Resolution* a'r llyfr y mae ef ei hun yn rhagymadroddi iddo, *Rheol Buchedd Sanctaidd.*

Wrth drafod duwioldeb yr ail ganrif ar bymtheg, yr ydym felly'n trafod traddodiad cyfansawdd. Gwelwn frwdfrydedd 'ysbrydol' oes y Chwyldro'n dod i gymrodedd â thraddodiad mwy deddfol yn oes yr erlid. Nid oedd gan Cradoc, Llwyd na Phowell ddim i'w ddweud wrth gynorthwyon ysgrifenedig i weddi a defosiwn. Ond yr oedd eneidiau fel Charles Edwards, William Jones, Stephen Hughes, Thomas Gouge a Richard Baxter yn credu'n angerddol fod i'r cynorthwyon hyn eu lle, er na fuasent yn dymuno gweld disodli'r weddi rydd. O dan gysgod y Deddfau Cosb, rhwng 1660 a 1689, pan oedd yr oedfa gyhoeddus yn fentr, yr oedd gwerth neilltuol mewn cyfryngau a allai gadw fflam duwioldeb ynghyn nes dyfod rhyddid eto. Ffrwyth gweithgarwch llenyddol yr Anghydffurfwyr cymedrol a'u cyfeillion yn Eglwys Loegr yn saithdegau ac wythdegau'r ail ganrif ar bymtheg felly oedd meithrin patrwm duwioldeb oedd yn gyffredin i Eglwyswyr ac Ymneilltuwyr a pharhawyd i'w feithrin yn chwarter cyntaf y ddeunawfed ganrif hyd oni ddaeth y Diwygiad Methodistaidd i fywiogi'r hen bwyslais 'ysbrydol' Piwritanaidd.

**Swm duwioldeb**

Mae Morgan Llwyd yn siwr o fod yn llygad ei le pan ddywed, 'Swm Duwioldeb iw, Câr Dduw a'th holl galon, a'th gymydog fel ti dy hun . . .'[8] Ategir hyn yn fywiog gan Walter Cradoc:

> Yn awr, yn y Testament Newydd dylem lafurio am gyflawn ysbryd mabwysiad. Beth yw hynny? Hynny yw na bo dim ond cariad pur at Dduw yn fy nghalon, oherwydd nad oes yn ei ymwneud â mi yr un sillaf o ddim ond cariad, a gras a newyddion da tuag ataf, a dylai fy nghalon a'm bywyd innau gyfateb i hynny.[9]

Yr un modd, mae Charles Edwards wrth ddarlunio effeithiau gras Duw ar ddynion yn dweud mai un o'r pethau cyntaf i sylwi arno yw 'ddaed yw Duw i ddynion':

> Cariad Duw yn gwneuthur caethweision pechod yn blant iddo ei hun, ac etifeddion ei ddedwyddwch ef, ydoedd yn sirioli ac yn llenwi meddwl y dyscybl anwyl. Medd ef, *gwelwch pa fath gariad a roddes y Tâd arnom, fel i'n gelwid yn feibion i Dduw!...* Ac fel y mae cydymddiddan cariadus yn ddifyr i gymdeithion, bydd cymundeb rhwng Duw a'r meddwl grasol yn hyfryd i'r Cristion, a bydd felys ei *fyfyrdod am ei Dduw*.[10]

Mae bywyd defosiynol gwresog yn gorffwys ar ragdybiau neilltuol am Dduw ac am ei berthynas â dyn. Nid yw duwioldeb yn gallu ffynnu ond mewn pridd diwinyddol cydnaws. Ac yn hanes Cristionogaeth, mae Piwritaniaeth ymhlith y mudiadau a ail-ddarganfu gariad Duw at ddyn. Mae'r gair 'gras' yn britho eu llyfrau ac nid oes dim yn fwy nodweddiadol o'u duwioldeb na'r gred angerddol fod Duw nid yn unig gyda dyn ond tros ddyn ac yn dymuno cyfeillachu ag ef. Daw'n amlwg wrth inni ddadansoddi nodweddion eu duwioldeb pa mor gyfoethog yw'r cefndir diwinyddol, ond da o beth fydd dweud rhai pethau'n awr.

Rhagdybir yn gyntaf oll y Drindod Sanctaidd. Un o'r 'llyfrau godidog tuag at adeiladaeth ysprydol' a enwir gan Charles Edwards[11] yw *Yr Ymarfer o Dduwioldeb* gan Lewis Bayly. Mae'n dra arwyddocaol fod y llyfr dylanwadol hwn yn agor gyda thraethiad ar y Drindod[12] a dengys y cysylltiad rhwng y drafodaeth ac ymarfer duwioldeb wrth grynhoi'r sylwedd yn y geiriau hyn,

> Gan hynny pan fych i weddïo ar Dduw, Llefared dy *galon* wrtho ef megis wrth vn *Tragwyddol, anfeidrol, ollalluog, sanctaidd,* doeth, cyfiawn, trugarog, yspryd, a pherphaithgwbl anwahanol hanfod o dri gwahanredol bersonau, Tâd, Mâb, ac Yspryd glân: yr hwn gan ei fod yn bresennol ym mhob lle, sy'n llywodraethu y nefoedd, ar ddaiar: yn dirnad calonnau pawb, *yn gwybod trueni pob dyn: ac yn unig a ddichon roddi i ni bob doniau a fyddo arnom eu heisiau, a gwaredu holl bechaduriaid edifeiriol y rhai a chalonnau ffyddlon a geisiant (er mwyn Crist) ei gymmorth ef, i fyned allan o'i holl flinderau au cystuddiau pa fath bynnag.*[13]

Mae Duw'n anfeidrol fawr a dirgelwch y Drindod yn fwy nag y gall dychymyg dyn ei gwmpasu. Nid yw Duw felly i'w drafod yn ddidaro. Ar yr un pryd, sail duwioldeb cynnes yw fod yr aruthredd hwn trwy ostyngeiddrwydd dwyfol at alwad dyn yn ei drueni. Duw yw'r Creawdwr. Mae'n ddyrchafedig goruwch popeth creëdig. Ac eto mae'r cread yntau'n mynegi cariad Duw at ddyn. Fel y dywed Charles Edwards: 'Perffaith helaeth yw gweithredoedd *Duw*, nid oes yn y nefoedd a'r ddaiar ddim yn niffig, eithr yn gwbl ddigonol y maent i gynal dyn gyda chariad *Duw* . . .'[14] Ac fel y mae'r cread yn ystyrlon am ei fod yn cyfeirio oddi wrtho'i hun at ei Luniwr cariadus, felly y mae i fywyd dyn ystyr am ei fod yntau wedi'i fwriadu i gysylltu â Duw: 'Ergyd scrifenadau'r grefydd Gristianogol yw gogoneddu Duw, a chymhwyso dynion i hynny yn dragywydd . .'[15] Mae'r frawddeg hon yn adleisio cwestiwn cyntaf Catecism Byrraf Cymanfa Westminster a'r ateb enwog iddo, 'Beth yw prif ddiben dyn?' 'Gogoneddu Duw a'i fwynhau ef yn dragywydd'.

Gan mor sylfaenol yw'r frawddeg fach hon i'r meddwl Calfinaidd, gwell dweud gair neu ddau ymhellach amdani. Mae holl weithredoedd Duw'n adlewyrchu'i ogoniant. Arbenigrwydd dyn yn y cread yw ei fod *yn* gallu mynegi gogoniant Duw mewn modd gweithredol. Sylwer ar y ddwy ferf, 'gogoneddu' a 'mwynhau'. I'r Piwritan mae'r pwyslais nid yn gymaint ar fod yn rhywbeth ond ar *wneud* rhyw bethau. I ddefnyddio geiriau athronyddol, gogoneddu mewn moddau dynamig yn hytrach nag ontolegol yw dymuniad y Calfiniaid. A gwasanaethu a mynegi gogoniant Duw yw'r llinyn arian sy'n cydio holl weithgareddau dyn wrth ei gilydd. Oni chysylltir gwaith dyn, ni waeth beth y bo, â Duw, cyll bywyd ei gyfanrwydd a rhwygir yr undod ystyrlon sy'n gwneud byw'n beth gwefreiddiol. Gwyddai gwŷr yr ail ganrif ar bymtheg yn iawn am wacter ystyr ac iddynt hwy ei achos oedd ysgaru rhwng y cread â Duw a thrwy hynny lwyr ddifa'r cysylltiadau rhwng pethau â'i gilydd. Y canlyniad oedd tryblith disynnwyr oherwydd y mae Duw'n tywallt ystyr i'w fyd yn union trwy'r cysylltiadau afrifed sy'n cydio'r naill beth wrth y llall. Mae dyn felly'n gogoneddu Duw trwy ddiogelu'r we rasol ac ystyrlon hon. Ac fe'i galluogir i wneud hyn ollerwydd y cysylltiad cwbl unigryw sydd rhyngddo ef a'i Dduw – y peth y mae Cradoc yn ei alw'n 'fabwysiad'. Gadewch inni ein hatgoffa ein hunain unwaith eto – nid bod yn fab mewn rhyw ddull llonydd a goddefol a olyga'r Piwritaniaid wrth hyn ond byw a gweithredu fel meibion. A chan fod y Duw hollalluog a thragwyddol wedi gweld yn dda o'i ras gyfarfod dyn yn bersonol yn ei Fab, nid yw dyn yn gogoneddu Duw'n gyflawn onid oes cyfathrachu gweithredol rhyngddo â'i Dad nefol. Ac y mae'r cyfathrachu hwn – y peth yr ydym yn ei alw'n dduwioldeb – yn cyffwrdd â holl weithgareddau dyn, boed yn ffermwr, yn grefftwr, yn wleidydd, yn llenor, yn ddyn busnes, yn benteulu neu'n bregethwr. Heb ddiogelu'r cysylltiadau rhwng holl weithgareddau dyn a Duw, â bywyd yn deilchion ac felly'n ddiystyr. Ac y mae gogoneddu a mwynhau Duw'n amhosibl.

Rhaid wrth waith y Drindod gyfan i wneud duwioldeb yn bosibl. Rhaid wrth y Mab i ddatguddio Duw ac i adfer dyn i fabwysiad a rhaid wrth yr Ysbryd Glân i eneinio meddwl a chalon dyn. Nid yw'r duwioldeb Calfinaidd byth yn cymysgu'r personau dwyfol â phersonoliaeth dyn. Wedi sôn am fendithion myfyrdod a gweddi, dywed Charles Edwards: 'Wrth ymgymdeithasu â'i Greawdwr a'i Brynwr, yn ei fendigedig Yspryd, glyn wrtho ef [hynny yw, wrth y crediniwr] y fath lewyrch prydferth yn ei ymddiddanion, a'i ymarweddiad, ac a fyddo eglur iddo ef ei hun ac i eraill.'[16] Mae'r fformiwla 'ymgymdeithasu â'i Greawdwr a'i Brynwr, yn ei fendigedig Yspryd' yn diogelu'r ffin rhwng Duw a dyn ac eto'n cyfleu agosrwydd y gyfathrach rhyngddynt. Prin y byddai Charles Edwards yn cymeradwyo gosodiad Morgan Llwyd, 'Ac mae'r holl yscrythurau ynghyd yn dangos (a minnau a feiddiaf ddywedyd) fod y Drindod dragwyddol ynom ni, ac yn ein gwneuthur ni yn dragwyddol . . .'[17] Un o oblygiadau amlwg y duwioldeb yr ydym yn ei astudio yw'r pwyslais aruthrol a ddyry ar arbenigrwydd dyn fel cyfrwng i gyfleu a mynegi ystyr yn y cread ac i ddatgan gogoniant Duw – pwyslais a oedd i esgor ar effeithiau pellgyrhaeddol iawn ym mywyd cymdeithasol a gwleidyddol Cymru maes o law. A chraidd y pwyslais hwn yw'r gred mai achub enaid yw'r peth pwysicaf un yn holl rawd dyn ar y ddaear. Mae pwnc iachawdwriaeth dyn yn ddifrifolach nag unrhyw bwnc arall ac, fel y cawn weld, mynegir y difrifoldeb hwn mewn llawer 'galwad i'r annychweledig' yn yr ail ganrif ar bymtheg.

Mae angen iachawdwriaeth oherwydd y trychineb a ddaeth i'r teulu dynol. 'Pan gafodd ein rhieni Cyntaf (oeddent iachus unwaith) yr haint bechadurus wrth sefyll yn anadl y Sarph Uffernol.'[18] Canlyniad yr haint oedd llygru dyn: 'Yn awr mae'r llygredigaeth yn hollawl, gan fod pob math ar ddynion, a phob rhan o bob dyn, wrth natur ynddo.'[19] Erys pennod 22 yn *Y Ffydd Ddi-ffuant* y disgrifiad mwyaf cofiadwy o drychineb dyn yn ein holl ryddiaith, yn union fel y mae pennod gyntaf *Theomemphus* yn ddisgrifiad clasurol ohono yn ein barddoniaeth. Pa gysylltiadau uniongyrchol bynnag oedd rhwng Duw a dyn cyn y Cwymp, fe'u torrwyd oll yn awr. Nid oes bellach unrhyw 'waelod' dihalog mewn dyn a'i cysylltai'n hanfodol â Duw. Mae'n dilyn wedyn mai o garedigrwydd Duw y tardd posibilrwydd cymundeb rhwng dyn a Duw. Mae Cradoc yn gosod y peth yn hyfryd iawn:

> . . . mae'r Efengyl yn hysbysu pechaduriaid tlawd fod yng nghalon Duw gariad, cariad tragwyddol, cariad anfeidrol, tuag at bechaduriaid truain cyn bod byd . . . mae Rheswm yn tueddu i feddwl bod cariad yn ennyn oherwydd rhywbeth hawddgar yn y gwrthrych, i gyffroi cariad, rhyw brydferthwch neu dalent . . . Yn awr daw'r Efengyl at y cyfryw bechadur a dweud wrtho mai fel arall yn hollol y mae . . . Yr oedd cariad yn Nuw ac ohono y rhoes ei Fab Iesu Grist i farw drosom ni. Dyma beth a ddatguddia'r Efengyl ac Ysbryd Duw ynddi i'r enaid druan, sef pan oeddwn yn elyn i Dduw, Ef oedd fy nghyfaill; pan gasawn Ef, yr oedd Ef yn fy ngharu i; neu'n hytrach, cyn fy mod yr oedd gan Dduw feddyliau o gariad anfeidrol a thragwyddol amdanaf.[20]

Y cyfiawnhad dros ddyfynnu'n helaeth yw er mwyn dangos mor annheg yw'r ofergoel fod athrawiaethau Etholedigaeth ac Iawn Dirprwyol yn lladd pob cynhesrwydd ysbrydol. I'r darllenydd modern wedi'i drwytho mewn dyneiddiaeth, ni all yr athrawiaethau hyn fod yn ddim namyn sgolasticiaeth annynol. Un o'r rhesymau pam y dylid astudio duwioldeb y gorffennol yw er mwyn synhwyro sut yr edrychai'r athrawiaethau hyn i'r dynion a'u cyfrifai hwy'n bennaf argyhoeddadau eu bywyd. A chyn gynted ag y gwneir hynny, gwelir ar unwaith mai mynegiadau o gariad achubol Duw ydynt. Mae'r argyhoeddiad fod Mab Duw wedi marw'n bersonol tros bechaduriaid penodol yn creu cydiad personol o'r math cynhesaf ac anwylaf rhwng yr addolwr a'i Dduw ac y mae aberth Crist yn rhoi i'w dduwioldeb ddimensiwn Cristolegol dwys a chyfoethog. Trwy Grist yn unig y mae gan yr addolwr statws gerbron Duw – a heb statws gerbron Duw nid oes unrhyw dduwioldeb yn bosibl.

Ac nid achub dynion gerfydd eu gwalltiau y mae Duw. Nid oes dim yn yr achub na'r ethol sy'n treisio personoliaeth dyn. I'r gwrthwyneb amcan y cwbl yn ôl y ddealltwriaeth Galfinaidd yw troi gweision a morwynion yn feibion ac yn ferched trwy eu hadfer i'r annibyniaeth y bwriadodd Duw iddynt ei mwynhau. Mae'r Sais Thomas Goodwin yn gosod y peth yn gryno ddigon: 'Sylwais am y gwaith hwn o eiddo Duw yn fy enaid, nad oedd na thrais na gorfodaeth ynddo, ond fe'm cariwyd ymlaen gyda'r meddwl mwyaf parod ac ewyllysgar, ac ni wneuthum ond yr hyn y dewisais ei wneuthur.'[21] Yr un modd, cawn John Bunyan yn mynegi'r un ymdeimlad o ryddid gorfoleddus yn *Helaethrwydd o Ras* – y dadansoddiad trylwyraf o dröedigaeth a ysgrifennwyd gan unrhyw Biwritan. Ar ôl stormydd ysbrydol geirwon, mae'n cerdded un diwrnod mewn cae a daeth y frawddeg 'Mae dy gyfiawnder yn y nefoedd' i'w gof. Tybiodd iddo'r funud honno weld Iesu Grist ar ddeheulaw Duw ac meddai wrtho'i hun, 'Dyma fy nghyfiawnder.' Mwy na hynny, 'gwelais nid daioni fy nghalon sy'n harddu fy nghyfiawnder, na drygioni fy nghalon i sy'n llygru fy nghyfiawnder oherwydd fy nghyfiawnder i oedd Iesu Grist ei hun, yr un ddoe, heddiw ac yn dragywydd.' A mynegai'i orfoledd yn y geiriau hyn:

> Yn awr disgynnodd y llyffetheiriau oddi wrth fy nghoesau; fe'm rhyddhawyd oddi wrth fy nghadwynau a'm gofid; ffoes fy nhemtasiynau . . . Yma felly y trigais ennyd, mewn tangnefedd hyfryd gyda Duw trwy Grist. O! meddyliwn, Crist! Crist! nid oedd dim o flaen fy llygaid ond Crist ac nid oeddwn mwyach yn edrych ar hyn a bendithion eraill Crist bob yn un ac yn un – fel ei waed, ei gladdu, ei atgyfodiad – eithr ystyriwn Ef fel y Crist cyfan. Fel yr Un a grynhoai ynddo'i hun y pethau hyn a'i holl rinweddau, cysylltiadau, swyddi a gweithrediadau eraill, a hynny tra eisteddai ar ddeheulaw Duw yn y nefoedd.[22]

Ym Morgan Llwyd yr un modd: 'Fe fu yr Jachawdwr ar y ddaiar yn ynnill Publicanod mewn cariad, ac yn dioddef gloes angau dros ei elynion. A glywodd nêb erioed sôn am y fath gariad? ddarfod i un dynnu ei galon o'i fonwes, a'i llâdd hi, a'i rhoi iw wrthwynebwyr iw bwytta, iw cadw nhwy yn fyw?'[23]

Yr oedd tuedd yn Llwyd bob amser i roi tro goddrychol i'r athrawiaeth[24] ond ni allai ef hyd yn oed beidio â thanlinellu'r elfennau gwrthrychol ynddi. Yn y dyfyniad nesaf mae'n defnyddio delwedd bwysig sy'n gwbl gyson â dysgeidiaeth y Calfiniaid. Crist yw'r gwir Arglwydd. Ef yw'r Emanuel, a defnyddio iaith Bunyan, sy'n unig frenin cyfreithlon dinas Caerenaid. Os dyrchefir unrhyw beth arall i'r orsedd, ni waeth pa mor odidog y bo, ceir eilunaddoliad. Gosodir y creadur yn lle'r Creawdwr. Sut y gellir diorseddu'r eilunod y mae dynion yn eu gwasanaethu? Dyma ateb Llwyd: 'Nid oedd ond un ffordd ar ran Duw iw difetha, fe gymerodd ei anwyl fab ai ddelw ei hunan, ac ai tarawodd yn erbyn dy ddelwau di, fe a dorrodd ei ddelw ei hunan ac ai lladdodd ar y groes, fel y difethid eulynnod dy galon dithau wrth nerth ysbryd y groes.'[25] Fe welir fod y Piwritaniaid yn defnyddio llawer delwedd wrth ddisgrifo tröedigaeth – rhyddhau, cyfiawnhau, goleuo, dryllio eilunod, derbyn pardwn, dod i gyfamod, iachau ac amryw eraill – ond drwyddynt i gyd ceir ymdeimiad gwresog o gariad personol Duw at ddyn colledig. A mynegir yr ymdeimiad hwn orau yn yr hyn sydd ganddynt i'w ddweud am undeb â Christ. Dyma Bunyan eto:

> Ymhellach, arweiniodd yr Arglwydd fi i ddirgelwch undeb â Mab Duw, – fy mod wedi fy uno ag ef, fy mod yn gnawd o'i gnawd ac yn asgwrn o'i asgwrn, a gair melys i mi'n awr oedd hwnnw yn Effesiaid v. 30. Fel hyn hefyd y cadarnhawyd fy ffydd ynddo ef fel fy nghyfiawnder; oherwydd os oedd ef a minnau'n un, yna eiddof fi ei gyfiawnder, eiddof fi ei haeddiannau, eiddof fi ei fuddugoliaeth. Yn awr gwelwn fy hun yn y nefoedd ac ar y ddaear yr un pryd; yn y nefoedd trwy fy Nghrist, trwy fy Mhen, trwy fy nghyfiawnder a'm bywyd, er fy mod ar y ddaear o ran fy nghorff a'm person.[26]

Mewn gair, adferwyd y llinyn cyswllt rhwng dyn â Duw ac yr oedd dyn yn herwydd ei adferiad yn alluog eto i ymgymryd a'i waith mawr o ogoneddu Duw mewn hyn o fyd a'i fwynhau nid yn unig yn y byd hwn ond yn dragywydd. Neu fel y mae Llwyd yn gosod y peth:

> Yr vn yw'r pen a'r corph, yr vn yw'r gwreiddyn a'r canghennau, yr vn yw'r gwr a'r wraig, a'r ysbryd a'r enaid, a'r tân a'r tanwydd, yr vn yw yr hwn a sancteiddir a'r hwn a sancteiddia; ac yr vn yw Christ ai eglwys, yr hon sydd gnawd o'i gnawd, ag ysbryd o'i ysbryd. Y Sawl sydd ynghrist y mae efe yn y wir Eglwys hefyd .[27]

Gwelir felly nad hollti blew deallusol oedd diwinyddiaeth i'r Piwritaniaid hyn ond disgrifiad o'r dirwedd mawr cariadus ac achubol a droes eu tywyllwch yn oleuni, eu caethiwed yn rhyddid, eu hunigrwydd yn gymdeithas, eu heuogrwydd yn orfoledd, eu gwacter ystyr yn gyfoeth o wirionedd, eu colledigaeth yn achubiaeth. Yr oedd yn amhosibl i ddim ond duwioldeb cynnes, eiddgar a difrifol darddu o'r fath wreiddyn.

**Rhyddid yr Ysbryd**

Down yn awr i edrych ar rai o nodweddion duwioldeb y Piwritaniaid. I Biwritaniaid y genhedlaeth gyntaf, darganfyddiad na allent ymatal rhag rhyfeddu ato oedd fod addoli Duw'n beth i'w wneud mewn rhyddid. Bu hir y bygylu byth oddi ar ddyddiau'r Frenhines Elisabeth ynglŷn â'r *Llyfr Gweddi*, seremonïau, litwrgïau a dilladau eglwysig. Tynnodd William Laud nyth cacwn yn ei ben wrth geisio gorfodi seremonïau ar grefyddwyr. Ac yn awr dyma ddarganfod ei bod yn bosibl i Gristionogion fwynhau addoli gwefreiddiol trwy ymarfer eu rhyddid yng Nghrist. Yr oedd gweiniadau'r Ysbryd Glân yn llawer gwell moddion i fagu addolwyr eneiniedig na deddfau unffurfiaeth.

Y gŵr a roddodd y mynegiant grymusaf i'r argyhoeddiad hwn oedd Walter Cradoc – yn wir rhoddai gymaint o bwyslais ar ryddid y Cristion fel y cyhuddid ef gan ei feirniaid o antinomiaeth, hynny yw, o ddiystyru rheol a deddf yn gyfan gwbl. Yn *Gospel-libertie* (1648), mae'n dadlau 'fod rhyddid helaethach oddi wrth allanolion bethau wrth addoli Duw' o dan y drefn Gristionogol nag oedd o dan yr hen oruchwyliaeth.[28] A'r rheswm pennaf am hyn yw fod Duw'n trin ei saint fel meibion yn hytrach nag fel gweision. 'Yr ydych yn dweud wrth was yn feunyddiol sut y dylai wneud popeth, a'i alw i gyfrif; dyma nodwedd ei gyflwr fel gwas. Ond wrth fab nid ydych yn dweud ond, "Cerdda'n anrhydeddus . . .".'[29] 'Ysbryd mabwysiad' sy'n gwneud Cristionogion yn addolwyr rhyddion: '. . . gadewch imi eich annog i hyn – llafuriwch i feithrin ynoch berffaith ysbryd mabwysiad . . . Beth yw hwnnw? na ddylai dim fod yn fy nghalon tuag at Dduw ond cariad pur oherwydd yn ei ymwneud Ef â mi nid oes yr un sill ond cariad a gras a newyddion da ac y dylai fy mywyd a'm calon innau gyfateb i hynny'.[30] Rhuddin duwioldeb, felly, yw caru Duw. Ac y mae cariad o'r fath yn ennyn yn yr addolwr hyfdra mabol wrth gyfarch Duw: '. . . if thou call on God with feare: and canst not cry *abba, abba*, that is as much as *daddie, daddie*, as our babes use to say, if thou do not come so high, thou art *spoiled* and *undone*'.[31] I Walter Cradoc yr oedd y rhyddid i alw Duw wrth yr enw 'Abba', yn golygu bod yn gwbl gartrefol ac anffurfiol ym mhresenoldeb Duw:

> . . . y mae plentyn hoffus yn naturiol hy ar ei dad a byddai hyfdra felly'n beth anghwrtais mewn dieithryn; fe wnaiff plentyn eistedd ar arffed ei fam, a chipio rhywbeth allan o'i llaw. Fe gewch bobl i siarad am ffurfiau addoli, a deddfu sut mae gweddïo, a sefyll hanner awr yn cyffesu pechodau, a dod at Dduw felly o gam i gam. Ond y mae'r sawl sy'n caru Duw â hoffter sanctaidd yn gwybod y gall neidio i arffed ei Dad pryd y mynno a syrthio i'w freichiau a gofyn am unrhyw beth heb ffalsio a gwenieithio.[32]

Dyma safbwynt y Piwritaniaid pur wedi'i fynegi'n hollol groyw. Mae duwioldeb yn gwreiddio mewn cymundeb personol, annwyl ac agos â Thad nefol. I Cradoc mae seremonïau ac ystumiau a ffurfiau'n difetha hanfod y peth. Daw'r un pwynt yn eglur wrth iddo drafod gweddi: 'Sylwais droeon fod y sawl sy'n bell oddi wrth Dduw'n gorfod mynd ar eu gliniau bob amser i weddïo, ond mae'r enaid sy'n agos at Dduw'n gallu gweddïo ar ei sefyll, neu dan gerdded, neu wrth siarad; gall weddïo heb dynnu'i het, neu yn ei wely neu lle y mynno'.[33] A dyma'r safbwynt a fynegwyd yr un mor gadarn yn y ddadl ar y *Llyfr Gweddi* wedi'r Adferiad gan Vavasor Powell yn ei lyfr *Common Prayer Book No Divine Service*. Mae 'ysbryd mabwysiad' a chymorth dwyfol yr Ysbryd Glân yn gwneud llyfrau gwasanaeth yn ddianghenraid. Wrth gwrs, Annibynwyr oedd y rhain ac ni fyddai Presbyteriaid yn cytuno â hwy. Er na allai'r rheini ddygymod â'r *Llyfr Gweddi Gyffredin*, nid oedd ganddynt wrthwynebiad i lyfr fel y cyfryw a chynigient *Gyfarwyddwr* Cymanfa Westminster fel llyfr a oedd yn cytuno'n well yn eu tyb hwy â Gair Duw. A diau mai dyma fyddai safbwynt gwŷr fel

Charles Edwards a Philip Henry. Ac mae'n amlwg nad oedd dyn fel Stephen Hughes yn barod i gymryd safiad llawn mor eithafol â Cradoc, Llwyd a Vavasor.

Yn ymarferol, golygai'r athrawiaeth ddifrifol hon am bwysigrwydd cymundeb agos â Duw dreulio amser sylweddol mewn gweddi a myfyrdod. Bydd enghraifft o blith gwŷr yr ail genhedlaeth yn ddiddorol, efallai rhag inni dybio fod asbri Cradoc wedi marw gydag ef. Diogelwyd cyfran o ddyddiadur preifat Henry Maurice ar dudalennau Thomas Rees, Abertawe.[34] Yn Awst 1672 aeth Maurice ar daith i Sir Frycheiniog (lle'r oedd maes o law i wneud gwaith mawr ei fywyd) a chadwodd ddyddiadur. Ar y pedwar diwrnod o Awst 5 – 8, cyfeiria ato'i hun yn gweddïo gynifer â thair ar ddeg o weithiau – ar wahân i weddïo'n gyhoeddus mewn oedfaon. Gweddïodd chwe gwaith ar ei ben ei hun; gweddïodd bumwaith gyda chyfaill a dwywaith mewn dyletswyddau teuluol. Ac fel y dengys y gweddill y dyfyniadau yn Thomas Rees nid oedd dim yn anghyffredin yn y prysurdeb defosiynol hwn. Gweddïai lawer gwaith bob dydd; gweddïai gyda ffrindiau yn y tai yr ymwelai â hwynt; gweddïai gyda'i wraig; gweddïai yn yr awyr iach, 'yn y coed' neu ar ei ben ei hun yn ei ystafell wely. Mewn gair, cymerai'r anogaeth i weddïo'n ddi-baid o ddifrif. Ac nid oes dim lle i amau nad oedd hwn yn batrwm cyffredin ymhlith Piwritaniaid ymroddgar. Ar yr un pryd, mae'n deg dweud fod Maurice yn sylwi gyda gofid ar gartref lle na cheid dyletswydd deuluol. Mae hynny'n awgrymu fod eneidiau llai ymroddgar yn cael llai o flas ar weddïo na chawr ysbrydol fel Henry Maurice. Ac y mae llenyddiaeth y Piwritaniaid yn frith o straeon i ddangos effeithiolrwydd gweddi mewn amgylchiadau enbyd. Oherwydd ystyrient weddi nid yn unig fel moddion cymundeb cyfriniol â Duw ond fel cyfrwng ymwared ac arweiniad mewn cyfyngderau.[35] Gofalai Vavasor Powell osod cyfran neilltuol o bob diwrnod o'r neilltu ar gyfer gweddïo, meddai ei weddw Katherine.[36]

Oherwydd eu pwyslais ar bwysigrwydd defosiwn personol a theuluol, yr oedd cyfartaledd uchel o addoli'r Piwritaniaid yn digwydd mewn cylchoedd anghyhoedd. Ni chredent mewn lluosogi oedfaon cyhoeddus. Ym mwyafrif eu heglwysi yr oedd un oedfa'r Sul yn ddigon a disgwylient i bennau teuluoedd gynnal oedfaon ar yr aelwyd, nid yn unig ar ddydd Sul ond ar nosweithiau'r wythnos. I'r Piwritan, Cristionogaeth ar drengi o ddiffyg ysbrydolrwydd oedd honno a gyfyngid i addoldai. I fod yn wir fywiol yr oedd yn rhaid i addoli fod yn ordinhad deuluol a phersonol yn ogystal ag eglwysig. A diau fod y pwyslais hwn wedi bod yn foddion effeithiol i arafu'r seciwlareiddio ar fywyd teuluol. Yn ddiweddarach yn hanes crefydd yng Nghymru gyda lluosogi addoldai gwelwyd duwioldeb yn cael ei gyfyngu i'r capeli a'i alltudio o'r cartrefi. Buan iawn wedyn aeth Cristionogaeth yn garcharor y cysegr a gadawyd y gweddill o fywyd Cristionogion hyd yn oed i ymsuddo mewn seciwlariaeth.

Yr oedd argyhoeddiadau neillluol y Piwritaniaid 'pur' yn codi o'u dealltwriaeth o swydd a gwaith yr Ysbryd Glân mewn addoli. Mewn darn pwerus yn portreadu dylanwad creadigol yr Ysbryd Glân mewn defosiwn, dengys Cradoc fel y mae'n meithrin gweddïau yng nghalonnau'r saint: '. . y fath fyd o weddïau a rydd Ysbryd Duw yn dy galon, gweddïau na elli byth eu mynegi ar dafod leferydd! Ni all holl ddoethineb y byd wneud un deisyfiad ysbrydol; gallwn wneud ffurfiau o weddi . . . ond pa sawl mil o weddïau, na elli eu llefaru a'th enau, a osododd Duw yn dy galon?'[37] Ie, ond a yw hyn yn golygu gwahardd defnyddio gweddïau parod? Ateb digymrodedd Bunyan yw ei fod:

> Ond yn awr, mae doethion ein dyddiau ni mor glyfar fel bod dull a sylwedd eu gweddïau ganddynt ar bennau eu bysedd. Gosodant weddi neilltuol ar gyfer diwrnod neilltuol a hynny ugain mlynedd cyn ei ddod. Un am y Nadolig, un arall ar gyfer y Pasg, ac am chwe diwrnod ar ôl hynny . . . Maent yn barod ganddynt hefyd ar gyfer gwyliau'r saint i'r cenedlaethau sydd i ddod eu hadrodd. Gallant ddweud wrthych hefyd pa bryd i benlinio, a pha bryd i sefyll; pa bryd i fynd i'r gangell a beth i'w wneud wedi cyrraedd yno. Ond yn yr holl bethau hyn yr oedd yr apostolion yn wan, gan nad oeddynt mor alluog fel cyfansoddwyr . . .[38]

Mae'n amlwg nad oedd Bunyan yn fodlon cymrodeddu. Ond oni all llyfr gweddi ddysgu pobl i weddïo? Na all, meddai Bunyan eto, 'oherwydd gwaith yr Ysbryd yn unig yw hynny'.[39] Ond nid oedd hyd yn oed Vavasor Powell yn barod i fynd lawn mor bell â hyn. Er ei ffyrnigrwydd yn ymosod ar y *Llyfr Gweddi Gyffredin*, nid yw'n fodlon dweud nad yw'n bosibl defnyddio ffurfiau parod a gweddïo yn yr Ysbryd – er ei fod yn prysuro i ychwanegu mai 'priod waith' yr Ysbryd Glân 'yw cynorthwyo'r saint yn eu gwendidau'.[40] A thebyg yw safbwynt Dr John Owen. Mynn fod dysgeidiaeth y Beibl yn dangos mai'r unig ffurfiau angenrheidiol i'r addolwr yw'r rhai Beiblaidd. Wrth gwrs, mae'n gwrthwynebu gorfodi llyfrau gweddi ar neb ac yn amau eu gwerth hyd yn oed o'u defnyddio'n wirfoddol. Ac eto nid yw am eu gwahardd yn llwyr fel moddion i gyffroi ysbryd gweddi ac i roi arweiniad i'r sawl sydd eu hangen.[41]

Aeth Stephen Hughes, Charles Edwards, William Jones a'u cyfeillion gam ymhellach. Nid oes angen dweud y byddai'n ofid calon ganddynt hwy weld disodli gweddïo o'r frest. Wedi'r cwbl, yr oeddynt hwythau hefyd yn gryf eu ffydd yn nylanwadau creadigol yr Ysbryd Glân. Ond credent fod gwerth mewn cynnig i'r cyhoedd lawlyfrau gweddi. O dan gysgod y Deddfau Cosb yr oedd gwerth hefyd ar fugeiliaeth ddi-drwst a hyfforddi dyfalbarhaus. A dyma lle y daeth y llyfrau duwiol i'w hetifeddiaeth. Pan na ellid cynnal oedfa gellid darllen llyfr. A chan fod y drws wedi'i agor i ganiatáu rhoi ambell ffurf gweddi yn llaw'r sawl a ddymunai dyfu'n braffach addolwr, gallodd Stephen Hughes a'i ffrindiau fwrw ati i gyhoeddi llyfrau o'r fath. Nid oedd anhawster na diwinyddol nac arall gyda'r rhan fwyaf ohonynt gan mai llyfrau anogaethol oeddynt yn esbonio cefndir ac ystyr duwioldeb. Yr oedd pawb yn gytun fod gwerth mawr yn y rheini. Ond nid oedd eisiau teimlo'n annifyr chwaith pan oedd cyfrol yn digwydd rhoi enghreifftiau parod o weddïau. Yr oedd traddodiad rhyddid yr Ysbryd a thraddodiad y weddi barod yn distaw doddi i'w gilydd.

**Yr Ysbryd a'r Gair**

Yr oedd duwloldeb y Piwritaniaid yn drwyadl Feiblaidd. Fel y dywedodd Ellis Wynne (er nad da ganddo ef sectyddion) y Beibl oedd 'Brenin y Llyfrau' ganddynt hwy fel gydag yntau. Mae popeth sy'n angenrheidiol i hyfforddi dynion mewn duwioldeb i'w gael y tu mewn i'w gloriau. Fel y dywedodd Charles Edwards: 'Yn yr yscrythyr y mae digon o gyfarwyddyd i ddyn pa fodd i ymddwyn tuag at *Dduw*, a tuag at ddyn, ac i edrych atto ei hun, i fyw yn *dduwiol, yn gyfiawn, ac yn sobr*.'[42] Ac y mae yn ei eiriau rym sy'n treiddio i eigion personoliaeth dyn: 'Ac ni reola ein gweithredoedd ni yn unic a'n geiriau; ond ein meddyliau, a'n gwyniau, a'n chwantau, a'n dymuniadau, y rhai ni chyffwrdd cyfreithiau dynol â hwynt.'[43]

Mynnai'r Piwritaniaid gysylltu'r Beibl yn agos iawn â gwaith yr Ysbryd Glân. Mae'r Ysbryd, meddai Cradoc, yn arwain trwy'r Gair.[44] Wrth gwrs, yr Ysgrythur yw lleferydd Duw. Ond rhaid i'r Ysbryd roddi i ddyn glust i'w glywed a chalon i'w gredu. Mae gwedd ddychrynllyd i Air Duw: 'Pan lefaro Duw yn ei air wrth gydwybodau dynion, bwrir i lawr y meddyliau balchaf, trumheir y meddyliau yscafnaf; dychryniff y meddyliau dewraf, archollir y calonnau calettaf Megis â chleddyf dau finiog'[45] Ar y llaw arall, y mae ynddo ddiddanwch goludog i'r galon ysig: 'Y mae gwlithin hyfryd ar bob glaswelltyn, a mêl ymmhob meillionen, a melystra ymhob mefusen, ac arogl peraidd yn mhob llysieuyn yn yr ardd ysprydol hon. Gwelir y fath gyfnewidiad ryfeddol yn y rhai sydd yn derbyn gras yr efengyl, megis pe tro eu gwiberod yn glommennod, neu fleiddiaid yn ddefaid.'[46] Pan fo'r Ysbryd Glân yn gweithio trwy'r Ysgrythur, y mae'n cyffwrdd ag eigion personoliaeth dyn. Nid gweithgarwch deallusol yn unig yw astudio'r Beibl yn y duwioldeb Piwritanaidd, mae'n fwy sylfaenol na hynny. Mae'n amodi rheswm dyn, hyd yn oed, trwy ei godi, fel y buasai Llwyd yn dweud, uwchlaw 'rhesymmau y cnawd'[47]. Yr oedd tuedd yn Llwyd i ddibrisio'r gair printiedig yn ormodol ond er hynny nid yw ond yn gorbwysleisio gwirionedd oedd yn gyffredin i lawer o'r Piwritaniaid pan ddywed, 'Nid yw llyfrau a llythrennau ond fel gwellt, Mae'r bywyd yn yr ysbryd nid yn y llythuren.'[48] Ac yn sicr, byddai'i gydweithwyr yn cytuno â'i bwyslais na all dyn wrth naturiaeth byth grapio gwirionedd Duw heb i Dduw roi cymorth iddo:

> Goleuni'r ysbryd glân. Heb yr hwn y mae dyn fel ty yn llawn mwg, heb vn ffenestr arno i ollwng goleuni i mewn, Ac ym mwg naturiaeth mae'r gwybed vffernol yn hedfan: Y golau ymma sydd fel ffenestr o risial. Mae'r haul o'r nef yn discleirio drwyddi. Ond nid yw'r dall yn gweled mor ffenestr na goleuni'r byd. Ac ni all neb ganfod y Duwdod ond drwy'r Tâd, na'r Tâd ond drwy'r mâb, na'r mâb ond drwy'r ysbryd, na'r ysbryd ond drwyddo ei hunan. Mae efe yn agoryd ffenestr yn y nef fel y gallo dyn weled y peth sydd ym monwes, ac ym meddwl yr oen, Mae efe hefyd yn agoryd vn arall yn y galon i ddyn weled ei stafell ei hun, ac i hwnnw mae'r yscrythurau yn agored hefyd.[49]

Daw'n eglur felly nad ffurf ar hunan-ddiwylliant yw duwioldeb i'r Piwritaniaid. Mae dylanwadau gwrthrychol dwyfol yn gweithio arno ac yn ei alluogi i glywed yr Ysgrythur yn siarad ag acen ac awdurdod Duw. Ac nid y dyn annibynnol, rhesymol a sofran sydd yma'n troi tudalennau ei Feibl ac yn casglu ohono eitemau blasus i'w hychwanegu at ei ystorfa bersonol o ddoethineb. Yn y bedwaredd ganrif ar bymtheg y dechreuodd y syniad dyneiddiol hwn am y dyn rhesymol annibynnol lygru Cristionogaeth Cymru. I Morgan Llwyd a'i gyfoedion yr oedd gallu dyn i ddarllen ei Feibl fel Gair Duw'n dibynnu ar ymyrraeth rasol flaenorol yr Ysbryd Glân i gymhwyso ei holl bersonoliaeth i groesawu gwirionedd Duw ac i oleuo'i ddeall i resymu mewn modd Cristionogol. Nid yr unigolyn sofran sydd yn anthropoleg y Piwritaniaid ond y pennaf o bechaduriaid y rhoddwyd rhyddid a sofraniaeth iddo gan ras Duw.

Mae'r Beibl felly'n allweddol bwysig. Ni flinai'r Piwritaniaid bwysleisio hyn. Ceir mynegiant hyfryd iawn i'r awydd i berswadio pobl i astudio'u Beiblau'n ddefosiynol a gofalus yn *Car-wr y Cymru* (1631) ac y mae'r llythyr annerch ar ei ddechrau, 'At ei anwyl geraint . . .', yn fynegiant cryno a syml o athrawiaeth y Piwritaniaid am yr Ysgrythur Lân. Mae'r genadwri ddwys yn y *Car-wr* yn cael ei hailadrodd drachefn a thrachefn yn llyfrau'r ganrif. Yr un pryd, gwnaethpwyd ceisiadau nid aflwyddiannus i gael Beiblau Cymraeg i ddwylo'r werin. Yn y cyswllt hwn hefyd y dylid crybwyll am bregethu'r Piwritaniaid. Ei amcan pennaf oedd esbonio'r Beibl a'i esbonio er mwyn dyfnhau duwioldeb. Pregethu ymarferol ydoedd. Disgwylid i bennau teuluoedd ac eraill wneud nodiadau manwl o bregethau wrth eu gwrando er mwyn iddynt eu defnyddio yn y cartrefi neu yn eu tai busnes i hyfforddi eraill. Yn wir, diogelwyd pregethau dynion fel Walter Cradoc a Dr John Owen oherwydd fod ganddynt yn eu cynulleidfaoedd feistri ar gymryd nodiadau. Wrth gwrs, yr oedd yn gred gadarn gan y Piwritaniaid fod gan y deall goleuedig waith mawr i'w wneud a cheir digon o sylwedd deallusol ac athrawiaethol yn eu pregethau fel yn eu cyfrolau diwinyddol. Rhan o'r un ddisgyblaeth oedd cateceisio. Mae gan dduwiolion waith meistroli 'egwyddorion crefydd' fel y mae Llyfrau Eglwys yr Annibynwyr a'r Bedyddwyr yn galw'r athrawiaeth. Dyma felly un haen gyfoethog a swmpus yn nuwioldeb y Piwritaniaid. Ac er bod llawer iawn mwy y gellid ei ddweud amdani, efallai y gellir ei gadael gyda chrybwylliad cymharol fyr am y tro.

**Dulliau defosiwn**

Mae'n amlwg fod dynion o adnoddau ysbrydol cyfoethog fel Walter Cradoc neu Vavasor Powell neu Henry Maurice yn ei chael yn hawdd defnyddio'u rhyddid i feithrin eu duwioldeb. Gallent ymroi ar yr awr hamdden pryd bynnag y deuai yng nghanol eu prysurdeb i ymroi i'w defosiynau. Ond fel yr âi'r ganrif rhagddi mae'n ddiddorol gweld Piwritaniaid yn cymeradwyo dulliau mwy deddfol a threfnus. Yn hyn o beth maent yn nesu i gyfeiriad arferion meistri'r bywyd ysbrydol yn y traddodiad Catholig er nad yw'r methodau a gymeradwyir gan Biwritaniaid mor fanwl a llym â'r rhai a geir yn y mynachlogydd neu yn *Ymarferion* gŵr fel Ignatius Loyola.

Mae amrywiaeth yn y methodau a gynigir. Rhennir *Holl Ddledswydd Dyn* fel bod myfyrdodau ar gyfer 17 o Suliau. Yna dosrennir y rhain fel bod dyletswyddau dyn at Dduw'n dod dan sylw yn y pum Sul cyntaf; ein dyletswyddau atom ni'n hunain o Sul vi hyd ix a'n dyletswyddau at ein cymdogion ar y gweddill. Er na ddywedir hynny'n benodol, ceir rhaniadau nid annhebyg yn *Yr Ymarfer o Dduwioldeb:* myfyrdodau personol (6-18); y teulu (19-23); crefydd gyhoeddus (24-33) ac argyfyngau bywyd (34-50). Bwriad *Yr Ymarfer* yw disgyblu pobl i gysylltu holl amgylchiadau bywyd â Duw. I'r diben hwn mae ganddo, er enghraifft, weddi foreol; 'Prydnawnol Weddi'; 'Pethau i fyfyrio arnynt wrth fyned i'th wely'; 'Cyffes ostyngedig o flaen derbyn y Cymmun Sanctaidd'; 'Diolch am fyned yn iach o glefyd' a 'Gweddi wrth roddi yr yspryd i fynu' – a llawer chwaneg. Ac mewn llawer o'r llyfrau ceir awgrymiadau cyffelyb o weddïau a myfyrdodau addas ar gyfer gwahanol orchwylion y dydd ac amgylchiadau bywyd. Sylfeinir y methodau hyn ar rawd y dydd neu'r flwyddyn ac ar waith yr Eglwys. Wrth gwrs, gellid defnyddio unrhyw gatecism neu lyfr diwinyddol neu gasgliad o bregethau i roi method sylfaenedig ar y Beibl neu ar yr athrawiaethau Cristionogol. Enghraifft ddiddorol a llai cyffredin yw'r un a geir yn *Myfyrdodau Difrifol ynghylch Dioddefaint Crist* o waith John Shower[50], lle seilir y method ar ran o fywyd yr Arglwydd Iesu. Cynigir myfyrdodau eithriadol ddwys ar ddioddefiadau Iesu yn yr Ardd, yng Nghaersalem ac ar 'Fynydd Calfari', braidd fel fersiwn Brotestannaidd o Orsafoedd y Groes.

Yr oedd disgyblaeth drefnus yn beth amlwg yn y llyfrau hyn er bod peth amrywiaeth yn y patrwm. Daeth y ddisgyblaeth yn rhan o fywyd crefyddol Ymneilltuwyr Cymru – efallai'i fod yn arwyddocaol mai'r term technegol o hyd am wasanaeth ar yr aelwyd yw 'dyletswydd'. Ond fel mor aml yn hanes Cristionogaeth, gwelwn yr ymddiried mewn eneiniad charismatig yn ildio o flaen gofynion mwy rhyddieithol bugeiliaeth feunyddiol y cyfnod pan oedd cariad llawer yn oeri.

**Unigolyddiaeth**

Rhaid troedio fel cath ar farwor wrth drafod unigolyddiaeth duwioldeb y Piwritaniaid. Hawdd iawn ei hesbonio yng ngoleuni athroniaethau seciwlar y bedwaredd ganrif ar bymtheg am yr unigolyn a thrwy hynny ei chamddeall. Wrth gwrs, mae a wnelo pob duwioldeb ag unigolion. Oherwydd nid oes dduwioldeb ar wahân i unigolion duwiol. A chyfeirir llyfrau sy'n hyfforddi mewn duwioldeb at ddarllenwyr unigol. Daw hyn yn amlwg hyd yn oed yn ieithwedd y llyfrau yr ydym yn eu trafod. Mae Charles Edwards, pan ddaw i roi cyfarwyddiadau, fel ym mhennod 28 o'r *Ffydd Ddi-ffuant*, yn llithro i'r ail berson unigol gan ddweud pethau fel 'Arfera ffydd a sanctaidd fyddi.' Mae'n amlwg fod yr awduron hyn yn eu gweld eu hunain yn cyfarch unigolion yn hytrach na chynulleidfa. Ond wedyn llyfrau i'w hastudio'n breifat yw eu llyfrau at ei gilydd nid llyfrau i'w darllen ar goedd. Ond nid yw'r ystyriaeth hon yn gwahaniaethu llyfrau'r Piwritaniaid oddi wrth lyfrau defosiynol ymhlith adrannau eraill o'r Eglwys Gristionogol.

I iawn brisio syniad y Piwritaniaid am yr enaid unigol, rhaid cofio eto fyth bwysigrwydd y cysylltiadau dynamig yn eu hathroniaeth. Yn gyntaf i gyd, dyna gysylltiad dyn â Duw. Cariad, fel y gwelsom, yw sylfaen duwioldeb. Mae'r cyswllt hwn mor aruthrol bwysig fel na ddylid caniatáu i ddim arall gystadlu ag ef. Mae tynged dyn tros dragwyddoldeb yn hongian wrth ei ymateb i gariad Duw. Os temtir dyn i osod ei serch ar bethau eraill yn lle ar y cyswllt â Duw, mae trueni dychrynllyd yn ei aros. Yn awr, un o nodau amgen duwioldeb y Piwritaniaid yw ei bwyslais diwyro ar uniongyrchedd y cyswllt cariadus rhyngddo â Duw. Nid cyswllt dyn â chymdeithas na gwladwriaeth na theulu nac Eglwys yw'r peth sylfaenol bwysig. Rhaid diddyfnu dyn oddi wrth yr ofergoel y gall sicrhau dinas noddfa iddo'i hun trwy lechu y tu ôl i'r cysylltiadau hyn. Fe'i gosodir yn noeth ac yn ddiamddiffyn ym mhresenoldeb Duw. Nid oes ganddo unrhyw ddihangfa rhag ateb y cwestiynau mwyaf miniog am ansawdd y berthynas rhyngddo â'i Grëwr a'i Waredwr. Yma y mae ar ei ben ei hun. Ar ei ben ei hun? Wel, ie, os edrychir ar y peth o safbwynt seciwlar. Ac yr oedd pobl seciwlar yn yr ail ganrif ar bymtheg hefyd a wyddai pa ingoedd oedd yn golchi tros feddwl a chalon yr unigolyn pan ynysid ef neu hi gerbron Duw. Nid oes raid ond darllen llyfr fel *Helaethrwydd o Ras* i werthfawrogi hynny. Ond troai'r ing yn orfoledd fel yr arweinid y pechadur i sylweddoli pa fath un oedd y Duw aruthrol hwn y safai'n unig ac yn noeth yn ei bresenoldeb. Nid y Gelyn Nefol mohono, nid yr Unben Hollalluog chwaith, ond yr Achubydd a'i carodd â chariad tragwyddol. A nodwedd amlycaf y cariad hwn yw ei fod am fagu plant; mynn droi dynion a merched sydd wedi bod yn ymdrochi ym môr pechod yn unigolion. Ac yn unigolion a fydd yn tyfu mewn annibyniaeth am eu bod wedi'u lapio yng nghariad Duw. O safbwynt rhesymeg seciwlar, nid yw hyn ond gwrtheb ffol. Ond yn nuwioldeb y Piwritaniaid nid yw ond calon orfoleddus y gwir.

Dyfynnir *Taith y Pererin* fel y mynegiant clasurol o'r unigolyddiaeth Biwritanaidd. Nid cwmni (fel pererindotwyr difyr Chaucer) na brawdoliaeth (fel marchogion y Ford Gron) sy'n cyrchu'r ddinas ddihenydd ond un sant bach unigol. Ond mantoliad arwynebol iawn o'r alegori yw hyn. Ar ddechrau'r stori nid oes gan y Pererin enw. Dim ond ar ôl iddo ddechrau ar ei bererindod y caiff enw. Yn Ninas Distryw mae hunaniaeth pobl o dan warchae. Ni wyddant yn iawn pwy ydynt. Ni ellir yn rhwydd wahaniaethu'r naill oddi wrth y llall. Suddwyd eu harbenigrwydd personol ym môr eu beiau. Taith i gyfeiriad hunaniaeth gyflawn yw'r bererindod Gristionogol. Ar yr wyneb, lle cymdeithasgar a llawen yw Dinas Distryw. Mewn gwirionedd, mae unigrwydd ingol yno. (Ac nid yw'r wrbaneiddio mawr ar fywyd gwledydd y byd ond wedi gwneud unigrwydd torfol yn beth beunyddiol gyfarwydd inni.) Siwrnai yw taith y pererin o unigrwydd i gymdeithas; o'r ddinas anhrefnus lle nad oes neb yn teyrnasu i'r ddinas gariadus lle mae pawb yn frenhinoedd, lle mae pawb trwy ras wedi cyflawn feddiannu eu hunaniaeth.

Elfen arall yn nuwioldeb y Piwritaniaid sy'n creu'r argraff ym meddwl dynion seciwlar fod unigolyddiaeth wedi mynd yn rhemp ynddo yw eu pwyslais ar gyfrifoldeb. Rhoddwyd sylw mawr i'r elfen hon mewn cyswllt â gwleidyddiaeth a chyfraith. Mynnai'r Piwritaniaid ymyrryd mewn materion gwleidyddol gan ymwrthod â'r hen gred mai mater i ddosbarth neilltuol o weinyddwyr ydoedd. Yr oedd yn gyfrifoldeb i bawb. Ac nid oes dim mwy diddorol na'r dadleuon meithion yng Nghyngor y Fyddin ym 1648 a 1649 ynglŷn ag ailwampio'r wladwriaeth. Nid oes angen dweud mai dyma un o wreiddiau democratiaeth gyffredinol. Yr un modd yn y cylch eglwysig.

Mynnai'r Annibynwyr a'r Bedyddwyr a'r Crynwyr (yn fwy hyd yn oed na'r Presbyteriaid) nad busnes esgobion a chynghorau a gweinidogion yn unig oedd llywodraeth yr eglwys. Yr oedd yn gyfrifoldeb ar bob Cristion. A gwaith yr arweinwyr mewn eglwys oedd meithrin eu cynulleidfaoedd yn eu cyfrifoldeb dros bob gwedd ar y bywyd crefyddol, addoli, athrawiaeth a llywodraeth. Mae cyfrifoldeb y Cristion am sicrhau fod Duw'n cael ei ogoneddu yn ei wneud yn ddyn ymyrgar ym mhob cylch o fywyd. Ond mae hefyd yn tueddu i'w wneud yn ddyn sy'n cario'r byd ar ei gefn. A gall olygu gorfod tynnu pawb yn ei ben wrth ddilyn gofynion ei gyfrifoldeb. Unwaith eto, o safbwynt y sawl sy'n sefyll y tu allan i'r cylch Piwritanaidd, mae hyn yn edrych fel unigolyddiaeth drahaus ac annioddefol, annioddefol i'r cyhoedd sy'n gorfod dioddef yr ymyrraeth ac annioddefol i'r Piwritan ei hun sy'n gorfod dwyn y fath faich gorthrechol.

Rhoddwyd llawer o sylw o bryd i'w gilydd i effeithiau cyhoeddus y pwyslais hwn. Nid oes gymaint o sylw wedi'i roi i'r duwioldeb a'i magodd. Yn gyntaf, mae dyn yn gyfrifol am ei gymeriad ei hun. Nid oedd y Piwritaniaid, mwy nag unrhyw Gristionogion eraill, yn caniatáu i neb ddweud mai Duw yw awdur drygioni. O ras y mae iechydwriaeth ond o anufudd-dod dyn ei hun y mae colledigaeth. Mae dyn yn atebol – ac yn atebol gerbron Duw – am gyflwr ei enaid. Felly, y mae dyn yn dwyn cyfrifoldeb personol am ei fywyd moesol. Ni all fwrw'r bai ar ei ffrindiau, nac ar ei addysg, nac ar yr Eglwys. Ei gyfrifoldeb personol ef yw ymateb i'r 'alwad i'r annychweledig' am ymegnïo i farweiddio pechod a thyfu mewn gras ar ôl derbyn Crist. O fewn i'r amodau hyn y mae dyn yn unigolyn.

Ond wrth ymddisgyblu i ddwyn cyfrifoldeb amdano'i hun, y mae ar yr un pryd yn dysgu mynd yn atebol am ddyrchafu gogoniant Duw yn holl gysylltiadau bywyd – yn y teulu, ym myd busnes, mewn gwleidyddiaeth, mewn llenyddiaeth, mewn gwelliannau cymdeithasol ac ym mywyd yr Eglwys. Yn awr, er bod y cyfrifoldeb pellgyrhaeddol hwn yn ffynhonni o ymgysegriad personol (ac felly'n beth pur unigolyddol) mae ei effeithiau ymhell iawn o fod yn unigolyddol. I'r gwrthwyneb, maent yn greadigol gymdeithasol. Nid yw'r llawlyfrau duwiol byth yn bodloni ar roi cwrs i bobl mewn hunanddiwyllio ar batrwm yr enwog Dr Coué; mae'r canolbwyntio ar gyflwr ysbrydol a moesol personol yn arwain i gyfarwyddiadau gofalus sut i feithrin rhinweddau a dyletswyddau cymdeithasol. Nid yw hyn ond ffordd arall o ddweud fod y frwydr tros gymdeithas garedig a gwâr i'w hymladd yn gyntaf oll ar faes yr enaid unigol. Ac nid oedd duwioldeb y Piwritaniaid heb sylweddoli hyn.

**Hunanholi**

Ym 1713 cyhoeddodd Thomas Baddy, gweinidog Annibynwyr Dinbych, y llyfr *Dwysddifrifol Gyngor i Hunanymholiad* 'er mwyn rhoi cymmorth ir Cymru iw hadnabod eu hunain'. Gellid cymhwyso teitl y llyfr, a chymhelliad Baddy wrth ei gyhoeddi, at beth wmbredd o lenyddiaeth dduwiol y Piwritaniaid. 'Dwysddifrifol' yw'r union air i ddisgrifio'u hangerdd yn ceisio perswadio dynion i chwilio'u calonnau. Mewn geiriau llymion, pwysir ar ddynion i ystyried y cysylltiad rhwng hunanymholi a'u tynged dragwyddol. Nid gwiw esgeuluso'r dasg. I ddyfynnu dau englyn gan Richard Jones yn *Galwad i'r Annychweledig* (1659):

> Ai gwell Mammon swynion sal neu eulyn
> O olud anwadal?
> Ai gwell bol? ai gwell Belial?
> Ai gwell na'r Duw byw yw Baal?
>
> Nid oes obaith (wiwdaith deg) o fywyd
> heb fywiol ffydd landeg;
> Llwybrau yr hon (fron ddi-fràg)
> rhodia, a chais eu rhedeg

Richard Baxter oedd awdur ffurf wreiddiol y llyfr hwn, *Call to the Unconverted*, ac yn gwbl gyson â'i safbwynt nodweddiadol, mae'n rhoi pwyslais trwm ar gyfrifoldeb personol dynion am eu cyflwr. Os ant i golledigaeth, arnynt hwy y bydd y bai. 'Wele, Syrs, bellach nyni a ddaethom o hyd i ddirfawr fradwr a llofrudd eneidiau (sef dynion eu hunain, eu hewyllys eu hunain) . . .'[51]. Ceir yr un dwyster yn *Gair i Bechaduriaid, a Gair i'r Sainct*[52]. Nid oes raid mynd yn bellach na'r wyneb-ddalen i'w ganfod, oherwydd dywed am y 'Gair i Bechaduriaid' ei fod 'yn tueddu i ddeffroi Cydwybodau Pechaduriaid diofal, i wir deimlad ac ystyriaeth o'r cyflwr erchyll y maent ynddo, tra fyddont yn byw yn eu cyflwr Naturiol heb yr Ail-enedigaeth.' Mae 'ystyried cyflwr', hunan-ymholi, yn gyfrifoldeb i'r sawl sydd heb gael tröedigaeth yn ogystal ag i'r saint dychweledig. Rhoir y pwynt hyd yn oed yn gryfach gan Charles Edwards wrth esbonio pam y mae dynion mor ddiofal o'u tynged, 'Ni chymerant hamdden i edrych o'u mewn: nac i bwyso eu cyflyrau wrth glorian y cyssegr, nac iw mesur eu hunain wrth yr ysgwir union, sef, ewyllis ddatcuddiedig Duw yn yr scrythyrau'.[53] Nid ymarfer difyr mewn hunanadnabyddiaeth yw ymgydnabod â chyflwr enaid neu 'edrych o'n mewn'; nid bodloni chwilfrydedd seicolegol yw'r diben. Mae'r goddrychu didrugaredd ar arwyddocad bywyd meddyliol ac eneidiol dyn yn beth hollol ddieithr i'r Piwritan. Mae esgeuluso 'edrych o'n mewn' yn dwyn canlyniadau gwrthrychol brawychus. Mae rhai ohonynt i'w gweld yn ingoedd ysbryd y dyn unigol; mae eraill ohonynt i'w gweld mewn anhrefn cymdeithasol; ond mae'r rhai mwyaf enbyd ohonynt yn eschatolegol – yn uffern. Ac nid oedd y Piwritaniaid yn swil o bortreadu'r canlyniadau tragwyddol mewn geiriau plaen hollol. Dyma Charles Edwards, i ddechrau:

> . . . ond nid yw clefydau na phryfed cyn dosted wrth y corph ymma, ac yw'r cythreuliaid wrth yr enaid anrasol yn y byd arall: gan ei fod yn fyw fyth, ac yn deimladwy o'i friwiau, pwy ond ai profodd, all ddeall ei fraw wrth gymeryd ei godwm ir gagendor du? a'r gofid a ddigwydd iddo yno oddiwrth losciad y tân anniffoddadwy, a brathiad y pryfed anfarwol yn y gydwybod . . .[54]

Ceir yr un cyswllt rhwng ymorol am gyflwr enaid yn awr a'r canlyniadau tyngedfennol yn *Cadwyn Euraidd o Bedair Modrwy* (1706), 'Trefna dy Gyflwr a'th enaid fellu yn dy iechyd, fel pan ddelo Angeu na bo gennit ddim i wneuthur ond marw.'[55] Oni wneir hyn, bydd yn rhaid talu'r pris, 'O pa sawl Uffern y sydd yn Uffern, colli Duw, colli Christ, colli yr Sainct, colli yr Angylion, colli pob daioni; ac ennill annherfynol, anescorol, anghymmorthwyol boenau.'[56] Tarewir yr un nodyn difrifol yn y catecismau: 'Beth a fydd cyflwr yr annuwiol ar ôl dydd y farn? Hwy a arhosant mewn colledigaeth a damnedigaeth tragwyddol yn nhân uffern'.[57] Heb sôn, wrth gwrs, am *Weledigaeth Uffern* y Bardd Cwsc.

Daw'n eglur yn awr â pha ddwyster yr oedd y dynion hyn yn cymell hunanymholiad ar bobl. O dan bwys y cymhellion hyn cynhyrchodd y Piwritaniaid gorff enfawr o lenyddiaeth yn dadansoddi cyflwr enaid ac yn astudio temtasiynau, trafferthion, pryderon a gobeithion yr enaid ymchwilgar. Disgwylient i weinidogion fod yn feddygon enaid yn ogystal ag yn athrawon gwybodus. Fel yr oedd teithwyr Oes Victoria'n treiddio i leoedd anghysbell cyfandiroedd y ddaear, felly yr oedd y Piwritaniaid yn mapio dirgel-leoedd y galon. Ac yr oeddynt yn gwneud hynny gydag awch dynion a ddarganfu gyfandir newydd.[58] Neu fel y mae gwyddonwyr yr ugeinfed ganrif yn olrhain y pwerau sy'n cyniwair ym mherfeddion y moleciwl, felly hefyd yr oedd gwŷr yr ail ganrif ar bymtheg yn troi eu chwyddwydrau ar y nerthoedd sy'n cyniwair yn eigion personoliaeth dyn:

> Mae llawer o leisiau ynghalon dyn. Mae swn y byd a'i newyddion, a'i drafferthion, a'i bleserau, a'i ddychryniadau. Mae hefyd o'r tu fewn i stafell y galon swn meddyliau, ac anhymerau, a llanw a thrai cnawd a gwaed. Ac fel hyn y mae'r enaid truan (fel lletty'r meddwon) yn llawn dwnndwrr oddifewn, y naill chwant yn ymgoethi a'r llall. Neu fel ffair neu farchnad fawr lle mae trwst a siarad a bloddest yn llenwi heolydd y dref oddifewn.[59]

Pan sonia Llwyd fel hyn am 'y naill chwant yn ymgoethi a'r llall', mae'n mynegi'r argyhoeddiad Piwritanaidd fod calon dyn yn faes brwydr. Yr oeddynt yn hoff iawn o ddelweddau rhyfelgar. A chafwyd llawer cyfrol fywiog yn seiliedig ar y delweddau hyn gan gynnwys y fwyaf dylanwadol ohonynt i gyd – *Y Rhyfel Ysbrydol* gan John Bunyan. Mae Emanuel a Diabolus yn ymdaro'n ffyrnig a'i gilydd yn y frwydr i feddiannu Caerenaid. O gyfieithu'r ddelwedd i dermau goddrychol, brwydr oedd hi rhwng pechod a gras. Dyma un o'r gwahaniaethau sylfaenol rhwng Catholigion a Phrotestaniaid wrth drafod helyntion enaid a thyfiant sancteiddrwydd. Lle'r oedd disgyblion Tomos Acwin yn gweithio gyda'r cyferbyniad sylwedd rhwng Natur a Gras a'r cyfosodiad rhyngddynt, mynnai'r Protestaniaid weithio gyda'r tyndra dynamig rhwng Pechod a Gras.[60] Nid yw'r Piwritan – o leiaf y rhai hynny ohonynt a oedd yn sefyll yn y traddodiad Calfinaidd – yn meddwl am yr enaid fel rhyw gnepyn sylweddol (fel afal dyweder) a rhinweddau'n briodoleddau iddo (fel, dyweder, blas melys neu liw coch). I'r Piwritan mae geirfa weithrediadol yn fwy dewisol. 'Y mae grym yn un o weithrediadau bywyd, a gweithrediadau'n unig sy'n datguddio bywyd. Ni wyddom fod dim yn fyw ond trwy effeithiau a gweithrediadau bywyd ac y mae gweithrediadau mawr a chryf yn datguddio bywyd iachus a grymus.'[61] Felly gyda dyn. Ystafell ddirgel iawn yw ei galon – neu, os mynnir, ei enaid. Datguddir cyfrinachau'r galon yn y gweithrediadau sy'n dygyfor ohoni. 'Canys o'r galon y mae meddyliau drwg yn dyfod allan, lladdiadau, tor-priodasau, godinebau, lladradau . . .' (Mat. 15:19). Yn seicoleg y Piwritaniaid yr oedd y diddordeb yn ysgogiadau'r bersonoliaeth. Ym mha bethau y mae dyn yn ymserchu? Beth yw cyfeiriad ei nwydau? Ar bwy neu ar beth y sefydlodd ei obeithion? A yw'n casáu? A yw'n trachwantu? A yw'n ofni? A yw'n pryderu? Fel y gwelsom eisoes, diffiniai'r Calfiniaid ddiben dyn mewn geiriau gweithrediadol, 'gogoneddu Duw a'i fwynhau Ef yn dragywydd.' Hynny yw, fe'i diffinir yn nhermau egnïon dyn mewn perthynas ag egnïon Duw. Llwyr lygredigaeth yw nid yn gymaint bod rhyw bydredd wedi taro'r sylwedd eneidiol ond bod dyn wedi ymgyflwyno i anufudd-dod radical. Mae'n cyfeirio'i egnïon at bethau heblaw Duw. Gesyd ei serchiadau ar bethau 'sydd isod'. Nid negyddiad, felly, yw pechod ond gweithredu i gam-gyfeiriad. Nid diffyg grasusau neu rinweddau penodol ond ymegnïo milwriaethus yn erbyn Duw.[62] Mae'n bwysig sylweddoli nad yw dyn yn peidio â bod yn ddyn, er gwaethaf pob anufudd-dod a rhyfyg o'i eiddo. Yn y seicoleg Biwritanaidd mynegid hyn trwy fynnu mai gweithredu eneidiol o greadigaeth Duw yw ymserchu, ac felly'n cyfrannu o'r gymeradwyaeth a roddodd Duw i waith ei ddeheulaw wedi'r creu, – 'A gwelodd Duw yr hyn oll a wnaethai, ac wele da iawn ydoedd . . .' (Genesis 1:31). 'Y mae'r serchiadau,' meddai William Fenner, 'yn naturiol, gwna gras hwy'n ysbrydol; dywedaf hyn, frodyr, er mwyn ichwi weld fod gras yn rhedeg ar hyd y serchiadau fel y mae dŵr yn y bibell.'[63] Mae'n gwneud yr un pwynt fel hyn wrth drafod dicllonedd:

> Pan gaffo dyn dröedigaeth, nid yw gras yn dileu ei serchiadau ond y mae'n eu rheoli. Gwyddent gynt beth oedd bod yn ddicllon. Nid yw gras yn dileu dy ddicllonedd . . . Rhaid i ddyn da wrth ddicllonedd. Dywedaf eto nad yw gras yn tynnu ymaith dy ddicllonedd ond yn ei reoli ac yn dy ddysgu i'w gyfeirio yn erbyn pechod ac yn erbyn yr hyn sy'n sarhau gogoniant Duw.[64]

I ddod i dir mwy cyfarwydd, pan yw Pantycelyn yn canu, 'Rho fy nwydau fel cantorion . . .', dyma'r cefndir seicolegol a diwinyddol sydd i'w ddeisyfiad. Unwaith y rhoir y nwydau i seinio enw Iesu mawr ei hun – hynny yw, i ogoneddu Duw yng Nghrist, – maent wedi'u sancteiddio. Neu, i ddyfynnu Charles Edwards unwaith eto, mae Duw trwy ras 'yn dofi'r llewod, heb eu troi yn ddefaid. Nid yw ef yn newid eu naturiaeth hwy, ond ei gwanhau yn unic.'[65]

Ond os yw dyn yn clymu ei serchiadau wrth wrthrychau israddol ar draul gwasanaethu gogoniant Duw, daw anhrefn. Daw anhrefn i fyd a chymdeithas yn siwr ond daw anhrefn seicolegol i bersonoliaeth dyn hefyd. Pan fo gras wedi meistroli dyn, mae rheswm (wedi'i oleuo gan yr Ysbryd Glân) yn arwain yr ewyllys, a'r ewyllys ym merw ffyrnig y nwydau, y serchiadau, y trachwantau a'r cyneddfau eneidiol eraill, yn mynnu disgyblaeth. Ond pan fo dyn mewn pechod, anhrefn sy'n teyrnasu: 'Dylai'r deall reoli'r ewyllis; ond yn awr collodd ei awdurdod, a gwnaiff y deisyfiadau llygredig a fynnont er gwaetha iddo ef. Yn yr anhrefn hwn mae'r gweision gwrthryfelgar hyn ar feirch, a'r tywysog ar draed, ie ar lawr. Wrth ei gwymp aeth dyn a'i ben tano, a'i fol yn uchaf, (ys drwg yr ystum) trech yw ei chwant na'i reswm.'.[66] Ond nid yw tröedigaeth yn golygu bod y frwydr drosodd. Mewn llawer ffordd, ystyr tröedigaeth yw fod y frwydr yn dechrau o ddifrif yn lle bod y nwydau a'r serchiadau'n cael tragwyddol heol i ddilyn eu llwybrau afreolus. Ac felly yn y bywyd Cristionogol mae ymdrechu parhaus yn digwydd.

Rhaid felly i gredinwyr ymgydnabod â holl ystrywiau drwg ei galon ei hun. Ar y llaw arall, rhaid iddo adnabod tywyniadau gras. Rhaid medru dirnad twf mewn sancteiddrwydd ac ymgyfarwyddo â chynllwynion diafol. Pris tyfiant yn y bywyd Cristionogol oedd gwyliadwriaeth ddiorffwys ac ymegnïo parhaus. A bu awduron Piwritanaidd wrthi gyda'u prysurdeb nodweddiadol yn cyhoeddi llyfrau o bob math ar frwydrau'r enaid. Gallai'r newyddion oedd yn dioddef ingoedd tröedigaeth droi i lyfr fel *The Bruised Reed* gan Richard Sibbes – llyfr a adawodd ei ôl yn drwm ar Vavasor Powell a Richard Baxter a llawer Piwritan arall. Neu gallai droi i'r hunan-gofiannau – fel *Helaethrwydd o Ras* John Bunyan. Wedi mynd trwy fwlch yr argyhoeddiad, gellid troi i lyfrau oedd fel gwyddoniaduron yng nghwmpas eu cyfarwyddyd. Y mwyaf cynhwysfawr a welais i yw cyfrol John Downame, *A Gvide to Godlynesse* (1629). Mae'r gwaith a roddodd deitl i'r gyfrol gyfan yn ymestyn tros 961 o dudalennau ffolio, heb sôn am ail draethawd o 103 o dudalennau yn yr un plyg, *A Treatise of Secvritie*. I'r sawl oedd yn dioddef oddi wrth gnofeydd cydwybod ac argyfyngau enaid, yr oedd ar gael lawlyfrau'n dadansoddi'r problemau'n fanwl ac yn cynnig meddyginiaeth. I enwi gwaith un o'r arloeswyr yn y maes yma, dyna waith William Perkins, *The Whole Treatise of the Cases of Conscience*, a argraffwyd droeon. I'r sawl sydd am wybod beth yw agwedd y Piwritaniaid at y serchiadau, eu swydd a'u pwysigrwydd, ni all wneud yn well na darllen dadansoddiad gofalus a difyr William Fenner, *A Treatise of the Affections* (1642) – llyfr sydd wedi'i ddyfynnu fwy nag unwaith yn y llith hon. Llyfr eithriadol boblogaidd gan bobl oedd yn cymryd eu tyfiant mewn sancteiddrwydd o ddifrif oedd *The Tryall of a Christians Growth* (1641) a ail-argraffwyd droeon. Ac nid rhyfedd, mae'n llyfr hyfryd iawn ac yn llawn o'r tynerwch bugeiliol hwnnw a oedd yn agwedd gyda'r fwyaf deniadol ar y mudiad Piwritanaidd. Cyfieithwyd dadansoddiad manylgraff Dr John Owen, *Of the Mortification of Sin in Believers* (1658) i'r Gymraeg, *Marweiddiad Pechod* (1796). Yr un modd cafwyd fersiwn Gymraeg o lyfr John Flavel, *Annogaethau Efangylaidd i Sancteiddrwydd* (1792). Rhaid cydnabod bod Piwritaniaeth trwy roi'r fath bwyslais ar y brwydro ysbrydol yn gorfod wynebu argyfwng pryder yn fynych iawn a chysegrwyd llawer cyfrol i'w drafod – gellid enwi fel enghraifft o'r math yma o beth *A Lifting Up for the Down-cast* gan William Bridge a gyhoeddwyd ym 1656. A cheir yr un awydd caredig i gynorthwyo'r sigledig a'r amheus gan Christopher Love yn *Grace: The Truth and Growth and Different Degrees Thereof* (1654). Ond efallai mai'r awdur a roes y mynegiant mwyaf poblogaidd i'r wedd hon ar lenyddiaeth y Piwritaniaid oedd John Bunyan ac yng Nghymru yr oedd ei ddylanwad ef yn drymach nag eiddo unrhyw Biwritan unigol arall – a barnu oddi wrth y nifer o'i lyfrau a gyfieithwyd.

Daw'n eglur felly fel yr ail-ddarganfu'r mudiad Piwritanaidd y 'cyfandir mewnol' a pha mor bwysig oedd hunanymholi yn eu duwioldeb. Daw dwyster y dasg yn amlwg yng ngeiriau Christopher Love:

> Mae Cristionogion gweiniaid yn selog am ymarferion hawdd a chyffredin, fel gwrando a darllen llyfrau da; ond mae Cristion cryf yn treulio llawer o'i amser mewn gwyliadwriaeth ysbrydol, gweddi gyfrinachol, ymprydio mynych, hunanymwadu, a myfyrdodau nefolaidd, a'r dyletswyddau hynny sy'n ymwneud yn arbennig â marweiddio pechod a llygredd. Nid yw plentyn sy'n wan ei nerth a'i gyneddfau yn gyfarwydd â'r un gwaith llafurus a mawr a dyn yn ei lawn dwf[67]

Esbonia'r geiriau hyn yn gryno'r cymhelliad oedd y tu ôl i gyhoeddi llyfrau duwiol yr ail ganrif ar bymtheg a'r ddeunawfed ganrif. Ac nid oedd y cyfryngau printiedig i hybu hunanymholi yn gyfyngedig i draethodau diwinyddol a dadansoddiadau o'r bywyd ysbrydol. Rhoddid pris mawr ar yr epigram a'r frawddeg fachog oedd yn crynhoi profiad neu'n mynegi gwirionedd mewn ffordd gofiadwy. Mae gweithiau Morgan Llwyd yn frith o epigramau o'r fath ac yr oedd Vavasor Powell yn gryn feistr arnynt hefyd. Ceid casgliadau ohonynt – fel *Gemmau Doethineb* Rhys Prydderch gyda dywediadau fel, 'Y mae llawer yn gwrando y gwirionedd; ond ychydig sydd yn gwrando mewn gwirionedd', neu, 'Gwell yw'r duwiol annysgedig na'r dysgedig annuwiol', neu, 'Nid oes dim yn gwneud pobl mor anghyfiawn â'u cyfiawnderau eu hunain.'[68] I'r un dosbarth y perthyn 'geiriau olaf' credinwyr y rhoddid gwerth arbennig arnynt gan y Piwritan.

Ni chyfyngid y maes chwaith i ryddiaith. Er bod Henry Maurice braidd yn amheus o'u gwerth, yr oedd penillion y Ficer Prichard yn nhyb Stephen Hughes yn drysor ysbrydol rhy werthfawr i'w golli. Yr un modd teimlai Charles Edwards 'bod rhai athrawon a phrydyddion' yn y traddodiad clasurol Cymraeg 'yn rhoi defnydd llesol ar gynghanedd er adeiladaeth i eraill' a dyfynnodd ohonynt ym mhennod 30 o'r *Ffydd Ddi-ffuant*.

**Moeseg**

Nid oes ofod i wneud fawr mwy na chyffwrdd y wedd foesegol ar dduwioldeb y Piwritaniaid. Er hynny, dyma'r elfen fwyaf gwydn ynddo. Trwy gael ei chyfnerthu yn y bedwaredd ganrif ar bymtheg gan athroniaeth Kant a diwinyddiaeth Ritschl, parhaodd yr elfen hon yn un ddylanwadol ym mywyd Cymru. I lawer iawn o bobl hyd yn oed heddiw, yn nhermau moesoldeb y mae disgrifio Cristionogaeth, a gwerth mawr y gyfundrefn grefyddol iddynt yw ei bod yn cynnal gwerthoedd moesol. Nid yw addoli na meithrin hunanymholi na diwinyddiaeth yn golygu fawr ddim iddynt, ond y maent yn fawr eu pryder os bygythir moesoldeb mewn unrhyw ffordd.

Dywedwyd digon eisoes i awgrymu pam yr oedd elfen foesegol mor amlwg yn y duwioldeb hwn. Er hynny, nid drwg o beth fydd crynhoi'r ystyriaethau perthnasol. Mae Charles Edwards yn agor pennod 27 yn *Y Ffydd Ddi-ffuant* gyda'r geiriau hyn: 'Ordeiniodd Duw yn ei gariad, a'i gyfiawnder, a'i ddoethineb na chaiff neb y nef ar ôl hyn ond a sancteiddir yma. Y mae cariad Duw tuag at y daioni pennaf, sef ei sancteiddrwydd ei hun, yn peri iddo ddarparu dynion, ac angylion sanctaidd ar ei lun ei hun, i gael rhan o'i hyfryd ogoniant ef.' Ni ellid gwell mynegiant o'r hyn oedd yn ysgogi asbri moesegol y Piwritaniaid. Wrth sôn am 'y daioni pennaf' daw Edwards â ni i olwg categori o gryn bwys i'r Piwritan. Mewn moeseg, y mae uwch ac is a threfnwyd y rhain yn gadwyn drefnus gyda'r 'daioni pennaf' ar ei brig. Pan esyd dynion werthoedd dibwys yn lle'r gwerthoedd pwysicach, y mae anhrefn foesol yn dilyn. Nid oes dim tristach na bod y daioni pennaf yn cael ei ddisodli gan ryw ddaioni is. Mae iechyd, safle gymdeithasol, enwogrwydd neu elw economaidd i gyd yn bethau da – yn eu lle. Ond os dyrchefir hwy goruwch y daioni pennaf, dyna ddymchwelyd y drefn foesol. Nid yw'n wir i ddweud bod y Piwritaniaid yn gosod pob pechod ar yr un lefel. Ceir cyfeiriadau afrifed ganddynt, er enghraifft, at 'hoff bechod'. I'r unigolyn, gall pechod neilltuol fod yn llawer pwysicach yn ei hanes personol am fod hwn yn ei lithio o flaen pechodau eraill. Ac nid oedd amheuaeth ym meddyliau'r Piwritaniaid nad oedd llygru'r pethau gorau – ac yn arbennig y pechodau 'ysbrydol', fel balchder a hunangyfiawnder - yn llawer mwy difaol na phechodau'r cnawd. Perygl pob cyfundrefn foesegol sy'n gweithio gyda chyfundrefn o werthoedd cymharol yw troi'r bywyd moesol yn fater o hollti blew diddiwedd i geisio penderfynu beth mewn gwirionedd yw'r gwerth uchaf mewn sefyllfa neilltuol. Ar dro syrthiai Piwritaniaeth i'r pwll hwn a llunio corff o fân ddeddfau Phariseaidd. Ond pan oedd y mudiad ar ei fwyaf creadigol atelid y duedd hon gan y pwyslais ar ddeuoliaeth da a drwg. Rhaid diogelu'r antithesis rhyngddynt. Yn y traddodiad Calfinaidd yr oedd y pwyslais ar ewyllys sofran Duw'n esgor ar y cyferbyniad rhwng y gweithredoedd sy'n mynegi ufudd-dod i Dduw a'r gweithredoedd anufudd sy'n wrthryfel yn ei erbyn. Nid oes cymod yn bosibl rhwng Duw a Diafol. Y peth sy'n rhoi dwyster i'r frwydr yw fod y Diafol uwchlaw popeth yn demtiwr. Hynny yw, nodwedd arbennig ei waith yw hudo. Mae'n gwneud y drwg yn dda yng ngolwg dyn. Cyfareddir pechadur gan hudoliaeth y Diafol nes credu mai'r drwg yw'r da ac mai'r gwerthoedd is yw'r gwerthoedd uwch ac o ganlyniad, dyna'r rheswm wedi'i ddyrysu a'r ewyllys wedi'i pharlysu.

Nid cyfundrefn annibynnol a hunan-lywodraethol oedd y drefn foesol i'r Piwritan. Fel pob agwedd arall ar fywyd crëedig, yr oedd y bywyd moesol yn cydymdreiddio ag agweddau eraill bywyd ac yn arbennig, yr oedd yn cael ei hydreiddio gan ras Duw. Ystyr ymarferol hyn oedd fod y Cristion yn byw ei fywyd moesol yng ngoleuni maddeuant Duw. Yr oedd pechod yn maglu'r crediniwr fel yr anghrediniwr. Ond pan lithra'r duwiol, y mae cyd-destun y llithro'n waelodol wahanol i lithriadau'r annuwiol. Y mae'r duwiol ar ochr Duw ac y mae'n brwydro yn erbyn ei bechod. Caiff ei glwyfo o dro i dro ond daw maddeuant Duw i wella'i glwyfau ac i adfer ei nerth i barháu'r frwydr. Mae'r ddeuoliaeth rhwng credu ac anghredu'n waelodol ac yn marcio'r gwahaniaeth rhwng y sawl sydd wedi'i dwyllo gan hudoliaeth y Diafol a'r sawl sydd wedi'i ddadrithio gan ras. Yr ydym yn ôl felly gyda'r elfen ddynamig mewn Piwritaniaeth.

Dyma thema llyfryn John Bunyan, *The Heavenly Footman*, a gyfieithwyd i'r Gymraeg gyda'r teitl *Y Rhedegwr Ysbrydol* (1765). Mewn gwirionedd, mae'r gwaith bach hwn yn gystal crynodeb â dim o argyhoeddiadau moesegol y Piwritaniaid. I'r pencampwr Cristionogol sydd am redeg ei yrfa'n llwyddiannus i'r pen, mae'n bwysig ymorol ei fod ar y ffordd iawn, sef Crist; rhaid iddo fyfyrio ac astudio llawer wrth redeg; rhaid iddo fwrw heibio i rwystrau fel cybydd-dod, balchder a thrachwant a all ei faglu ar ei daith; rhaid iddo beidio â throi i lwybrau dieithr na gwrando ar bob rhyw lais sy'n ei ddenu i arafu. Ni ddylai wan-galonni pan ddêl rhwystrau na chwyno am fod yn rhaid cario'r groes. A dylai weddïo am ddau beth gan Dduw – cael goleuo ei ddeall a thanio'i ewyllys ag atyniadau pethau byd arall. Ac mae canlyniadau pwysfawr yn hongian wrth y rhedeg – ennill Duw, Crist a nefoedd, neu alar, poen, tywyllwch a marwolaeth dragwyddol.

Daw'n amlwg hefyd yn awr fod cynnwys moesegol sylweddol yn y delweddau o fyd rhyfela. Er mai ym 1776 yr ymddangosodd y rhan gyntaf o waith William Gurnal, *Y Cristion mewn Cyflawn Arfogaeth*, yn Gymraeg, bu'n llyfr dylanwadol iawn byth er pan gyhoeddwyd ef gyntaf yn Saesneg. Mwy cyfarwydd oedd *Holy War* John Bunyan.[69] Mae deg pennod gyntaf Y *Rhyfel Ysbrydol* yn disgrifio gyda disgleirdeb nodweddiadol gyrch y Tywysog Emanuel yn erbyn dinas Caerenaid a'r modd y cipiodd hi o law Diabolus a'i luoedd. Tröedigaeth pechadur ar ffurf alegori sydd yma. Ond yng ngweddill y llyfr disgrifir helyntion Caerenaid ar ôl i Emanuel ei chipio hi. A'r hyn a gawn ni yma yw brwydr y credadun yn erbyn cynllwynion, temtasiynau ac amgylchiadau croes. Ac wrth ddarllen ni ellir osgoi'r gwirionedd mai brwydr foesol i raddau pell iawn yw'r frwydr hon. A chadarnheir yr argraff hon pan drown i'r llyfrau duwiol Cymraeg. 'Pa le y mae'r dyn,' gofynna Morgan Llwyd, 'sydd yn hollawl yn cashau pob drwg ac yn canlyn pob da ar a wyr?'[70] I'r Piwritan, nid yn nelfrydau dynion yr oedd yr anhawster sylfaenol ond yn anallu dynion i sylweddoli unrhyw ddelfryd. Problem grym ysbrydol yw problem bod yn dda iddo ef yn y bôn. Dyma pam y mae *Car-wr y Cymru* yn annog credinwyr i ddyfal astudio'r Ysgrythur lle gallant 'gael nid yn unig goleuni i'w harwain ar hyd y ffordd, ond ymborth ysprydol hefyd i'w diwallu, rhag i neb o honynt lewygu ar y ffordd; nid amgen y bwyd a beri i fywyd tragwyddol' heb sôn mai yn y Beibl 'y ceir arfau ysprydol i ymdrech, ac i orchfygu eich holl elynion ysprydol, a bydol a geisiont eich rhwystro i gerdded yn ffordd y bywyd ysprydol.'[71]

Ond wrth gwrs, nid digon meddu grym ysbrydol, rhaid gwybod hefyd sut ac ymhle i'w ddefnyddio. Ac nid oedd brinder arweiniad a chyfarwyddyd yn y llu llyfrau duwiol a gyhoeddid.

**Crynhoi**

I grynhoi ar ddiwedd y drafodaeth. Ceir gweddi yn *Galwad i'r Annychweledig* sy'n mynegi'n fyr y peth mwyaf trawiadol am y duwioldeb y ceisiwyd disgrifio rhai o'i brif nodweddion. Mae hi'n mynd fel hyn: 'Amddiffyn ni, cyfarwydda ni, a bendithia ni y dydd heddyw, yn ein holl ffyrdd a'n gorchwylion cyfreithlon, a chadw ni rhag malis Satan a dynion drwg, a rhag y drygau y mae'n pechod yn barod i dynu ar ein gwartha; fel y gallom ni yn yr hwyr, roddi i ti ddiolchgarwch llawen, trwy Iesu Ghrist ein Iachawdwr.'[72] Rhywbeth ar gyfer bywyd beunyddiol Cristionogion yn gyffredinol oedd y duwioldeb hwn. Nid llwybr preifat i élite ysbrydol mohono ond llwybr hyffordd i werin Duw. Ac nid duwioldeb ar gyfer y clas mohono ond ar gyfer y siop, y fferm, y gweithdy a'r chwarel – neu ble bynnag yr oedd 'gorchwylion cyfreithlon' dynion yn eu harwain. Mae ei gwmpas mor eang â bywyd dyn ar y ddaear ac ni ŵyr ddim am y gagendor rhwng y 'cysegredig' a'r 'seciwlar'. Nid rhywbeth ar gyfer godreon bywyd dyn mohono ac ni fynn gaethiwo crefydd i gilfach neilltuedig yn ddidoledig oddi wrth bethau bydol. Wrth gredu yn llwyr lygredigaeth dyn trwy bechod, yr oedd y Calfiniaid yn credu'r un pryd mewn gras radical. Os pechod gwreiddiol yw pechod yn treiddio hyd at y gwraidd, nid yw gwaith gras Duw fymryn yn llai trylwyr. Mae'n treiddio trwy holl weithgareddau dyn ac i holl gilfachau ei bersonoliaeth. Felly, tasg ysblennydd gwaredigion Duw yw adfer y byd oll i'w ddiben cyntefig – gogoneddu Duw. Nid ffoi oddi wrth y byd crëedig yw bod yn Gristion ond derbyn cyfrifoldeb gwefreiddiol am y byd a sicrhau fod gras Duw'n treiddio trwy bob rhan ohono. Duwioldeb 'bydol', felly, yw duwioldeb y Piwritaniaid. Nid oes raid ond darllen llythyrau Oliver Cromwell i weld fel yr oedd ei Gristionogaeth yn treiddio trwy bob trafodaeth ar faterion gwleidyddol a chymdeithasol. Rhaid cyfaddef fod cenedlaethau diweddarach wedi mynd i edrych ar y cyfeiriadau crefyddol fel mynegiadau bras o ragrith Biwritanaidd. Yn wir, yn yr iaith Gymraeg dirywiodd yr ansoddair 'duwiol' i fod yn sarhad. Dyn 'duwiol' yw dyn sy'n defnyddio crefydd fel clogyn i guddio'i gymhellion personol. Aeth y siniciaeth hon mor bell fel y cawn bobl, er enghraifft, wrth gyhoeddi rhannau o ddyddiadur dyn fel Howell Harris yn peidio â chynnwys y cyfeiriadau at y bywyd ysbrydol. I'r Piwritan nid rhagrith oedd cyfeirio at Dduw a phethau crefydd wrth drafod pethau'r byd. Yn wir, rhaid bod yn deg; o bob cyhuddiad a wneir yn erbyn y Piwritaniaid yr un mwyaf amherthnasol yw eu cyhuddo o ragrith. Yr oedd arnynt fwy o ofn rhagrith nag unrhyw ddosbarth o Gristionogion – ac onid ydych yn credu darllenwch *Llun Agrippa* (1723) i gael gweld i ba eithafion o hunanymholi yr âi'r Piwritaniaid i brofi dilysrwydd eu proffes. Na! i'r Piwritaniaid, y bywyd gwir Gristionogol yw hwnnw sydd wedi'i drwytho gan ras fel bod y ffermwr wrth gyrn ei aradr, a'r gwleidydd yn ei senedd, a'r wraig tŷ wrth baratoi'r cinio yn mynegi gogoniant Duw yn yr amrywiol foddau sy'n addas i'w galwedigaeth. Ac yn y bywyd personol ac eneidiol nid oedd hyn ond ymestyn at y nod godidog o fod yn debyg i Grist, 'yn yr hwn y mae pob peth yn cyd-sefyll'.

[1]'A Treatise Concerning Religious Affections', H. Hickham (gol.), *Works* (arg. 1974), 1, 314.
[2]Erbyn hyn mae gweithiau Geraint H.Jenkins, *Literature, Religion and Society in Wales, 1660-1730* (Cardiff, 1978) a *The Foundations of Modern Wales: Wales, 1642-1780* (Cardiff and Oxford, 1987) yn anhepgor i'r sawl a fyn ymgyfarwyddo â'r maes; ceir crynodeb hwylus i'r cefndir ganddo ac arweiniad i'r ffynonellau yn *Protestant Dissenters in Wales, 1639-89* (Cardiff, 1992).
[3]Edmund Calamy, *An Account of the Ministers . . . Ejected or Silenced after the Restoration in 1660* (1713) II, 718.
[4]*An Afflicted Man's Testimony Concerning His Troubles* (1691), 8.
[5]Calamy, *Account*, II, 708.
[6]Ibid. II,713.

[7]Cf.R.Tudur Jones, 'Relations between Anglicans and Dissenters: the promotion of piety', yn D.Walker (gol.), *A History of the Church in Wales* (Penarth, 1976), 77-102.

[8]*Llyfr y Tri Aderyn*, T.I.Ellis (gol.) *Gweithiau Morgan Llwyd* (1899), I, 254.

[9]*Glad Tydings from Heaven: to The Worst of Sinners on Earth* (1648), 41 – Saesneg yw'r gwreiddiol.

[10]*Y Ffydd Ddi-ffuant* (Caerdydd, arg. 1936), 319-20.

[11]Ibid., 206

[12]*Yr Ymarfer o Dduwioldeb* (Caerdydd, arg.1930), 3-32.

[13]Ibid., 29-30

[14]Edwards, *Y Ffydd Ddi-ffuant*, 216.

[15]Ibid., 217

[16]Ibid., 230

[17]*Gweithiau*, I, 187. Ni ddylid cymysgu safbwynt cyfriniol Llwyd â safbwynt Charles Edwards pan ddywed, 'Nid yw'r Drindod fendigedig heb ei hargraph ar ddyn, gan fod ei enaid yn deall, ac yn ewyllysio . . .' (*Ffydd Ddi-ffuant*, 240). Yr oedd cymharu'r Drindod â'r deall, yr ewyllysio a'r gweithredu ym mhersonoliaeth dyn yn hen drawiad uniongred yn mynd yn ôl cyn belled â diwinyddion yr Eglwys Fore.

[18]Edwards, *Y Ffydd Ddi-ffuant*, 260.

[19]Ibid.

[20]Cradoc, Glad *Tydings*, 13.

[21]Thomas Goodwin, *Works* (1704), V, ix.

[22]Bunyan, *Helaethrwydd o Ras i'r Pennaf o Bechaduriaid* (Caerfyrddin, 1737), paragraffau 229-231.

[23]*Gweithiau*, I, 189.

[24]Am hynodion syniadaeth Llwyd o'i chymharu ag eiddo Vavasor Powell gw. R.Tudur Jones, 'The healing herb and the rose of love: the piety of two Welsh Puritans', yn R.Buick Knox (gol.), *Reformation, Conformity and Dissent: essays in honour of Geoffrey F.Nuttall* (1977), 154-79.

[25]Ibid., 225

[26]Bunyan, *Helaethrwydd o Ras*, paragraff 233.

[27]*Gweithiau*, I, 206.

[28]Cradoc, *Gospel-libertie* (1648), 15.

[29]Ibid., 17-18

[30]Cradoc, *Glad Tydings*, 40-1.

[31]Ibid., 27

[32]*Divine Drops Distilled from the Fountain of Holy Scripture* (1650), 49.

[33]Ibid., 58.

[34]*History of Protestant Nonconformity in Wales* (1861), 212-18. Mae'r dyddiadur ar gael o hyd mewn meddiant preifat ym Mryste.

[35]Mae James Owen wedi diogelu enghreifftiau o'r ymwared a gafodd Hugh Owen Bronclydwr fwy nag unwaith mewn cyfyngderau, Calamy, *Account*, II, 711-2.

[36]*The Life and Death of Mr. Vavasor Powell* (1671), 118; am ymdriniaeth lawn ag ef ynghyd â'i dduwioldeb gw. R.Tudur Jones, *Vavasor Powell* (Abertawe, 1971).

[37]Cradoc, *Divine Drops Distilled*, 169.

[38]John Bunyan, 'A Discourse touching prayer', G.Offor (gol.) *Works* (1859) I, 622-85, *Gweddiaf â'r Ysbryd* (Caerfyrddin, 1790).

[39]Ibid., 628

[40]*Common-Prayer-Book No Divine Service* (ail argraffiad 1661), 4.

[41]John Owen, *A Discourse on the Work of the Holy Spirit in Prayer* (1682), 234-5.

[42]Edwards, *Y Ffydd Ddi-ffuant*, 216.

[43]Ibid.

[44]Cradoc, *Divine Drops Distilled*, 169.
[45]Edwards, *Y Ffydd Ddi-ffuant*, 218.
[46]Ibid., 219.
[47]*Gweithiau*, I, 201.
[48]Ibid., 251
[49]Ibid., 207-8
[50]Ceir y llyfr yn ei ddiwyg Cymraeg yn *Darluniad o'r Gwir Gristjon* (1748) gan Philip Pugh.
[51]Ibid., 153.
[52]Cyf. William Jones o lyfr Thomas Gouge (1676).
[53]Edwards, *Y Ffydd Ddi-ffuant*, 285.
[54]Ibid., 278-9.
[55]*Cadwyn Euraidd o Bedair Modrwy* (1706), 3.
[56]Ibid., 6
[57]*Sail Crefydd Gristnogawl* (1649), 53-4.
[58]Wrth drafod dysgeidiaeth Pantycelyn am demtasiynau a chyffesu pechodau, dywedodd Saunders Lewis, 'Yn y llenyddiaethau Protestannaidd dyma'r ymgais gyntaf i roi dosbarth ar brofedigaethau'r meddwl a'u darlunio'n fanwl. Mewn eneideg y bu diwinyddiaeth Brotestannaidd bob amser yn wan . . .' *Williams Pantycelyn* (Llundain, 1927), 52. Ond mae llyfrgelloedd cyfain wedi'u hysgrifennu ar y maes hwn cyn geni Pantycelyn erioed, mwy na hynny yr oedd ef yn aer i draddodiad rhyfeddol gyfoethog. Gw. R.Tudur Jones, *Saunders Lewis a Williams Pantycelyn: Darlith Goffa Henry Lewis* (Abertawe, 1987).
[59]*Gweithiau*, I, 232.
[60]'Gratia non tollit sed perficit naturam' oedd crynodeb enwog Tomos Acwin (*Summa Theologica*, I, 8,2). Atebodd rhai o'r Piwritaniaid hyn a'r tag, 'Gratia non tollit, sed attolit naturam', William Fenner, *A Treatise on the Affections* (1642), 54; cf. R.Tudur Jones, 'Rhesymeg y Piwritaniaid', *Efrydiau Athronyddol* 8 (1950), 19-37; wedi'i hailgyhoeddi yn W.J.Rees (gol.), *Y Meddwl Cymreig* (Caerdydd, 1995), 85-107.
[61]John Owen, *The Nature, Power . . . of Indwelling Sin* (1668), W.Goold (gol.) *Works* (1863), VI, 182.
[62]Ibid., pennod 5.
[63]Fenner, *Treatise*, 54.
[64]Ibid.
[65]Edwards, *Y Ffydd Ddi-ffuant*, 285.
[66]Ibid., 265
[67]Christopher Love, *Grace: The Truth and Growth* (1654), 56.
[68]arg.Caerfyrddin (1804), 9,10,16.
[69]*Rhyfel Ysbrydawl* (Amwythig, 1744).
[70]*Gweithiau* I, 131.
[71](Caerdydd, arg. 1930), 47.
[72](arg.1677), 214.

## PENNOD 3

# *Yr Eglwys a'r Eglwysi*

### *Trefniadaeth ryng-eglwysig yr Annibynwyr, 1639-1850*

Ym merw'r Diwygiad Protestannaidd cymhlethwyd bwriadau'r Diwygwyr yn Lloegr gan ystyriaethau gwleidyddol. Ni fynnai'r Frenhines Elisabeth ddiwygiad eithafol, ac ymladdodd trwy gydol ei theyrnasiad i amddiffyn y drefn a sefydlodd yn ei blynyddoedd cyntaf. Ni fodlonai hyn bawb ac ymddangosodd y Presbyteriaid a'r Annibynwyr – y dosbarth cyntaf yn aros y tu mewn i'r eglwys sefydledig i geisio ei lefeinio a'i diwygio a'r dosbarth olaf yn credu mai gwaith i'r eglwys ei hun oedd penderfynu natur ei llywodraeth. 'Diwygio heb aros wrth neb' oedd cri Robert Browne a'i ddilynwyr. Yr oedd a wnelo'r gwahaniaeth cynnar hwn â dull yr Annibynwyr o gyflwyno eu cenadwri. Dadleuent ac ysgrifennent gan gadw'r Anglicaniaid a'r Presbyteriaid beunydd o flaen eu llygaid. Lluniant eu dadleuon gan gofio mai Presbyter neu Anglican a fydd debycaf o'u beirniadu. Nid teg, er hynny, tybio mai unig ddiddordeb yr Annibynwyr oedd bod yn wahanol. Mynnent mai Annibyniaeth a geid pe gwthid egwyddorion y Diwygiad Protestannaidd i'w diwedd rhesymegol. Eu balchder oedd y ceid yn eu cyfundrefn hwy drefn eglwysig gymwys i'r uniongrededd Brotestannaidd a lywyddai eu diwinyddiaeth. Ymarswydent rhag cael eu cyfrif yn Ail-Fedyddwyr penboeth neu'n ffanaticiaid a fynnai wyrdroi pob trefniadaeth eglwysig. Rhoddent gymaint pwys ar ffurf yr eglwys weledig ag ar ddim arall yn eu diwinyddiaeth, a hyn yn hytrach nag anghydweledigad dogmatig a'u troes yn Ymneilltuwyr.

Diben y bennod hon yw ceisio canolbwyntio ar yr hyn sy'n nodweddiadol o'r gyfundrefn Annibynnol, sef, ei dysgeidiaeth arbennig am gysylltiadau eglwysi unigol â'i gilydd. Ceisir dangos seiliau'r ddysgeidiaeth hon yn llenyddiaeth yr unfed ganrif ar bymtheg a'r ganrif a'i dilynodd, a pha ffordd y ceisiwyd lliniaru neu gymhwyso neu newid goblygiadau'r athrawiaeth yn y ddwy ganrif wedi hynny, hyd ddechrau helynt y ddau gyfansoddiad.

## Yr eglwys unigol

*Amodau aelodaeth:*

Gobaith pob Annibynnwr yn yr ail ganrif ar bymtheg, o leiaf tan adferiad Siarl II yn 1660 oedd perswadio eglwysi'r wlad i fabwysiadu cynulleidfaoliaeth. Ond ni olygai hyn y byddai pawb yn Annibynwyr. Nid teilwng pobun i gymryd baich anrhydedd aelodaeth eglwysig. Gwŷr a gwragedd gyda'r cymhwysder angenrheidiol yn unig a gaffai fod yn aelodau. Yr oedd sobrwydd, geirwiredd ac onestrwydd yn hanfodol, ond rhaid hefyd wrth gyffes gymeradwy a dealltwriaeth ysbrydol. Rhaid bod yn glir ynghylch gwaith a pherson Crist, ufudd-dod i'w awdurdod,. hunan-ymwadiad, pechod a'r angen am gyffes.[1] Yr oedd hyn yn oblygedig yn niffiniad Robert Browne o'r gair 'eglwys' pan ddywed ei bod 'tan lywodraeth Duw a Christ, ac yn cadw ei orchmynion mewn un cymundeb sanctaidd'.[2] Ychwanegodd Henry Barrow at ddiffiniad Browne fod yr eglwys 'wedi ei gwahanu oddi wrth baganiaid ac anuwiolion y wlad . . . ac yn gweinyddu barn yr Arglwydd ar bob trosedd ac anuffudd-dod a gyfyd' ymhlith ei haelodau.[3] Nid clinig i bobl wael oedd yr eglwys ond gymnasiwm i gampwyr Duw, a rhaid troi'n chwyrn ar y rhai na pharchant reolau'r ymarfer. Yn nhyb John Owen nid oedd dim mwy peryglus i'r eglwys na dysgeidiaeth Bellarmine mai peth cwbl ddianghenraid i aelod eglwysig yw rhinwedd bersonol.[4] Dyma esbonio gofal swyddogion Capel Isaac wrth dderbyn aelodau newydd a'r geiriau 'examined and received' a ddigwydd mor fynych yn y llyfr eglwys. Er enghraifft:

> Evan Tho.Evan neer Cwm y Scafarnog was examined & received to church Communion at mynydd bach the 17th of Feb 1744-5. he was Examined one month before & we delayed to receive him untill we would endeavour to catechize him better & bring him to more knowledge in foundementals or principles or religion (*sic*)[5]

Nid ymgais i ddyrchafu gwerthoedd moesol i'r lle blaenaf oedd hyn, ond canlyniad credu bod gras yn gadael olion gweledig ar gymeriadau a buchedd dynion. Yr oedd yn bosibl adnabod plant Duw oherwydd tystiai eu gweithredoedd i'r goleuni a oedd ynddynt. Gwir fod twyll yn bosibl, ac felly gwêl Thomas Hooker yn dda wahaniaethu rhwng 'saint' a'i gilydd:

> . . . *Saints* come under a double apprehension. *Some* are *such* according to *Charity: Some* according to truth. *Saints* according to *Charity* are such, who in their practice and profession . . . *they savour so much, as though they had been with Jesus* . . . and so [we] are *bound* to *conceive thay are Saints:* though such be the secret conveyances, and hidden passages of hypocrisie, that they may be guilt, not gold . . .[6]

Duw yn unig a all weld cyfrinach calonnau, a beirniadu yn ôl yr ymddangosiad wrth reol cariad yw'r unig lwybr posibl i'r eglwys. I'r Piwritan nid dadl tros ymwrthod â phob safon yw'r ansicrwydd hwn, ond anogaeth i fod yn dra gofalus a gochelgar.

I bwrpas llywodraeth eglwysig rhennid dynion yn ddau ddosbarth – 'Saint' ac 'Annuwiolion'. Golygai hyn fod rhannu'r wlad yn blwyfi yn amherthnasol gan ei fod yn rhagdybio y dylai pob dinesydd fod yng ngofal rhyw lan neu'i gilydd a than ei llywodraeth. Ond detholiad o'r boblogaeth yn unig sydd yn deilwng i ymaelodi mewn eglwysi. Rhaid cynnull y Cristionogion at ei gilydd, ac wedyn ceir yr 'eglwys gynulledig'.

*Cwlwm aelodaeth:*

Pa rwymyn sydd i gysylltu'r 'Saint' hyn pan gyfarfyddont â'i gilydd? Cyn y gellir eglwys i Iesu Grist, rhaid cydnabod rhyw drefn, rhyw reol, rhyw awdurdod. Pa awdurdod yn yr eglwys sydd yn gallu amddiffyn a chynnal y pethau hyn? Yn y wladwriaeth y mae'r cleddyf, sef grym a chyfraith wedi ymdoddi i'w gilydd, yn gwarantu ufudd-dod dinasyddion unigol. Ond y tu mewn i gorlan yr eglwys ni wna gorfodaeth fel hon mo'r tro. Yn gyntaf, rhaid i'r aelodau unigol ymateb ohonynt eu hunain i alwad a gorchymyn Crist. Nid yw cyffes orfodol ond rhagrith. O ganlyniad dylai aelodau eu rhoi eu hunain i Grist, a chydnabod awdurdod ei eglwys Ef mewn pethau ysbrydol. Yr offeryn cymwys i wneud hyn yw'r 'cyfamod eglwys'. Yn hwn, mynegid tri pheth; Arglwyddiaeth Crist yn ei eglwys; awdurdod yr eglwys mewn pethau ysbrydol; ymateb y credadun i alwad Crist arno. Cyn y gall gweinidog neu henuriad geryddu nac annog aelodau eglwysig rhaid iddynt sicrhau y perchir eu hawdurdod. Cânt y sicrwydd hwn pan dderbynio'r aelod y cyfamod eglwys. Nid oes i'r eglwys chwaith awdurdod diamod, tardd ei hawdurdod hithau o Arglwyddiaeth Crist, a sicrheir dibyniaeth yr eglwys ar Grist trwy'r un cyfamod. Yr oedd trefn gyfansoddiadol yn un o fendithion Duw i'w eglwys, a mynegir yr elfen gyfansoddiadol, reolaidd hon yn ymwneud Duw â dynion trwy'r gair 'cyfamod'. Gwyrth y cyfamod gras a'r cyfamod eglwys, sydd yn israddol iddo, yw eu bod yn dangos i ni ym mha ffordd y bwriadodd Duw i'w frenhiniaeth fod yn frenhinaeth gyfansoddiadol. Nid rhyfedd i'r Piwritaniaid hyn ofyn pa hawl a oedd gan Siarl I i wrthod gwneud yr hyn a wnaeth Duw yn ei drugaredd.

Rhoddai'r cyfamod awdurdod, ond ar yr un pryd fe'i diffiniai. 'Ni all neb hawlio awdurdod bugeiliol tros arall, heb ei ganiatâd', meddai John Cotton, yn bendant ddigon.[7] Os yw eglwys yn gymdeithas a chanddi awdurdod a braint yn codi o'r gwaith arbennig a ymddiriedwyd iddi, os yw'n creu perthynas newydd rhwng pobl nad oedd perthynas o fath yn y byd rhyngddynt cynt, ac os yw'n gosod dyletswyddau newydd arnynt o berthynas i'w gilydd, wedyn rhaid wrth eu cydsyniad a'u cyd-ddealltwriaeth.[8] Fe wna'r cyfamod eglwys hyn i gyd yn ogystal â phwysleisio dwyfol darddiad awdurdod yr eglwys. Crynhoir y cwbl hyn yn II Corinthiaid 8:5 '. . . ond hwy a'u rhoddasant eu hunain yn gyntaf i'r Arglwydd, ac i ninnau trwy ewyllys Duw'.

Trwy bwysleisio Arglwyddiaeth Crist yn ei eglwys, rhoddai'r cyfamod bendantrwydd i ffurfiau eglwysig. Nid dychymyg dynol, na hwylustod cymdeithasol oedd i'w rheoli ond ewyllys Duw yn y Beibl. Pwysleisid pwysigrwydd y ffurfiau hyn gan y cysylltiad yn niwinyddiaeth y Piwritaniaid rhwng y cyfamod eglwys a'r cyfamod gras. Nid y naill yw'r llall, wrth gwrs.[9] Tebyg iawn fod rhai yn rhwymau'r cyfamod gras nad ydynt yn rhwymau'r cyfamod eglwys. Nid yr un peth yw bod yn gadwedig â bod yn aelod eglwys. Ond gesyd y cyfamod gras aelodaeth eglwysig fel dyletswydd ar ei ddeiliaid. Yr oedd cyfamodau eilradd wedi'u hychwanegu fel atodiadau i'r cyfamod gras a wnaethpwyd gyntaf oll ag Abraham. Ceir y cyfamod a wna blant Abraham yn eglwys yn Ecsodus 24. Diddymwyd hwn gan Grist a osododd gyfamod newydd yn ei le. Ac adnewyddir y cyfamod newydd hwn ym mhob cyfamod eglwys.[10]

*Y gynulleidfa:*
Er mwyn cydymffurfio â'r gofynion hyn, yr oedd yn amhosibl ffurfio eglwys ond o bobl yng nghyrraedd ei gilydd. Rhaid oedd i'r eglwys fod yn gynulleidfaol yn ogystal ac yn gynulledig. Os oedd yr Annibynwyr i ennill eu plwyf yn nadleuon diwinyddol y cyfnod, yr oedd yn rhaid gosod yr adran hon o'u hathrawiaeth yn fanwl a gofalus gerbron y cyhoedd. Gwelir yma hefyd yr egwyddorion hynny a oedd yn gorwedd y tu cefn i lawer brwydr eglwysig yn hanes diweddarach yr enwad.

Yn ôl Thomas Hooker, diben y cyfamod eglwysig yw rheoli'r ordinhadau eglwysig ac awdurdodi'r gynulleidfa i geryddu unigolion, os bydd angen.[11] Daw'r person unigol i mewn i'r ddisgyblaeth hon trwy danysgrifio'r cyfamod eglwys, ond ni cheir cyfamodi ar wahân i gyfamod eglwys neilltuol. Gan hynny daw'r unigolyn i mewn i fywyd un eglwys, a chan na all fod mewn dau le ar unwaith, gwrthuni yw tybio y gall fod un aelod mewn mwy nag un eglwys ar y tro.[12] Ofer ceisio ffoi ymaith trwy sôn am yr eglwys anweledig a mynnu y gall dyn berthyn i honno heb berthyn i eglwys neilltuol. Byddai hynny fel pe dywedasai dyn nad oedd angen iddo ymhel â chyfamod priodas am ei fod eisoes yn y cyfamod gras. O wneud hynny, 'I suppose a person might suspect the man had not only lost his honesty but his prudence also'.[13] Ymddirieda William Ames yn y gwahaniaeth rhwng yr eglwys gyfrin a'r eglwys weledig. Cesglir yr eglwys lân gatholig gan Dduw ei hun, ond caniateir i bobl gydgasglu i ffurfio'r eglwys weledig[14] a'r eglwys weledig yw'r cynulleidfaoedd ym mhob rhan o'r byd. Y mae'r eglwys ar y ddaear yn weledig yn ei hadrannau, a'r adrannau hyn yw ei chynulleidfaoedd.[15] O ganlyniad ni all eglwys fod yn weledig heb fod yn gynulleidfaol ac yn annibynnol. Ychwanegodd John Owen at y ddadl hon trwy ddweud nad oedd 'cymun y saint' yn bosibl pe gwedid yr enw eglwys yn ei holl gyfoeth i'r gynulleidfa unigol. O tan drefn esgobol neu bresbyteraidd, edrychid ar y cymdeithasau unigol fel rhannau, a dim ond rhannau o'r eglwys, a oedd yn gyfundrefn fwy cynhwysfawr. Yr oedd unrhyw wir gymundeb mewn pethau eglwysig yn amhosibl i'r 'eglwysi' hyn. Cymundeb ffurfiol, cyfriniol, ymddangosiadol, ydoedd am y rheswm na allai holl aelodau eglwysig un henaduriaeth (heb sôn am esgobaeth) gydgasglu i fwynhau breintiau'r cyd-gymundeb. Yr unig drefn a ddiogela wir gymundeb y saint yw'r drefn annibynnol, gynulleidfaol sydd, o ganlyniad, yn diogelu'n llawnach gatholigrwydd yr eglwys.[16]

Ond Thomas Goodwin a osododd yr achos Annibynnol yn ei gyflawnder o flaen ei ddarllenwyr. Dyma brif fannau ei ddadl:[17]

(i) Nid yw'r eglwys gyfrin erioed wedi cyfarfod, ac ni chyferfydd hyd ddiwedd amser, ac nid yw, wrth reswm, yn peidio â bod yn eglwys oherwydd hynny. Ond cydgyfarfu'r eglwys o'r dechreuad i addoli yn Jerwsalem. Rhaid ei bod yn gwneud hynny trwy ordinhad arbennig a oedd yn clymu'r credinwyr â'i gilydd yn gynulleidfaoedd unigol, ac nid fel aelodau o'r eglwys anweledig. Mewn gwirionedd, ni wyddai am gyfnod pan oedd yr holl Gristionogion mor ychydig eu nifer, ac yn byw mor agos at ei gilydd fel y gallent gyfarfod yn un gynulleidfa. Y casgliad yw, bod Crist wedi rhoi ordinhadau i'r eglwys fel cynulleidfa unigol ac nid fel eglwys gyfriniol, fyd-eang.[18]

(ii) Ar sail Mathew 16:19 gwelwn fod yr Arglwydd yn rhoi'r agoriadau i Bedr. Ond nid i Bedr fel unigolyn, ond i Bedr fel credadun, – ac felly, cynrychiola Pedr bob crediniwr yn yr adnod hon. Ond nid fel y mae Brenin yn cynrychioli gwlad, ond fel y mae enghraifft yn cynrychioli'r dosbarth i gyd. Bydd credinwyr eraill yn derbyn yr un agoriadau o dan yr un amgylchiadau. Ond tybed nad addewid i'r eglwys gyfrin, anweledig ydyw? Dywed 'pyrth uffern nis gorchfygant hi' – ond gwyddom fod pyrth uffern wedi gorchfygu eglwysi unigol.[19] Cyn y gellir cysylltu awdurdod yr agoriadau o gwbl â'r eglwys, rhaid i gredinwyr eu cyfuno eu hunain mewn trefn weledig a phendant. Wedi iddynt wneud hyn, hwy yw sedd (*sedes*) awdurdod, ac yr oedd gan bob cymdeithas o'r fath hawl i farnu ei haelodau, fel y gwelwn yn hanes Corinth, 1 Cor. 5:12.[20] Ac i gymdeithasau wedi eu ffurfio yn y dull hwn y bwriadodd Crist drosglwyddo yr agoriadau, fel y dengys Mathew 8:15-20. At bwy yr eid â'r troseddwr onid at yr eglwys unigol? Ac yn wir dyna'r arfer a welodd Iesu ei hun yn y synagogau Iddewig. Ac onid mewn cynulleidfa unigol, lle cyferfydd dau neu dri, y byddem yn disgwyl presenoldeb yr Iesu? Ac fe welir bod yr awdurdod sydd yn tarddu o'r presenoldeb hwn yn gorffwys yn yr eglwys unigol oddi wrth anogaeth Paul yn 1 Cor. 5 i'r eglwys yng Nghorinth wneud ei dyletswydd tuag at droseddwyr. Ac yn wir, ni ellid trafod gŵr fel ethnig a phublican, a'i fwrw allan o'r eglwys, oni bai ei fod ef i mewn ynddi ar y cychwyn. Rhagdybir, felly, aelodaeth mewn cymdeithas gyfamodol neilltuol.[21]

(iii) Eglwysi annibynnol a chynulleidfaol a sefydlwyd gan yr Apostolion. Cymerer, fel enghraifft, eglwys Corinth. Fe'i gelwir hi wrth y teitl 'eglwys'. Darlunir hi fel eglwys o 'Saint'. Yr oeddynt wedi eu casglu yn un corff (1 Cor. 5:6), yr oedd hi yn eglwys 'gyfan' (14:23). Gallai farnu'r rhai o'i mewn (5:13); yr oedd terfynau'r gymdeithas yn eglur a gwybyddus, onid e, pam yr oedd yr Apostol yn eu gorchymyn i aros y naill wrth y llall i fwyta Swper yr Arglwydd? (11:33). Yr oedd i'r eglwys ffurf a threfn neilltuol, a swyddogion digonol (11:12). Ac yn olaf, gallent farnu troseddwyr heb aros am bresenoldeb yr Apostol.[22]

(iv) Am eglwysi cynulleidfaol y defnyddir yr enw 'eglwys' yn y Testament Newydd. A oes gymaint ag un enghraifft yno o'r gair yn golygu casgliad o henuriaid? Pan yw'r Apostol yn cyfeirio at yr holl eglwysi fe'u geilw yn 'eglwysi'r saint' (1 Cor. 14:33). Pe byddai'r henuriaid eu hunain yn eglwys Dduw, beth yw ystyr eu galw'n oruchwylwyr yn unig (1 Cor. 4:1)? Ac os yw casgliad o henuriaid yn eglwys, fel y myn y Presbyteriaid, y mae'n eglwys od iawn gan nad yw'n cyfarfod ond i weinyddu disgyblaeth, er mai prif ddiben eglwys yw addoli. Nid yw'r aelod unigol yn mwynhau breintiau cyfrifoldeb yr henaduriaeth ond trwy eu cynrychiolwyr, ac felly twyll yw sôn am Gymun y Saint yn y fath gysylltiadau. Y defnydd cynulleidfaol o'r enw 'eglwys' yw'r unig un cymwys i gyfarfod y gwahanol ofynion a geir yn y Testament Newydd.[23]

(v) Y mae cynulleidfaoliaeth yn gweddu'n well i eglwys Dduw dan bob amgylchiad nag unrhyw drefn arall. Gwedda i'r ddinas ac i'r pentref, i'r wlad fel i'r dref. Y mae'n gyfaddas at gyfnod erledigaeth, fel at amser heddychlon. Uwchlaw popeth diogela wir gymundeb y saint â'i gilydd – a dyna yw diben bywyd eglwys. Er bod yr eglwys gatholig yn wir gorff Crist, ni ddichon ei haelodau unigol hi gael cymundeb sefydlog a pharhaol â'i gilydd. Cyfriniol yw'r cymundeb, fel cymundeb Cristionogion heddiw a Christionogion yr oesoedd gynt. Yn yr eglwys gynulleidfaol, y mae cymundeb y saint yn nes nag mewn unrhyw fath arall o eglwys. 'But this is the most internal lively communion to join in the same act, at the same instant, altogether to God and is the greatest imitation of heaven, where one Spirit will run through all, and God will be all in all at once'.[24]

(vi) Gesyd yr Ysgrythur derfynau eglur i awdurdod swyddogion fel henuriaid. Nid yw eu hawdurdod i gyrraedd y tu hwnt i'r gynulleidfa a'u hetholodd. Yn 1 Cor. 5, dywed Paul fod i'r eglwys yng Nghorinth awdurdod dros y rhai o'i mewn ond dros neb arall. Ac yn Actau 20:28 cyfeirir at y ffaith fod dyletswydd awdurdod henuriaid Effesus dros y praidd y gosododd yr Ysbryd Glân hwy'n swyddogion iddynt. Cyfyngir awdurdod pob swyddog eglwysig yn y dull hwn, ac y mae'r Presbyteriaid a'r Anglicanwyr ar fai wrth ddysgu bod gan henuriaid un gynulleidfa awdurdod tros gynulleidfaoedd eraill.[25]

Dengys y crynodeb hwn ar hyd pa lwybrau diwinyddol y cerddai diwinyddion Annibynnol yr ail ganrif ar bymtheg, ac awgryma hefyd pa atebion a oedd ganddynt i ddadleuon eu gwrthwynebwyr.

*Ffynhonnell trefn eglwysig:*

Mewn astudiaeth seciwlar, credai'r Piwritaniaid fod lle i'r dychymyg dynol, i'r 'goleuni naturiol', chwedl hwythau. Ond mewn materion crefyddol rhaid ufuddhau i orchymyn Crist. Ceir ewyllys Crist yn y Testament Newydd, a thrwy ddyfal chwilio'r Ysgrythur, o tan arweiniad yr Ysbryd Glân, deuid o hyd i'r patrwm dwyfol.[26] Ar yr egwyddor fod yr Ysgrythur yn ei hesbonio ei hun cynhelir pob gosodiad a llu o gyfeiriadau Beiblaidd, ac nid oes destun perthnasol nad yw wedi ei ddatgymalu'n ofalus i ddangos ei wir arwyddocâd. Ni allai gwahanol adnodau fod yn anghyson â'i gilydd gan fod y Beibl trwyddo'n ysbrydoledig, ac ni allai 'ysbrydoledig' olygu mwy i fwyafrif llethol y Piwritaniaid na chywirdeb manwl pob gair a ysgrifennwyd. Mwy nag unwaith bu raid iddynt ddefnyddio rhesymeg Ramus a llawer darn o wybodaeth glasurol i sicrhau cysondeb y tu mewn i gloriau'r Beibl.[27] Ond amharod iawn oeddent i gydnabod hynny.

*Swyddogion yr eglwys:*

Nid oedd yr amrywiaeth a'r ansicrwydd yn amlycach yn unman nag wrth drafod dysgeidiaeth yr Ysgrythur am swyddogion yr eglwys. Y mannau clasurol i'w trafod ar y mater hwn oedd Rhuf.12:3-8 a 1 Cor.12 Cydnabyddid bod swyddogion arbennig a swyddogion cyffredin. Tros dro yn unig y bu swyddogion arbennig yn yr eglwys, a'r Apostolion oedd yr amlycaf ohonynt. Ond y mae'r swyddogion cyffredin yn bobl y gall yr eglwys ethol olynwyr iddynt. Y maent yn sefydlog yn yr eglwysi. I John Owen dau fath o swyddog sydd yn yr eglwys sef Esgobion neu Henuriaid, a Diaconiaid.[28] Prif waith yr esgobion yw bugeilio a phorthi praidd Duw, sef athrawiaethu a llywodraethu.[29] Tuedd Thomas Goodwin yw rhannu'r swyddogion yn dri math, sef Bugeilaid neu athrawon, Henuriaid a Diaconiaid.[30] Nid oedd gwahaniaeth hanfodol, er hynny, rhwng y gwŷr hyn a Robert Browne. Darluniai ef swyddogion yr eglwys fel Bugail, a bregethai a gweinyddu'r Sacramentau, Athro, i drafod athrawiaeth yn yr eglwys, Henuriaid, y swyddogion i ofalu am ddisgyblaeth yn yr eglwys, Diaconiaid, i ofalu am fusnes ariannol yr eglwys, Cynorthwywyr a gweddwon i ofalu am bethau llai pwysig y gymdeithas.[31] Y peth hanfodol yn y darluniau hyn fel ei gilydd yw bod yr Annibynwyr yn ceisio cadw y tu mewn i'r terfynau a nodir gan y termau ysgrythurol oherwydd o'r Ysgrythur y daeth yr enwau hyn oll. A llwyddasant i drefnu'r swyddi hyn yn hierarchi daclus gyda'r henuriaid, athrawon a gweinidogion yn pregethu'r Gair, ac yn gweinyddu'r sacramentau, a'r swyddogion eraill yn israddol iddynt.

Un cyfnewidiad amlwg a ddigwyddodd yng Nghymru gyda threigl amser oedd rhoi lle amlycach i'r diaconiaid a diflaniad llwyr yr henuriad – ei waith yn cael ei rannu rhwng y gweinidog a'r diaconiaid. Yn eglwysi'r hen Ymneilltuwyr Annibynnol eu cyfundrefn ceir digon o gyfeiriadau at henuriaid. Yr oedd rhai yn eglwys Vavasor Powell ym Maesyfed,[32] a dywed Joshua Thomas fod dau henuriad yn eglwys Llanigon.[33] Yr oedd henuriaid llywodraethol yn Llanfaches, meddai William Erbury,[34] ac mewn cyfnod diweddarach clywn am chwe henuriad yn eglwys New Inn, Sir Fynwy, ond dim ond dau ddiacon.[35] Yng Nglandŵr ceir sôn am weinidogaeth driphlyg, sef dysgawdwyr, henuriaid a diaconiaid.[36] Ceir John Harries yn henuriad llywodraethol ym Mhant-teg yn 1711,[37] ac ym Mynydd-bach ordeiniwyd David John a Daniel William yn 'Ruling Elders' ar Ionawr 13, 1736.[38] Bu'n gysur i Annibynwyr gofio, o bryd i'w gilydd, fod tad Williams, Pantycelyn yn henuriad llywodraethol yng Nghefnarthen,[39] ac ni ellir anghofio haeriad balch Jeremy Owen ei fod yntau wedi ei ordeinio'n henuriad yn Henllan (neu yn 'Esgob Ysgrythyrol os mynwch chwi').[40] Yn 1666 ymddengys bod holl gyfoeth y drefn gyntefig i'w chael yn eglwys Mynydd-bach (Llangyfelach) oherwydd gwahaniaethir rhwng swyddi bugail ('pastor'), henuriad athrawiaethol ('Teaching Elder') a diacon ('deacon'),[41] a chyn diwedd y ganrif ceir cyfeiriad yn y llyfr eglwys at henuriaid llywodraethol.[42] Yn y Gogledd, ceir diaconiaid a henuriaid yn Rhos-y-meirch yn 1770,[43] ac felly, hefyd yn y Bala.[44] Pan oddiweddwyd Llanuwchllyn gan helyntion blin, yr enw a roddir ar y swyddogion yw 'henuriaid llywodraethol' a 'blaenoriaid',[45] ond erbyn 1831, meddai R. T. Jenkins, 'diaconiaid' oedd gan y ddwy blaid fel ei gilydd.[46] Bu'r symleiddio hwn yn nodweddiadol o'r datblygiad yn yr enwad a bellach ni cheir henuriaid o gwbl. Ond trwy'r cyfnewidiadau erys un peth yn sefydlog, sef mai swyddi yn yr eglwys neilltuol oedd y rhain. Nid urddau mohonynt i'w cydnabod fel y cyfryw ym mhobman, ond swyddi pendant y tu mewn i ffram bywyd yr eglwys leol. Yr oedd Robert Browne wedi maentumio bod y swyddogion a feddai awdurdod tros fwy nag un gynulleidfa, yn swyddogion arbennig fel 'apostolion,' proffwydi ac 'efengylwyr' ac nad oedd iddynt le yn nhrefniadau sefydlog yr eglwys. Ac ni bu swyddogion fel hyn yn ein heglwysi un amser.

**Cydberthynas eglwysi**

Mynnai'r Annibynwyr nad oedd ond dwy ystyr i'r gair eglwys, sef yr eglwys anwel, gyfrin ac yna y gynulleidfa weledig, leol a gyfarfyddai mewn un man.[47] Gwadent y gallai'r gair eglwys olygu swm y Cristionogion sydd yn y byd. Yr oedd pob eglwys unigol a dderbyniodd y cyfamod fel rhwymyn rhwng yr aelodau ac a ddewisodd iddi ei hun swyddogion sydd yn pregethu'r Gair ac yn gweinyddu'r sacramentau yn rheolaidd yn eglwys yn ystyr lawnaf y gair. A Christ yw unig frenin, offeiriad a phroffwyd eglwys o'r fath. Y mae'n eglwys gatholig. Ond pa berthynas sydd rhyngddi hi ac unedau tebyg? A oes cyfundrefn o gwbl yn bosibl i gadw'r eglwysi sofran hyn mewn cysylltiad â'i gilydd? Ynteu a yw pob eglwys yn sefyll yn gyfan gwbl ar wahân i bob eglwys arall? Bydd a wnelom o hyn i'r diwedd ag ymgeisiadau'r Annibynwyr ar wahanol adegau i ateb y cwestiynau hyn.

Robert Browne a wnaeth yr awgrym mwyaf diddorol ar natur synodau ymhlith yr Annibynwyr. Synod, iddo ef, 'is a joining or partaking of the authority of many churches met together'.[48] Yr hyn oedd yn ei feddwl ef oedd cyd-gyfarfyddiad o eglwysi yn hytrach nag o gynrychiolwyr eglwysi. Ni roddwyd odid ddim sylw i'r awgrym hwn, nac i'w oblygiadau yn ein llenyddiaeth. Digwyddiad achlysurol oedd synod, yn ôl syniad Robert Browne, yn cael ei alw i drafod mater neilltuol – 'for redress and deciding of matters which cannot well be otherwise taken up'.[49] Cytunai disgyblion Browne mewn oes ddiweddarach fod angen synodau i drafod materion arbennig. Yn y *Savoy Declaration* anogir yr eglwysi i gynnal cymundeb â'i gilydd er adeiladaeth iddynt, ac yna dywedir mai barn yr Annibynwyr, pan fo anawsterau neu wahaniaethau, yw:

> . . . it is according to the mind of Christ, that many Churches holding communion together do by their Messengers meet in a Synod or Council, to consider and give their advice in or about, that matter in difference, to be reported to all the Churches concerned: Howbeit these Synods so assembled are not entrusted with any Church-power properly so called, or with any Jurisdiction over the Churches themselves . . .[50]

Yn § 27 dywed y Declarasiwn, ar wahân i'r synodau achlysurol hyn, 'there are not instituted by Christ any stated Synods in a fixed Combination of Churches or their Officers, in lesser or greater Assemblies'. Y gwahaniaeth rhwng 'synod' Robert Browne a 'synod' y datganiad hwn yw bod yr olaf yn meddwl am synod fel casgliad o gynrychiolwyr – ond yr oedd cryn ganrif i fynd heibio cyn i'r Annibynwyr ddechrau noddi synodau a gyfarfyddai'n gyson.

Cydnebydd Thomas Goodwin yr angen am synodau o henuriaid yr eglwysi,[51] ond nid oes gan y cynghorau hyn awdurdod: (a) i ddileu dedfryd eglwys ond gallant fynegi barn arni; (b) i orfodi eglwys unigol i dderbyn brawd gwrthryfelgar yn ôl; (c) i wrando apeliadau oddi wrth ddedfryd eglwysi unigol. Sylfaen dadl Goodwin yw nad eglwys mo'r synod. Yr eglwys yw'r gymdeithas sydd wedi ei chorffori trwy gyfamod i weinyddu'r sacramentau ac i bregethu'r Gair. Ond nid dyna yw synod. Daw yn ôl at hyn yn fynych, e.e. '. . . *Excommunication from all ordinances can only be in a church where all ordinances are; and therefore not in or by a classical church, where the main ordinances men are shut out from are not administered*'[52] Mwy na hynny, y mae'r eglwys unigol yn eglwys gyflawn, gatholig. Ni ddichon unrhyw gasgliad o Gristionogion, gan hynny, oruwchlywodraethu'r eglwys unigol. Pe'i galwai'r synod ei hun yn eglwys, ni byddai hyd yn oed wedyn ond cyfartal â'r eglwys unigol. Ond, mewn gwirionedd, nid yw'n cyrraedd safle a braint eglwys. Ni weinyddir yn y synodau yr ordinhadau sydd yn angenrheidiol mewn eglwys; nid addoli yw eu prif ddiben – rhywbeth ydyw sydd yn ategu eu trafodaethau.[53]

Down, felly, at berthynas eglwysi â'i gilydd. Safbwynt Goodwin yw hwn

> . . . there is a twofold communion, and the duties are two-fold which the saints owe one to another, the one in respect of mystical and general relation, as occasionally they meet or are cast together, and the other is as they are formed up into several bodies of Christ's institution.[54]

'Damweiniol' yw'r berthynas gyntaf, 'swyddogol' yw'r olaf. Enghraifft o'r gyntaf yw Cristionogion yn cydgasglu mewn cyfarfod achlysurol fel Cymanfa Ganu; enghraifft o'r olaf yw'r eglwys yn ceryddu aelod am lacrwydd o unrhyw fath. Myn Goodwin mai'r unig gymundeb 'swyddogol' rhwng saint â'i gilydd yw'r un a geir y tu mewn i'r eglwys leol. Dyma'r man lle y gwahaniaetha'r Annibynnwr oddi wrth y brodyr Presbyteraidd neu Anglicanaidd. Nid oes neb yn gwadu'r dyletswyddau sydd gan Gristionogion at ei gilydd y tu allan i gylch eu heglwys eu hunain, ond dylid pwysleisio nad oes i unrhyw gyngor neu gorff a sefydlir i hyrwyddo'r dyletswyddau hyn unrhyw awdurdod ysbrydol fel ag sydd gan eglwysi. Awdurdod eglwys yw ei hawl i esgymuno troseddwyr;[55] ac y mae awdurdod yr henuriaid o'i mewn yn rhywbeth mwy na gallu'r Gair i berswadio neu'r dylanwad a berthyn i'w personoliaeth hwy. Y mae ganddynt awdurdod i orfodi, gyda chaniatad yr eglwys. Gan eu bod yn offerynau arbennig gan Dduw yn ei eglwys, haeddant barch gan ddeiliaid eglwysi eraill hefyd. Dylai eglwysi barchu ei gilydd am eu bod oll yn seddau awdurdod Crist yn ei eglwys.[56]

Ysbeidiol yw cymundeb eglwysi â'i gilydd, nid cymundeb mohono yn ôl trefniant arhosol, sefydlog ac anhyblyg. Pan fo anghydwelediad neu anhawster, braint eglwys yw gofyn cyngor y neb a fyn. Nid oes hawl gan unrhyw eglwys i alw eglwys arall i gyfrif ar sail awdurdod ond oherwydd rhwystrau.[57] Yn naturiol ceid cysylltiad agos rhwng eglwysi'r un genedl neu'r un wladwriaeth a'i gilydd. A gallwn gytuno bod hyn o fudd i'r cyfryw eglwysi. Ond rhan o gymundeb cyfrin yr eglwys gatholig yw hwn. Ni ddylai'r wladwriaeth na neb arall ymroi i asio eglwysi yn gyfundrefnau cyfreithiol a sefydlog: '... all these bonds and ties, by which churches are thus knit together, doth not give neighbour churches, or a national church, power of jurisdiction; for it runs in a way of that mystical communion of the Church universal ...'[58]

Gan mai cyfarfod o gynrychiolwyr yw synod ni all gario'r awdurdod i ddiarddel, ond fe all wrthod cyfathrachu a'r rhai sydd wedi troseddu.[59]

Dyna'n fras y damcaniaethau. Trown yn awr i olrhain y llwybr y cymrodd Annibynwyr Cymru i fynegi cyd-gymundeb eu heglwysi.

## Yr eglwys sir

Cyn dyfodiad Deddf y Taenu (1650) rhyw oleuni gwan yma a thraw ar hyd y gororau oedd Annibyniaeth. Fe'i ceid yng ngodre Sir Henffordd, yn Sir Fynwy, ychydig yn Sir Amwythig ac ardal Wrecsam. Ond ym mheiriau tanllyd y Rhyfeloedd Cartrefol, purwyd a chaledwyd argyhoeddiad nifer o Gymry a ymawyddai am gyfle i ledaenu eu hefengyl yng Nghymru. Wedi perswadio'r Senedd i basio Deddf y Taenu, llwyddasant i osod pregethwyr o'u dewis eu hunain ym mhlwyfi'r wlad, a'u talu o gronfa ganolog. Ychydig a wyddys am drefniadaeth yr eglwysi Annibynnol a gynullwyd yn y cyfnod hwn, ond awgryma Thomas Richards fod y llysenwau 'esgob' a 'metropolitan' yn golygu rhyw gymaint o wyro oddi wrth egwyddorion manylaf Annibyniaeth.[60]

Wedi i haf bach Deddf y Taenu droi'n aeaf oer yr Adferiad (1660) daeth Annibyniaeth eto'n fwy eglur ei ffurf. O dan bwys erledigaeth, y mae'n wir daeth hynt a helynt eu cyd-ymneilltuwyr yn fater o ddiddordeb i bob cynulleidfa, a gyrrwyd y rhai a drigai'n agos at ei gilydd i goleddu syniadau mwy cynhesol am eu brawdgarwch a'u hundeb yn yr Efengyl; ond ar yr un pryd gomeddai ysbiwyr y wladwriaeth iddynt ffurfio undebau clos eu gwead; yr oedd pob cynulleidfa fach yn ddiogelach yn addoli yn ei neilltuedd ei hunan. Fel y cerddai'r ail ganrif ar bymtheg tua'i therfyn ymddangosodd y ffurf ddiddorol honno ar Annibyniaeth a adwaenir fel yr 'eglwys sirol'.

Ffurf ar yr eglwys unigol oedd hon – nid trefniadaeth i gyfuno nifer o eglwysi gwahanol. Edrychai Annibynwyr Sir Aberteifi arnynt eu hunain fel aelodau o un eglwys. Daw hyn yn eglur yn Llyfr Eglwys y Cilgwyn: 'A list of such as were members of a Church of Christ gathered in Cardiganshire from the year 1653 to the year 1659.' Ond yr oedd, wrth gwrs yn cyfarfod mewn amryw fannau, fel y dengys pennawd arall: 'List of such as were Members of the Dissenting Protestant Church of Christ meeting at Caeronnen, Crygymaen Llwyn Rhys, and Kilgwyn . . .'[61] Oddi wrth y trwyddedau a ganiatawyd i bregethu ac i gynnal oedfaon yn y cyfnod hwn, y mae'n amlwg fod gweithgarwch yr eglwys hon yn ymestyn dros faes eang. Yn nhref Aberteifi rhoddwyd trwydded i James Davies i bregethu yn ei dŷ ei hun, a chofrestrwyd tŷ'r weddw Mrs. Gwyn; yng Nghellan trwydded-wyd Evan Hughes i bregethu yn nhŷ David Hughes; yn Nihewid trwyddedwyd tŷ Philip David ac yn Llanbedr, tŷ Evan David; cafodd y diddorol Morgan Howell ganiatâd i bregethu yn nhŷ John Jones ym mhlwyf Llanbadarn Odwyn, a David Jones yn ei dŷ ei hun yn

Llanddewibrefi; trwyddedwyd tŷ David Thomas yn Llandysiliogogo, a thŷ David Rees yn Llanfair Trelygen.[62] Yr oedd i'r eglwys swyddogion cymwys. Yn 1654 y gweinidog oedd Rees Powell. Cydymffurfiodd ef â'r eglwys sefydledig cyn 1665.[63] Erbyn 1692, David Jones a David Edwards oedd y gweinidogion ac ymddengys eu bod wedi parhau yn gyd-weinidogion tan 1698. Parhaodd David Edwards yn weinidog ar ôl marw David Jones, ac yr oedd yn weinidog yn 1715 pan wnaeth Dr John Evans ei amcangyfrif o rifedi Ymneilltuwyr y Dywysogaeth.[64] Ceir darlun o drefniadau'r eglwys yn y cyfnod 1692-8 yn Llyfr Eglwys y Cilgwyn. Y 'pastors', fel y dywedwyd, oedd David Jones a David Edwards; swydd Morgan Howell a David John Rees oedd 'teachers'; darlunir John Jones a Griffith Hugh fel henuriaid llywodraethol ('presb gub.'), a David Evan ac Evan John fel 'deacons'.[65] Golyga'r swyddi hyn gyda'i gilydd drefn gyflawn yr Annibynwyr. Ond y mae'n amlwg na olygai'r drefn fanwl yma gyfundrefn ganolog. Cyfarfyddai'r eglwys mewn sawl man, fel Cellan, Cilgwyn, Llwynypiod, Abermeurig, Blaenpennal, Ciliau Aeron, Crug-y-maen a mannau eraill. Nid oedd yr eglwys, fodd bynnag, yn glynu'n dynn wrth y terfynau sir, oherwydd ymwrthiai diadell Stephen Hughes y tu mewn i derfynau Ceredigion. Tarddai eglwys Penrhiwgaled o gynulliad Stephen Hughes yn Llandysul,[66] a ffrwyth llafur Stephen Hughes oedd eglwys Horeb hithau. Eglwys arall yn perthyn i'r cyfnod cynharaf, ond heb fod yn rhan o eglwys Sir Aberteifi yw Llechryd.[67] David Edwards, Jenkin Jones a Phylip Pugh oedd y gweinidogion yn 1715. Phylip Pugh (1679 -1760) yw'r cymeriad mwyaf yn hanes Eglwys sir Aberteifi, ac urddwyd yn 1709 i gyd-weinidogaethu â David Edwards, Jenkin Jones a David Jenkins, a'i lafur ef yn anad neb arall a wnaeth Annibyniaeth yn rym yn y Sir. Yn niwedd ei oes ef, ac yn arbennig ar ôl ei farw, y llaciwyd cortynnau'r eglwys sir. Llwyddodd Methodist ac Undodwr i wneud cryn ddifrod ar Annibyniaeth y Sir ac aeth Llwynpiod, Blaenpennal ac Abermeurig i'r gwersyll Methodistaidd yn ystod gweinidogaeth Thomas Gray.[68]

Ceir datblygiad heb fod yn annhebyg yn Sir Frycheiniog. Am yr eglwys hon, yn ail hanner yr ail ganrif ar bymtheg dywed Dr. Thomas Rees '"Eglwys Llanigon" y gelwid yr eglwys Ymneillduol yn y parth hwn y pryd hwnw, am mai yn mhlwyf Llanigon yr oedd prif le eu cynnulliad, ond yr oedd ganddynt ddegau o leoedd lle yr addolent yn ddirgel trwy yr holl sir, a thu allan i'r sir yn Merthyr Tydfil, yn

Morganwg, a Chefnarthen, yn Sir Gaerfyrddin. Un eglwys yr ystyrid y cangenau oll'.[69] I'r eglwys hon, yr oedd yn 1675, saith o henuriaid a phedwar o ddiaconiaid, a'r gweinidog oedd yr enwog Henry Maurice.[70] Efe, y gweinidog, oedd y cyswllt rhwng y bagadau hyn a gasglai yma a thraw o gwmpas y sir; oherwydd anodd credu y gallai eglwys a ymestynnai dros gymaint o ddaear gyfarfod yn hwylus mewn un man. Nid rhyfedd felly, fod Thomas Richards yn sôn am Bresbytereiddiwch y gyfundrefn hon.[71] Rhaid bod awdurdod mawr yn nwylo'r henuriaid, a'r unig wahaniaeth pwysig rhyngddynt a'r *classis* Presbyteraidd oedd eu bod yn henuriaid athrawiaethol ond heb fod yn henuriaid llywodraethol. Nid hawdd penderfynu i ba raddau yr oedd y gyfundrefn hon yn ffrwyth athrawiaeth resymegol, ond un peth ni ellir ei amau, mai sêl a brwdaniaeth Maurice a gadwai'r peiriant i weithio. Llanigon oedd canolfan yr eglwys, fel y dywed Maurice ei hun yn ei adroddiad yn y *Broadmead Records* yn 1675,[72] a hynny, fwy na thebyg am mai Llanigon oedd ei ganolfan ef, ac yno y casglai ei ddilynwyr o'i gwmpas. Ai cyfarfodydd cyffredinol o aelodau'r eglwys oedd y rhain? Ynte cyfarfodydd o'r swyddogion yn unig, fel yr awgrymodd Thomas Richards,[73] nid oes modd penderfynu – ond y mae'n amlwg fod y drefn hon yn golygu rhoi cryn straen ar athrawiaeth eglwysig yr Annibynwyr. Ond bu farw Henry Maurice, pensaer trefn hanner-presbyteraidd cynulleidfa Brycheiniog yng Ngorffennaf 1682, ac yn 1689 daeth Deddf Goddefiad. Bellach nid oedd neb i gadw'r drefn ganolog wrth ei gilydd, a daeth yn haws cael swyddogion i'r canolfannau gwasgaredig. Diflannodd yr eglwys sir ac yn ei lle cafwyd nifer o eglwysi unigol.

Ym Meirion, yr oedd y gyfundrefn yn bur wahanol. Y cymeriad canolog yma oedd Hugh Owen, Bronclydwr, gŵr a adwaenai Henry Maurice.[74] Ym Mrycheiniog, clywyd sôn am 'eglwys Llanigon', ond ym Meirion ni chlywyd sôn erioed am 'eglwys Bronclydwr', er bod Hugh Owen wedi cael trwydded i bregethu yn ei dŷ ei hun. Er hynny, un gynulleidfa oedd Annibynwyr Meirion:

> Ac 'Eglwys sir Feirionnydd' oedd pobl Hugh Owen o Fron Clydwr. Sylwer, nid 'Eglwys Bron Clydwr', a chanddi aelodau ar wasgar ymhell oddi wrthi, ond cynulleidfa wasgarog Meirion, a'i bugail, fel y digwyddai, yn byw ym Mron Clydwr . . . *Un* 'Gynulleidfa' felly, a chanddi aelwydydd yma a thraw.[75]

O droi i Sir Gaerfyrddin, ceir patrwm arall eto i'r eglwys sir. Yma, yr arloeswr oedd Stephen Hughes, Meidrim. Cysylltir cychwyn yr eglwysi yn Llanedi, Capel Isaac, Pencader, Pant-teg, Caerfyrddin, Llan-y-bri, Henllan a Thle-lech â'i enw ef. Er grymused cymeriad ydoedd, y mae'n amheus a oedd 'Eglwys Sir Gaerfyrddin' wedi ei threfnu mor glos ag y trefnwyd eglwys Brycheiniog gan Henry Maurice: 'In the days before 1687, all Carmarthenshire, with some districts outside it, was included in the 'church' of Stephen Hughes, but it is an untenable theory that he used regularly to visit the component parts of it from Llanedi to Pencader'.[76]

Pan oedd eglwys Llanedi yn cyfarfod yn Wernchwith yn ei dyddiau cynnar, yr oedd, yn ôl pob tebyg, yn eglwys annibynnol; ac yn sicr, ordeiniwyd David Penry yn weinidog arni yn 1688.[77] Yr oedd pobl Capel Isaac yn dechrau magu eu hannibyniaeth yn nechrau pum degau'r ganrif. Yn ogystal ag ordeinio David Penry, ordeiniodd Stephen Hughes Rys Prydderch i Bentre-tŷ-gwyn, Owen Davies i'r Pâl Mawr, a William Evans i Bencader – y cwbl yn 1688.[78] Tyfai'r cynulliad ym Mhant-teg i aeddfedrwydd yn gyflym, ac yr oedd Thomas Bowen yn weinidog yno o 1690 i 1707.[79] Ar waethaf y tywyllwch yng nghylch cychwyniadau eglwys Henllan, yr oedd yn sicr yn paratoi i adeiladu capel yn Rhagfyr, 1695.[80] Rhaid casglu, felly, mai'r duedd yn Sir Gaerfyrddin oedd annog cynulleidfaoedd i gymryd arnynt eu hunain holl fraint a chyfrifoldeb eglwysi corfforedig cyn gynted ag y gallent, a Stephen Hughes, gyda'i gydweithwyr David Jones a Samuel Jones yn eu bugeilio a'u hadeiladu.

Nid oes, fel y dengys y ffeithiau hyn unrhyw batrwm sefydlog i'r eglwys sir nac athrawiaeth i'w chyfiawnhau. Plentyn anghenion cyfnod oedd hi a diflannodd pan newidiodd yr amgylchiadau. Yn ychwanegol at hyn, yr oedd yr eglwys sir yn golygu rhoi esboniad amheus ar yr athrawiaeth eglwysig Annibynnol. Nid oedd cymundeb yn bosibl rhwng aelodau a oedd ar wasgar tros ddarn eang o'r wlad, ac am y rheswm hwnnw yr oedd yr offeryn pwysicaf yn y politi annibynnol – y Cwrdd Eglwys – yn un na ellid ei ddefnyddio o gwbl. A pha rinwedd sydd mewn sir? Dywedwyd digon o bethau cas am eglwys wedi ei sylfaenu ar blwyfi gan yr Annibynwyr eu hunain – pa gysegredigrwydd amgen oedd yn perthyn i'r siroedd? Nid oedd yn bosibl i'r eglwys sir wrthsefyll beirniadaeth o'r fath a diflannodd wedi'r argyfwng a'i creodd. Ond efallai iddi adael ar ei hôl ryw dyndra parhaol yng nghalonnau Annibynwyr – awydd i gyfeillachu â'u cymdogion yn y ffydd, ond eiddigedd hefyd dros sofraniaeth y gynulleidfa unigol. Rhaid troi'n awr i edrych ar y taro rhwng y ddeubeth hyn.

**Henllan**

Mewn gwirionedd, eilbeth oedd pwnc y drefniadaeth yn nadleuon Henllan, ond daeth yn fwy canolog fel yr âi'r ffwgwd rhagddo. Yn 1707 gweinidog Henllan oedd David John Owen. Brawd ydoedd i James Owen, Croesoswallt, ac i Charles Owen, gweinidog Presbyteraidd yn Warrington, ac athro yn yr Academi yno. Pwysigrwydd y cysylltiadau hyn yw eu bod yn esboniad posibl pam y bu David John Owen yn foddion i ddod â brwydrau pellennig i Sir Gaerfyrddin. Dyma'r cyfnod pan oedd y Presbyteriaid wrthi'n brysur yn troi eu côt. Byth er dyddiau'r Adferiad (1660), symudent i gyfeiriad mwy rhyddfrydol yn eu diwinyddiaeth. Pwnc y dydd oedd y wyddoniaeth newydd, a phan ddechreuodd honno gael ei thraed dani yng ngwaith dynion fel Newton, Galileo, Keppler, Leeuwenhoek, a Malpighi, rhannwyd dysgedigion yn ddau wersyll. Ceisiodd yr eneidiau mwyaf ceidwadol loches tan adenydd Aristoteles, ond ymosodwyd yn llym ar hwnnw gan y garfan ryddfrydol o tan faner Descartes, Locke a Ramus. Yn y frwydr hon ochrai'r Presbyteriaid gyda'r blaid olaf, fel y gwelir wrth edrych ar raglenni eu hacademïau. Ond nid oeddynt yn wahanol i adrannau sylweddol o'r mudiad Piwritanaidd yn hyn o beth. Cyn bo hir cymerasant un cam ymhellach. Bu brwydro tanbaid tu mewn i'r rhengoedd Calfinaidd rhwng y rhai 'isel' a'r rhai 'uchel', rhwng y Baxteriaid a'r Crispiaid. Yn y ddadl hon ochrodd y Presbyteriaid gyda'r isel-Galfiniaid, gan gofleidio Arminiaeth yn nes ymlaen. Cerddodd yr Annibynwyr y llwybr arall, uchel-Galfinaidd ac Antinomaidd. Yn gyson a sicr yn ystod y ddeunawfed ganrif symudodd y Presbyteriaid i gyfeiriad Undodiaeth, Ariaeth a Sosiniaeth (i ddefnyddio geirfa'r dadleuon hynny).

Ond uwchben Galfiniaeth y bu'r ddadl a ddatgelodd fod rhagor rhwng Annibynwr a Phresbyteriad. Yn Wrecsam y bu'r ffrwydro cyntaf. Yr oedd Dr. Daniel Williams yn aelod o'r eglwys hon ac yn ddiacon ynddi yn 1675. Cofleidiodd ef syniadau Presbyteraidd ac isel-Galfinaidd, a chan ei fod yn parhau ei gysylltiad â'r eglwys wedi iddo ymgartrefu yn Llundain, diau fod ei ddylanwad i'w deimlo ymhlith yr aelodau. Yn 1691 ymrannodd yr eglwys ac aeth y Presbyteriaid i gynnal eu hoedfaon ar eu liwt eu hunain. John Evans oedd y gweinidog ar y pryd, gŵr a fu'n bregethwr teithiol dan Ddeddf y Taenu, pan oedd Vavasor Powell yn esgob y pregethwyr teithiol, ac a briododd weddw Powell. Bu John Evans, felly, mewn cysylltiad agos â brenin uchel-Galfiniaid y genhedlaeth gyntaf o Biwritaniaid, ac arhosodd yn weinidog ar adran Annibynnol eglwys Wrecsam wedi'r rhwyg. Noddid y gwrthgilwyr gan James Owen, Croesoswallt. Erbyn 1692 yr oedd Daniel Williams ym mhen ei helynt yn ceisio rhoi gwastrodaeth ar Richard Davis, gweinidog Rothwell yn Northamptonshire, a ddysgai antinomiaeth ddigymrodedd, ac a neilltuai bregethwyr cynorthwyol i'w gwaith heb ymgynghori â neb. Wedi trafod Davis, troes Daniel Williams ei sylw at Tobias Crisp, yr oedd ei weithiau wedi eu hailgyhoeddi gan ei fab, Samuel Crisp yn 1690. Gwrthwynebodd Williams Galfiniaeth Crisp yn y llyfr *Gospel Truth Stated and Vindicated* (1692). Cynhyrfwyd un o Annibynwyr Wrecsam (a droes wedyn yn Fedyddiwr) i'w ateb. Y gŵr oedd Thomas Edwards, Rhual, ac atebodd mewn llyfr yn dwyn y teitl *Baxteriantsm Barefac'd*, y gyfrol ffyrnicaf yn yr ornest i gyd. Dyma ddechrau'r frwydr yn erbyn Presbyteriaeth yn hanes yr Annibynwyr Cymraeg.

Rhan o'r un cythrwfl oedd yr helynt gyntaf yn Henllan yn y bôn.[81] Y mae'n awgrymiadol tros ben mai brawd noddwr Baxteriaid Wrecsam oedd gweinidog Henllan yn 1707. Lewis Thomas a Henry Palmer yr henuriaid, a Matthias Maurice, y pregethwr ifanc oedd asgwrn cefn y blaid uchel-Galfinaidd, a David Owen y gweinidog yn brif ladmerydd y Presbyteriaid isel-Galfinaidd. Am dair blynedd bu dadlau parhaus ar yr un pynciau ag a gorddai bobl Wrecsam. Apeliodd y blaid isel-Galfinaidd at synod a gyfarfu yn gyntaf ym Mhencader, ac wedyn yn Nhre-lech. Tueddai'r synod i'w cefnogi, ac nid oedd dim amdani ond i Lewis Thomas ymadael a chychwyn achos yn Rhydyceisiaid. Bu farw David Owen yn 1710 a phan etholwyd ei fab yn weinidog aeth Matthias Maurice drosodd i wersyll Lewis Thomas. Buan y dilynodd Henry Palmer ef. Cynhaliwyd amryw synodau yn ystod y rhwygiadau hyn a bu cryn ddadlau ynglŷn â'u natur. Penllanw'r dadleuon hyn oedd dwy gyfrol yn cynrychioli'r ddwy blaid yn yr eglwys, sef *Byr a chywir hanes Eglwys Rhydyceished*, gan Matthias Maurice (1727)[82] a *Golwg ar y Beiau* gan Jeremy Owen (1732-3).[83] Ceir ynddynt ddwy farn wahanol iawn am briodolded synodau, ond myn y ddau mai

Annibynwyr ydynt. Cred Owen fod synodau yn rhan o gyfansoddiad Annibyniaeth oherwydd bod eglwysi Lloegr Newydd yn eu cynnal; oherwydd bod Annibynwyr Cymanfa Westminster drwy eu presenoldeb yn y Gymanfa yn cydnabod gwerth synodau; oherwydd bod athrawiaeth prif ddiwinyddion yr Annibynwyr yn eu caniatáu.[84] Rhydd hanes y synod a gynhaliwyd yn Henllan yn 1711 'ddigon o fodlonrwydd i bob ymofynnwr onest galon, a diduedd, i ddangos nad aethant hwy ddim trwch gwelltyn tu hwnt i'r terfynau y mae egwyddorion yr Independiaid wedi eu gosod iddynt.'[85] Dyma a ddengys yr hanes hwnnw, meddai: bod cyflwr eglwys Henllan yn galw am ymgynghori; bod y gweinidogion cylchynol i gyd yno gyda chynrychiolwyr o'u heglwysi; bod y synod wedi ei alw ar ôl cais o Henllan ei hun; bod yr aelodau a dramgwyddodd wedi cael rhybudd teg i ymddangos o flaen yr eglwys; bod y synod wedi ymgroesi rhag galw neb i gyfrif yr oedd yr eglwys yn ei gyfiawnhau; bod y synod wedi bodloni ar fynegi barn a chyhoeddi cyngor; ac yn olaf, fod y synod wedi cerdded yn bwyllog a holi teimladau gweinidogion yn Lloegr.[86] Mewn geiriau eraill, yr oedd synod Henllan (beth bynnag am y lleill) yn cytuno'n rhyfeddol dda â'r amodau a geir yn yr *Heads of Agreement* (1691) pan geisiwyd cael rhyw fath o undeb rhwng yr Annibynwyr a'r Presbyteriaid. Ateb oedd y ddadl hon gan Owen i gwynion Maurice am y synodau. Iddo ef, ystryw oeddynt. 'Hwy a wyddent farn aelodau y Synod yn dda cyn eisted (*sic*) o honynt, am hynny gallent gyda hyder fwrw arnynt eu baich.'[87] Oni all gwŷr y synodau brofi eu bod yn Apostolion, ac o ganlynad yn meddu awdurdod dros yr eglwysi i gyd, nid oes ganddynt hawl i'w synodau o gwbl. Rhaid chwilio am dangnefedd yn yr eglwys: 'Canys, (os – gwir Eglwys Crist) yno y gosodwyd gorsedd feingciau barn, yn ol (*sic*) trefniad Crist doethineb Duw, ac nid mewn anhrefnus synodau o wrth-drefniad doethineb Dyn.'[88] Gan fod synodau'n mynd i ddangos eu hawdurdod, nid oedd dim amdani ond cerdded allan. 'Yr holl sw'n (*sic*) ydoedd telerau, ammodau, condishwmau, awdurdod Synodau . . . . Erbyn hyn barned yr-holl-fyd onyd oedd yn llawn-bryd i ni neulltuo.'[89] Diau fod y symud graddol i gyfeiriad presbyteraidd eisoes wedi cynhyrfu rhai – galw gweinidogion cymdogol i gynorthwyo mewn gwasanaethau ordeinio, tanysgrifio arian ar gyfer anghenion aelodau eglwysi eraill, derbyn cymorth o'r Common Fund. Bellach rhaid protestio'n agored, gan fod esgus digonol wedi codi:

> . . . Lewis Thomas, the ultra-Independent seceder from Henllan, is the one (Crmarthen minister with an 'I' opposite his name in the Lists of Dr. John Evans . . . it was he for the first time in Wales, who had registered the passionate protest of the extreme Independent against the dangerous implications of an Independent synod.[90]

Dyma felly, brotest ymarferol gyrhaeddgar yn erbyn unrhyw ymgais i glymu eglwysi hyd yn oed tros dro â rheffynnau cyfundebol.

**Cyfarfod gweinidogion**

Yn yr *Heads of Agreement* (1691) dywedir:

> 1. We agree, that in order to concord, and in any other . . . weighty and difficult cases; it is needful, and according to the mind of Christ, that the Ministers of several Churches be consulted and advised with about such matters.[91]

Bu protest Lewis Thomas yn foddion i arafu unrhyw awydd am greu cynllun sefydlog allan o'r awgrym hwn – yn arbennig lle yr oedd anghydfod, ond yn ail hanner y ganrif daeth yn arfer bur gyffredinol i'r gweinidogion gyfarfod â'i gilydd. Dywed Philip Dafydd yn ei ddyddiadur fod cyfarfod yn Hanover, Sir Fynwy, 4 Gorffennaf, 1759. Cymerai Thomas Williams, Groes-wen ran mewn cyfarfod gweinidogion yn Rhydymardy ym Mehefin 1761. Mewn cyfarfod yn Abergafenni, 6 Awst, 1761, trafodwyd ordeinio Roger Rogers. Bu cyfarfod yn y Tŷ Newydd, Mynydd Islwyn, 21 Mehefin, 1775. Yn nyddiadur Philip Dafydd eto cyfeirir at gwrdd ym Mhen-main 1 Gorffennaf, 1778. Yng nghyfarfod Hanover 2 Hydref, 1782 urddwyd William Thomas yn weinidog. Tua 1790 cynhaliwyd cyfarfod ym Mhen-y-groes, Penfro. Yn 1794 yr oedd cyfarfod gweinidogion yn y Bala yn ystyried mater Abraham Tibbott. Yn 1806 dechreuodd gweinidogion Môn gyfarfod yn fisol 'i bregethu . . . ac i ymddiddan a'u gilydd am achosion cyhoeddus teyrnas Iesu Grist'. Ac yn Nhachwedd 1814 y mae hanes cyfarfod yn Nhyddewi 'i gydnabod y berthynas oedd yn cael ei ffurfio rhwng Mr. Griffiths a'r eglwys'. Tua therfyn yr helyntion yn Llanuwchllyn cawn fod yno gyfarfodydd gweinidogion ar 29 a 30 Hydref, 1839.[92]

Dengys yr enghreifftiau hyn fod cyfarfodydd gweinidogion i'w cael ym mhob rhan o Gymru er na wyddys i'r dim pa bryd y dechreuasant. Beth oedd eu diben?

(i) Yr oeddent yn cyfarfod i ordeinio gweinidogion. Awgrymwyd fod Lewis Rees wedi ei ordeinio ym Mlaengwrach oherwydd prinder gweinidogion i'w ordeinio yn Llanbryn-mair.[93] Sylwa Thomas Rees na chydnabyddid gweinidogion cynnar y Groes-wen pe byddent wedi eu hordeinio 'gan y bobl', rhaid i weinidogion fod yn bresennol er mwyn i'r ordeiniedig ennill cydnabyddiaeth.[94] Dengys y ffurf a ddewiswyd ordeinio Owen Davies a James Davies, dau o blant y Cilgwyn, ddylanwad yr arfer hon, yn ôl y cofnodion yn llyfr eglwys Esgerdawe: 'Ordained by fasting and prayer and laying on of the hands of the presbytery who were the Revd. Messrs. James Lewis, Philip Puw, Christmas Samuel, John Harries, Thomas Morgan of Llanwrtyd, John Lewis, Owen Rees'.[95]

Ar y 7 Hydref, 1743 y bu'r ordeinio hwn. Yn 1756 ymddengys bod cynnwrf nid bychan yng ngwersyll Annibynnol Mynwy am i aelodau eglwys New Inn neilltuo Morgan John Lewis i waith y weinidogaeth heb i weinidogion eraill fod yn bresennol.[96] Gwelir olion y dull hwn yn yr arfer o groniclo enwau'r gweinidogion sydd yn bresennol mewn cwrdd ordeinio.

(ii) Trafodent faterion ynglŷn â bywyd ysbrydol yr eglwysi. Yng nghyfarfod gweinidogion Rhydymardy 22 a 23 Mai, 1754 penderfynwyd, 'I weinyddu disgyblaeth lemach ar bersonau o fuchedd anfoesol yn ein gwahanol eglwysi' ac yng nghyfarfod 2 a 3 Mehefin, 1756 yn yr un lle, penderfynwyd 'I gadw dysgyblaeth fanylach yn ein heglwysi, ac i fod yn fwy diwyd i holwyddori ein pobl'.[97]

(iii) Yr oeddent yn gwrando pregethau ac yn trafod athrawiaeth.

**'The Associated Ministers'**

Y mwyaf arwyddocaol o'r cyfarfodydd gweinidogion, yn ddiau, oedd hwnnw a gasglai o gwmpas William Evans a Thomas Davies. Ordeiniwyd y ddau yr un diwrnod yn Chwarelau-bach, Castell Nedd yn nechrau 1754 (neu cyn hynny). Aeth Thomas Davies i ofalu am Lan-y-bri, a William Evans yn weinidog Rhydymardy a'r Cwm Mawr (Gorseinon a'r Crwys mewn oes ddiweddarach), ac ar ôl hynny ychwanegodd ei fam-eglwys, Cwmllynfell, at ei ofalaeth.[98] Cynhwysai lyfr eglwys Rhydymardy enwau'r gweinidogion a oedd yn bresennol pan ddaeth y cyfarfod yno ar ei dro. Y ffyddloniaid oedd Thomas Davies, Llan-y-bri, William Evans, Rhydymardy, Joseph Simons, Castell Nedd, Millbourne Bloom, Pentre-tŷ-gwyn, Thomas Jones,

Dre-fach a Henry Thomas, Gelli Dochlaethe. Dengys hefyd y cylch eang a wasanaethid gan y Cyfarfodydd.[99]

Cyn bo hir, ymyrrodd dadleuon diwinyddol â'r gymdeithas. Ni allai'r Calfiniaid a'r gwrth-Galfiniaid gydweithio'n hir heb i'r gwahaniaethau rhyngddynt beri cynnwrf. Eisoes (mewn cyswllt ehangach) sefydlwyd Academi Abergafenni yn 1751 fel protest yn erbyn gwrth-Galfiniaeth Academi Caerfyrddin. Daliodd yr anghydweld i dyfu yn y wlad a chyflyrddodd yn ddwys â'r cyfarfod gweinidogion pan awgrymodd John Griffiths, Glandŵr, gyfansoddiad i'r Cwrdd Chwarter (fel y gelwid ef bellach), ag amodau athrawiaethol i'r aelodau ynddo. Gwrthododd yr Arminiaid gydweithio dan yr amodau hyn, a chyhoeddasant eu gwrthwynebiad. Mynegwyd barn y Calfiniaid yn y pamffled *A Vindication of the Conduct of the Associated Ministers of Wales*. Dyma un o'r dogfenni pwysicaf yn hanes datblygiad y Cwrdd Chwarter. Dywed yr awdur, Dr. Benjamin Davies, iddi fod yn arfer ers blynyddoedd i gynnal y cyfarfodydd hyn a'u bwriad oedd diogelu athrawiaeth bur:

> It is a fact very notorious, and which cannot admit of a doubt, that numbers of the Protestants of our days have foresaken several of the leading principles and doctrines which the venerable Reformers maintained and preached . . . Now the associating ministers openly acknowledge their apprehensions, that the rejection of those principles tends to eat up and consume the very vitals of genuine piety; to promote carnal confidence and sinful security . . . and in one word, to deprive us of the substance of the gospel and to leave us nothing in its room, but the bare *religon of nature*.[100]

Yr oedd gan weinidog y man lle cynhelid y cyfarfod yr hawl i benodi pregethwr, ac fe gaffai hwnnw dragwyddol heol i ddewis ac i drin ei fater, ond aeth y pregethau i ddwylo amhriodol a theimlid bod eisiau well trefn. Paratowyd rheolau i'r cwrdd, ac fe'u harwyddwyd gan y gweinidogion:

PROPOSALS FOR THE HOLDING CIRCULAR QUARTERLY MEETINGS

THE INTENTIONS AIMED AT

1. The establishing and confirming of ministers and churches in the fundamental principles of the gospel.

2. To make some enquiries into the rule, order, and discipline of the churches of the New Testament.
3. All with the view of promoting holiness, and the Practice of Christian Piety in the Churches.

## THE DOCTRINAL POINTS CHIEFLY TO BE INSISTED UPON, ARE

1. The Doctrine of a Trinity of Persons in the divine Essence.
2. Mankind's ruinous and sinful condition by nature.
3. Absolute and personal Election to life, flowing from sovereign grace and mercy: the end to be accomplished in the method, and through the means appointed.
4. The incarnation of the Son of God; his true Divinity, and proper humanity, in personal union.
5. His substitution for his people, and vicarious sacrifice; and thereby a plenary satisfaction to Divine Justice on their account.
6. Justification by faith on the righteousness of Christ imputed.
7. The efficacy of the Holy Spirit in the infusion of grace, the sustaining, cherishing and increase thereof, to its full and certain completion in glory.

## THE METHOD TO BE OBSERVED

1. A Sermon tending to the illustrating and confirming one or other of the above doctrinal points; the subject and preacher to be settled by the ministers, the meeting next before. The allegations thereon and the explanation thereof, to be clear, genuine and simple, free from all ambiguity. Not insisted that it should be strictly controversial.
2. A practical discourse adapted to vulgar taste; the subject at the discretion of the preacher, and he to be fixed upon by the minister of the place where the meeting is held. And
3. In the afternoon a conference tending to the solution of doubts that may be proposed; all in subserviency to the above intentions.

In testimony of our approbation of, and accession to, the above proposals, and of our full resolution (under divine assistance and permission) to attend the said meetings, when and where fixed; and to aid and assist therein, as may or shall be required according to the above order, we hereunto set our names.

| | |
|---|---|
| John Griffith, | Rice Davies, |
| Lewis Rees, | Thomas David, |
| Maurice Griffith, | John Tibbot, |
| Owen Davies, | Benjamin Evans, |
| William Evans, | Evan Williams, |
| Thomas Davies, | Rees Harries, |
| John Davies, | Richard Morgan, |
| Morgan Jones, | Stephen Lloyd, |
| Benjamin Davies, | William Perkins.[101] |

Gwnaeth gwrthwynebwyr y gwŷr hyn eu safbwynt yn hysbys yn y ddogfen hon:

*The* DECLARATION *and* PROTEST *of certain Dissenting Ministers.*

> We the underwritten do hereby declare, that we are clearly of opinion, that it is our duty, as Gospel Ministers to adhere to the Bible, as the sufficient and only standard of the Christian Religion, with respect to faith and practice. And we do hereby enter our protest against subscribing to any explication of Scripture, considered as tests of orthodoxy or soundness of the faith; such subscriptions having been the occasion of many unhappy divisions and animosities in the Christian Church
>
> David Thomas
> J.Jenkins etc[102]

Nid oes angen ymdroi ar hyn o bryd gyda'r ddadl ddiwinyddol, ond dywed awdur y *Vindication* na fwriadwyd y gosodiadau dogmatig fel prawf ar uniongrededd. Gan hynny, yr oedd croeso i ddynion o farnau gwahanol fynychu'r cyfarfodydd. Teimlai'r tanysgrifwyr Calfinaidd y dylai'r cyfarfodydd fynegi barn ddiwinyddol mwyafrif yr aelodau – gan ganiatáu i'r neb a fynnai ryddid i anghydweld. 'Can a minister discharge his conscience, and acquit himself as faithful to his trust, if he forbears to declare the whole counsel of God, and will not bear his testimony for what he apprehends to be Truths of everlasting importance?'[103] Datgan ffydd yw bwriad y gosodiadau dogmatig, nid ei mesur. 'Ond', meddai'r awdur, 'hyd yn oed pe bai'r amodau diwinyddol yn *safonau* uniongrededd, a oes anghyfiawnder yn hynny?' Ceir dau fath o gymdeithas grefyddol – y gymdeithas a ordeiniwyd gan Grist yn y Testament Newydd, a'r gymdeithas sydd yn gynnyrch cydweithrediad gwirfoddol Cristionogion. Ni ddylid camgymryd y naill am y llall, a thrwy hynny gymysgu ordinhadau'r eglwys a ffrwyth dychymyg dynion. Nid oes neb am honni bod y cyfarfodydd chwarter yn rhan o ordinhadau'r eglwys; casgliad ydynt o weinidogion yn cyfarfod i gyflawni amcanion neilltuol.[104] Crist sydd yn teyrnasu drostynt, y mae'n wir, am y rheswm fod gweddïo, addoli a phregethu yn digwydd ynddynt. Ond nid yr eglwys mohonynt. Onid oes gallu a hawl gan bobl o gyffelyb anian i gyfarfod â'i gilydd yn wirfoddol fel hyn, a llunio'r rheolau a fynnant? Beth sydd i rwystro'r Calfiniaid yn yr eglwysi i gasglu at ei gilydd fel Calfiniaid, a diffinio terfynau'r gymdeithas i sicrhau hynny? Annuwiol ac anghyfiawn fyddai gosod terfynau o'r fath yn yr eglwys – golygai wadu sofraniaeth ac arglwyddiaeth Crist:

> We grant that the door of church communion, under the Gospel, should remain just as open as Christ hath left it . . . But when a number of Christians or ministers set up a mere voluntary society, they are evidently at liberty to establish by mutual consent, such religious regulations as prudence will dictate as most conducive to the end proposed.[105]

Nid oes yma unrhyw ymgais i newid yr athrawiaeth glasurol am natur eglwys nac i'w datblygu. Beth bynnag arall yw'r cyfarfod chwarter, nid yw'n rhan hanfodol o fframwaith yr eglwys.

Ymddengys bod yr 'Associated Ministers' wedi parhau i gyfarfod ar ôl hyn, a bod cofnodion manwl o'r gweithrediadau i'w cael o'r flwyddyn 1796.[106] O'r gweinidogion a arwyddodd y *Proposals*, nid oedd yn aros erbyn hynny ond John Griffiths, Lewis Rees, Owen Davies, Morgan Jones, Thomas Davies (Pant-teg), Benjamin Evans a Stephen Lloyd. Roedd pawb, ar wahân i Rees ac Owen Davies yn bresennol mewn cyfarfod yn Horeb, Sir Aberteifi, mewn cyfarfod gweinidogion a fu'n barhad o'r 'Associated Ministers'. Cynhaliwyd cyfarfod cyntaf y gyfres newydd yno ar Orffennaf 12, 1796, a chynhaliwyd y cyfarfodydd yn ddifwlch hyd heddiw. Yn y rheolau sefydlog, pwysleisir eto ddibenion athrawiaethol y cyfarfodydd: '. . . to preach and maintain the peculiar Doctrines of Revelation, or of the Gospel, the special Influences of the Holy Spirit on the heart, and Gospel Order and Discipline.' Ond gwelir yn y rheolau hyn ddechrau'r symud oddi wrth safbwynt Benjamin Davies. Daw materion trefn gyd-eglwysig yn faes trafodaeth, oherwydd dywed y trydydd penderfyniad fod pob pregethwr sydd ar brawf i ddyfod â thystysgrif cymeradwyaeth oddi wrth weinidog a henuriaid ei eglwys i'r Cwrdd Chwarter cyn y caiff fynd o amgylch i bregethu. Rhydd y cofnodion enwau'r pregethwyr a dderbyniwyd ar brawf. Dywed y chweched penderfyniad nad yw pregethwyr i anfon gormod o gyhoeddiadau ar yr un pryd, ac ni ddylent ymweld yn rhy fynych â'r un lle. Llofnodwyd y penderfyniadau gan y gweinidogion.

**Gwawr y cyfundebau diweddar**

Yn y llyfr cofnodion uchod ceir nodyn yn yr un llawysgrif â chofnodion 1838, fel hyn: 'Gan fod Crefydd yn enill tir yn Nghymru, barnwyd yn addas i gyfyngu terfynau cyfundeb cyfarfodydd cwarterol a Misol, yr hyn a wnawd gan Mwyaf yn Sirol, – Felly, mae y cynulleidfaoedd a'u Gweinidogion a enwir isod yn perthyn i Gyfundeb Sir Aberteifi.' Wedyn daw'r rhestr. Ymrannodd y cyfarfod yn dair adran neu gyfundeb – Aberteifi, Penfro a Chaerfyrddin. Digwyddodd hyn yn y cyfnod pan sefydlid cyfundebau sir. Fel y cerddai'r bedwaredd ganrif ar bymtheg rhagddi cynyddai'r awydd am gyfundrefnu cyd-weithrediad yr eglwysi. Diau fod cynyrfiadau tebyg yn Lloegr yn help i ddwyn y mater i sylw Annibynwyr Cymru. Gwnaethpwyd ymdrech i lunio Undeb cyffredinol yn Lloegr mor gynnar â'r flwyddyn 1806, ond bu'r arbrawf yn aflwyddiannus ac yn 1827 llyncwyd yr Undeb gan yr Home Missionary Society. Ond yr oedd cyfundebau sirol eisoes i'w cael yn Lloegr, a golygai hynny fod y cyfundrefnu wedi datblygu ynghynt yno nag yng Nghymru.[107]

Yn ychwanegol at ddylanwad Lloegr, rhaid yw cyfrif rhai ffactorau eraill. Dywed John Thomas, Lerpwl, i'r ymdrech fawr a wnaed i ddiddymu dyledion capeli yn 1833-4 hwyluso'r datblygiad. Rhoddwyd cyfle'r adeg honno i weinidogion gydweithio â'i gilydd mewn ffordd a oedd yn newydd i lawer ohonynt; a chan mor llwyddiannus ydoedd yr ymgyrch, 'Daeth argyhoeddiad, cryfach nag erioed i feddwl llawer, y dylesid cario Annibyniaeth allan yn ei gwedd gydweithredol, yn gystal â sefyll drosti fel egwyddor amddiffynol; a ffurfiwyd yn y rhan fwyaf o Gymru gyfundebau i'r perwyl'.[108] Fel y cryfhai Annibyniaeth, cododd y cwestiwn sut orau i adeiladu capeli ar gyfer y nifer cynyddol o aelodau. Aeth beichiau dŷledion eisoes yn llethol drwm, ac i ysgafnhau'r beichiau, rhaid oedd gwneud ymdrech arbennig, a honno'n ymdrech dreinus. Ffurfiwyd 'Undeb', a hwnnw'n cynnwys Cymru benbaladr, i arolygu'r gwaith. Pan gyfarfu'r 'dirprwywyr' yn Llanymddyfri ar y 27-9 o Fai, 1838, pasiwyd: '1. Fod y Dywysogaeth i gael ei hystyried yn Ddosparthiadau Sirol, a phob Dosparth i fod yn gangen o'r Undeb Cyffredinol. 2. Fod aelod o bob Eglwys, ynghyd â'r Gweinidog, yn mhob Sir i fod yn Ddirprwywyr . . .'[109] Canlyniad hyn oedd i undebau sir ymddangos i hyrwyddo'r gwaith da. Ym mhob rhan o Gymru cyfarfu cynrychiolwyr yr eglwysi, a chyfrannu at y gyfundrefn newydd, fel y gwnaeth gweinidogion Sir Aberteifi pan gyfarfuant ym Mhenrhiwgaled ar y 7 o Ebrill, 1836 a phasio 'yn unfrydig:' '1. Fod UNDEB i gael ei sefydlu yn nosparth y cyfarfod cwarterol hwn, er dileu y draul o adeiladu addoldai rhagllaw . . .'[110] Ac wedi cychwyn y gwaith rhaid rhoi cyfrif ohono (er mwyn plesio'r hael a chywilyddio'r cybyddlyd) ar dudalennau'r cylchgronau enwadol.

Y mae'n sicr fod awgrym John Thomas yn gywir sef bod a wnelo'r gweithgarwch hwn â chryfhau'r duedd i gyfeiriad trefniadaeth gyfundebol. Rhaid ychwanegu dau beth arall. Mabwysiadodd y Gymdeithas Genhadol gynllun cyffelyb iddo er mwyn hwyluso ei gwaith yn y siroedd. Ac yn ail, yr oedd y Cymanfaoedd a gychwynnwyd yn niwedd y ddeunawfed ganrif yn trafod cyflwr yr eglwysi yn eu cynadleddau. Mewn amryw gyfundebau hyd ganol yr ugeinfed ganrif cynheliwyd tri 'cwrdd chwarter' y flwyddyn, a chyfrifiwyd y Gymanfa Sir fel y pedwerydd cyfarfod. O'r edafedd amrywiol hyn y gwewyd patrwm y cwrdd chwarter modern. Ond nid heb wrthwynebiad chwaith.

**Helynt y cyfundebau**

Yr oedd gwŷr galluog wrth eu gwaith yn dadlau tros 'annibyniaeth gyfundrefnol' fel y gelwid hi. Yn y De, prif ladmerydd yr ysgol hon oedd Cromwel o Went (Hugh Jones, 1800-72). Yn gynnar iawn yn ei weinidogaeth dengys anfodlonrwydd ynghylch perthynas yr eglwysi Annibynnol â'i gilydd, ac yn *Y Dysgedydd*, Ebrill 1830, mynega ei gydymdeimlad â Phresbyteriaeth. Ni bu'n hir cyn mentro gosod trefn ar ei syniadau a'u mynegi'n gyhoeddus ar dudalennau'r *Diwygiwr*.[111] Ei ddadl yw bod cydweithrediad eglwysi â'i gilydd, yn rhwymyn cariad, mewn ufudd-dod i'r Ysgrythur ac ar sail cydraddoldeb cynulleidfaoedd unigol yn hanfodol:

> Mae *cyd-weithrediad* . . . er lledaenu yr achos mawr dros yr holl ddaear, ac er gwneuthur daioni yn neillduol i deulu'r ffydd, yn *hanfodol* i eglwys Iesu Grist, ac yn *nod hanfodol* ar y gyfundraeth Annibynol, fel cyfundraeth Crist . . . ond eto . . . nid oes yr un reol orfodol ddynol o eiddo synod yn perthyn iddynt, ond cyd-weithredant o ewyllys yn ôl amgylchiadau.

Wedyn rhydd restr o'r ffyrdd y mae'r eglwysi'n cyd-weithredu ynddynt. Â yn ei flaen a dywed:

> Y mae cyd-weithrediad o'r fath hyn yn perthyn yn hanfodol i eglwys Iesu Grist, ac felly i Annibyniaeth . . . Mae y cymdeithasau cenadol cartrefol, a thramor, eu cydymdrech dros ryddid crefyddol, eu *congregational union*, eu cyd-gyfarfod i agor eu capelydd, eu hurddiadau, eu cyfarfodydd misol a chwarterol, a'u cymanfaoedd, a phethau eraill, yn ddigon o brawf i bob un o hyn, ond gelyn maleisus na fyn brawf, ac *idiot* hurthgenaidd na ŵyr beth yw prawf rhesymol ac efangylaidd.[112]

Y mae'n awyddus tros ben i bwysleisio sofraniaeth yr eglwys unigol a phwysigrwydd y gynulleidfa, ond y peth trawiadol yn ei ddysgeidiaeth yw'r gred fod y sefydliadau sydd yn mynegi cydweithrediad eglwysi yn hanfodol iddynt fel eglwysi. Bu'r Annibynwyr yn eithaf parod i gydnabod bod rhai sefydliadau cydweithredol yn ychwanegu at effeithiolrwydd gwaith yr eglwysi, ond peth newydd a dieithr oedd yr ymgais hon i'w gwneud yn rhan o'r hanfodion. Dyma oedd 'annibyn-iaeth gyfundrefnol' Thomas Rees a John Thomas. Un arall o gefnog-wyr yr ysgol hon oedd James Griffiths, Tyddewi (1782-1858). Bu ef â rhan amlwg yng nghyfarfodydd Gweinidogion Sir Benfro, ac mewn cyfarfod ym Maenclochog ar y 1 Gorffennaf 1828 ceisiwyd cael gwell trefn ar y cyfarfodydd trwy lunio rheolau sefydlog pur fanwl – a Griffiths a rydd yr hanes yn y *Dysgedydd*.[113] Gwelai yntau fanteision arbennig mewn cael trefn a dosbarth ar gydweithrediad eglwysi â'i gilydd. 'Y mae achos allanol crefydd yn y byd, fel pob achos helaeth arall, i gael ei ddwyn yn y blaen mewn gwahanol gylchoedd . .', a'r cylchoedd a enwir yw 'cylch eglwysig', 'cylch sirol', 'cyfarfod Undeb' (yn cynnwys De a Gogledd), a'r 'Undeb Cynulleidfaol Cyffredinol'. Awgryma y dylai pob cylch benderfynu materion 'perthynol i'r cylch hwnnw yn unig'. Nid oes raid i'r cylchoedd sir fod mor fawr â sir, os bydd yn fwy cyfleus i'w rhannu, nac mor fach â sir, os bydd yn fwy cyfleus i gydio dwy sir wrth ei gilydd. Nid Presbyteriaeth yw hyn, meddai oherwydd: 'Nid yw y gweinidogion yn honi un awdurdod yn hyn; nid ydynt hwy a swyddogion eglwysig eraill, mewn cymanfa, neu unrhyw gyfarfod cylchol arall, ond cenhadau'r eglwysi, gweithredu dros, ac yn achos yr eglwysi yn gyffredinol'.[114] Ond nid yw'r ddadl hon yn wynebu'r gwir anhawster o gwbl. Dadl Annibynwyr selog yn y ganrif o flaen Griffiths oedd mai cyfarfodydd gwirfoddol ac answyddogol oedd y rhain, ac os oedd y rhai a fyddai'n bresennol yn gynrychiolwyr eglwysi, fe ddigwyddasai datblygiad newydd ac arwyddocaol. Gwelai rhai o ddarllenwyr *Y Diwygiwr* hynny'n eglur. Dywed *Auto Mathes* yn rhifyn Gorffennaf 1840 na welai ef ragor rhwng Annibyniaeth Griffiths a Phresbyteriaeth. Yn ei ateb dywed Griffiths mai'r gwahaniaeth rhwng y ddau beth yw bod Henaduriaeth yn meddu awdurdod dros eglwysi'r henaduriaeth, a'r awdurdod hwnnw oddi wrth Grist; o ganlyniad y mae'r penderfyniadau a besir gan yr henaduriaeth yn rheolau. Gyda'r Annibynwyr, cynrychioli'r eglwysi y mae'r rhai sydd yn dod ynghyd ac erys yr awdurdod yn yr eglwysi unigol; argymhellion yn unig yw'r penderfyniadau a fabwysiedir.[115] Ond trwy wneud aelodau unrhyw synod neu Gwrdd Chwarter yn gynrychiolwyr eu heglwysi, yr oedd Griffiths a'i gyfeillion yn gwneud y cyrddau hyn yn rhannau hanfodol a swyddogol o fywyd a threfn yr eglwysi. Ac yma y codai'r anhawster, a'r gwrthwynebiad.

Y maes lle y ceisiodd Hugh Jones weithredu ei egwyddorion oedd yng Nghyfundeb Mynwy. Ef yn bennaf oedd yn gyfrifol am lunio'r Cwrdd Chwarter hwnnw, a'i gael i roi trefn arno'i hun, a phasio pob math o reolau cymwys i hyrwyddo trefnusrwydd yng ngwaith yr eglwysi. Y mae cofnodion y Cwrdd Chwarter yn dangos yn eglur fod Hugh Jones yn llwyddo i gael ei ffordd, a'i fod yn prysur droi'r Cwrdd Chwarter yn llys eglwysig. Nid oedd cynnal cwrdd chwarter i ordeinio gweinidog ond rhan o draddodiad yr enwad, ac nid oes ddim i'w ryfeddu ato chwaith pan gyfarfu'r Cyfundeb ar y 14 a'r 15 Ebrill, 1836 i gorffoli eglwys yn y Babell, Abersychan. Yr oedd hyn yn cydfynd hefyd â'r hyn a wnaethpwyd mewn cynhadledd ym Mlaenafon ar y 13 o'r un mis 'er trefnu y mesurau gorau er dwyn yn mlaen bethau pwysig y deyrnas . . .'[116] Ond ym mhen blwyddyn gwelid ysbryd caethach yn y gweithrediadau, oherwydd pasiwyd y penderfyniad hwn:

> Fod y cyfarfod hwn yn llwyr gymeradwyo penderfyniad y Gymanfa Orllewinol, sef fod pob cysylltiad (connection) crefyddol i benderfynu pethau yn eu plith eu hunain heb ymhyrid â chysylltiadau cymmydogaethol; fod pob troseddwr, os yw wr cyhoedd, i gael ei godi yn gyntaf y yr eglwys gartref, yna gan gyfundeb y Sir, ac yna gan gymanfa y tair Sir . . .[117]

Ni ellir amddiffyn Hugh Jones rhag y cyhuddiad o fod yn awyddus i ddefnyddio'r cyfundeb fel offeryn i amddiffyn urddas a breintiau gweinidogion. Enghraifft o hyn yw ei berthynas â William Watkin, Rhymni. Urddwyd ef, meddai Hugh Jones 'yn ôl trefn y Testament Newydd, ac y mae'r un hawl ganddo i'r anerchiad urddasol Parchedig . . . ag sydd gan un archesgob, neu offeiriad plwyf trwy'r deyrnas.'[118] Ym mhen blwyddyn cododd helynt flin rhwng William Watkin a'i eglwys, ac yng nghwrdd chwarter Rehoboth, ger Nant-y-glo, ar y 3 a'r 4 o Ionawr, 1838 ceryddwyd eglwys Rhymni'n llym.

Ymhellach, daeth stormydd chwerw i brofi'r arbrawf newydd. Ceisiodd Cyfundeb Mynwy ddangos ei ddanedd yn achos helbul eglwys Pen-main. Aeth yn wrthdaro yno rhwng y gweinidog a'r eglwys, er nad oes bellach wybodaeth pam. Rhoes y ddwy ochr eu hachos o flaen y Cyfundeb yn y cyfarfod a gynhaliwyd yn Sardis, y Farteg, ar yr 11 a'r 12 o Fawrth, 1840. Wedi gwrando'r dadleuon, penderfynodd y Cyfundeb fod y bai ar wrthwynebwyr y gweinidog, y Parchedig John Jones. Estynnwyd cydymdeimlad ac amddiffyniad y Cyfundeb i'r gweinidog a'i gefnogwyr. Gwaherddid i unrhyw bregethwr draddodi'r Gair na gweinyddu'r sacrament i'r gwrthryfelwyr, 'hyd nes y cydnabyddont, ac yr ymostyngont am eu beiau, ac amlygu hynny i'r cyfundeb'. Gelwir ar holl weinidogion Cymru i gydweithredu yn y boicot hwn ar bobl Pen-main.[119] Ateb diaconiaid yr eglwys i hyn oedd ceisio dangos iddynt weithredu'n gwbl reolaidd. Yn ôl telerau'r alwad a roddwyd i John Jones, rhaid oedd rhoi rhybudd iddo pan ddymunid terfynu ei weinidogaeth. Gwnaethpwyd hynny, meddent, ar ôl ymgynghori â Chromwel o Went ei hun. Traddododd John Jones ei bregeth ymadawol, ac o'r herwydd, yr oedd yr eglwys ac yntau'n rhydd i fynd bob un i'w ffordd. Eu teimlad yw bod y cyfundeb yn ceisio gwthio John Jones arnynt yn groes i'r trefniant a wnaethpwyd pan alwyd ef, ac yn groes hefyd i'w hawliau hwy fel cynulleidfa. Y maent yn barod, gan hynny, i groesawu unrhyw weinidog a ddaw i'w gwasanaethu. Heriodd Thomas Rees (Aberdâr y pryd hynny) y Cyfundeb trwy wasanaethu'r eglwys ym Mhen-main.[120]

Ni allai Cromwel o Went aros yn fud, a chais amddiffyn y Cyfundeb drwy roi amlinelliad o'r gynhadledd yn y Farteg. Deirgwaith holwyd gwrthwynebwyr John Jones a oedd ganddynt ryw gwyn yn erbyn ei gymeriad moesol. Atebasant nad oedd. Gofynnwyd a oeddynt yn anghydweld â'i athrawiaeth. Unwaith eto nid oedd ganddynt gwyn, ond credent fod ganddynt hawl ac awdurdod, pe dymunent, i roi rhybudd i'r gweinidog. Holwyd John Jones a oedd ef yn barod i drafod telerau â'i feirniaid; dywedodd yntau ei fod – ond gwrthododd cynrychiolwyr yr eglwys. Wedyn penderfynwyd ysgymuno'r eglwys. Ymboethai Cromwel o Went wrth feddwl am y fath wrthnysigrwydd:

> Pa weinidog ystyriol a all bleidio byth y fath ymddygiadau ac ysbryd anghristionogol. Pa beth yn enw synwyr cyffredin, a allasai y gweinidogion ei wneuthur ond yr hyn a wnaethant? Y maent yn galw ar weinidogion siroedd eraill i ddyfod i'w pleidio, ac yn beio gweinidogion Mynwy am alw ar eu brodyr i gyd-weithredu â Chyfundeb y Sir . . . Os fel hyn y mae gweinidogion a'r swydd weinidogaethol i gael eu trafod, y maent islaw caethwas a *phrentis* plwyf.[121]

Rhwygwyd yr eglwys ac aeth cefnogwyr y gweinidog allan i ffurfio eglwys ar wahân, yn cyfarfod yn Jerusalem, Coed-duon. Fe'i corffolwyd ar yr 22 o Ragfyr, 1839. A bu hyn yn foddion i beri heddwch oherwydd yng Nghymanfa Carmel, Cendl ar y 5 a'r 6 Awst, 1840, derbyniwyd Eglwys Pen-main yn ôl i'r Cyfundeb, gan ei bod yn cydnabod cyfiawnder ei waith yn ei berthynas â hi, ac am ei bod wedi 'ymostwng am yr hyn oedd felus ynddi.'[122] Hugh Jones, felly, a gafodd y gair olaf, ac ni leihaodd y Cyfundeb ddim ar ei ofynion.

Cynrychiolid yr un ysbryd yn y gorllewin gan y Parchedig David Davies, Pant-teg (1791 – 1864). Yn Hydref 1832 ym Mhen-y-groes, pasiodd Cyfundeb Caerfyrddin benderfyniad 'Na bydd i ni o hyn allan ystyried un urddiad, nac agoriad capel yn y sir hon yn rheolaidd heb fod y mater yn cael cymeradwyaeth y cyfarfod chwarterol cyn y byddo'r urddiad yn cymeryd lle.'[123] Bu i weinidogion ran bwysig ym mhob cyfarfod ordeinio yn ôl traddodiad yr Annibynwyr, ond ni cheisiodd neb o'r blaen ddweud bod rheoleidd-dra urddo yn dibynnu ar rag-hysbysu'r peth i'r Cwrdd Chwarter. Nid rhyfedd fod beirniadu llym ar y penderfyniad ac y gorfuwyd David Davies i'w amddiffyn ei hun ar dudalennau'r *Efangylydd*. Ei ddadl yw bod: enghreifftiau i'w cael o bobl yn cael eu hurddo er gwaethaf gwrthwynebiad cryf yn yr eglwys, ac o weinidogion yn cynorthwyo yn y gwaith heb sylweddoli nad oedd popeth yn drefnus. Erys llwyddiant a threfnusrwydd y bywyd eglwysig yn fater o bwys i weinidogion 'a'r blaenoriaid eraill' ac ni ddylent gael eu gwahodd i urddo gweinidog heb gael cyfle yn gyntaf i holi ei gilydd a yw popeth yn drefnus yn yr eglwys. Pa reswm sydd felly, dros ei wrthwynebu? Os yw eglwys yn anghytuno â'r penderfyniad, y mae rhyddid iddi gerdded ei llwybr ei hun.

Un o gedyrn Sir Gaerfyrddin yn y cyfnod hwn oedd David Rees, (Capel Als (1801 – 69).[124] Nid oedd ganddo ef fawr o gydymdeimlad â'r Annibynwyr cyfundrefnol, er iddo gredu yn hawl gweinidogion i ymgadw rhag y math hwnnw o bobl a oedd yn anghymeradwy ganddynt. Ar sail yr egwyddor hon yr arweiniodd weinidogion Sir Gaerfyrddin yn eu hymwrthod â John Joseph a'i gynulleidfa yn Llanedi.[125] Yr oedd yn naturiol i David Rees a Hugh Jones wrthdaro â'i gilydd. Dywed *Hanes Eglwysi Annibynol*, 'Yr oedd rhyw ddrwg deimlad wedi bod am flynyddoedd rhwng Mr. Rees, Llanelli, ac yntau . . .'[126] Nid oedd fawr ddim yn well gan y ddau na ffrae, a phan oedd y naill yn barod i gymodi, yr oedd y llall yn codi rhyw grachen newydd. Bob yn ail â ffraeo, anfonent nodiadau digon caruaidd at ei gilydd. Ar Ebrill 23, 1835, anfonodd Rees lythyr at Hugh Jones (yn Saesneg) yn gofyn am ei gynorthwy ynglyn â misolyn y bwriadai ei gyhoeddi, ac yn gofyn ymhellach iddo awgrymu enw arno, ac atebodd Hugh Jones mewn geiriau caredig iawn.[127] Ym mis Hydref, yr oedd Rees yn gwahodd Jones i gynrychioli Sir Fynwy ar bwyllgor archwilio cyfrifon y misolyn a adwaenid bellach fel y *Diwygiwr*.[128] Ond, ni pharhaodd y melyster hwn yn hir. Erbyn 1841, ymddangosai'r geiriau 'Dirwest' a 'Robyn Ddu' yn y llythyrau. Ymgrynhoai'r drwg rhwng y ddau o gwmpas y ddeubeth hyn. Anghytunent ar fater dirwest. Ym mis Medi 1841 cyfaddefai David Rees wrth Hugh Jones – 'a wyddost ti beth, Hugh, yr unig beth sydd rhyngot ti â fi ydyw fy mod yn Deetotal pe byddet ti ond syno y pledge neu fi yfed gwydred o grog byddem yn gystal ffryndiau ag erioed'.[129] Mater pwysig arall rhyngddynt (ar waethaf 'unig beth' David Rees) oedd trefn eglwysig a helynt Robyn Ddu, ac i adrodd y stori honno rhaid troi i'r Gogledd ac at helyntion pregethwyr teithiol.

Yn nechrau'r ganrif o'r blaen prif uchelgais pob pregethwr ifanc oedd mynd ar daith bregethu, naill ai ar ei ben ei hun neu yng nghwmni un arall. Danfonai'r pregethwr hysbysiad o'i flaen i ddweud y byddai'n ymweld â chapel ar yr amser a'r amser. Dyma oedd 'cyhoeddiad'. Tystia John Thomas, Lerpwl, fod croeso anrhydeddus i'r pregethwyr hyn.[130] Ond gwaetha'r modd, gellid camarfer y drefn. Dengys y cyfeiriadau ym mron pob cofiant mor fynych yr âi pregethwyr ar daith. Sôn am y dynion cymeradwy a wna'r cofiannau, ond yr oedd gwŷr eraill ar y maes, a buan y dechreuodd yr eglwysi wingo yn erbyn y symbylau. Dechreuwyd galw am ryw drefn ac atalfa ar y gwŷr hyn a'u symudiadau. Y mae un gohebydd yn *Nysgedydd* 1829 yn cwyno'n ddwys rhag y pregethwyr teithiol sydd yn bwyta tai gwragedd gweddwon: 'Oni ddylid . . . (g)osod rhyw attalfa ar yr arferion ynte fabwysiadu rhyw drefn i ragflaenu'r drwg? Pa achos i ni mwy na'r Saeson i gefnogi pob un sydd yn ewyllysio agor ei enau, a than esgus hynny i gael byd da helaethwych beunydd'.[131] Mewn ysgrif herllyd 'Presbyteriaeth yn well yng Nghymru nag Annibyniaeth', mynnai Cromwel o Went mai trwy drefn a oruwchyliai yr eglywsi unigol yn unig gellid rhoi atalfa ar rodianna'r pregethwyr teithiol.[132]

Yn rhannol mewn ymateb i'r ddadl hon aeth y Cyrddau Chwarter ati o ddifrif i lunio rheolau i gael gwell trefn ar y pregethwyr. Rhaid oedd cael caniatâd y Cwrdd Chwarter i bregethu o fewn ei diriogaeth. Yng Nghyfundeb Morgannwg parhai'r caniatad am dri mis yn unig.[133] Deddfodd Sir Gaerfyrddin na ddylid urddo gweinidog nac agor capel heb ganiatâd y Cyfundeb,[134] ac yn ddiweddarach pasiwyd rheol gyffelyb yn Nwyrain Morgannwg.[135] Yn 1840 ail-gadarnhawyd rheolau Cyfundeb Mynwyr ynglŷn â phregethwyr teithiol.[136] Yr oedd yn amlwg i ba gyfeiriad y chwythai'r gwynt. Ni bu'n ofer y llythyrau a alwai am lywodraeth gryfach gan y cyfundebau. Yr oedd dyddiau'r teithio dilyffethair wedi eu rhifo. Ond yn y Gogledd rhannwyd yr eglwysi ar y mater. Y gŵr a gyfatebai i Gromwel o Went yno oedd William Williams 'Caledfryn', gweinidog Pen-dref, Caernarfon. Coleddai ef a

Chromwel o Went syniadau cyffelyb am waith a diben y Cyrddau Chwarter.

Prif wrthwynebydd Caledfryn oedd Dr. Arthur Jones, Bangor.[137] Ychydig o ddim a wnai Arthur Jones â'i gyd-weinidogion, a theimlai'n anfodlon ar y ffordd y rhannwyd yr arian a gasglwyd ar gyfer dileu dyledion capeli. Rhoed sylw i'w achos yng Nghymanfa Conwy, ar y 26-8 o Fehefin 1838. Pasiwyd penderfyniad yno ynglŷn â phregethwyr cynorthwyol: 'Nad oes un pregethwr anurddedig i anfon ei gyhoeddiad o'r sir heb ganiatâd ysgrifenedig cyfarfod chwarterol, wedi ei arwyddo gan dri o weinidogion.'[138] Creodd hwn helbul ddirfawr cyn bo hir i Arthur Jones a Chaledfryn, ond aethpwyd ym mhellach. Arwyddwyd llythyr gan y cadeirydd dros y cyfarfod yn cyhuddo Arthur Jones: '(i) Na fu ef yn y Cymanfaoedd Sir; (ii) na fu mewn cyrddau eraill; (iii) na pharchai egwyddorion Annibyniaeth wrth dderbyn aelodau a'u diarddel; (iv) nad eglurodd safbwynt ei eglwys parthed Annibyniaeth; (v) ei fod yn codi pregethwyr mewn ffordd afreolaidd'.[139]

Gofynnid hefyd iddo ateb cyn diwedd Gorffennaf 1838. Ni chafwyd ateb o fath yn y byd, ac felly ysgymunwyd Arthur Jones a'i eglwys. Ar y 25 o Ragfyr 1839 pasiodd Cwrdd Chwarter Dinbych a Fflint benderfyniad yn cydnabod Robert Parry (Robin Ddu Eryri) yn bregethwr rheolaidd ar dystiolaeth Arthur Jones. Arwyddwyd y penderfyniad gan Jonah Lloyd, Llanelwy; Isaac Harries, yr Wyddgrug; William Rees, Dinbych; Hugh Pugh, Mostyn; Jonathan Davies, Penuel; Ellis Hughes, Treffynnon; Richard Jones, Rhuthyn; Lewis Evrerett, Llanrwst; Thomas Ridge, Llangwyfan; a Stephen Davies, y Rhyl. Ategwyd hwn gan weinidogion eraill yn y Gogledd, yn cynnwys Cadwaladr Jones, Michael Jones, Samuel Roberts a'i frawd John Roberts. Dyma eu datganiad hwy

> Yr ydym ni, gweinidogion perthynol i'r blaid grefyddol adnabyddus wrth yr enw Annibynwyr, yn wyneb y cyhuddiadau a daenir yn erbyn ein brawd Mr. ROBERT PARRY (ROBYN DDU ERYRI), yn gweld yn angenrheidiol ei amddiffyn, trwy hysbysu yn gyhoeddus ac yn gyffredinol trwy Ddeheubarth Cymru, ein bod yn ei gydnabod ef yn bregethwr yr efengyl rheolaidd i enwad yr Annibynwyr, ac iddo fod yn pregethu mewn amrai addoldai Annibynol yn y Gogledd heblaw un Bangor; ac yr ydym ni a'n heglwysi etto yn barod i roddi derbyniad croesawus iddo fel y cyfryw.

> Bydded hysbys hefyd ein bod yn ystyried ein brawd, y Parchedig Arthur Jones, o Fangor, a'i eglwys, fel brodyr ereill yn y weinidogaeth a'u heglwysi, ac mor barod i ddal cymundeb â'r naill a'r llall.[140]

Yn y modd hwn y daeth Robin Ddu i ganol y darlun. Fe'i codwyd yn bregethwr gan Arthur Jones, ac y mae lle cryf i amau bod y penderfyniad yng Nghymanfa Conwy wedi ei lunio i roi carchar arno. Ond yr oedd mwy i ddod. Ymosododd Evan Griffith, Llanegryn, yn chwyrn ar Galedfryn am feiddio siarad yn enw 'Enwad yr Annibynwyr yn y Gogledd' ac anfon cylch-lythyrau drwy'r wlad yn cyhoeddi beth a wnaethpwyd yng Nghymanfa Conwy, fel pe bai honno'n gymwys i dra-awdurdodi dros eglwys Bangor. 'Geill Mr. Parry fod yn aelod rheolaidd perthynol i eglwys Annibynnol Bangor, ac i enwad yr Annibynwyr, heb fod yn perthyn i gyfundeb Annibynol sir Gaernarfon'. Dywed beth diddorol arall, sef bod Cymanfa yn Llanrwst wedi anghymeradwyo gwaith Caledfryn a'i gefnogwyr ond bod golygydd *Y Dysgedydd* wedi gwrthod cyhoeddi hynny. Y mae'n amlwg nad oedd yr un anhawster yn codi gyda'r *Diwygiwr*.

Yn rhifynnau Mawrth a Mehefin 1840 o'r *Diwygiwr* daeth Caledfryn a 'J. G. Tyddewi' allan i amddiffyn Cymanfa Conwy. Ymosod yn gas ar Arthur Jones yw cyfran Caledfryn. 'Os oes diaconiaid', meddir, 'yn eglwys Bangor, pam y mae'r gweinidog yn derbyn y casgliadau yn uniongyrchol? Onid Arthur Jones ei hun, nid yr eglwys, sydd yn penderfynu pwy sydd i gael eu derbyn a phwy a ddiarddelir?' Cododd Robin Ddu yn afreolaidd – 'ni chafodd yr eglwys erioed brawf o'i fuchedd nag o'i gymhwysderau cyn ei godi i'r pulpit'. Ac yn olaf, nid yw'n arfer gan Arthur Jones ddod nac i gwrdd ordeinio nac i Gymanfa. Rhaid tynnu'r casgliad nad yw eglwys Bangor mwyach yn eglwys annibynnol. Yr hyn a wnaeth Cymanfa Conwy oedd 'rhoddi ar ddeall i Mr. A. Jones, nad oedd dim a fynai y frawdoliaeth yn sir Gaernarfon ag ef, tra y byddai efe yn gweithredu mor groes i'w hegwyddorion . . . megys codi dynion yn afreolaidd i waith y weinidogaeth'.[141] 'Amddiffyn trefnusrwydd yw nod Griffiths, Tyddewi. Mewn undeb y mae nerth, ac ni ellir cyfiawnhau gwaith rhai cyfundebau yn cydnabod Robin Ddu heb i'w gyfundeb ei hun wneud hynny yn gyntaf. Felly yn unig y diogelir trefn; "Beth! A ydyw yn anghyson ag Anymddibyniaeth i amryw eglwysi i gyduno mewn rhyw fesurau cyffredinol er atal annhrefn?'[142] Yn y cyfamser pregethai Robin Ddu hwnt ac yma. Cwyna William Jones, Pen-y-bont oherwydd bod Robin wedi ymsod arno am nad oedd yn llwyr-ymwrthodwr pan ddigwyddodd y ddau ddod i'r un capel, yr un pryd i gynnal oedfa. Mentrodd Robin ei amddiffyn ei hun yn y *Diwygiwr* trwy fynnu bod pob eglwys yn ddeddf iddi ei hun. Ysgrifennodd diaconiaid eglwys Bangor lythyr cryf yn cefnogi ac yn amddiffyn eu gweinidog, a diau i hwn brofi'n ddylanwadol. Ond beth a feddyliai Cromwel o Went o'r datblygiadau hyn? Yr oedd rhywbeth yn yr helynt wedi ei gyn-ddeiriogi ac ysgrifennodd at David Rees yn bygwth cychwyn cyfnodolyn i gystadlu â'r *Diwygiwr*. Ymddengys mai sêl Robin Ddu tros ddirwest a'i poenai, ac mewn llythyr ato ymdrecha David Rees i beri iddo sylwi ar erthygl Caledfryn yn *Y Diwygiwr* (Mawrth 1840): '. . . if you read the opening attack of Williams Carnarfon you find that it was not dirwest but Robyn was the theme of the discussion . . .'[143] Beth bynnag a gorddai Cromwel yn ei lythyrau preifat, y mae'n siwr ei fod yn ategu'n llawn benderfyniadau Cwrdd Chwarter Llynwy yn Sardis, y Farteg, ar yr 11 a 12 o Fawrth, 1840, y pumed yn cyhoeddi nad oedd Robin Ddu yn bregethwr rheolaidd, a'r chweched yn mynegi (mewn cytundeb â Chaledfryn) 'yr anghenrheidrwydd anhebgorol o gydundeb mewn gweithrediad' h.y. na ellid annibyniaeth heb gyfundebau.[144] Tawelodd y storm, oherwydd, faint bynnag oedd sêl ddirwestol Robin Ddu yn 1840, pallai erbyn Mawrth 1841[145] (er na chlywsai Cromwel y newydd da yn Awst yr un flwyddyn). Safodd Arthur Jones yn ddi-gryn, a methodd 'connexion' Caledfryn wneud dim ag ef.

**Diweddglo**

Gwelir un peth yn amlwg sef bod dau ysbryd yn ymgiprys yn enaid Annibyniaeth Cymru – y naill yn ceisio diogelu sofraniaeth yr eglwys unigol, costied a gostio, a'r llall ar dân dros feithrin cydweithrediad rhwng yr eglwysi â'i gilydd. Ni lwyddwyd hyd yma i gymhwyso athrawiaeth sylfaenol yr Annibynwyr at y dasg o briodi'r ddeubeth. Y mae'r tyndra'n aros os nad yn croestynnu. Gan hynny, nid rhywbeth a gododd dros y nos oedd Brwydr y Ddau Gyfansoddiad. Yr oedd iddi ddwy ganrif o baratoi, ac efallai mai hynny a esbonia ei chwerwder. Dyna oedd pennod nesaf ymwneud yr eglwys â'r eglwysi yn hanes Annibynwyr Cymru.[146]

[1]John Owen, *The True Nature of a Gospel Church*, W.Goold (gol.), *Works* (1852), XVI, 15-7
[2]Robert Browne, *A Booke which sheweth* (1582), § 35
[3]Henry Barrow, *Letter to Cartwright* (1558), gw. F.J.Powicke, *Henry Barrow* (1900), 93-4
[4]Owen, *Gospel Church*, 14
[5]'Llyfr Eglwys Mynydd-bach', *Y Cofiadur* 17 (1947), 16
[6]Thomas Hooker, *A Survey of the Summe of Church-discipline* (1648), 14
[7]Perry Miller, *The New England Mind: the Seventeenth Century* (Cambridge MA, arg.1982), 449
[8]Owen, *Gospel Church*, 26
[9]Ibid., 27
[10]Ibid., 29-30
[11]Hooker, *Church-discipline*, 49
[12]Ibid., 64
[13]Ibid., 79
[14]William Ames, *The Marrow of Sacred Divinity* (1642), 160
[15]Ibid., 157
[16]Owen, *Gospel Church*, 188
[17]Thomas Goodwin, 'Book 2', *The Government of the Churches of Christ*, yn *Works* (1865), XV, 50-131
[18]Ibid., 50-3
[19]Ibid., 53-9
[20]Ibid., 59-65
[21]Ibid., 65-82
[22]Ibid., 82-6
[23]Ibid., 86-106
[24]Ibid., 109
[25]Ibid., 113-131
[26]'The partes of Church-Government are all of them exactly described in the word of God ... see that it is not left in the power of men, officers, Churches, or any state in the world to add, diminish, or alter any thing in the least measure therein', *Cambridge Platform* (1648), pennod 1
[27]Gw.R.Tudur Jones, 'Rhesymeg y Piwritaniaid', *Efrydiau Athronyddol* 8 (1950), 19-37, ail-gyhoeddwyd yn W.J.Rees (gol.), *Y Meddwl Cymreig* (Caerdydd, 1995), 85-107
[28]Owen, *Gospel Church*, 42
[29]Ibid., 47-8
[30]Goodwin, *Government of the Churches*, 333
[31]Browne, *A book which sheweth*, 53-4
[32]Vavasor Powell, *Examen* (1654), `To the reader'
[33]Joshua Thomas, *Hanes y Bedyddwyr* (Caerfyrddin, 1778), 138
[34]William Erbery, *The Wretched People* (1653), 108
[35]Thomas Rees a John Thomas, *Hanes Eglwysi Annibynnol Cymru* (Lerpwl, 1871), I, 79
[36]J.Lloyd James, *Hanes Eglwys Glandŵr*, 52
[37]E.Lewis Evans, *Hanes Capel Isaac* (Llandysul, 1950), 53
[38]NLW Add MS 371B, 21
[39]Rees a Thomas, *Hanes Eglwysi Annibynnol Cymru* (Lerpwl, 1873), III, 583
[40]Ibid., III, 354
[41]NLW Add MS 371B, 21
[42]Ibid., 164
[43]Rees a Thomas, *Hanes Eglwysi Annibynnol Cymru*, (Lerpwl, 1872), II, 455
[44]Ibid., I, 402

[45]Ibid, 417
[46]R.T.Jenkins, *Hanes Cynulleidfa Hen Gapel, Llanuwchllyn* (Bala, 1937), 157
[47]Goodwin, *Government of the Churches*, 288
[48]Browne, *A book which sheweth*, 51
[49]Ibid.
[50]*Savoy Declaration* (1658), 26
[51]Goodwin, *Government of the Churches*, 237
[52]Ibid., 238
[53]Ibid., 244
[54]Ibid., 244-5
[55]Ibid., 264
[56]Ibid., 265
[57]Ibid., 275
[58]Ibid., 276
[59]Ibid., 282-3
[60]*History of the Puritan Movement in Wales* (1920), 198
[61]'Llyfr Eglwys y Cilgwyn', *Y Cofiadur* 1 (1923), 24
[62]Thomas Richards, *Wales Under the Indulgence*, 1671-5 (1928), 155
[63]Thomas Richards, *Religious Developments in Wales*, 1650-62 (1923), 496
[64]Thomas Rees, *History of Protestant Nonconformity in Wales* (1860), 261
[65]'Llyfr Eglwys y Cilgwyn', 26
[66]*Hanes Eglwysi Annibynnol Cymru*, IV, 139
[67]Ibid., 154
[68]Ibid., 83
[69]Ibid., 267
[70]Gw. Thomas Richards, 'Henry Maurice, Piwritan ac Annibynnwr', Derwyn Jones a Gwilym B.Owen (Goln.), *Rhwng y Silffoedd* (Dinbych, 1978), 71; Y Cofiadur 6 (1928), 59
[72]'the only Church in this County is that which commonly meets at Llanigon'
[73]*Y Cofiadur* (1928), 58
[74]Gw. pennod 5
[75]Jenkins, *Hanes Cynulleidfa Hen Gapel, Llanuwchllyn*, 12
[76]Thomas Richards, 'Nonconformity, 1620-1715', J.E.Lloyd (gol.), *History of Carmarthenshire* (1939), II, 500
[77]*Hanes Eglwysi Annibynnol Cymru*, III, 500
[78]Evans, *Capel Isaac*, 47
[79]*Hanes Eglwysi Annibynnol Cymru*, III, 455
[80]Ibid., 337
[81]Gw. Thomas Richards, 'The Henllan secessions', *History of Carmarthenshire*, II, 165 ymlaen
[82]Fe'i hail-argraffwyd yn *Y Cofiadur* (1925), 41-9
[83]R.T.Jenkins (gol.), *Golwg ar y Beiau* (Caerdydd, 1950)
[84]Ibid., 52-4
[85]Ibid., 55
[86]Ibid., 55-6
[87]*Y Cofiadur* (1925), 45
[88]Ibid., 46
[89]Ibid., 47
[90]Richards, *History of Carmarthenshire*, 167
[91]R.Tudur Jones, *Congregationalism in England*, 1662-1962 (1962), 112-3
[92]*Hanes Eglwysi Annibynnol Cymru*, I, 32; II, 376; I, 59, 27, 40, 34; II, 47; I, 414; II, 524; III, 22; I,420-1

[93]Ibid., I, 238
[94]Ibid., II, 375
[95]T.Eirug Davies 'Philip Pugh a'i ragflaenwyr', *Y Cofiadur* (1937), 23; cf. *Hanes Eglwysi Annibynnol Cymru*, IV, 89
[96]*Hanes Eglwysi Annibynnol Cymru*, I, 76
[97]Ibid., II, 28
[98]Ibid., 149
[99]Ibid., 28-9
[100]*A Vindication of the Conduct of the Associated Ministers of Wales* (Carmarthen, 1771), 4
[101]Ibid., 6-8
[102]Ibid., 9; dau yn unig o'r llofnodwyr a enwir
[103]Ibid., 10-11
[104]Ibid., 18
[105]Ibid., 17-8
[106]*Y Cofiadur* 7 (1929), 22-35
[107]Jones, *Congregationalism in England*, 235-44
[108]John Thomas, *Cofiant Thomas Rees DD, Abertawy* (Dolgellau, 1888), t.120; cf. R.Tudur Jones, *Yr Undeb: Hanes Undeb yr Annibynwyr*, 1872-1972 (Abertawe, 1975), 23-42 am y datblygiadau cynnar a ddeilliai o hyn
[109]*Y Diwygiwr* (1835), 23, 26
[110]Ibid. (1836), 314
[111]Ibid. (1839), 349; (1842), 79-82; 109-12; 141-2
[112]Ibid. (1842), 111-2
[113]*Y Dysgedydd* (1828), 306
[114]*Y Diwygiwr* (1840), 171
[115]Ibid., 277-8
[116]Ibid. (1836), 378-9
[117]Ibid. (1837), 240
[118]Ibid., 26
[119]Ibid. (1840), 121
[120]Ibid., 192-3; Thomas, *Cofiant T.Rees*, 128
[121]Ibid., 223
[122]Ibid., 221
[123]Thomas, *Cofiant T.Rees*, 124
[124]Gw. Iorwerth Jones, *David Rees y Cynhyrfwr* (Abertawe, 1971), passim
[125]*Hanes Eglwysi Annibynol Cymru*, III, 502
[126]Ibid., 439
[127]NLW MS 10276, f.167
[128]Ibid., f.168
[129]Ibid., f.171
[130]Thomas, *Cofiant T.Rees*, 57
[131]*Y Dysgedydd* (1829), 9
[132]Ibid. (1830), 121
[133]*Y Diwygiwr* (1838), 89
[134]*Yr Efangylydd* (1832), 155
[135]*Y Diwygiwr* (1840), 283
[136]Ibid., 121
[137]Cf. R.Tudur Jones, *Annibynwyr Bangor: Camau ar Daith Dwy Ganrif* (Bangor, 1982), 4-10
[138]Ibid. (1838), 246
[139]*Hanes Eglwysi Annibynol Cymru*, III, 280
[140]*Y Diwygiwr* (1840), 18

[141]Ibid., 75-80
[142]Ibid., 170-3
[143]NLW MS 10276 f.170, D.Rees i Hugh Jones, 11 Awst 1841; am y manylion uchod gw. *Y Diwygiwr* (1840), 90-1, 114, 92-3
[144]*Y Diwygiwr* (1840), 121
[145]Ibid. (1841), 85
[146]Gw. R.Tudur Jones, *Hanes Annibynwyr Cymru* (Abertawe, 1966), 253-7; am barhad y tensiwn fel yr amlygwyd ef yn hanes y colegau, gw. idem. 'Etifeddiaeth Michael', *Taliesin* 65 (1988), 95-100

PENNOD 4

# *Eglwys Loegr a'r Saint, 1660 - 1688*

Da o beth fydd gwneud amcan hyn o lith yn eglur ar y cychwyn. Nid yw'n ymgais i ddisgrifio holl agweddau'r berthynas rhwng Anglicaniaid ac Ymneilltuwyr rhwng 1660 a 1688. Byddai'n rhaid wrth gyfrol i wneud hynny. Ni fwriedir chwaith disgrifio cefndir cyfreithiol a gwleidyddol y cyfnod. Y peth y dymunwn ei wneud yw ceisio darlunio'r berthynas rhwng arweinyddion yr Eglwys Anglicanaidd yng Nghymru a'r Ymneilltuwyr.[1] Erbyn hyn y mae'n amlwg fod honno gryn dipyn yn fwy cymhleth nag a dybid yn y gorffennol. Wel, at ein gwaith, ynteu!

**Y gyd-ffurfiaeth newydd**

James Owen a alwodd y drefn eglwysig a saerniwyd wedi Adferiad y Brenin yn 1660 wrth yr enw 'y gyd-ffurfiaeth newydd.'[2] Ac nid heb achos. Iddo ef y peth amlycaf o'i chwmpas oedd gorseddu athrawiaeth yr Archesgob William Laud am ddwyfol hawl esgobyddiaeth a'r angen am ordeinio gweinidogion ag arddodiad dwylo esgob. Manteisiodd disgyblion Laud ar oddefiad cymharol Cromwell i hogi eu harfau. Yn ystadegol, lleiafrif oeddynt yn Eglwys Loegr yn Lloegr a Chymru – traean yr holl glerigwyr efallai, ond pan ddaeth yr Adferiad yr oeddynt yn barod i osod eu dwylo ar yr awenau. Drannoeth yr Adferiad yr oedd yn rhaid iddynt frwydro'n ffyrnig yn erbyn penderfyniad y Presbyteriaid i gadw'r sefydliad yn eu meddiant ond o dipyn i beth syrthiodd y swyddi allweddol o un i un i arffed y Laudiaid. O fewn deuddeg mis wedi'r Adferiad yr oedd eu buddugoliaeth yn gyflawn.[3] Ac yr oedd y fuddugoliaeth i'w phriodoli i nawdd y brenin, cefnogaeth y Senedd a gallu mawr i fanteisio ar ddiffyg undeb y Piwritaniaid.[4]

Golygai hyn greu unwaith eto drefn grefyddol i'r Eglwys Sefydledig na allai ond lleiafrif y Piwritaniaid ei derbyn. Pwysigrwydd Deddf Unffurfiaeth yw mai hi sy'n selio buddugoliaeth y Laudiaid y tu mewn i'r Eglwys Sefydledig. Ac i'r blaid hon yn yr Eglwys yr oedd Annibynwyr, Bedyddwyr, Crynwyr a Phresbyteriaid nid yn unig yn sismaticiaid a fynnai rwygo'r sefydliad eglwysig trwy eu hanufudd-dod, ond yn hereticiaid a beryglai burdeb y ffydd trwy eu hathrawiaethau sectol am natur yr eglwys ac awdurdod ei gweinidogion hi.

Pan greffir ar sefyllfa grefyddol Cymru wedi'r Adferiad gwelir mor ddylanwadol oedd y gwŷr a oedd yn barod i gydweithio â Gilbert Sheldon i sefydlu ac amddiffyn y drefn newydd. O'r hen esgobion, un yn unig a fu byw i weld yr Adferiad a William Roberts, esgob Bangor oddi ar 1637, oedd hwnnw.[5] Yn wir, aeth Roberts i'r esgobaeth trwy ddylanwad William Laud a chafodd rannu blinder esgobion y genhedlaeth honno pan ddaeth Tŷ'r Cyffredin a chyngaws yn ei erbyn yn 1640. Yn fuan wedi'r Adferiad fe'i ceir (gyda gwŷr dylanwadol fel Sheldon, Morley ac Earle) yn cymeradwyo ymgeiswyr am ddyrchafiad ac yn gwarantu eu huniongrededd a'u huchel-eglwysyddiaeth.[6] Gŵr o gyffelyb anian oedd ei olynydd Robert Morgan.[7] Ar ôl 1637 yr oedd yn gaplan i William Roberts a gwnaeth lawer yn ystod y Rhyfel i hybu achos y Brenin yn y Gogledd[8] a chollodd ei fywiolaethau am ei drafferth. Felly hefyd ei olynydd yntau, Humphrey Lloyd[9] a ddiswyddwyd o'i fywiolaethau gan y Piwritaniaid.[10]

Yn Llandaf nid oedd y patrwm fawr gwahanol. Yr oedd yr esgob Hugh Lloyd[11] yn Frenhinwr selog.[12] Ac nid oedd ei olynydd Francis Davies[13] yn ôl iddo yn ei sêl er fod hyd yn oed John Walker yn gorfod cydnabod na chafodd driniaeth hallt iawn gan y Piwritaniaid.[14] Magwyd William Lloyd[15] yn uchel eglwyswr ac yn Gafalîr gan ei dad, Richard Lloyd,[16] ac yr oedd cryn dipyn o ramant Cafaliraidd o gwmpas yr esgob William Beaw.[17] Bu'n alltud ar y Cyfandir yn ystod goruchafiaeth Cromwell ac yn gynrychiolydd y Cafaliriaid yn Denmarc yn ogystal ag yn swyddog ym myddin Sweden pan ymosododd honno ar wlad Pwyl.[18]

Ni bu neb yn amlycach fel amddiffynydd hawliau'r Eglwys yn erbyn y Piwritaniaid na George Griffith a ddyrchafwyd yn 1660 yn esgob Llanelwy ac a gynorthwyodd i ddiwygio'r Llyfr Gweddi a pharatoi Deddf Unffurfiaeth 1662.[19] Saeson teyrngar oedd ei olynwyr Henry Glemham ac Isaac Barrow.[20] Sais hefyd oedd William Lucy a ddyrchafwyd yn esgob Dewi yn 1660 a gŵr eiddgar i ddilyn arweiniad y Laudiaid er mai ei brif ddifyrrwch oedd cynhennu â'i brif swyddogion.[21] Yr oedd Laurence Womack a aeth i Dyddewi yn 1683 yn cael cymeriad fel 'a great Royalist & true son of ye Church of England'.[22] Ond ni wnaeth ef, mwy na'i olynydd John Lloyd,[23] fawr ddim o'u hôl ar yr esgobaeth. Yna yn 1687 dechreuodd esgobaeth drychinebus Thomas Watson.

Y ddau enw na restrwyd mohonynt yw William Lloyd a William Thomas a hynny am y rheswm fod yn rhaid rhoi triniaeth arbennig iddynt yn nes ymlaen oherwydd fod eu hagwedd at Ymneilltuwyr yn wahanol braidd i'w brodyr. Aeth Lloyd i Lanelwy yn 1680 ac yn sicr yr oedd yn un o'r esgobion mwyaf grymus a eisteddodd yng nghadair Asaff erioed.[24] Yn 1677 yr aeth y tirion William Thomas i Dyddewi gan adael am Gaerwrangon yn 1683.[25]

Gwelir felly pa mor gadarn oedd y fainc esgobol dros y syniad Laudaidd am yr Eglwys a pha mor ddwfn oedd ei gwrthwynebiad i Biwritaniaeth. Yng Nghymru carthwyd Piwritaniaeth yn llwyr o blith arweinwyr yr Eglwys. I'r esgobion yr oedd Eglwys Loegr – a hi'n unig – yn cynrychioli'r wir eglwys yng Nghymru. Yr oedd ei hesgobyddiaeth o ddwyfol ordeiniad a'i gweinidogaeth yn apostolaidd ei tharddiad. Derbynient heb betruso'r ddamcaniaeth mai cwbl briodol oedd ieuo'r eglwys hon â'r wladwriaeth ac ni cheir yr un o'i harweinwyr yn awgrymu mai drwg o beth oedd sicrhau monopoli grefyddol i'r eglwys hon trwy gymorth y deddfau cosb.

## Y llysoedd eglwysig

Yr oedd gan yr Eglwys ei llysoedd ei hun i ddisgyblu ei phlant anystywallt. A rhestrai cyfraith yr Eglwys yr Ymneilltuwyr ymhlith y rhain. Ni ellir darlunio na deall perthynas Ymneilltuwyr ac Anglicaniaid heb sylwi ar weithgarwch y llysoedd hyn.

Mewn cyfres o erthyglau meistraidd, disgrifiodd Mr. Walter T. Morgan yn fanwl sut y gweithiai'r llysoedd hyn yn esgobaeth Dewi.[26] Canlyniad ei ymchwil ef yw dangos yn eglur fod y llysoedd hyn yng nghyfnod yr Adferiad yn dechrau dioddef o'r parlys a oedd maes o law i'w dirymu. Yn un peth, yr oedd y llysoedd seciwlar yn naddu eu hawdurdod bob yn ysglodyn. Nid oedd twrneiod a barnwyr y llysoedd hynny yn awyddus i weld busnes proctoriaid y llysoedd ysbrydol yn cynhyddu. Ar ben hynny, yr oedd eu heffeithiolrwydd fel cyfryngau cosbol yn lleihau o flwyddyn i flwyddyn am resymau cyfreithiol ac economaidd. Nid nad oedd clercod y llysoedd consistori yn brysur ddigon – y mae cyfrolau corffol actau'r llysoedd sydd bellach yn y Llyfrgell Genedlaethol yn brawf o hynny. Ond er eu dygnwch yn cofnodi enwau troseddwyr ac yn cychwyn achosion yn eu herbyn, y mae'n syfrdanol cyn lleied o gosbi a ddilynai'r symudiadau prysur hyn. Anaml iawn y ceir y llys yn dangos ei ddannedd o ddifrif.

Wrth drafod dogfennau'r llysoedd consistori, ni ellir cymryd sylw (wrth drafod yr erlid) o achosion ond y rhai lle dywedir yn bendant fod troseddwr yn cael ei wysio am anghydffurfio. Nid yw achosion am droseddau perthynol i dalu degymau neu dreth eglwys yn taflu unrhyw oleuni ar Ymneilltuaeth pobl yn y cyfnod hwn. Nid oedd ymatal rhag talu'r rhain wedi tyfu eto'n fater cydwybod.

Ac o ganolbwyntio ar achosion lle nad oes unrhyw amheuaeth mai anghydffurfio a ddaeth â'r troseddwr i sylw'r llys, y drefn arferol oedd bodloni ar ysgymuno fel cosb. Yn wir, dyma oedd y gosb a weinyddai'r llys yn beiriannol, nid oedd cosb arall y gallent ei defnyddio.[27] Ac yn y mwyafrif llethol o'r achosion, dyna ddiwedd ar y mater. Erbyn 1661 aeth ysgymundod bron iawn yn gosb ddiystyr – yn arbennig i Ymneilltuwyr nad oedd arnynt awydd mynd i eglwys y plwyf ffordd bynnag. Deuai ysgymundod yn gosb o ddifrif pan geid clerigwr mwy deddfol na'i gilydd a wrthodai gladdu cyrff y sawl a ysgymunwyd ym mynwent ei blwyf. Ac, wrth gwrs, gallai'r achosion hyn fod yn rhai dolurus tros ben i deimladau pobl a gadawent gryn dipyn o chwerwder ar eu hôl. Ac yr oedd ar Ymneilltuwyr ofn ysgymundod am y gallai fod yn rhagymadrodd i driniaeth waeth.

Gwendid y llysoedd eglwysig oedd eu hanallu i ddefnyddio grym i orfodi troseddwyr i ateb cyhuddiadau yn eu herbyn. Cyn y gallai'r llys orfodi presenoldeb, rhaid yn gyntaf ysgymuno ar ôl yr amser priodol ac yna hysbysu'r ysgymundod wedi i ddeugain niwrnod basio i Lys y Siawnsri trwy'r writ *significavit*. Wedyn gallai'r Llys hwnnw anfon y writ *de excommunicato capiendo* i lawr yn gorchymyn y siryf i gymryd y troseddwr i'r ddalfa hyd oni chymerai sylw o orchymynion y llys ysbrydol. Ond prinion ryfeddol yw'r enghreifftiau sydd ar gael o'r llysoedd yn mabwysiadu'r peirianwaith hwn i wastrodi Ymneilltuwyr. Posibl mai un rheswm am yr ymatal hwn oedd ei fod yn ddull costus o weithredu ac nad oedd y llysoedd yn awyddus i'w ddefnyddio yn erbyn pobl na ellid ennill y costau yn ôl oddi arnynt oherwydd eu tlodi.[28] Ar ben hynny, y mae gennym dystiolaeth yr Esgob William Lloyd, Llanelwy, fod anawsterau cyfreithiol a'i gwnai'n ddiflas yng Nghymru i fabwysiadu'r dull o apelio at Lys y Siawnsri. Esbonia'r Esgob i'r Archesgob Sancroft mai'r unig writiau y gellir eu cael yng Nghymru o'r Siawnsri yw'r rhai a dderbynnir ac a gyhoeddir 'by the Judge of Assize at Assizes time'. Ystyr hyn oedd mai am fis yn unig o'r flwyddyn yr oedd grym yn y gwritiau mewn tair sir. Ei arfer ef gan hynny oedd troi at beirianwaith y Sesiwn Fawr: 'Our maner has allwaies been to signify excommunicate persons to the Countrey-Barons of the Exchequer, whereof we have one for every 2 or 3 Counties, & from them we take our writs de Capiendo . . .'[29] Pan ysgrifennodd yr Esgob y geiriau hyn yn nechrau 1684, darganfuasai'r Ymneilltuwyr ei bod yn bosibl rhwystro erlyniad ar sail y writiau hyn trwy apelio at yr Arglwydd Ganghellor am writ *supersedeas* ar y tir fod y gwritiau wedi eu sicrhau'n anghyfreithlon. Ond eto, ystyr geiriau'r Esgob yw ei fod wedi eu defnyddio'n gyfreithlon droeon cyn hyn.

Gan hynny, cadarnheir y darlun cyffredinol sy'n hysbys ddigon i fyfyrwyr y cyfnod hwn yn y blynyddoedd diwethaf mai anwadal ac anghyson oedd yr erlid. Yn awr ac yn y man, fel yn achos arweinwyr Ymneilltuol Brycheiniog,[30] y mae'r llysoedd eglwysig yn dangos eu dannedd. Ond fynychaf nid oeddynt yn mynd ymhellach na chadw cyfrif o'r anghydffurfwyr mwyaf egnïol yn y plwyfi a'i gadael ar hynny.

I ddeall awyrgylch y cyfnod y mae'n bwysig i beidio â phriodoli ein gwybodaeth ni am rediad diweddarach hanes i bobl yr ail ganrif ar bymtheg. Fe wyddom, o edrych yn ôl, fod y llysoedd eglwysig yn tynnu eu traed atynt erbyn 1661. Ni wyddai gwŷr 1661 hynny. Yr oedd digon ohonynt a gofiai Lys yr Uchel Gomisiwn a'i weithredoedd. A oedd hanes yn mynd i'w ail-adrodd ei hun? A oedd y Llys Consistori a gyfarfyddai gyda chysondeb di-ball yn Aberhonddu neu Lanfair-ym-Muallt yn cynnal ei eisteddiadau yn unig er mwyn 'trin y dreth'? Y mae gennym un darn o dystiolaeth gyfoes o sir Frycheiniog sy'n awgrymu y gwyddai Ymneilltuwyr yn dda beth oedd arswydo rhagddo. Pan gyhoeddodd Iago II ei Indwlgens, mynnodd Richard Pugh, melinydd Tredwstan, fynegi ei lawenydd am y rhyddid mewn llinellau sy'n farddoniaeth druenus ond yn dystiolaeth hanesyddol huawdl:

Llys cabidwl waeth na'r cwbl yn cyhoeddi'n llwyr i'r llan:
Esgymmundod fawr ddisberod, lawer pryd heb wybod pam,
Eisiau'u porthi a'u digoni byth ag arian; dyna gam.
Wedi yno esgymuno, delai'n rhuo writ i maes,
I law'r sirif arfog heinif; hwnw'n herlyd nid yn llaes,
Y gwirionaid yn dra diraid: os eu dala myn'd i'r *Jail*
Creulon ddiodde' hir amserau; dim ni thalai gynnig *bail.*
. . . Hwbwb ! Hobob ! llys yr Esgob a fu dop-dop a ni'n hir:
Maen' hwy 'rwan yn lled egwan; cerddent allan oll o'r tir.
Ymaith fradwyr a goganwyr, ffyrnig dreiswyr chwerwon chwyrn
'Does mo'ch ofn arnaf weithian; torwyd llawer ar eich cyrn.[31]

Y mae'n amlwg y gwyddai Pugh am ddulliau gweithredu'r llysoedd ac y mae'n amlwg hefyd fod arno eu hofn. Rhaid casglu gan hynny, er nad oedd y llysoedd ysbrydol yn taro ond yn anfynych, y gadawai'r enghreifftiau hynny eu hôl yn drwm ar ddychymyg a theimladau Ymneilltuwyr. Ac mewn hanes, fe welir yn aml iawn fod yr hyn y tybir iddo ddigwydd yn dylanwadu'n drymach na'r hyn a ddigwyddodd.

### Yr esgobion

Nid oedd gan William Lucy, esgob Dewi, ddim byd da i'w ddweud am Ymneilltuwyr. Gellir cymryd ei gyfeiriad adnabyddus at Henry Maurice fel enghraifft o'i agwedd:

> Therr is also one Morrice who (as I can learne) has noe license, a teacher errant, who leades a body of 200 or 300 after him in the face of this Country, haveing the last weeke preached heire neere this towne, not att all checked or disturbed by the Justices of the peace.[32]

Yr argraff a rydd Lucy yw fod ei galon yn cynhesu lawer mwy wrth fynd i'r afael â rhai o fawrion ei eglwys ei hun nag wrth wastrodi Ymneilltuwyr.

Ffyrnicach na Lucy oedd William Lloyd, esgob Llandaf. Pan ysgrifennai at yr Archesgob Sancroft ar 26 Mehefin 1678 ymesgusoda am iddo fethu â'i weld pan ymwelai ychydig cyn hynny â Llundain. Ac un o'r rhesymau am ei fethiant oedd fod yn rhaid iddo weld yr Arglwydd Ganghellor 'to begg his assistance to prevent the enlargement of a stubborn schismaticke, who hath for thiese two years last past created me all the trouble & expense that he & his brethren could contrive . . .'[33] Daliodd Lloyd ei safbwynt digymrodedd ar ôl symud i Peterborough oherwydd ar 7 Ebrill 1685 ysgrifennai at Sancroft i geisio perswadio'r Archesgob i arfer ei ddylanwad i rwystro bwriad Iago II i ryddhau Ymneilltuwyr o'r carcharau, ac meddai:

> I am wel assured, that if all persons that stand excommunicated, be sett free from the censures of the Church, without any qualifications or restrictions, It will (at one blow) dash in pieces all that hath bene done towards their reformation & amendment for these foure yeares last past.

Dengys y dyfyniad hwn ddau beth. Yn gyntaf, er bod ysgymuno wedi colli llawer o'i hen rym, teimla'r esgob fod gwerth mawr ynddo o hyd. Ac wrth gwrs, i'r graddau yr oedd Lloyd yn teimlo ei werth, i'r graddau hynny hefyd y teimlai pobl fel Richard Pugh, Tredwstan, ei arswyd. Yn ail, yr oedd Lloyd yn gredwr cryf mewn defnyddio gorfodaeth ac awgryma i'r Archesgob y dylai ef bwyso ar y Brenin,

> that those, whom he thinkes fitt to pardon, & that are under the censure of the Church, may onely receave the benefitt of his pardon that is be discharged upon their submission to the orders of the Church for the tyme to come & the payment of their fees . . .[34]

Nid oedd y ffyrnigrwydd hwn bob amser yn nodweddiadol o Landaf. Yn 1665 ceisiodd yr Esgob Hugh Lloyd a'r Archddiacon Francis Davies berswadio Samuel Jones, Llangynwyd, i gyd-ffurfio a derbyn bywoliaeth. Bu hyn yn gymhelliad i Samuel Jones lunio cyfres o gwestiynau i'r ddau glerigwr sy'n datguddio yn llawnach nag odid yr un ddogfen arall pam yr oedd gwŷr cymedrol fel Samuel Jones yn mynnu anghydffurfio. Gofynnai Deddf Unffurfiaeth ddatganiad cyhoeddus gan bob swyddog eglwysig ei fod yn cytuno o lwyrfryd calon â holl gynnwys y Llyfr Gweddi. Cwestiwn cyntaf Samuel Jones oedd a ellid disgwyl y fath ddatganiad am gyfrol yr oedd llawer o wŷr cydwybodol a dysgedig yn dadlau ynghylch cywirdeb rhai o'i gosodiadau? Onid pethau ansicr o'r math yma oedd cymal y *filioque* yng Nghredo Athanasiws, y dywediad am iechydwriaeth sicr pob plentyn a fedyddiwyd ac a fu farw, a'r dywediad yn y Gwasanaeth

Claddu y cleddir 'mewn gwir ddiogel obaith o'r atgyfodiad?' A beth am y seremonïau? Os yw dynion yn deddfu fod rhai ordeiniadau o'u gwneuthuriad hwy'n angenrheidiol cyn y ceir addoli onid ydynt yn sarhau Duw trwy dorri ar draws ei orchymynion Ef yn ei Air? Ac y mae'r cymal yn Neddf Unffurfiaeth sy'n galw am ail-ordeinio Ymneilltuwyr yn codi anawsterau. Os yw dyn yn cael tystiolaeth yn ei galon ei hun ac ym mywyd ei wrandawyr ei fod yn wir weinidog i Iesu Grist, ai cyfiawn iddo wneud unrhyw beth y gellir ei esbonio fel parodrwydd i wadu ei weinidogaeth? A yw'n cyd-fynd ag anrhydedd Crist i ŵr brynu ei ryddid i weinidogaethu mewn un cyfnod trwy wadu dilysrwydd ei weinidogaeth mewn cyfnod arall? Ac onid yw'n arferiad newydd sy'n dianrhydeddu'r Efengyl i wadu ordeiniad a gydnabyddir yn ddilys gan Eglwysi Protestannaidd y Cyfandir yn gyffredinol ac a gydnabuwyd gan Eglwys Loegr ei hunan yn y gorffennol? Sut felly y gall dyn ddatgan ei fod yn cytuno o lwyrfryd calon â'r Llyfr Gweddi a chymryd ei ail-ordeinio? Ni byddai ond gosod rhwystrau ar lwybr ei braidd, ac i'r Arglwydd Iesu lladd enaid yw gosod rhwystrau ar lwybr pobl. Ni all hyd yn oed gorchymynion gwladwriaeth lanhau cydwybod oddi wrth yr euogrwydd a deimlid wrth greu rhwystrau ynglŷn â sylfeini eu proffes grefyddol i laweroedd.

> Seeing the least Evil of Sin is not knowingly to be done to avoid the greatest Evil of Suffering, or to compass the greatest Good thereby; whether a Minister forcing himself against his Light, in all or any of these or the like Particulars, God may not justly blast his Endeavours, and follow him with Terrors of Conscience to his Grave.[35]

Dyna'n gryno ac yn glir anawsterau Ymneilltuwr dysgedig a thangnefeddus ei ysbryd. Nid ystyfnigrwydd na sectyddiaeth fympwyol oedd y tu ôl i safiad Samuel Jones. Yn wir, y mae ei drafodaeth ar ail-ordeinio yn dangos mai un gainc yn ei brotest oedd gwrthsefyll y duedd yn y drefn newydd i wneud sect o Eglwys Loegr trwy dorri hen gysylltiadau ag eglwysi Protestannaidd eraill. Ac nid oes amau nad oedd yn y cyfnod hwnnw bobl a gredai mai catholigrwydd oedd defnyddio'r gair 'catholig' ar bob cyfle posibl tra'n gwrthod cymuno â Christionogion eraill. Ond pan ddaeth Davies ei hun yn esgob, gwelodd Samuel Jones gryn dipyn o ddioddef am ei Anghydffurfiaeth.[36]

**William Lloyd, Llanelwy**

Rhaid rhoi sylw arbennig i William Lloyd, Llanelwy, oherwydd efe yw'r enigma ymhlith yr esgobion Cymreig yn ei agwedd at yr Ymneilltuwyr. Fel esgob yr oedd yn neilltuol effeithiol a chydwybodol, yn ddisgyblwr llym ac yn weinyddwr penigamp. At hynny, yr oedd yn ysgolhaig dysgedig ac yn Brotestant gyda'r pendantaf ei bwyslais.

Ym mis Ebrill 1668 y daeth Lloyd i drigo yn ei esgobaeth[37] a chyn diwedd y flwyddyn honno dechreuodd drefnu cyfres o gyfarfodydd gydag Ymneilltuwyr ei esgobaeth. Yn ystod ei Ymweliad Esgobol cyntaf gofynnodd i'r Crynwyr Richard Davies, Charles Lloyd a Thomas Lloyd ei gyfarfod yn y Trallwng. Ni allai Davies fod yn bresennol ond daeth y lleill a chafwyd diwrnod cyfan o drafodaeth. Yno trefnwyd i gynnal cyfarfod mwy cyhoeddus yn Llanfyllin ar 22 Medi 1668. Yr oedd hwnnw'n gyfarfod i'w gofio, gyda chwmni urddasol o glerigwyr ac ustusiaid heddwch yn ategu gwaith Henry Dodwell a Deon Bangor yn cynnal breichiau'r Esgob. Parhaodd y ddadl am ddeuddydd a gwnaeth argraff bur ddofn ar feddwl William Lloyd ei hun.[38] Yn wir, fe dyfodd cyfeillgarwch go gynnes rhwng Lloyd a Richard Davies. Yn fuan ar ôl hyn yr oedd writ d*e excommunicato capiendo* wedi ei chyhoeddi yn erbyn Davies ac anghydffurfwyr eraill yn yr esgobaeth a chyn mynd i'r carchar mynnai Davies weld yr esgob. Yr oedd Davies newydd ddychwelyd o Lundain a chariai yn ei boced lythyr oddi wrth yr Arglwydd Hyde i'r Esgob – llythyr a gafwyd trwy garedigrwydd William Penn yn gofyn am drugaredd. Aeth y sgwrs rhwng y ddau ymlaen hyd yn hwyr y noson honno a pharhawyd hi dros rannau o'r deuddydd canlynol. Bedydd ac ordeinio oedd prif bynciau'r drafodaeth ac ni ildiodd y naill na'r llall ddim ar ei safbwynt. 'Bishop Lloyd', meddai Davies, 'if I go to prison upon this account I shall have more peace there than thou shalt have in thy palace'. Ac, o gofio fod William Lloyd ymhen saith mlynedd i fod yn un o'r saith esgob a roddwyd ar eu prawf am wrthsefyll gorchymyn Iago II, fe ofynnodd Davies un cwestiwn proffwydol iddo, 'Suppose another prince should arise that would impose something upon thee that thou couldest not do for conscience sake, what wouldest thou do?' Y mae ateb William Lloyd yn awgrymu nad oedd wedi colli'r hen hiwmor hwnnw a'i gwnaeth gynt yn fyfyriwr mor fywiog, 'Then I will go to Pennsylvania also'. Canlyniad y sgwrs hon oedd i Lloyd alw am inc a phapur ac ysgrifennu nodyn i'w Ganghellor, 'I desire you for the present to suspend the serving of the Writ upon Davies the ranter of Poole'.[39]

Bedwar diwrnod ar ôl cyfarfod Llanfyllin, cyfarfu'r Esgob â'r Presbyteriaid yng Nghroesoswallt. Pwnc y drafodaeth y tro hwn oedd ordeinio a dymunai Lloyd i'r Ymneilltuwyr hyn esbonio ar goedd paham y mynnent eu bod yn weinidogion a hwythau heb eu hordeinio gan esgob. Unwaith eto yr oedd Humphrey Humphreys, Deon Bangor, a Henry Dodwell yn cludo arfau'r Esgob a'r Presbyteriaid yn cael eu cynrychioli gan James Owen, Philip Henry a Jonathan Roberts. Ymgasglodd tyrfa fawr erbyn amser dechrau'r ddadl am ddau o'r gloch a pharhaodd yr ornest hyd tua hanner awr wedi saith yn yr hwyr. Tystia Matthew Henry i'r Esgob gymryd rhan gydag urddas, tawelwch a llyfnder ysbryd.[40] Ond braidd yn ddisymwth y gorffennodd y gweithrediadau. Sibrydodd Jonathan Roberts yng nghlust Philip Henry mai gweddus o beth fyddai rhoi'r gair olaf i'r Esgob. Clywodd rhyw ustus heddwch didoreth beth a ddywedodd ac meddai, 'you say my Lord shall have the last word; but he shall not for I will; we thank God we have the sword of power in our hands, and by the grace of God, I will root you out of the country'. A dyma ŵr arall yn y dyrfa'n gweiddi, 'Amen, throw them down stairs'. Gwrandawodd yr Esgob mewn distawrwydd ar hyn a chymerodd maer y dref ofal o'r Ymneilltuwyr.[41] Y mae'n amlwg fod Philip Henry wedi gwneud argraff mwy ffafriol ar Lloyd nag a wnaeth ei ddau gyfaill oherwydd ysgrifennodd Lloyd ato ymhen deuddydd, 'I was much pleased with the good temper I found in you at the Conference at Oswestry, and sorry to find so little of it in those to whom you had joined yourself'. Â rhagddo i ddweud nad yw'n werth ganddo fynd ymlaen i drafod gyda dynion 'that contend, not for truth, but only for victory'.[42] A deimlodd yr Esgob braidd ormod o wynt gwaewffon James Owen ar bwnc yr ordeinio tybed? Sut bynnag, tyfodd cyfeillgarwch rhwng Lloyd a Henry ac aeth yr Esgob mor bell a dweud wrth y Presbyteriad yn ddiweddarach, 'he did not look upon him as Schismatic, but only as a Separatist, and, if he were in his diocese, he did not question but he should find out some way to make him useful'.[43]

Yn 1682 yr oedd yr Esgob yn awyddus eto i gael trafodaeth gyda'r Crynwyr a'r Presbyteriaid a hysbysodd ei Ganghellor, 6 Awst 1688, ei fod yn gobeithio bod yn Llanfyllin ar Awst 21 ac yng Nghroesoswallt ar Awst 28 er mwyn eu cwrdd.[44] Ar Awst 25 yr oedd James Owen a rhyw 'Mr. J.' (Jonathan Roberts?) yng nghartref Henry yn Broad Oak yn disgwyl am y cyfarfyddiad ond nid oes sicrwydd a gynhaliwyd y ddadl ai peidio.[45]

Prun bynnag am hynny, cynhaliodd yr Esgob gynadleddau gydag Ymneilltuwyr Wrecsam. Eu gweinidog hwy oedd John Evans a chafodd Lloyd sgwrs breifat ag ef ym mis Awst 1681 ynghylch eu gwahaniaethau.[46] Pan oedd yr Esgob yn treulio wythnos yn Wrecsam ym mis Rhagfyr manteisiodd ar y cyfle i gyfarfod yr Ymneilltuwyr:

> I conferd with divers of the Conventiclers in private, & had 2 public Conferences with them all-together . . . where before a hundred other persons each time, I heard & answerd all they had to say for their separation; & as I am sure all others were fully satisfied, so I believ there was not one of the Conventiclers but was convinced they had not one Text of Scripture on their side . . . They were every face that I saw of them so extremely cast down, that I know they were ashamed of their Cause.[47]

At ei Archesgob yr ysgrifennodd Lloyd y geiriau hyn ac ni ellir osgoi'r diniweidrwydd sydd yn y cymalau olaf. A oedd pobl a fagwyd yn y ffydd gan Walter Cradoc, Vavasor Powell, Ambrose Mostyn a Morgan Llwyd mor dila fel na allent ddyfynnu un adnod o'u plaid ? Ond dyma ni yn dod i olwg y dryswch sy'n sicr o godi ym meddwl unrhyw un a ddarlleno lythyrau Lloyd.

Yn y trafodaethau hyn aeth Lloyd yn bell iawn tuag at ennill parch yr Ymneilltuwyr. Wrth sôn amdano, dyma eiriau Charles Owen, brawd a chofiannydd James Owen, 'That excellent and Learned Prelate, being a declared Enemy to Persecution, studied to reduce the Dissenters in his Diocess, by mild and Christian Methods . . .'[48] A thrachefn, 'In his pious Clemency towards the Dissenters he was singular, and had no Rivals nor Imitator . . .'[49] A dyma syniad Matthew Henry amdano, 'That learned bishop . . . set himself with vigour to reduce dissenters to [the Established Church] and, that he might do it with the cords of a man, he resolved, before he took any other methods, to reason the matter with them, and to endeavour their conviction by discourse. . .'[50] Ffafriol felly oedd syniad Ymneilltuwyr amlwg amdano. Ond yn ei lythyrau dengys Lloyd nad ydoedd yn fêl i gyd. Yn wir, y mae'r bwlch rhwng y ddelw gyhoeddus hon ohono a'r darlun ohono'i hun yn ei lythyrau yn galw am esboniad.

Dyma ei ddisgrifiad o Ymneilltuwyr Wrecsam yn y llythyr a anfonodd at Sancroft 24 Tachwedd 1682:

> I am very much troubled for the poor Souls at Wrexham in my Diocese. They were horribly poisond by one Vavasor Powell in the late wretched times. The widow of Vavasor married one Evans who succeeds the other in his principles. This man (I may adde, & this woman) keep a conventicle still at Brynyffynon a house that they rent of mr. Williams the late Speaker . .

Wedi cyfeirio at y sgwrs breifat ag Evans yn Awst 1681 â rhagddo i ddangos na fwriadai gyfyngu ei ymdrechion i adennill yr Ymneilltuwyr i ddulliau goddefgar:

> . . in my Predecessor's time he [h.y., John Evans] had been denounced Excommunicate. I now signified him into the Chancery, & got a writ against him from thence, which was subsigned by the Judge of Assize, (as all such writs must be in this Country) at the last Lent-Assizes for Denbighshire. Ever since this writ has layn in the hands of the high-Sheriff Mr. Joshua Edgebury, the unworthy brother of the worthy Dr. Edgebury, or in the hands of his Undersheriff unexecuted. And so Evans keeps his Conventicle still, & the Sheriff knows it, for he lives in the same Parish. I writt to the Justices of Peace at their Sessions, after Christmas last, to desire them to execute the Laws in this Case. But neither have they done any thing not that they are disaffected to the Church, but they are so divided among themselves that they cannot agree to do any Public business.[51]

Ystyr y llythyr hwn yw fod sêl erlynol yr Esgob trwy ei lys ysbrydol yn cael ei atal gan y swyddogion suful. Nid unrhyw ddiffyg brwdfrydedd ar ei ran ef oedd yn peri fod John Evans yn dal yn rhydd.

Awgrym bywgraffydd William Lloyd yw fod yr Esgob wedi newid ei diwn. Meddai Tindal Hart, 'In 1683, however Lloyd found himself compelled to sing a very different song'.[52] Y rheswm a rydd Hart dros y newid hwn oedd darganfod y cynllwyn i ladd y brenin a'i frawd ger y Rye House yn sir Hertford. Pan glywodd Lloyd am 'a most wicked and dangerous Conspiracy of Atheists and Fanatics', ysgrifennodd lythyr, 17 Gorffennaf 1683, i'w ddosbarthu ymhlith ei glerigwyr yn galw ar bawb helpu'r chwilio am y cynllwynwyr.[53] Wedi hynny daeth llymder newydd i'w lythyrau wrth gyfeirio at Ymneilltuwyr: 'These are certainly the letters of a very frightened man',[54] meddai Hart amdanynt. Ond nid yw'r ddamcaniaeth fod digwyddiadau 1683 wedi peri newyd ym mholisi Lloyd yn sgwario â chynnwys ei lythyrau cyn hynny i'r Archesgob Sancroft. Cydnebydd Hart hyn a'i esbonio fel tipyn o gythreuldeb gan yr Esgob: 'He had been careful, however, in his correspondence with Archbishop Sancroft, to emphasize his persecuting zeal . . .'[55] Ond rhesymu go fain yw hwn. Y ffaith ddiymwad, nad yw Hart yn ceisio ei chuddio, yw mai'r un yn sylfaenol yw agwedd Lloyd yn ei lythyrau cyn ac ar ôl darganfod Cynllwyn y Rye House. Er hynny, y mae gwahaniaeth gradd. Yr oedd Lloyd yn barod cyn hyn i drefnu dadleuon cyhoeddus ag Ymneilltuwyr ac os oeddynt yn dangos unrhyw arwydd eu bod yn barod i gydnabod fod dadleuon yr Esgob yn anatebadwy, gallai yntau ddangos trugaredd tuag atynt. Ond oni ystwythent, ei ddymuniad oedd eu gorfodi. Wedi 1683 teflir y menyg melfed o'r neilltu. Dyma ansawdd ei gyfeiriadau at Ymneilltuwyr yn awr:

> Let Owen the preacher and all the rest at Oswestry that were formerly decreed be now published, and in short every protestant-dissenter (as those bloody wretches are pleased to call themselves) that is decreed and not yet published . . . And get the Sheriffs to do their duties. For 'tis visible that all this while we have been treating with these Sectaries, it has been God's wonderful providence that when they mustered in their conventicles they had not come out to cut our throats. Pray let Walter Gryffith of Llanfyllin, Roger Williams of Llangallyn and any other whom you think likeliest to have been in the damnable conspiracy, be recommended to the Sheriff's especial care that they may be forthcoming in case there be anything discovered against them.[56]

Hunllef fawr amddiffynwyr y sefydliad mewn byd ac eglwys ar ôl yr Adferiad oedd gwrthryfel Piwritanaidd arall. Yn y dyfyniad hwn ceir blas yr hysteria a wnaeth yr adwaith Toriaidd yn yr wythdegau'n gyfnod caled i Ymneilltuwyr. Ac mae'n amlwg mai'r gorffwylledd hwn sy'n esbonio'r 'bloody wretches' yn ogystal â'r ffantasi anhygoel o James Owen yn cynllwyno mwrdwr.

Eithr y mae'n amlwg fod Lloyd yn credu mewn llymder a bod Ymneilltuwyr fel Matthew Henry a Charles Owen wedi cam-ddarllen ei gymeriad. Yn nechrau 1683 yr oedd yn sugno cysur o'r disgyblu a fu ar Grynwyr a gafwyd yn euog o odineb gan y Llys Ysbrydol ac a orfodwyd i wneud penyd cyhoeddus yn Llanrwst, Dinbych a Llanelwy. Bydd y llymder hwn 'on one of that sect' yn gwneud lles mawr mewn amrywiol ffyrdd, meddai'r Esgob.[57] Yn yr un llythyr dywedai ei fod yn gobeithio gweld yr un lles yn deillio 'from another Severity that we use towards all persons that dy under excommunication'. Penderfynodd cynhadledd esgobaeth Llanelwy ychydig cyn hyn nad oedd neb a fu farw o dan ysgymundod i'w gladdu nac mewn eglwys na mynwent, onibai bod yr Esgob yn ordeinio'n wahanol mewn achosion neilltuol. Gweithredai'r Esgob ei hawl i wneud eithriad meddai ef, os oedd y perthnasau'n Eglwyswyr da, neu os oedd yn bosibl defnyddio'r achlysur i berswadio'r teulu i fynychu'r Eglwys.[58] Rhaid dweud fod defnyddio marwolaeth fel cyfle i wneud tipyn o flacmêl ysbrydol yn taflu goleuni go annymunol ar safonau bugeiliol yr Esgob. Ac y mae'n amlwg fod y ddisgyblaeth hon ar y meirw yn cael ei hymarfer. Enghraifft digon adnabyddus yw John Williams, Maesyfed, hen gydymaith Vavasor Powell a oedd wedi symud i Langollen. Wedi iddo fod yn y carchar am gyfnod o dan writ *de excommunicato capiendo*, sicrhaodd yr Esgob ei ryddid iddo am ei fod yn wael. Bu farw '& after 10 dayes lying in ye church yard was, by Commissary Edwards order, taken up & bury'd by his Friends in his garden. Having no Coffin, it was ye more offensive to ye Sexton, who fel sick upon it'.[59] Tebyg fod gwrthod claddu'n dibynnu llawer ar offeiriad y plwyf a lle'r oedd offeiriad yn gyndyn ar y pwynt hwn, nid oedd ddewis gan Ymneilltuwyr ond claddu yn eu gerddi. Felly y claddwyd Henry Williams, Ysgafell, yn ei ardd ym mhlwyf Llanllwchaiarn.[60] Ac nid yw'n anodd dychmygu'r teimladau chwerw mewn plwyfi o'r fath.[61]

O gymryd y dystiolaeth gyda'i gilydd, y mae'n amlwg fod cytundeb go sylweddol ymhlith arweinwyr yr Eglwys ar yr angen am fesurau fwy neu lai chwyrn o ddisgyblaeth. Ar gychwyn ei yrfa fel esgob Llanelwy, fe ddenwyd Lloyd i arbrofi gyda dulliau llai ffyrnig. Ond ni wadodd y dulliau ffyrnicach hyd yn oed yr adeg honno a phan ddaeth tro yn y farn gyhoeddus dychwelodd at y llymder. Er hynny, nid peth hawdd oedd sicrhau cyd-weithrediad yr ustusiaid a'r siryfion a'r barnwyr ac yn aml ni ddeuai dim o'i fygythion.

**Llenydda**

Yng nghanol y cynhenna ynghylch cyd-ffurfio, a'r niwed a ddioddefodd Cristionogaeth trwy hynny, y mae'n iechyd troi i faes lle'r oedd cyd-weithio effeithiol yn bosibl rhwng Eglwyswyr ac Ymneilltuwyr. Da cofio drwy'r cwbl fod llu o bethau'n gyffredin i Anglican a Phiwritan. Yr oedd gwahaniaethau diwinyddol yn torri ar draws y ffin rhwng y ddwy garfan; yr oedd y naill fel y llall yn mawrygu'r Eglwys Gristionogol fel cymdeithas ddwyfol. Nid oedd unrhyw wahaniaeth gwerth sôn amdano mewn dysgeidiaeth foesol. Ac mewn defosiwn preifat a phersonol anelid at gynhyrchu yr un patrwm o dduwioldeb. Ac at y maes olaf hwn y troir yn awr.

Yn niwedd y cyfnod Piwritanaidd dechreuodd mudiad llenyddol a barhaodd heb ond ychydig fylchau am ganrif a hanner. Un o'i ffigurau amlycaf oedd Stephen Hughes, gŵr a faged yn nhref Caerfyrddin ac a fu'n ficer Piwritanaidd Meidrym yn yr un sir cyn ei ddiswyddo. Perthynai Hughes (fel Samuel Jones, Philip Henry a James Owen) i adain dde'r mudiad Piwritanaidd. Nid oedd ganddo ddim cydymdeimlad â Chrynwyr a hereticiaid. Ni wyddai ddim am gasineb at Eglwys Loegr fel y cyfryw. Cyfaddefai'r Esgob Lucy ei hunan fod Hughes yn pregethu yn eglwysi'r plwyf.[62] Ac ategir y peth gan Calamy (ar sail gwybodaeth James Owen, hen ddisgybl i Stephen Hughes):

> His Moderation and lively Preaching, recommended him to the Esteem of the sober Part of the Gentry, by whose Connivance he often preach'd in the publick Churches, which were much throng'd by the vast Numbers that came to hear him from the Neighbouring Parishes.[63]

Nid rhyfedd gan hynny mai'r gŵr hwn a gyhoeddodd waith y Ficer Prichard, y mwyaf adnabyddus i bobl Cymru, erbyn hyn, o holl Eglwyswyr y ganrif honno. Dechreuodd ar y dasg hon trwy gyhoeddi dwy ran o waith y Ficer yn 1659. Yna daeth yr Adferiad. Ond er y bwlch hir yn ei waith fel cyhoeddwr yn ystod y blynyddoedd nesaf, ni phallodd ei argyhoeddiad fod angen cyd-weithio i oleuo'r werin bobl. Yr oedd y dyddiau'n rhy argyfyngus i weinidogion dreulio eu hamser yn harthio ar ei gilydd. Daw'r ymdeimlad dwfn yma o'r angen am waïth bugeiliol ac addysgol cyson yn amlwg ym mhopeth a ysgrifennodd Stephen Hughes. Er enghraifft, yn 1677 ysgrifenna yn y

'Llythyr arall at y Darllenydd' yn *Cyfarwydd-deb i'r Anghyfarwydd* fod 'ym mysc y *Conffrormiaid* a'r *Non-Consfformiaid*' weinidogion 'mor *ddyscedig*, mor *abl*, mor *dduwiol*, ac mor ofalus am ddefaid Crist tan eu dwylo, ac y sydd yn un man yng-Hred' ac yna ychwanega:

> *Ac na atto Duw i mi ddywedyd un gair yn erbyn eu* Galwedigaeth sanctaidd, *na'u* Personnau, *nac* i roddi Awgrym yn y byd, i *gynhyrfu pobl i feio ar y cyfryw Weinidogion parchedig, ac sydd ffyddlon i Dduw, yn ôl eu gwybodaeth yn eu galwadigaeth a'u lloedd* [sic], *o ba farn bynnag y bont hwy ynghylch matterion bychain, ac y mae ymrafael amdanynt.*

Pan ail-gydiodd Stephen Hughes yn ei genhadaeth lenyddol tua 1670 nid yw'n syndod ei weld yn cyd-weithio ag Eglwyswyr yn ogystal ag Ymneilltuwyr. Ar flaen argraffiad 1672 o waith y Ficer, gesyd Hughes lythyr at 'rai gweinidogion cyfrifol yng Hymru'. Ynddo enwa'r gweinidogion yr oedd yn ddyledus iddynt, fel Hugh Edwards (Llangadog), David Thomas (Margam), William Lloyd (St. Petrox) a Samuel Jones (Llangynwyd). Ond yn fwy na neb William Thomas, gŵr a faged fel yntau yng Nghaerfyrddin, Deon Caerwrangon hyd 1677 ac esgob Dewi wedi hynny. Iddo ef y 'cysegrodd' Stephen Hughes argraffiad 1670 o waith y Ficer, oherwydd, meddai, os derbyniwyd dim daioni trwy'r drydedd gyfrol o waith Prichard a gyhoeddwyd yn 1670, 'y mae holl *Gymru* yn rhwymedig am hynny i chwi y Parchedig *Dr. Thomas:* canys y dystiolaeth dda, a roddasoch chwi ymma, yn *Llundain*, dan eich llaw, am yr Awdwr a'i Ddau lyfr cynta, y fu fodd i gael cennad i brintio'r Trydydd'. A chyda chymorth yr un gŵr y cyhoeddwyd hefyd Destament I670 a *Catechism Mr. Perkins* yn yr un flwyddyn.

Yn 1672 daeth Stephen Hughes i gysylltiad â'r dyngarwr Piwritanaidd Thomas Gouge. Ei awydd ef oedd defnyddio ei gyfoeth i drefnu ysgolion a chyhoeddi llyfrau ar gyfer pobl Cymru. Ac o'r bartneriaeth hon y datblygodd *Welsh Trust* Thomas Gouge lle cyd-weithiai Piwritaniaid fel Matthew Pool a Gouge ei hun gydag Anglicaniaid mor adnabyddus â John Tillotson, Benjamin Whichcote ac Edward Stillingfleet.[64] Er ei ddiswyddo o St. Sepulchre, Llundain, daliai Gouge ei gysylltiadau ag Eglwys Loegr a phan ymwelai â Chymru pregethai'n gyson yn eglwysi'r plwyf a chymuno ynddynt nes iddo gael ei ysgymuno.[65] Wrth gynllunio rhaglen gyhoeddi y daeth y gwŷr hyn rywbryd ar ôl 1673 i gysylltiad â Charles Edwards. Yr oedd yntau'n aderyn o'r unlliw. Er ei fod yn anghydffurfiwr mynychai'r gwasanaeth yn eglwys y plwyf ac anaml iawn yr ymunai mewn confentiglau anghyfreithlon.[66]

Yn naturiol ddigon, cafodd y cylch llenyddol yr oedd y triwŷr hyn yn galon iddo gryn dipyn o sylw llenorion Cymraeg. Bu rhai o'u cynhyrchion yn gyfraniadau cain eu harddull i'n llenyddiaeth a bu eu gwaith drwodd a thro'n foddion i roi cychwyn bywiog i'r proses o droi'r werin Gymraeg yn geidwaid yr iaith yn y cyfnod pan oedd yr uchelwyr yn prysur gefnu arni. Ni thalwyd gymaint o sylw i arwyddocâd eu gwaith yn nhyfiant crefyddol Cymru. Uwchlaw popeth, yr oedd y llyfrau a gynhyrchwyd gan y gwŷr hyn yn eithriadol ddylanwadol yn natblygiad duwioldeb a defosiwn personol yng Nghymru. Yr oedd y traddodiad i barhau trwy'r ddeunawfed ganrif ac i gael ei fywiogi a'i gyfoethogi gan y Diwygiad Methodistaidd. Ac erbyn chwarter cyntaf y bedwaredd ganrif ar bymtheg yr oedd y duwioldeb hwn i fod yn allu pwerus yn y diwylliant crefyddol a seciwlar Cymraeg.

Nid oes ofod yma i wneud mwy na thanlinellu un elfen yn y duwioldeb hwn sy'n berthnasol i thema ganolog hyn o erthygl. Beth bynnag oedd yr anghytundeb rhwng Ymneilltuwyr ac Eglwyswyr, yma gwelir y ddau fudiad yn ffrwythloni ei gilydd. Gwelsom hynny eisoes wrth graffu ar y gwŷr amlwg yn y mudiad a'u hymddygiad crefyddol. Cadarnheir y dybiaeth wrth sylwi ar eu cynhyrchion. Cyhoeddodd Charles Edwards yr argraffiad cyntaf o'i glasur *Y Ffydd Ddi-ffuant* yn 1667 ac yn y ddau argraffiad pellach ohono yn 1671 a 1677 ychwanegodd yn helaeth ato. Dywed Saunders Lewis am Edwards, 'Nid oes esiampl o fanylach meddwl yn ei faes ei hun ar gael yn ein holl lenyddiaeth; meddwl trefnus, clasurol, yn symud o gam i gam gyda rhwysg a thrylwyredd'.[67] A meddwl sy'n sugno'i faeth o'r ddiwinyddiaeth Anglicanaidd yn ogystal ag o lenyddiaeth y Tadau cynnar.[68] A'r cwbl wedi ei faethu ym mhridd y traddodiad diwylliannol Cymraeg.

Dechreuasai Edwards gyfrannu mewn ffordd arall at yr angen am lyfrau crefyddol i'r Cymry trwy adargraffu cyfieithad Morris Kyffin o lyfr yr Esgob Jewel *Deffyniad Ffydd Eglwys Loegr* (1595) gyda'r teitl newydd *Dad-seiniad Mebion y Daran* (1671). O'r traddodiad Anglicanaidd hefyd y daeth ei gyhoeddiad cyntaf ar ôl dechrau cyd-weithio â Stephen Hughes, *Yr Ymarfer o Dduwioldeb.* Lewis Bayly, esgob Bangor o 1616 hyd ei farw yn 1631, oedd ei awdur[69] a Rowland Fychan, sgweier Cafaliraidd Caer Gai ym Meirionydd, oedd ei gyfieithydd cyntaf. Ar y llaw arall ceir gweithiau gan Thomas Gouge, Richard Baxter, a Vavasor Powell ymhlith eu cynhyrchion i gynrychioli'r adain Biwritanaidd. Efallai mai un o'r llyfrau mwyaf dylanwadol ymhlith y rhain oedd *Taith y Pererin* o waith John Bunyan a gyfieithwyd gan Hughes a'i gyfeillion a'i gyhoeddi yn 1688. Dyma fudiad felly a oedd yn noddi duwioldeb ymhlith Eglwyswyr ac Ymneilltuwyr yn ddiwahân ac yn benthyca ei lawlyfrau o'r ddau wersyll fel ei gilydd.

Rhaid cydnabod nad oedd pawb yn hapus ynglŷn â'r gweithgarwch hwn. Ar 10 Awst 1676 ysgrifennodd Humphrey Lloyd, esgob Bangor, at yr Archesgob Sheldon yn rhoi disgrifiad manwl a thra beirniadol o Gouge fel 'an itinerant emissarie entrusted by the leading sectaries, to insinuat into the affections of the credulous common people . . . and covertly to draw them into a disaffection to the Government and liturgie of the Church . . .'[70] Ond y peth a bwysai fwyaf ar wynt yr Esgob oedd gwaith Gouge yn casglu tanysgrifiadau at argraffu Beibl Cymraeg. Yn ei ateb mynegodd Sheldon beth pryder ond y mae'n argymell dipyn o gyfrwystra gan nad gwiw gwrthwynebu'r bwriad – 'considering the nature of the design it must receive no open discouragement from us'.[71]

Er gwaethaf diffyg graslonrwydd yr Esgob Lloyd, aeth y gwaith rhagddo a pharhau i flodeuo ym mudiad llenyddol-grefyddol y ddeunawfed ganrif lle ceir Anglicaniaid trwy'r S.P.C.K. ac Ymneilltuwyr ar eu liwt eu hunain yn paratoi llyfrau crefyddol, moesol a defosiynol i Gristionogion Cymru. Ac i dduwiolion a geisiai faeth i'w heneidiau nid oedd nac yma nac acw pa un ai'r tincer Ymneilltuol o Bedford ai'r Esgob dysgedig o Fangor oedd awdur y llyfr yn eu llaw.

### Dyfod goddefiad

Gydag esgyniad Iago II i'r orsedd, daeth yr Eglwys Sefydledig ei hunan yn wrthrych amheuaeth y llywodraeth. Ar y llaw arall, daeth yr Ymneilltuwyr fwy-fwy i ffafr. Gobaith y Brenin oedd hybu Catholigiaeth trwy yrru Ymneilltuwr ac Anglican i bennau ei gilydd. Ond fel arall y digwyddodd hi am eu bod ill dau yn ofni Pabyddiaeth yn anad dim. Ceir yr arswyd hwn yng ngwaith Stephen Hughes gyda'i ofn 'bod offeiriaid y papistiaid *(tra ydyw rhai o weision Duw yn cysgu)* yn hau eu hefrau yng Hymru'.[72] Yn yr un ysbryd y cyhoeddodd William Lloyd (Llanelwy) ei bamffledi gwrth-Babyddol yn 1667, 1673 a 1676.[73]

Naturiol oedd i'r rhai a bryderai am ddyfodol Protestaniaeth dynnu'n nes at ei gilydd. Bu'r ysbryd hwn yn elfen yng nghymhlethdod bywyd crefyddol y Deyrnas byth oddi ar yr Adferiad. Yn Eglwys Loegr yr oedd nifer o arweinwyr dylanwadol a ddymunai ennill yr Ymneilltuwyr. Yr amlycaf ohonynt i gyd, efallai, oedd Henry Compton, esgob Llundain.[74] Câi gefnogaeth gan wŷr fel Thomas Tenison a gyhoeddodd ei bamffled *An Argument for Union* yn 1683,[75] Gilbert Burnet, John Sharp, John Tillotson ac Edward Stillingfleet a gyhoeddodd y mynegiant llawnaf o ddadl yr ysgol hon yn ei lyfr sylweddol *The Unreasonableness of Seperation* yn 1681. Nid oedd y gwŷr hyn yn barod, wrth reswm, i wadu eu safbwynt eglwysyddol eu hunain, ond yr oeddynt yn awyddus i ennill ewyllys da'r Ymneilltuwyr. A phan wrthsafodd y saith esgob – a William Lloyd yn eu plith – ddymuniad y Brenin i'w Ddeclarasiwn gael ei ddarllen ym mhob eglwys yn ei deyrnas, yr oedd corff mawr yr Ymneilltuwyr yn canmol eu gweithred er mai cynnig rhyddid iddynt hwy yr oedd y Declarasiwn. Ac yng Ngogledd Cymru, a oedd at ei gilydd yn deyrngar i Iago yn nechrau 1688, bu dylanwad William Lloyd yn ddigon i newid yr awyrgylch yn llwyr.[76]

Am gyfnod, beth bynnag, yr oedd esgobion yn arwyr i Ymneilltuwyr. Ac yn awr yr oedd William Lloyd, a'u galwodd yn ei fraw gynt yn 'bloody wretches', yn rhannu â hwynt gyfrinach y gwahoddiad a anfonwyd i William ddod o Holand i feddiannu'r orsedd. Fe'i sibrydodd yng nghlust Richard Davies y Crynwr wedi i hwnnw, fel cynifer o Ymneilltuwyr eraill, ymweld â'r Esgob i'w galonogi yng Ngharchar.[77] Fe'i rhannodd hefyd â James Owen wrth basio trwy Groesoswallt ganol haf 1688 ac yn y sgwrs faith a gafodd y pnawn hwnnw â'r Piwritan yr oedd wedi symud yn go bell oddi wrth y dicter a deimlai tuag ato yn 1683. Yn wir, erbyn hyn gallai ddweud wrtho: 'You and we are Brethren: we have indeed been angry Brethren, but we have seen our folly: and we are resolved if ever we have it in our power again, to shew that we will treat you as Brethren.'[78]

Buasai hanes crefyddol Cymru'n wahanol ac yn hapusach pe bai ysbryd y geiriau yna wedi cael llywodraethu yng nghalonnau Anglicaniaid ac Ymneilltuwyr.

[1]Am barhad o'r drafodaeth gw. R.Tudur Jones, 'Relations between Anglicans and Dissenters: the promotion of piety, 1670-1730', D.Walker (gol.), *A History of the Church in Wales* (Penarth, 1976), 78-102

[2]James Owen, *A Plea for Scripture Ordination* (1694), 1-3

[3]John Spurr, *The Resoration Church of England*, 1646-89 (New Haven, 1991), 29-79

[4]'The Presbyterians indeed were bluffed out of their senses by a series of apparently favourable portents and promises, whilst their adversaries were taking possession of the church by stealth'. N. Sykes, *From Sheldon to Secker* (Cambridge, 1959), 3

[5]Am Roberts (1585-1665), gw. *D.N.B.* a *B.*

[6]E.e. *Calendar of State Papers* (1660 - 1), 118 – tystysgrif Thomas Price, ymgeisydd am reithoriaeth Llanefydd a 568-9 – tystysgrif Edward Wynn

[7]Am Morgan (1608-73), esgob Bangor 1666-73, gw. *D.N.B.* a *B.*

[8]John Walker *An Attempt towards recovering an Account of the Numbers and Sufferings of the Clergy of the Church of England* (1714), II, 11

[9]Am Lloyd (1610-89), esgob Bangor, 1673-89, gw. *D.N.B.* a *B.*

[10] Walker, *An Attempt*, II, 84

[11]Am Lloyd (1586-1667), esgob Llandaf, 1660-67, gw. *D.N.B.* a *B.*

[12]Walker, *An Attempt*, II, 16

[13]Am Davies (1605-75), esgob Llandaf, 1667-75, gw. *D.N.B.* a *B.*

[14]Walker, *An Attempt*, II, 235

[15]Am William Lloyd ( 1637-1710), esgob Llandaf 1675, Peterborough 1679, Norwich 1685, a cholli ei le'n 1691 am wrthod tyngu llw teyrngarwch i William a Mary, gw. *D.N.B.* a *B.*

[16]Am Richard Lloyd (1595-1659), gw. *D.N.B.*

[17]Bu farw 10 Chwef. 1705 yn 90 oed, gw. *Athenae Oxoniensis* II, 1179

[18]Gw. R.S.Bosher, *The Restoration Settlement* (1951), 285

[19]Browne Willis, St. Asaph (1801), 1,116 ; am Griffith (1601-66), gw. *D.N.B.* a *B*

[20]Am Barrow (1614-80), esgob Llanelwy (1669-80), gw. *D.N.B.*

[21]Gw. Thomas Richards, 'The Troubles of Dr. William Lucy', *Y Cymmrodor* 38 (1927), 142-83. Am Lucy (1594 - 1677), gw. *D.N.B*

[22]Francis Green (gol.), *Menevia Sacra* (1927), 117; Am Womack (1612-86) gw. *D.N.B.*

[23]Am John Lloyd (1638-87), Prifathro Coleg Iesu, Rhydychen, gw. *D.N.B.* a *B.*

[24]Am William Lloyd (1627-1717), Llanelwy 1680, Lichfield a Coventry 1692, Caerwrangon 1699, gw. *D.N.B.* a *B.*

[25]Am Thomas (1613-89), gw. *D.N.B.* a *B.*; am y gwŷr uchod a thrafodaeth ar gyflwr yr Eglwys yn ystod y cyfnod gw. Geraint H.Jenkins, *The Foundations of Modern Wales: Wales*, 1660-1780 (Cardiff and Oxford, 1987), 173-83

[26]Cyhoeddodd Mr. Morgan ffrwyth ei ymchwiliadau yn *Nhrafodion Cymdeithas Hanes yr Eglwys yng Nghymru* gan ddechrau yng nghyfrol 7 (1957) a pharhau'n flynyddol hyd gyfrol 12 (1962). Y mae ei erthygl olaf ar 'The Prosecution of Nonconformists in the Consistory Courts of St. David's, 1661-88' yn trafod yr un thema â'r papur hwn a chan fod trafodaeth Mr. Morgan yn crynhoi'r dystiolaeth nid oes angen imi ail-adrodd, namyn cyfeirio'r darllenydd at lygad y ffynnon.

[27]Morgan, 'Prosecutions' (1962), 37-8; cf. R.Tudur Jones, 'Religion in post-Restoration Brecknockshire', *Brycheiniog* 8 (1962), 11-66.

[28]Ronald A. Marchant, *The Puritans and the Church Courts in the Diocese of York* (1960), 9

[29]Llythyr 21 Ion. 1683/4, Bodleian Tanner MS., cxlvi, 30-30v. Ond, yn od iawn, trwy *significauit* i'r Siawnsri y cafodd Lloyd *de capiendo* yn erbyn John Evans, Wrexham; gw. ib., 33v – llythyr 24 Tach. 1682 at Sancroft

[30]Morgan, 'Prosecutions' (1962), 47-9

[31]Joshua Thomas, *Hanes y Bedyddwyr* (Pontypridd, 1885), 43

[32]Tanner MS, cxlvi, 138

[33]Ibid., xxxix, 47
[34]Ibid., xxi, 19
[35]Calamy, *Account* (1713), I1, 723-6
[36]'Mr. *Jones* was a great Sufferer for Nonconformity in Dr. *Davies* time, and was frequently imprisoned . . .' ib.,721. O 1667-1675 yr oedd Davies yn esgob, ond nid oes awgrym mai Davies oedd yn gyfrifol am yr erlid arno. Da cofio hefyd, cyn rhuthro i fychanu hyn fel un o 'chwedlau Calamy' mai hen ddisgybl i Samuel Jones, sef James Owen a roes y wybodaeth am y gweinidogion Cymraeg i Calamy ac yr oedd ef ym Mrynllywarch yn 1672- 3 (gw. *B.*, *s.n.*, James Owen). Er mai hwn oedd cyfnod y Declarasiwn diau iddo gael gwybodaeth am yr erlid o enau Jones
[37]A Tindal Hart, *William Lloyd* (1952), 40
[38]*An Account of the Convincement, exercises, services, and travels of that ancient servant of the Lord, Richard Davies* (1710), 207-9; D. R. Thomas, *The History of the Diocese of St. Asaph* (1874), II, 125-6
[39]Y llythyr yn Hart, *William Lloyd*, 43; *Convincement*, 211-19
[40]J.B.Williams (gol.), *The Life of the Reverend Philip Henry* (1825), 153
[41]Ibid., 153
[42]Ibid., 154-5
[43]Ibid., 154
[44]Hart, *William Lloyd*, 46
[45]M.H.Lee (gol.), *The Diaries of Philip Henry* (1882), 316; am Roberts (bu f.26 Medi 1684), gw. R.Tudur Jones a B.G.Owens, 'Anghydffurfwyr Cymru, 1660-2', *Y Cofiadur* 32 (1962), 75
[46]Tanner MS, cxlvi, 33v – llythyr 24 Tach. 1682 at Sancroft
[47]Ibid., xxxv, 157 – Lloyd at Sancroft, 21 Rhagfyr
[48]*Some Account of the Life ... Of ... James Owen* (1709), 29
[49]Ibid., 35
[50]Williams (gol.), *Life of Philip Henry*, 152
[51]Tanner MS cxlvi, 33v. Am John Evans (1628-1700), William Williams (1634-1700) a'r ddau Edgebury, gw. *B.*
[52]Hart, William Lloyd, 47
[53]Ibid.
[54]Ibid., 48
[55]Ibid.
[56]Ibid., llythyr 17 Gorff. 1683 at y Comisari John Edwards
[57]Tanner MS, xxxv, 190, Lloyd at Sancroft, 14 Chwef.1683
[58]Ibid.
[59]Lee (gol), Diaries, 26 Medi 1681, 301
[60]J.Spinther James, *Hanes y Bedyddwyr* (Caerfyrddin, 1900), II, 452. Am Williams (1624-82) gw. *B* a T.M.Bassett, *Bedyddwyr Cymru* (Abertawe, 1977), t.35
[61]Y mae cofrestr Llanafan fawr, Sir Frycheiniog, a'i chyfeiriad at gladdu un 'per Anti-Christos Anabaptistos' yn dangos llid y person at Ymneilltuwyr
[62]Tanner MS cxlvi, 138
[63]*Account*, II, 718
[64]Calamy, *Account*, II, 9 - 10. Am Hughes gw. Geraint H.Jenkins, 'Apostol Sir Gaerfyrddin: Stephen Hughes, c.1622-88', yn *Cadw Tŷ Mewn Cwmwl Tystion* (Llandysul, 1990), 1-28
[65]*Account*, II, 9
[66]Rhagymadrodd G. J. Williams i'r *Ffydd Ddi-ffuant* (Caerdydd, 1936), li.; hefyd Saunders Lewis, *Ysgrifau Dydd Mercher* (1945), 60-4; idem. 'Y Ffydd Ddi-ffuant', R.Geraint Gruffydd (gol.), *Meistri'r Canrifoedd* (Caerdydd, 1972), 164-71
[67]Lewis, *Ysgrifau Dydd Mercher*, 63

[68]Ibid., 62; G.J.Williams, lix - lxvi
[69]Am Bayly *gw. B*
[70]Tanner MS, xl, 18 - 18v
[71]Ibid., 19, drafft di-ddyddiad o ateb Sheldon
[72]Ei lythyr at 'rai gweinidogion cyfrifol' yn *Gwaith Mr Pritchard* (1672)
[73]Am y manylion gw Hart, *William Lloyd,* 17 - 24
[74]Gw. Edward Carpenter, *The Protestant Bishop* (1956), 69-77 am ei agwedd
[75]Edward Carpenter, *Thomas Tenison* (1948), 93-6
[76]Amgueddfa Brydeinig, Landsdowne MS. 828, f. 10, adroddiad Capt. John Stevens ar gyflwr Cymru yn 1688.
[77]*An Account of thc Convineement . . .*, 242-3.
[78]E.Calamy, *Continuation* (1727), 'Dedication', xxxi

PENNOD 5

# *Hugh Owen, Bronclydwr (1639-1700)*

Cyn amlinellu gyrfa Hugh Owen, eithaf peth fydd ein hatgoffa ein hunain iddo fod yn gweithio mewn amser anodd iawn yn hanes yr eglwysi efengylaidd. Ym 1660 dychwelodd y brenin Siarl II i'r orsedd gyda dymchwelyd yr oruchafiaeth Biwritanaidd. Yr unig grefydd gyfreithlon ar ôl 1662 oedd yr un Anglicanaidd. Pasiwyd cyfres o ddeddfau wedyn i geisio diwreiddio Ymneilltuaeth. Yr oedd unrhyw oedfa nas cynhelid yn ôl trefn y *Llyfr Gweddi Gyffredin* yn waharddedig gyda chosbau trymion yn disgyn ar y sawl a droseddai'r deddfau cosb. Ar wahân i egwyl o 1672 hyd 1673, parhaodd y gorthrwm am ddeng mlynedd ar hugain – hyd 1689 pan basiwyd Deddf Goddefiad.[1] Wrth drafod Hugh Owen felly yr ydym yn trafod un a alwyd i gynnal y ffydd mewn dyddiau blin. Mae'n wir nad yw Cristionogion a gweinidogion heddiw yn gorfod wynebu dirwy a charchar ac angau oherwydd eu tystiolaeth ond gwyddom gryn dipyn am flinder ysbryd a baich gwrthwynebiad. Gall Hugh Owen a'i waith fod yn gryn ysbrydiaeth inni.

**Ei gefndir**

Nid gwerinwr oedd Hugh Owen. Yr oedd o dras uchelwyr ac yn perthyn trwy waed i nifer anarferol o deuluoedd bonheddig Meirionnydd. Cafodd ei eni yn Llanegryn yn fab i Humphrey a Susannah Owen. Yr oedd Humphrey, tad Hugh Owen, yn or-ŵyr i'r Barwn Lewis Owen, trwy ei fab hynaf, John ap Lewis Owen o'r Llwyn, Dolgellau. Yr oedd mam Hugh Owen yn or-wyres i'r Barwn trwy ei bedwerydd mab, Gruffydd ap Lewis Owen.[2] Y Barwn Lewis Owen oedd yr un a fwrdrwyd yn Llidiart y Barwn gan Wylliaid Cochion Mawddwy ym 1555. Ac yr oedd gan y Barwn bum mab arall heblaw John a Gruffydd, heb sôn am bedair merch. Fe welir ar unwaith gynifer o berthnasau uchelwrol a oedd gan Hugh Owen. Ac yr oeddent yn gysylltiedig â rhai o blasau mwyaf adnabyddus y sir. Trwy ei daid yr oedd yn perthyn i deulu Ynysmasogwyn. Trwy ei fam yr oedd yn gefnder cyfan i'r ail Lewis Owen o Beniarth; yn gefnder i wraig Gwyddfryniau, gwraig Cae'rberllan a gwraig Richard Nanney o Gefndeuddwr – heb sôn ei fod yn perthyn i deuluoedd Caerynwch, Dolserau a'r Hengwrt. Ac yr oedd Susannah, mam Hugh Owen, yn gyfnither gyfan i'r diwinydd Piwritanaidd enwog, Dr John Owen, er nad oes dim rhithyn o dystiolaeth fod hwnnw'n cymryd y diddordeb lleiaf yn ei deulu.

Ymaelododd Hugh Owen yng Ngholeg Iesu, Rhydychen, yn 1660 ond rhoddwyd taw arno ym 1662 gyda phasio Deddf Unffurfiaeth. Bu am ysbaid yn Llundain wedyn ac yno, yn Eglwys St Pancras y priododd â Martha, merch John Brown o Little Ness. Yr oedd Brown yn Biwritan amlwg iawn yn sir Amwythig. Yr oedd yn ffrind agos i Vavasor Powell ac yr oeddent ill dau'n cydweithio o dan drefniadau Deddf Taenu'r Efengyl oherwydd yr oedd John Brown yn ddirprwywr o dan y ddeddf honno. A bu'n aelod o Senedd y Saint ym 1653. Braidd yn sarhaus ohono yw Richard Gough yn ei lyfr, *History of Myddle*. Mae'n disgrifio Brown fel 'a selfe conceited, confident person'.[3] Ond yr oedd yn un a edmygid yn fawr gan Thomas Baker, sgweier Sweeney, lle byddai Vavasor yn arfer pregethu 'and when the people departed they had every one a quarter of a twopenny bun or cake, and everyone a glass of beere, of about halfe a pint'.[4] Mae'n rhaid bod Hugh Owen wedi'i drwytho yn hanes campau'r genhedlaeth gyntaf honno o Biwritaniaid Cymraeg. Yr oedd John Brown hefyd yn un o brif aelodau eglwys Morgan Llwyd yn Wrecsam. Ac yr oedd Hugh Owen yntau'n aelod o'r eglwys honno ac etholwyd ef yn henuriad athrawiaethol ynddi. Yn wir, bu'r cysylltiad rhyngddo ac eglwys Wrecsam yn glos iawn ar hyd ei yrfa.

Un peth rhwystredig iawn am Hugh Owen yw prinder gwybodaeth amdano. Dychwelodd o Lundain (neu o Wrecsam) i'w gartref ym Mronclydwr. Gadewch inni grynhoi'r ychydig ffeithiau sicr am ei yrfa cyn adrodd am ei waith fel gweinidog.

## Ei yrfa

Ym 1672 cyhoeddodd y Brenin Siarl II ar ei liwt ei hun ac yng nghefn ei senedd indwlgens i Ymneilltuwyr ar yr amod eu bod yn trwyddedu eu pregethwyr a'u mannau cyfarfod. Trwyddedwyd Hugh Owen i bregethu yn ei dŷ ei hun, Bronclydwr ym mhlwyf Llanegryn. Trwyddedwyd pedwar tŷ arall ar gyfer addoli. Un oedd Cynfal, hen gartref Morgan Llwyd, yn enw Mary Lloyd, chwaer Llwyd, o bosibl. Cafodd tŷ Ellis Davies, sef Bodwenni, drwydded. Plas yw Bodwenni ym mhlwyf Llandderfel, rhyw ddwy filltir o'r Bala. Yr oedd Elis Dafydd yn berchennog tyddynnod yn y plwyf yn ogystal. Yr oedd yn fab ac yn aer i David Ellis a Chatrin Lloyd.[5] Priododd merch Elis Dafydd â William Roberts (bu f. 1712) ac yr oedd yntau'n Ymneilltuwr cadarn ac yn amlwg yn un o ffrindiau Hugh Owen. Ond am y trwyddedau eraill, aeth y rheini i berthnasau Hugh Owen. Erw-goed, Dolgellau, oedd un o'r tai a drwyddedwyd. John Owen oedd yn byw yno ac yr oedd ef yn ewythr i Hugh Owen, o frawd ei dad. Aeth y llall i dŷ Dafydd Williams yn Llanfihangel-y-pennant. Gŵr Brynglasau oedd ef a brawd i Ursula, gwraig John Owen ac felly modryb Hugh Owen trwy briodas. Felly dyma orsafoedd Hugh Owen yn ystod egwyl yr Indwlgens.

Yn niwedd Awst 1672 cafodd Hugh Owen ymwelydd nodedig. Bu Henry Maurice yn pregethu ym Mronclydwr. Os Hugh Owen oedd 'Apostol Meirion', Maurice oedd 'Apostol Brycheiniog', gŵr a gydymffurfiodd ym 1662 ac edifarhau wedi hynny a throi'n Ymneilltuwr.[6] Bum mlynedd yn ddiweddarach daeth gŵr ar ffo am noddfa i Bronclydwr, neb llai na James Owen ar bu iddo ef a'i gynulleidfa gael eu bradychu yn Llangybi, Eifionnydd. Ac yr oedd James Owen yn ddiweddarach yn weinidog cynorthwyol i Hugh Owen ac ef hefyd a bregethodd yn ei gynhebrwng.

Bu Hugh Owen farw 15 Mawrth 1700 a chladdwyd ei weddillion ym mynwent Llanegryn. Dyma ei feddargraff:

Hugh Owen, o Fronyclydwr,
Pregethwr yr Efengyl, yn ôl ei lafur, sydd yma
yn gorphwys. Oed 60ml. a hanner,
Bu farw y 15 o Fawrth. 1699.

Y Cymmro anwyl, edrych yma
Ar fy medd, a dwys ystyria,
Fel yr wyt ti y bum innau
Fel yr wyf fi y byddi dithau:

Gan nad wyf mwy i bregethu,
O'm bedd mynwn wneuthur hyny
O, Cred yn Nghrist a bydd grefyddol,
Casa bob drwg, a bydd fyw'n dduwiol.

**Ei waith**

Ym 1675 lluniodd Henry Maurice adroddiad ar eglwysi Ymneilltuol Cymru. Wrth drafod sir Feirionnydd, dywed fod yr ychydig broffeswyr crefydd yn y sir yn gysylltiedig naill ai ag eglwys Wrecsam neu â phobl Vavasor Powell ym Maldwyn. Yr oedd Hugh Owen felly'n gwasanaethu'r Bedyddwyr rhyddgymunol yn ogystal ag Annibynwyr. Ond, meddai Maurice, ar ôl adferiad y brenin troes y mwyafrif ohonynt at y Crynwyr. Yna â rhagddo i ddweud:

> Yet of their elders, one Mr Hugh Owen, a kinsman of Dr Owen's, is settled in that county, and being ordained a teaching elder of Wrexham church, is sent to those parts to exercise his ministry; so that of late, the Lord helping them to be faithful and diligent in the Lord's vineyard, and crowning his labours with a considerable blessing, they are about gathering them into church order, whereof I can give no certain account as yet, only that there are none in all that county, that I know of, that are otherwise than of an independent judgment, except the new crew of quakers aforesaid.[7]

Nid oedd gan Henry Maurice ddim cydymdeimlad â'r Crynwyr. Mae ei gyfeiriad at 'one Mr Hugh Owen' yn taro nodyn braidd y amhersonol o gofio fod Hugh Owen wedi ei groesawu ym Mronclydwr dair blynedd ynghynt. Ond mae'n tystio fod llwyddiant ar weinidogaeth Hugh Owen a bod ei bobl ar fin eu ffurfio eu hunain yn eglwys gynulleidfaol reolaidd. Dyma'r union batrwm a luniodd Henry Maurice yn sir Frycheiniog, nifer o grwpiau bychain yn ymuno â'i gilydd i ffurfio 'eglwys sir', fel y daethpwyd i alw'r trefniant.

Dywed Henry Maurice felly fod maes llafur Hugh Owen yn ymestyn i Sir Drefaldwyn. Y mae gennym dystiolaeth ŵyr iddo, Hugh Farmer, Walthamstow, fod cylch ei fugeiliaeth yn cynnwys pump neu chwech o orsafoedd ym Meirionnydd, rhai ohonynt gryn ugain milltir o Fronclydwr, a nifer tebyg ym Maldwyn, rhai cyn belled â deng milltir ar hugain o'i gartref. Ambell dro byddai'n pregethu hefyd yn sir Gaernarfon. Byddai'n mynd ar gylchdaith tros gyfnod o dri mis o gwmpas y canolfannau hyn cyn ailgychwyn drachefn.[8] Cadarnheir y wybodaeth hon o ffynonellau eraill. Yr oedd Walter Griffith, Llanfyllin, a Griffith Oliver, mab Drain-llwydion, Machynlleth, ymhlith sgutoriaid ei ewyllys. Ac ymhlith trysorau capel Pen-dref, Llanfyllin, y darganfuwyd copi o gorff diwinyddiaeth yr Archesgob Ussher, a fu unwaith ym meddiant Hugh Owen, ac sy'n cynnwys nodiadau bywgraffyddol yn ei law ei hun ar y tudalennau gwynion yn niwedd y llyfr.[9] Cynulleidfaoedd bychain oedd yn y canolfannau hyn. Yn y cyfrifiad a orchmynnwyd gan yr Archesgob Sheldon ym 1676, saith Ymneilltuwr oedd yn Llanegryn a 161 yn Meirion i gyd. Ni ellir rhoi gormod o bwys ar ystadegau o'r math yma a'r tebygrwydd yw bod eu ffigurau'n rhy isel. Ond a chaniatau eu bod yn gywir, nid oedd 161 o aelodau yn Eglwys Sir Meirion yn gynulleidfa i'w dirmygu.

Un wedd bwysig ar efengylu ymhlith y Piwritaniaid oedd cyhoeddi llyfrau duwiol. Y corff a wnaeth gyfraniad sylweddol iawn at yr amcan hwn oedd y Welsh Trust o dan ysbrydoliaeth Thomas Gouge. Nid yw'n syndod clywed fod Hugh Owen yn cefnogi'r fenter hon. Y mae gennym nodyn yn ei law ei hun yn rhoi enwau'r rhai a dderbyniodd un copi ar bymtheg o glasur Charles Edwards, *Y Ffydd Ddi-ffuant* a phedwar copi o *Deffiniad Ffydd Eglwys Loegr*, y cyfieithiad o *Apology* yr Esgob John Jewel. Dau swllt a cheiniog oedd pris llyfr Charles Edwards a swllt oedd pris llyfr Jewel. Cawn gipolwg ar y wedd hon ar ei waith mewn llythyr o'i eiddo:

Bronclydwr
Jan. 28th. 90 [h.y. 1691]

Sr

The blessed God reward you, for your great care & pains with my son, and others of his fellow-students, as also for what kindness you design poor families in procuring them Bibles, wch (as I apprehend by your letter) are to be distributed by Mr.James Owen, & myselfe, sending you up speedily y[e] names of such, as we judge it charity to supply them, not only being poor, but such as may be supposed will make good use of them: As to me I cannot think how possibly I can do it well suddenly as to my own county MerionethShire, much less as to Carnarvonshire, y[e] neerest meeting there being about 22 miles off from me; therefore I humbly conceive before I can answer y[e] end of y[t] good work, I must either at every meeting in the county, & when I go there, I mean to Carnarvon Shire, wch (as I now design) will be in

March, to enquire privately of such as I can confide in, who they be $y^t$ are such objects of Charity; wch I suppose will be $y^e$ best way if so much time can be allowed, or else to write to such as I can trust for the names of such poor as you enquire after, $y^e$ last way will take up some time, but for me to enquire upon $y^e$ place wherever I go much more. but being it's not $y^e$ pleasure of our good benefactors, whom I beseech God abundantly to reward, to send $y^e$ books first down, as in Mr. Gouge his time, and those $y^t$ recd. them, I shall endeavour with what speed I can, both to enquire myselfe, & put others upon it, in $y^e$ aforementioned countyes, & in some part of Montgomeryshire, $y^t$ lyes farthest from Mr. James Owen, & $y^n$ send these names to him to be conveyed to you, if a speedier way of sending does not offer itselfe. The Lord reward all your labours of love to Sion, Crown all your endeavours for God with a blessing, continue you long here to serve his Churches, and your race finished, give you an abundant entrance to his Kingdome & glory. Resting, $yo^r$ poor meane fellowlabourer,

Hugh Owen

Sr,
Give me leave further to add, $y^t$ I suppose it is not I alone, from your great labours of love to my poor child, but all $y^e$ Churches of Xt in North Wales, ought to be sensible of God's great goodness to them by you, as $y^e$ $instrum^{nt}$, not only from this endeavour of yours to help poor families with Welsh Bibles, but also to help them to a prospect of a succession of labourers, $y^t$ may assist $y^e$ few $y^t$ be while they continue, and to supply $y^r$ room when removed. And $y^r$fore with respect to us all, I beseech $y^e$ blessed, blessed, blessed God reward you both here & hereafter.

Llythyr at Richard Stretton yw hwn. Cyn gwneud sylwadau arno, dylid esbonio ei fod wedi'i anfon at James Owen i'w anfon ymlaen a dyma'r llythyr a anfonodd yntau at Stretton gydag ef.

Sr,
I reced. this letter of Mr.H.O. to you this day, $w^{ch}$ he desires me to send to you. I pray let not $y^e$ Welch be sufferers by our delayes in sending up names to you. If $y^e$ distribution of Bibles be equal, it

will take up time to inquire for fit objects in 5 or 6 counties, for we are willing to scatter y$^{m}$ as much as may be. We have some young men y$^{t}$ are very hopeful. & begin to preach, who want som bookes, espec. Comon places and Comentators: there is one Mr.Jo.Lewis, who hath been w$^{th}$ Mr. Woodhouse, & is now w$^{th}$ me, who makes use of my study at p$^{r}$sent. If y$^{e}$ Trustees can help y$^{m}$ to a few bookes, it will be a great Charity. Mr.David Jones of Salop, who preaches sometimes in Wales & hath y$^{e}$ Welch tongue, is left out of y$^{e}$ public list for North Wales, if anything can be done for him I should be very glad. I heard lately from your two young men: Mr Jo. Baddy sent me an exercise of his, w$^{ch}$ pleased me well. Mr Frankland gives us a very good character of both. You will greatly oblige me if you be pleased to let me know in your next, w$^{t}$ became of y$^{e}$ paper of agreement between y$^{e}$ Presb: & y$^{e}$ Independ: The heats of some who are leaning tow$^{ds}$ Anabaptism, hath produced ill effects in our neighbourhood of late. God heal our breaches, & fit us for his pleasure. The Tory party are very rampant in these parts. At Denbigh they have presented our friends for conventiclers. tho' they have qualified y$^{m}$selves as y$^{e}$ Statute requires. Our Bishop of Asaph, hath sent a public schoolmr. lately into our town, one Mr.Guild, who was cast out in Scotland. It is suspected he hath not taken y$^{e}$ oath to king Wm. A parson in our neighbourhood prayed for K.J. & y$^{e}$ P of Wales, & no notice was taken of him. I pray favor me in yo$^{r}$ next w$^{th}$ som hints of y$^{r}$ thoughts of the present scene of public affairs. The Lord bless you & yo$^{rs}$. & prosper yo$^{r}$ labors.

I am yo$^{r}$ obliged servant,

James Owen

To y$^{e}$ Rev$^{d}$ M$^{r}$. Richard Stretton,
at Bartholomew Close,
London.

Yr oedd James Owen (1654-1706) wedi sefydlu ei academi yng Nghroesoswallt ym 1690, ychydig fisoedd cyn ysgrifennu'r llythyr hwn.[10] Yr esgob y mae'n cyfeirio ato oedd William Lloyd (1627-1717) a oedd yn Llanelwy o 1680 hyd 1692 pan symudwyd ef i Lichfield. Yr oedd James Owen yn gyfarwydd iawn ag ef oherwydd bu ef a Philip Henry'n dadlau'n gyhoeddus â'r esgob yng Nghroesoswallt, 27 Medi 1681. Yr oedd Richard Stretton (1632?-3 - 1712)[11] yn arweinydd pur amlwg ymhlith Piwritaniaid y cyfnod. Yn ystod yr erlid dioddefodd ddirwyon a charchar. Bu'n weinidog y gynulleidfa Bresbyteraidd a gyfarfyddai yn Shoemakers' Hall, Llundain, hyd 1694 pan symudwyd i Haberdashers' Hall. Ar ôl i'r erlid ddod i ben ym 1689 yr oedd llawer iawn o weinidogion mewn cryn dlodi. Penderfynodd y Presbyteriaid a'r Annibynwyr sefydlu Cronfa Gyffredin (y 'Common Fund') i'w helpu hwy. Gwnaed hynny ar 1 Gorffennaf 1690. Yr oedd ef yn un o reolwyr y drysorfa. Yr oedd hefyd yn un o ymddiriedolwyr Elusen y Fonesig Mary Armine i helpu gweinidogion tlawd. Yr oedd Hugh Owen ei hunan yn derbyn wyth bunt o rodd gan y Gronfa o 1690 tan 1694 a gostyngwyd hi i bedair punt ym 1695. Y mae James Owen yn ei lythyr yn holi beth sy'n digwydd yn y drafodaeth rhwng Presbyteriaid ac Annibynwyr. Yr oedd arweinwyr y ddau enwad wrthi'n llunio cynllun i sicrhau cydweithrediad rhwng eu gweinidogion. O ganlyniad ffurfiwyd yr 'Happy Union' rhyngddynt ar 6 Ebrill 1691 a chyhoeddwyd manylion y cynllun, yr 'Heads of Agreement' ym mis Mai. Gwelir felly pam yr oedd James Owen mor awyddus, ychydig wythnosau cyn i hyn ddigwydd, i gael gwybod yr hanes.[12] Y mae Hugh Owen yn cyfeirio at ei fab, John. Cafodd ef ei eni ar 14 Medi 1669 ac yr oedd â'i fryd ar y weinidogaeth. Aeth i Academi Richard Frankland yn Rathmell, sir Gaerefrog, ar 25 Tachwedd 1689 a dychwelodd i gynorthwyo ei dad. Ond byr fu ei yrfa, bu farw 27 Mehefin 1700. Mae cwestiwn diddorol yn codi ynglŷn â chyfeiriad James Owen at 'Mr Jo: Baddy'. Y diwrnod yr aeth John Owen i Academi Rathmell, yr oedd llanc o Wrecsam yn cychwyn ei yrfa yno hefyd. Ei enw oedd Thomas Baddy (bu farw 1729), gweinidog Lôn Swan, Dinbych, yn ddiweddarach a llenor.[13] Ai llithriad am 'Thomas' oedd y 'Jo' gan James Owen? Un o Langollen oedd David Jones (bu farw yn Amwythig ym 1717). Cafodd ei addysg yn Academi Brynllywarch ac yr oedd yn briod â merch hynaf pennaeth yr Academi, Samuel Jones.[14]

Mae'n amlwg fod Hugh Owen yn weithiwr dygn a llafurus. Yr oedd, meddai Samuel Palmer (ar sail tystiolaeth un o'i gymdogion Anglicanaidd, mae'n ymddangos), yn oleuni llachar mewn cornel dywyll, yn seren ddisglair yn symud mewn cylch eang. Yr oedd ei bregethu'n deimladwy iawn ac yn gyffrous. Byddai lluoedd o bobl yn mwynhau ei weinidogaeth a gwnai argraff ddofn arnynt.

> His indefatigable labours much impaired his health, as he often rode in the night, and in cold rains over the mountains, scarcely allowing himself necessary food. He rarely ate any flesh and avoided all strong liquors: his principal food was milk, to which he had used himself by lodging in poor houses, where they had nothing else, and beds of straw. He was a primitive, apostolical Christian; eminently meek and humble, esteeming himself the least of all the ministers of Jesus Christ . . . He was tender of grieving any, and tho' strict in his own opinions, was candid towards those who differed from him. He often said he 'valued no man for his opinion, or his adherence to this or that party, but for what he saw of the grace of God in him'. His unblemished and exemplary deportment, procured him the esteem of the gentlemen of the country, to several of whom he was nearly related.[15]

**Nerth gweddi**

Yr oedd ganddo ffydd fawr yn nerth gweddi. Unwaith yn ystod gaeaf stormus aeth yn nos arno ar ei daith. Yr oedd yr eira'n chwipio i'w wyneb fel na allai ei geffyl fynd yn ei flaen. Felly gadawodd i'r ceffyl fynd i'r fan a fynnai ond cyn bo hir sylweddolodd eu bod ar ymyl cors ac mewn cryn berygl. Ymroes i weddi am arweiniad gan adael y ceffyl i ymdaro gorau y gallai. Cerddodd trwy eira hyd at ei bennau-gliniau tan hanner nos. Yr oedd yn rhynnu i'r fath raddau nes anobeithio am ei einioes. Toc, daeth at feudy ond pan gyrhaeddodd yr oedd y drws ar glo. Bu'n palfalu am gryn awr heb fedru darganfod ffordd i fynd i mewn ond yn rhagluniaethol daeth o hyd i dwll digon mawr iddo ymwthio i mewn. Gorweddodd yno rhwng y gwartheg tan y bore. Pan ddaeth allan gwelai dŷ gerllaw; aeth ato a chnocio'r drws. Cododd gŵr y tŷ a'i wahodd i mewn. Yr oedd ei wallt a'i farf wedi rhewi a'i ddwylo'n farw gan oerni a phrin y gallai siarad. Cynheuodd y gŵr dân mawr a rhoi llefrith poeth iddo a'i roi mewn gwely cynnes. Bu yno am rai orieu. Pan gododd yr oedd wedi ymadnewyddu'n llwyr a'r bore hwnnw aeth ymlaen i'w oedfa a phregethu gydag eneiniad fel pe na bai dim wedi digwydd.

Yn y darn hunangofiant a ysgrifennodd ceir enghraifft anghyffredin o'i ffydd mewn gweddi. Adeg geni ei ferch, Jane, y bu hynny. Dyma'r stori:

> Jane Owen was born Thursday the 11th of March 1679 between 10 & 11 in the morning & I being greatly afraid of [h.y. for] her

> mother, because of her having hard labour every second birth (she having easy labour the time before with Abigail) when her throes came upon her briskly, I with two friends went to seek God for her, when the first had ended I prayed next and a little after I had begun she was delivered and by the time we had all three concluded all was finished & my wife put in bed . . . The Lord make me thankful.[16]

Ni ddioddefodd Hugh Owen lawer oherwydd yr erlid. Cofnodwyd dwy stori ar y pwnc gan ei ŵyr, Hugh Farmer. Yn ystod teyrnasiad Iago II yr oedd is-siryf sir Feirionnydd wedi ei restio ym Mronclydwr. Cytunodd Hugh Owen ar unwaith i fynd gydag ef ond gofynnodd am ganiatad yn gyntaf i weddïo gyda'i deulu. Gwnaeth y weddi y fath argraff ar y swyddog fel y penderfynodd nad oedd dim i'w wneud ond gadael Hugh Owen yn rhydd. Byddai'n ddiddorol iawn gwybod beth fyddai wedi digwydd petai'r is-siryf wedi mynd ag ef i'r ddalfa a dod ag achos yn ei erbyn. Gyda'i berthnasau'n drwch ar fainc ynadon y sir, mae'n anodd credu y byddai dim byd wedi dod o'r achos. Y stori arall yw fod Arglwydd Powis wedi ei garcharu yn y Castell Coch. Wrth glywed Hugh Owen yn gweddio penderfynodd yr Arglwydd ei ollwng yn rhydd gan ei orchymnyn i ddod i'w weld i'r castell bob Nadolig. Mae'n anodd cael llawer o groen ar y stori hon. Nid yw'n eglur pa hawl a oedd gan Arglwydd Powis i'w garcharu ac ar ben hynny Pabydd o'r Pabyddion oedd William Herbert, trydydd Arglwydd Powis. Yr oedd felly'n gymaint o angyhydffurfiwr â Hugh Owen ei hunan ac mae'n anodd dirnad pa fantais iddo ef fyddai erlid y Piwritan. Ond dichon pe gwyddem fwy am yr amgylchiadau, y ceid goleuni amgenach ar y pwnc.

Sut bynnag, mae'r ffaith yn aros na ddioddefodd Hugh Owen eithafion yr erlid. Ni ddylid oherwydd hynny dybio nad oedd yn rhannu pryder parhaus Ymneilltuwyr yn y cyfnod hwn rhag ofn i'r gwaethaf ddigwydd iddynt.

Rhoes Hugh Farmer dystiolaeth ddiddorol ynglyn â chymeriad ei daid. Prif nodwedd ei gymeriad, meddai, oedd tosturi ac elusengarwch. Byddai'n ymweld yn barhaus â'r tlodion yng nghylch eang ei weinidogaeth ac yn estyn cymorth iddynt. Ar dywydd caled pan oedd tlodion yn rhynnu, nid oedd yn ddim ganddo rannu ei ddillad a hwy.

> At a time when the sweating sickness carried off great numbers, and the infected were in want of proper assistance, he diligently attended them, and condescended to perform, even for the meanest, any necessary service.

Cyn marw lluniodd lythyr i gyfarch aelodau ei eglwysi gan ei alw ei 'Gymynrodd Olaf'. Mae'n ddogfen ddwys a thyner iawn,

> Gwyliwch rhag bydolrwydd, oherwydd y mae arnaf ofn i'r byd, fel cancr, ysu hynny o dda sydd mewn llawer gan adael eu heneidiau fel cregyn sychion. Gosodwch eich hunain yn erbyn balchder dirgel, gan ofalu darostwng pob syniad balch a hunan-dybus amdanoch eich hunain. Ymrowch i ymarfer y ddyletswydd fawr i fod yn hunanaberthol; ie, ymhyfrydwch ym mhob cyfle i'ch darostwng eich hunain hyd at y llwch er mwyn Iesu, gan ymdrechu bod yn eiddgar i faddau, i anghofio, i basio heibio, beth bynnag a wna neb yn eich erbyn. Yn gyntaf peth, ceisiwch heddwch. Gwyliwch rhag y dymer uchel a balch sy'n dweud, 'Hwy sydd wedi tramgwyddo, nid myfi; hwy ddylai ddod ataf fi, nid myfi atynt hwy'. Nid yw hyn ond effaith balchder ac yn tarddu mwy o gariad atom ein hunain nag at yr Arglwydd Iesu Grist a'i ffyrdd.

Yna y mae'n rhybuddio rhag taeru ofer uwchben bedydd gan gyfeirio at y rhwygiadau yn eglwys Wrecsam a ddug anfri ar Dduw a dirmyg ar grefydd.

> Yr wyf yn pwyso arnoch (gan y dylai fod yn ddymuniad ac yn amcan i bawb ddyrchafu Teyrnas Crist), i weld argraffu delw Crist, nid eu hopiniynau eu hunain, ar eneidieu dynion. Os yw delw Crist wedi'i hargraffu ar fy enaid, byddaf yn sicr o fynd i'r nefoedd: ond gallaf fwynhau'r ddau fath o Fedydd, a mynd i uffern wedi'r cwbl.

**Casgliadau**

Er mor brin yw ein gwybodaeth fanwl am yrfa a gwaith Hugh Owen, y mae'r wybodaeth sydd ar gael yn ein hargyhoeddi ei fod yn gymeriad gloyw iawn, yn ddewr, yn ymroddgar, yn dangnefeddus, yn dirion a gweithgar. Ei arwyddocad yw ei fod yn un o'r rhai a osododd sylfeini newydd ar gyfer y dyfodol. Gwnaeth y rhan fwyaf o'i waith yn ystod oes yr erlid, pan oedd pobl ofn syrthio i ddwylo'r awdurdodau am fynychu oedfeuon. Llwyddodd i gadw Ymneilltuwyr Meirion a Maldwyn mewn cysylltiad â'i gilydd pan nad oedd unrhyw drefniadaeth ar gael i'w clymu ond ei weinidogaeth bersonol. Yr oedd yn bont rhwng y genhedlaeth gyntaf o Biwritaniaid a'r genhedlaeth y disgynnodd yr awenau i'w dwylo ar ôl 1690. A phwyslais amlwg iawn ganddo yn ei 'Gymynrodd Olaf' yw na ddylai Cristionogion beri chwerwder trwy ymroi i gynhennu â'i gilydd. Yr oedd yn hyn o beth yn adweithio yn erbyn y ffraeo annymunol a oedd yn digwydd ymysg yr Ymneilltuwyr yn y nawdegau pan oedd Presbyteriaid ac Annibynwyr yn yr afael â'i gilydd a'r Bedyddwyr yn tynnu pawb yn eu pen. Nid bod eisiau i bawb gytuno â'i gilydd ar bopeth. Yr oedd Hugh Owen, fel y clywsom, yn ŵr cadarn iawn ei argyhoeddiadau personol ac nid oedd yn cael ei demtio i gymrodeddu ynglŷn â hwy. Ond lle bo cytundeb ynglyn ag egwyddorion mawr sylfaenol yr efengyl, dylid cynnal y dadleuon ar faterion eraill mewn ysbryd sy'n cydweddu â'r efengyl honno. Uwchlaw popeth, y mae'n amlwg fod Hugh Owen yn rhoi pwysau mawr ar fywyd defosiynol ac ysbrydol iach. Yr oedd gweddi'n ganolog bwysig ganddo. A pheth diffrwyth iawn yw bywyd crefyddol sy'n esgeuluso gweddi.

Rhwng popeth erys Hugh Owen yn esiampl ac yn ysbrydiaeth i Gristionogion sy'n llafurio mewn cyfnod sydd mewn llawer ffordd mor anodd a'i gyfnod ef.

[1]Gw. R.Tudur Jones, *Hanes Annibynwyr Cymru* (Abertawe, 1966), 69-82; Geraint H.Jenkins, *Hanes Cymru yn y Cyfnod Modern Cynnar* (Caerdydd, 1983), 270-4; idem. *Protestant Dissenters in Wales*, 1639-89 (Cardiff, 1992), 43-52

[2]G.Lyon Turner (gol.), *Original Records of Early Nonconformity under Persecution and Indulgence* (1914) III, 426-30 am Gruffydd a fu f. 1668, gan adael elusennau yn ei ewyllys i dlodion Llanegryn. Mab Gruffydd Owen oedd Lewis Owen, tad Susannah

[3]Richard Gough, *The History of Myddle* (1834), 160

[4]Ibid

[5]*Y Cofiadur* 17 (1947), 54-51

[6]Gw.Thomas Richards, 'Henry Maurice: Piwritan ac Annibynnwr', Derwyn Jones a G.B.Owen (goln.), *Rhwng y Silffoedd* (Dinbych, 1978), 53-79

[7]E.B.Underhill (gol.), *The Records of a Church of Christ Meeting at Broadmead, Bristol* (1847), 515

[8]Samuel Palmer, *Nonconformist's Memorial* (1803), III, 491

[9]J.H.Richards, 'Llyfr Hugh Owen, Bronclydwr', *Y Tyst*, 24 Hydref 1929, 3

[10]Geraint Dyfnallt Owen, 'James Owen a'i Academi', *Y Cofiadur* 22 (1952), 3-36

[11]Am Stretton gw. A.G.Matthews, *Calamy Revised* (1934) a'r *DNB*; am y Gronfa Gyffredin a'r 'Uniad Hapus' gw.R.Tudur Jones, *Congregationalism in England, 1662-1962* (1962), 109-119

[12]Gw. pennod 4

[13]Gw. R.Tudur Jones, 'Gweinidogion Ymneilltuol Dinbych yn y ddeunawfad ganrif', *Y Cofiadur* 27( 1957), 34-6

[14]Am Baddy a Samuel Jones gw. A.N.Palmer, *A History of the Older Dissent of Wrexham* (1888), 96 a *B*; am academi Rethmell gw H.Mclachlan, *English Education under the Test Acts* (1931), 45-9

[15]Palmer, *Nonconformist's Memorial*, 491

[16]Richards, 'Llyfr Hugh Owen, Bronclydwr', 3

PENNOD 6

# *Yr Hen Ymneilltuwyr, 1700 - 1740*

Ar ôl cyfnod yr erlid, daeth llonyddwch. Ac yn y llonyddwch yr oedd yn beth digon naturiol i'r Ymneilltuwyr orfoleddu yn newrder y tadau gan dybio fod pob brwydro drosodd. Mewn llyfr anghyffredin o ddwys a gyhoeddwyd ar drothwy'r Diwygiad Methodistaidd geilw Jeremi Owen i gof y cyfnod hwnnw ar ôl Adferiad y Brenin Siarl II yn 1660:

> Ein tadau ni a yfasant yn ddwfn isel o gwpan cystudd yr hwn yna a roddwyd yn eu dwylo hwynt: Yr oeddynt yn gorfod ymgyfarfod liw nos i addoli Duw; a'u caseion a droisant hyn yn wradwydd iddunt megis ag y gwnai yr erlidwyr â'r Prif Grist'nogion; Llawer a fwrjwyd yng ngharchar; llawer a ysbeiljwyd o'u meddiannau; yr hyn a ddioddefasant yn llawen; ie, llawer a oddefasant angau.[1]

Nid felly yr oedd hi erbyn dechrau'r ddeunawfed ganrif a chodai'r cwestiwn ym meddwl Jeremi Owen,

> Beth ydym ni i fôd yn annwyljaid y Nefoedd? ein tir i fwynhau ei Sabbothau? Beth yw ein Heglwysi ni i gael Gorphwysfa?

Gwir i'r eglwysi gael gorffwysfa (ar wahân i ambell gawod o wynt mewn lle neu ddau) rhwng 1689 a 1740. Nid llai gwir fod y blynyddoedd hyn yn orffwysfa ysbrydol hefyd rhwng dau gyfnod, rhwng dwy oes. O'r tu cefn yr oedd berw creadigol yr ymchwydd Piwritaniaid, yn dygyfor syniadau a mudiadau o bob math. O'u blaen yr oedd y chwyldro Efengylaidd a fyddai'n crynu'r hen drefn i'w seiliau. Rhwng y ddau uchafbwynt yma gorweddai'r Hen Ymneilltuaeth. Ni ellir pennu ei therfynau amseryddol i drwch y blewyn. Yr oedd wedi cyrraedd erbyn 1700 ac yr oedd wedi diflannu erbyn 1800. Dyma'r mudiad, felly, a orweddai rhwng Vavasor Powell a Christmas Evans, rhwng Morgan Llwyd a Williams o'r Wern. Ac efe oedd y mudiad a gysylltai Stephen Hughes â Benjamin Jones, Pwllheli;

neu William Jones, Rhydwilym, â J. R. Jones, Ramoth; neu Samuel Jones, Brynllywarch, â David Lloyd, Brynllefrith.

Mewn geiriau eraill, y cyfnod rhwng yr uchelfannau oedd cyfnod yr Hen Ymneilltuaeth, blynyddoedd llacio'r llinyn. Pallodd y teimladau eirias oedd yn gynnyrch argyfyngau mawrion; yn awr adweithir yn fwy rhyddieithol i ofynion llai dramatig. Dwyster oedd piau hi bellach yn hytrach na gorfoledd. Ni bu'r Piwritaniaid yn ddibris o'r rheswm dynol, ond yn awr daw'n bwysicach peth. Ceir blas ar ddiwinydda ac ar geisio datrys cylymau ystyfnig yr athrawiaeth am dynged dyn. Ond y duedd yw i'r diwinydda droi'n gecru. Ar ôl yr erlid a'r bwrw o bared i bost, hyfrydwch pur yw cael hamddena mewn oedfa a honno'n oedfa drefnus, syber, heb unrhyw alw am ruthro drwyddi rhag iddi gael ei dwyn i derfyn disyfyd gan gnoc cwnstabl na gwŷs Chwarter Sesiwn. Daeth cyfle i feithrin rhywbeth o'r Glasuriaeth honno oedd mor nodweddiadol o'r cyfnod gyda'i phwyslais ar ffurf, ar fynegiant gloyw, ar draddodiad ac eglurder. Yr oedd rhyddiaith Jeremi Owen a Jencin Jones yn un mynegiant ohoni, a'r hen dai cwrdd glân a golau'n fynegiant arall. Ac wrth i'r gynulleidfa raenus ei golwg ymgynnull yn Llwynrhydowen, neu Ben-dref, Llanfyllin, neu Rydwilym, a suddo yn eu seddau dyfnion i elwa ar oedfa dawel, sylweddol, dïau y gellid maddau iddynt am gredu fod eu gwarineb a'u syberwyd yn ychwanegiad digon priodol at yr etholedigaeth yr ymhyfrydent beunydd ynddi.

**Rhifedi a lleoliad**

Mudiad digon bychan oedd yr Hen Ymneilltuaeth. Yn sicr, ar ddechrau'r Diwygiad Methodistaidd nid oedd ond ernes wan o'r mudiad nerthol a oedd i ddatblygu ohoni erbyn ail hanner y ganrif ddilynol.

I ddechrau gyda'r Crynwyr, y mwyaf dunamig o'r holl fudiadau crefyddol a anwyd yn y cyfnod Piwritanaidd. Ar ddiwedd yr ail ganrif ar bymtheg, er gwaethaf cryn dipyn o ymfudo,[2] daliai'r Crynwyr i gael cyfarfodydd bywiog a lluosog mewn lleoedd mor wahanol i'w gilydd â Chas-bach, Hwlffordd, Cil-y-cwm, Nantmel, Dolobran a Thyddynygarreg (Dolgellau).[3] Ond gadawodd yr ymfudo ei ôl arnynt trwy gymryd o'u plith lawer o'r mân sgwieiriaid da eu byd a fu'n gefn i'r mudiad ym Maldwyn, Meirion a Maesyfed. A rhywfodd edwinodd y mudiad gyda chyflymder brawychus. Hyd yn oed yn 1715 yr oeddynt ('does bosib') lawer yn llai na'r tair mil a roddodd Dr Thomas Rees ar eu cyfer.[4] Ac nid oedd ganddynt ddim tuedd at elwa ar y Diwygiad Methodistaidd pan ddaeth, a pharhau i wanychu fu eu hanes.[5]

Yn ôl rhestrau'r Dr John Evans,[6] yr oedd gan y Bedyddwyr yn 1715 ryw 19 o gynulleidfaoedd yng Nghymru. Ond nid yw'r rhestr yn cynnwys Glandŵr (Castellnewydd Emlyn) na Llanbryn-mair a oedd yn dal yn eglwys rydd-gymunol. Dywedir fod ar draws 21 o gynulleidfaoedd wedi eu trefnu mewn rhyw ddwsin o eglwysi – tair ar ddeg, os cynhwysir Llanbryn-mair.[7] O edrych ar ddosbarthiad daearyddol y cynulleidfaoedd hyn, fe welir mai dwy'n unig sydd yn y Gogledd – Wrecsam a Llanbryn-mair. Nid oeddynt yn gryf chwaith yn sir Aberteifi. Eu mannau cryfion oedd Rhydwilym a'r ardal o gwmpas yn y Gorllewin; plwyf Gelli-gaer a'r plwyfi cylchynol ym Morgannwg; cylchoedd Aberystruth a Llanwenarth ym Mynwy a sir Faesyfed.[8]

Nid peth rhwydd yw gwahaniaethu yn nechrau'r ddeunawfed ganrif rhwng yr eglwysi 'Annibynnol' a'r eglwysi 'Presbyteraidd' oherwydd enw ar y ddau ogwydd dipyn yn wahanol y tu mewn i'r un mudiad yw'r labeli yna. Nid oedd trefniadaeth enwadol i rannu'r naill blaid oddi wrth y llall ac nid oeddynt hwy eu hunain yn poeni fawr am gysondeb wrth ddefnyddio'r enwau. O'u cymryd gyda'i gilydd, yr oedd ganddynt yn 1715 ryw 80 o gynulleidfaoedd a'r rheini wedi'u trefnu'n drigain neu well o eglwysi. Wrth graffu ar leoliad y rhain eto fe gadarnheir y casgliad mai bychan iawn oedd dylanwad yr Hen Ymneilltuwyr yn siroedd y Gogledd. Mudiad Deheuol ydoedd yn bennaf gyda'i leoedd mwyaf bywiog yng nghydiad y tair sir, Penfro, Aberteifi a Chaerfyrddin yn y Gorllewin a chydiad Mynwy a Morgannwg yn y Dwyrain. Yr oedd tuedd amlwg ynddynt i flodeuo yn y mân drefi, yn Ninbych, Wrecsam, Caerfyrddin, Aberhonddu, Caerdydd ac Abertawe ac amryw eraill. Ond pobl cefn gwlad er hynny oedd mwyafrif Hen Ymneilltuwyr Cymru.

Er bod rhestrau Dr John Evans yn cynnwys rhyw gymaint o ystadegaeth, bu ei ffigurau'n fwy o dramgwydd nag o help. Mewn paragraff lle mae ffantasi wedi gorchfygu rhesymeg, llwyddodd Thomas Rees i brofi fod dim llai na 50,000 o Ymneilltuwyr yng Nghymru yn 1715.[9] Rhagorodd Beriah Gwynfe Evans arno gan godi'r rhif i 60,000.[10] Gwnaethpwyd y wyrth ystadegol hon trwy gyfrif yr 'Hearers' (fel y gelwir hwy yn llawysgrif John Evans) fel cyfartaledd presenoldeb. Hawdd wedyn oedd chwyddo ffigurau John Evans i gael ystadegau cwbl afreal. Yr oedd gan John Evans resymau gwleidyddol go dda tros roi lliw ffafriol iawn ar gryfder ystadegol Ymneilltuaeth a lle mae'n bosibl rhoi prawf ar eu ffigurau, gwelir iddynt fod yn hael iawn. I gymryd un enghraifft yn unig; yn Llyfr Eglwys Capel Isaac nodir enwau'r aelodau yn 1715. Yr oedd 52 ohonynt.[11] Ond dywed rhestr John Evans fod yno 400 o 'Hearers'.[12] Nid rhyfedd i R.T. Jenkins faentumio bod 25,000 yn amcangyfrif 'gweddol hael o rifedi Ymneilltuwyr Cymru yn 1715'.[13] Yn wir, byddai'r rhif hwn yn cynnwys pawb y gellid byth eu cynnwys o dan y pennawd 'Ymneilltuaeth'. I gael at *aelodaeth* yr eglwysi Ymneilltuol byddai chwarter y rhif hwn yn ormod. Ac wedi'r cwbl, un o nodweddion yr Hen Ymneilltuaeth oedd ei gofal rhag derbyn pobl yn aelodau heb iddynt gyrraedd y safon gofynnol mewn buchedd a gwybodaeth ddiwinyddol. Yr oedd eu diddordeb yn fwy yn ansawdd aelodau nag yn eu rhif.

**Arweinwyr ac academïau**

O droi sylw at arweinyddion yr Ymneilltuwyr, fe welir eu bod yn bobl annibynnol yn economaidd ac yn meithrin diwylliant o fath arbennig. Dosbarth bychan o ran rhif oedd eu gweinidogion; enwir llai na chant ohonynt yn rhestrau Dr. John Evans ar gyfer y cyfnod o 1715 hyd 1729. Tarddai amryw ohonynt o gefndir bonheddig ac yr oedd tuedd amlwg ynddynt i fod yn weddol gyfforddus eu byd. Fel enghraifft o wneud y gorau o ddeufyd, prin y gellir gwella ar deulu Kenrick. Dyna John Kenrick, gweinidog y *New Meeting*, Wrecsam, o 1707 hyd 1745, yn etifeddu Wynn Hall trwy briodi Sarah, gweddw John Taylor, Esclusham. Dilynodd ei frawd hŷn Edward yr un patrwm trwy briodi Susannah, merch Hugh Owen, Bronclydwr, ac etifeddu'r stad honno yn 1700.[14] Yr oedd priodi cyfrwys yn ymylu ar fod yn fater o egwyddor ymhlith Ymneilltuwyr am genedlaethau. Nid oes eisiau crwydro'n bell oddi wrth achau'r Kenriciaid i gael enghraifft. Yr oedd Dorothy Quarrel, mam y Sarah Kenrick a enwyd frawddeg neu ddwy yn ôl, yn chwaer i Daniel Phillips, gweinidog Pwllheli.[15] Priodasai Phillips ag Elin, gweddw Henry Maurice, gan ddod o ganlyniad yn berchen y Gwynfryn ger Pwllheli. A thrwy ychwaneg o briodi doeth yn y blynyddoedd nesaf arhosodd y Gwynfryn yn gartref i gymaint â thri o olynwyr Phillips ym Mhwllheli.[16] Ac wrth enwi'r enghreifftiau hyn, datguddir nodwedd arall yn y mudiad, sef y duedd i ffurfio rhwydwe cymdeithasol clos a'r aelodau'n priodi trwy'i gilydd. Cadarnhawyd yr arfer hon yn ddiweddarach yn y cyfamodau eglwysig. Dyna gyfamod Llanbryn-mair (1798) yn rhwymo'r aelodau yn ôl y chweched cymal.

> i beidio â chario ymlaen gyfeillach ag unrhyw berson gyda golwg ar briodi heb yn gyntaf ymgynghori a'r eglwys, ac i fod esceulusiad o'r ddyledswvdd yma ynddo ei hun yn haeddianol o gerydd.[17]

Yr oedd ffermwyr cyfrifol yn elfen bwysig yn y cynulleidfaoedd hefyd a cheid gweinidogion yn gyson o'r rhengoedd hyn. Ffermwr Bwlch-y-sais oedd Lewis Thomas, gweinidog cyntaf Rhydyceisiaid, a ffermwr y Fron-las oedd Lewis Richards, gweinidog cyntaf y Graig, Tre-lech. Ffermio ei dir ei hun a wnai Henry Palmer, gweinidog Henllan o 1721 hyd 1742, a Christmas Samuel yntau. Yn wir, rhoddodd Samuel beth o'i dir i godi Capel Pant-teg arno. Nepell oddi wrtho yr oedd William Davies, Capel Isaac, yn dda ddigon ei fyd.[18] Er bod y Bedyddwyr yn cael eu disgrifio'n fynych fel pobl oedd yn sicrhau cefnogaeth ymhlith tlodion cymdeithas, ceir yn awr arweinwyr digon cyfforddus eu hamgylchiadau yn eu plith hwythau. Hanoedd Charles Winter[19] a Miles Harri[20] o deuluoedd digon cefnog ac yr oedd Thomas Lewis, Glasgwm, yn ŵr bonheddig mewn meddiannau yn ogystal â chymeriad.[21] Yn sicr, yr oedd yr annibyniaeth economaidd hon yn gymorth nid bychan i'r Ymneilltuwyr ddal eu tir mewn cyfnod pur anodd.

Er hynny, ni ddylid gorliwio'r darlun chwaith. Yr oedd tipyn o draul ar y gwyrda hyn ac ni ryfygodd llawer ohonynt wario eu harian yn hael ar gyhoeddi llyfrau, mewn elusennau, ac i hybu gwaith eu gweinidogaeth yn gyffredinol. Dengys y llyfrau eglwys bod y tlodion yn elfen digon amlwg ymhlith yr aelodau a gwneid casgliadau'n barhaus i leddfu eu cyni. Yng Nghymanfa Llanwenarth (1703), er enghraifft, gwnaethpwyd apêl agored at gynulleidfaoedd y Bedyddwyr i wneud casgliadau i helpu'r tlodion yn eglwys Rhydwilym.[22] Ac ymhlith y gweinidogion yr oedd ymddangosiad bonheddig yn gallu cuddio prinder. Mynnai traddodiad fod Thomas Baddy, gweinidog Dinbych, yn ŵr cyfoethog yn gwisgo'n ffasiynol. Ac y mae ystadegau Dr John Evans yn dweud fod ganddo un aelod gwerth rhwng pedair a phum mil o bunnau, tri yn werth pumcant yr un, y gweddill yn fasnachwyr a ffermwyr heb gymaint ag un cardotyn yn eu plith.[23] Ond yn ei ohebiaethau ag ymddiriedolwyr Dr Daniel Williams yn Llundain, gweinidog digon main ei fyd sy'n ysgrifennu. Ac yn niwedd ei oes y mae'n begio'n daer am gymorth ariannol i godi capel newydd i'w bobl.[24] Ac y mae'n syndod gymaint o'r gweinidogion hyn oedd yn barod ddigon i groesawu cyfraniad at eu cynhaliaeth gan y tair trysorfa yn Llundain, un y Presbyteriaid, un y Cynulleidfaolwyr, ac un y Bedyddwyr. Gan fod cyfeiriad wedi'i wneud at deulu Kenrick ac at y Gwynfryn, nid yw'n anniddorol i sylwi nad oedd Edward Kenrick, Bronclydwr, uwchlaw derbyn £4 gan y Drysorfa Gynulleidfaol, na John Thomas y Gwynfryn, gweinidog Pwllheli, yn amharod i dderbyn chwephunt o'r un man.[25]

Gan fod yr hen Brifysgolion wedi'u cau i Ymneilltuwyr gorfodid hwy i ofalu am eu haddysg eu hunain. A bu yn foddion i gynysgaeddu eu harweinwyr â diwylliant sy'n un arall o'r cyfryngau a dynnai Ymneilltuwyr y genhedlaeth honno at ei gilydd. Penllanw cyfraniad diwylliannol y mudiad oedd yr academïau anghydffurfiol.[26] Yn y rhain ceid addysg nad oedd mo'i rhagorach yn y ddeunawfed ganrif, a honno'n addysg eang a gynhwysai wyddoniaeth yn ogystal â'r pynciau traddodiadol. Yng Nghymru dechreuasai'r traddodiad gydag ysgolion Rhys Prydderch a Samuel Jones yng nghanol oes yr erlid. Parhawyd y traddodiad yn y genhedlaeth nesaf gan Rhys Price, Ty'n-ton, Roger Griffith, Y Fenni, a James Owen, Croesoswallt. Yn 1704 agorodd William Evans ysgol yng Nghaerfyrddin a dyma ddechrau'r cysylltiad maith rhwng y dref honno ac addysg Ymneilltuol.[27] Dilynwyd Evans yn 1719 gan Thomas Perrot, hen ddisgybl i William Evans, Roger Griffith a James Owen ac yn cyfuno ynddo'i hun, o ganlyniad, amrywiol ffrydiau academaidd. Ar ôl ei farw ef gwahoddwyd Vavasor Griffiths gan y Bwrdd Presbyteraidd a oedd yn noddi'r academi i fod yn athro. Ar ôl derbyn y gwahoddiad yn 1735, mynnodd Griffiths symud y sefydliad o sŵn temtasiynau tref Caerfyddin i ganol y wlad a chysylltir yr academi yn ei gyfnod ef â dau le, â Llwyn-llwyd ac â Maes-gwyn. Ar yr un pryd yr oedd Griffiths yn cael ei gynorthwyo gan David Price, gweinidog Maesyronnen.[28] Ymddeolodd Griffiths yn 1740 ac wedi peth oedi penodwyd Evan Davies, Llan-y-bri, yn athro a dychwelodd yr academi i Gaerfyrddin i gychwyn cyfnod pur helbulus yn ei hanes a orffennodd mewn rhwyg yn 1757 gyda'r Cynulleidfaolwyr yn sefydlu academi ar wahân yn Y Fenni dan ofal David Jardine a'r Bwrdd Presbyteraidd yn dal i noddi'r hen sefydliad yng Nghaerfyrddin. Âi ambell Fedyddiwr (fel Charles Winter) i

Academi Caerfyrddin ond âi mwy i Fryste. Gydag agor Academi Trosnant, ger Pont-y-pŵl, gan John Griffith tua 1732, dechreuodd cyfnod newydd yn hanes y cysylltiad rhwng y Bedyddwyr ac addysg. Gwendid Trosnant oedd fod cyfartaledd uchel iawn o'r myfyrwyr yn mynd rhagddynt i Fryste ac yn cael eu colli am byth i'r gwaith yng Nghymru.[29]

Canlyniad y trefniadau addysgol hyn oedd rhoi bri cynyddol ymhlith Ymneilltuwyr ar addysg ffurfiol. Ynddynt hwy parhaodd y pwyslais deallol a oedd yn rhan fywiol iawn o Biwritaniaeth. A chyfyd yr argyhoeddiad hwn o'r gred fod yr Ysbryd Glân yn oleuni i'r meddwl ac nad y lleiaf pwysig o'i ddylanwadau yw cynorthwyo credinwyr i feddwl yn glir am y pethau sydd ynglŷn wrth iachawdwriaeth.

**Diwylliant a duwioldeb**

Yn yr eglwysi hyn toddai diwylliant a duwioldeb i'w gilydd. Ac esgorai'r ddau gyda'i gilydd ar seicoleg a phatrwm arferion y gellir eu holrhain mewn gwledydd eraill lle daeth y ffurf Ddiwygiedig ar Brotestaniaeth yn ddylanwadol. Yr oedd yn ddiwylliant personol yn hytrach na sefydliadol; yn unigolyddol yn hytrach nag yn gymdeithasol; yn oddrychol yn hytrach nag yn wrthrychol; yn llenyddol yn hytrach nag yn gelfyddydol. Mwy na hynny, yr oedd yn ddiwylliant a roes eisoes yn y cyfnod Biwritanaidd awgrym o'r dunamig pwerus a oedd ynddo, a phan ddaeth y Diwygiad Methodistaidd fe gafodd yr union ynni ysbrydol a oedd yn angenrheidiol i'w wneud yn ddiwylliant tri chwarter pobl Cymru.

Yn gyntaf i gyd, yr oedd Cristionogaeth yng nghanol bywyd y bobl hyn, yn effeithio eu hymddygiad mor sicr ag yr oedd y tywydd yn gwneud hynny. Cyn y gallent fod yn aelodau eglwysig yr oedd yn rhaid iddynt roi prawf go dda eu bod wedi gwrando'n ufudd ar ble un o awduron dechrau'r ganrif: 'Mi a attolygaf, ar bwy benac a ddarlleno yr ychydic liniau hyn, wneuthur crefydd yn brif-orchwyl iddo. .'[30]

Ac yr oedd y grefydd Gristionogol yn golygu iddynt hwy, nid yn bennaf gorff o draddodiadau na chasgliad o sefydliadau ond ymagwedd bersonol. Sylfaen yr ymagwedd hon oedd y berthynas rhwng dyn a'i Dduw – dyna pam y pwysleisient y bywyd defosiynol. Yr oedd y Beibl yn dystiolaeth cwbl arbennig ac awdurdodol i'r berthynas hon ac ar sail y Beibl gellid datblygu disgrifiad deallol o'r berthynas. Dyna pam yr oedd diwinyddiaeth yn bwysig. A mynegid y berthynas yn ddiriaethol ac yn ddirfodol yn y cysylltiad rhwng dyn a'r gymdeithas o'i gwmpas. Dyna arwyddocâd moesoldeb. Ond rhywbeth goddrychol yw hanfod y cwbl os astudir seicoleg y mudiad. Wrth fyw rhaid i ddyn wynebu cwestiynau dyrys am ei dynged ei hun; rhaid iddo benderfynu sut i drin y byd a sut i drafod ei gymdogion; rhaid iddo benderfynu drachefn a thrachefn beth sy'n dda; fe'i gorfodir i benderfynu sut orau i ddefnyddio ei gyfoeth neu ei dalentau. Ac ar y croesffyrdd mynych hyn, câi'r Ymneilltuwyr arweiniad trwy ymson â'i gydwybod. Amcan addysg ac addoliad yw nerthu a gloywi'r gynneddf honno. Y mae'n gwbl angenrheidiol astudio'r Beibl yn faith ac yn fanwl, y mae'n gymorth mawr i wrando pregethau a gwneud nodiadau arnynt a'u myfyrio, ond yn y diwedd rhaid i ddyn weithredu mewn ufudd-dod i lais Duw fel y clyw ef yn ei gydwybod. I'r bobl hyn, o ganlyniad, yr oedd y bywyd preifat – yr ystafell ddirgel – yn beth pwysig a chreadigol. Gwir fod y traddodiad hwn yn hen mewn Cristionogaeth. Yn yr Oesoedd Canol ciliai'r sawl a fynnai feithrin bywyd yr enaid i Ystrad-fflur neu Aberconwy. Ond y pryd hwnnw darganfyddai'r werin ei henaid yn actau cyhoeddus y ffydd ac yn sefydliad mawreddog a gwrthrychol yr Eglwys. Arhosai offeren a phererindod a gwylmabsant a gweinidogaeth yr offeiriaid yn gynheiliaid gweledig ffydd. Rhodiai'r credadun wrth ganllawiau traddodiad mil o flynyddoedd ar wahoddiad cloch y llan. I'r Hen Ymneilltuwr nid yng nghlochdy eglwys y plwyf y canai'r gloch bellach ond yn ei gydwybod.

Cysylltai'r elfen oddrychol hon y mudiad â'r gorffennol ac â'r dyfodol. Ar y naill law, dyma linyn cyswllt â'r ffurf ar Biwritaniaeth a gysylltir ag enwau Morgan Llwyd, William Erbury, John ap John ac (i raddau llai) Walter Cradoc. Ar y llaw arall, esbonia'r elfen hon pam yr oedd yr Hen Ymneilltuaeth at ei gilydd yn ei chael yn amhosibl gwrth-sefyll cyfaredd y Diwygiad Methodistaidd, canys un o effeithiau amlycaf y chwyldro hwnnw oedd dwysáu ac angerddoli'r elfennau goddrychol mewn Cristionogaeth.

Ond wedi dweud hynny, rhaid pwysleisio agwedd arall ar yr Hen Ymneilltuaeth oedd yn ei gwneud yn feirniadol o'r Diwygiad. A'r elfen honno oedd ei diddordeb dwfn ym mhethau gwrthrychol ei bywyd crefyddol. Gwir eu bod yn chwarae rhan braidd yn wahanol yn ei bywyd i'r un a chwaraeënt ym mywyd Catholigion. Ond yn eu hagwedd ddifrifol tuag atynt, yr oedd yr Hen Ymneilltuwyr yn perthyn yn nes i'r traddodiad Catholig nag i'r traddodiad Methodistaidd yn ddiweddarach yn y ganrif. Ofnent unrhyw honiad gan unigolion eu bod hwy mewn cysylltiad breiniol â Duw. Dyna sail eu gwrthwynebiad greddfol i 'enthiwsiaeth.' Nid gwrthwynebu brwdfrydedd yr oeddynt ond y duedd ymhlith pobl selog i dybio bod cynhesrwydd eu hargyhoeddiad personol yn rhoi'r hawl iddynt fod yn hy ar Dduw. I'r gwrthwyneb, y mae'r gydwybod a'r deall i dderbyn eu safonau moesol a deallol trwy ymgydnabod â phethau gwrthrychol Cristionogaeth. Y mae'r Beibl ei hun yn wrthrychol. Y mae rhesymau'r gweinidog wrth iddo bregethu ar sail ei Feibl a than ddylanwad yr Ysbryd Glân yn arwain i gasgliadau gwrthrychol mewn athrawiaeth. Y mae'r eglwys hithau'n gymdeithas wrthrychol o ddwyfol ordeiniad. Nid trefniadaeth hwylus yn unig mohoni. Y mae ei ffurf, ei llywodraeth ac ansawdd ei bywyd yn cael eu tynghedu gan yr Efengyl ei hun. Nid damwain oedd hi mai un o'r llyfrau mwyaf dylanwadol ymhlith yr Hen Ymneilltuwyr oedd nofel ddefosiynol Matthias Maurice, *Crefydd Cymdeithasol*,[31] yn adrodd hanes cychwyn Cristionogaeth yng 'Nghaerludd'. Llawlyfr ar iawndrefnu eglwys gynulleidfaol ydyw, ond fe'i darllennid yn awchus er mwyn ei gynnwys defosiynol. Oherwydd ni theimlai'r bobl hyn fod unrhyw dyndra rhwng trafod llywodraeth yr eglwys a meithrin duwioldeb. Gyda'u tystiolaeth gyson dros Fedydd Credinwyr tanlinellai'r Bedyddwyr yr un peth. Y mae ffurfiau gweledig y bywyd eglwysig yn bwysig er na ddylid colli golwg ar y peth pwysicach y maent yn ei wasanaethu, sef ufudd-dod i Dduw. Nodir y gwahaniaeth yn eglur yn yr atodiad i Gylles Ffydd y Bedyddwyr yn 1721:

> Ac er ein bod ni yn amrywio oddi wrth ein brodyr sydd yn bedyddio plant bychain. . . . Etto ni fynnem ni ein camgymmeryd oddi ymma, megis pe *dadrwymai* neu pe dieithriai rhyddhâd ein cydwybodau ein hunain yn hyn ymma mewn un wedd ein serchiadau, neu ein hymarweddiad oddi wrth neb ac sydd yn ofni'r Arglwydd . . . .[32]

Yr un modd gyda'r athrawiaeth. Yr oedd gan bob un o'r eglwysi hyn eu cyffes ffydd a chan yr eglwysi Cynulleidfaol eu cyfamodau a oedd yn rhwymo'r ymgyfamodwyr i dderbyn disgyblaeth y gynulleidfa. Mewn gair, safai'r eglwysi hyn yn gadarn yn nhraddodiad Protestaniaeth Ddiwygiedig Genefa.

**Llenyddiaeth**

Rhoddai'r Hen Ymneilltawyr ymddiriedaeth go fawr yng ngwerth llenyddiaeth i oleuo'r deall ac i ddwysáu duwioldeb. Yn hyn o beth yr oeddynt yn parhau gweithgarwch Stephen Hughes a Charles Edwards. At hynny, gan mor debyg oedd eu hamcanion i rai'r Anglicaniaid a gefnogai'r Gymdeithas Taenu Gwybodaeth Gristionogol fel nad oedd i'r rhaniadau enwadol gymaint a chymaint o arwyddocad yn y maes llenyddol. Pan gyflwynodd Dr John Evans, esgob Bangor, restr o lyfrau Cymraeg i bwyllgor y Gymdeithas Taenu Gwybodaeth, 3 Mawrth, 1701, cynhwysodd ynddi lyfrau gan Biwritaniaid fel Llwyd, Baxter a Thomas Gouge. Ar y llaw arall, ni omeddai'r Ymneilltuwyr gyfieithu llyfrau Anglicanaidd fel y cyfieithodd Iaco ab Dewi lyfrau gan yr esgobion William Beveridge a George Webbe.

Iaco ab Dewi oedd yr amlycaf o'r llenorion Ymneilltuol a helpodd i baratoi llenyddiaeth gymwys i'r genhedlaeth hon.[33] Gŵr o Landysul a mab yn y ffydd i Stephen Hughes oedd ef a bu'n helpu'r gwron hwnnw i baratoi *Cannwyll y Cymru a Thaith y Pererin* i'r wasg. Yn 1700 collodd ei bopeth trwy dân a chiliodd i Benllyn ym Meirion. Wedi dychwelyd ohono i Sir Gaerfyrddin bu'n ddiwyd er yn dlawd hyd ddiwedd ei oes yn 1722. Er mwyn lliniaru peth ar ei dlodi ymroes i gyfieithu llyfrau duwiol yn 1714 a chyhoeddwyd saith ohonynt rhwng hynny a 1719 ac ymddangosodd un ar ôl ei farw.[34] Er na pherthyn Iago i'r un dosbarth athrylithgar o gyfieithwyr â Rowland Fychan ac Ellis Wynne, bu ei waith di-lol ac effeithiol yn ddylanwadol iawn.

Er na chynhyrchodd ond ychydig ei hun, noddodd Christmas Samuel o leiaf bum cyfrol, dwy ohonynt gan Iaco ab Dewi a oedd yn aelod yn ei eglwys ym Mhant-teg. I'r un cylch llenyddol ag ef perthynai David Jones, Rhyd-y-bont,[35] a William Davies, Capel Isaac.[36] A gwelir enghraifft o'r cyd-weithio rhwng Ymneilltuwr ac Anglican yn y ffaith fodi David Lewis, Llanllawddog,[37] o'r cylch hefyd. Noddodd Samuel hefyd Llun Agrippa (1723) o gyfieithiad Jencin Jones a *Golwg ar Destament Newydd ein Harglwydd* (1778) o gyfieithiad Josua Thomas.[38] Un arall a ymddiddorai mewn llenydda oedd Thomas Williams, Capel Isaac[39] a adnabyddir orau wrth ei *Oes Lyfr* gyda'i grynodeb Beiblaidd a hanesyddol a gyhoeddwyd gyntaf yn 1724 gydag ail-argraffiad helaethach yn 1768. Ond nid dyma unig waith Williams gan iddo ail-argraffu llyfrau a gyhoeddwyd o'r blaen, sef *Gwaedd Ynghymru* Morgan Llwyd yn 1727, *Dammegion lesu Grist ar Gan* o waith Joseph John yn 1761 a *Cynghorion Tad i'w Fab* o gyfieithiad Henry Evans yn 1771.

Cynrychiolai'r dynion hyn gymdeithas weddol glos o lenorion. Ond mewn rhannau eraill o'r wlad fe geid gwŷr yn ymroi i'r un gwaith. Ni bu neb yn fwy diwyd na Thomas Baddy, gweinidog Dinbych o 1693 i 1729. Yr oedd gogwydd ei ddiddordeb yn amlwg i gyfeiriad cyfoethogi'r bywyd defosiynol fel y dengys ei gyfieithiadau, *Dwysddifrifol Gyngor i Hunan-ymholiad* (1713) a *Pasc y Christion* (1703). Heb fod nepell oddi wrtho yr oedd James Owen, Croesoswallt. Ac nid oedd neb Cymro'n ddysgedicach yn ei genhedlaeth na hwnnw. Fe'i gwelir ar ei orau academaidd yn trafod natur ordeinio neu'r berthynas rhwng Ymneilltuwyr ac Eglwyswyr. Ond gallai ymlacio ar dro a gwneud dipyn o boblogeiddio brawychus fel yn *Trugaredd a Barn* (1687 a 1715). Yr un elfennau brawychus a geir yn *Dydd y Farn Fawr* (1727) a gyfieithodd Jencin Jones ond yn *Llun Agrippa* (1723), un o'r llyfrau a noddwyd gan Christmas Samuel a'i gyfeillion, dengys gydymdeimlad ag awydd Thomas Baddy ac eraill i ddyfnhau'r bywyd ysbrydol.

Soniwyd eisoes am Matthias Maurice a'i lyfr dylanwadol *Crefydd Cymdeithasol.* Yr oedd ganddo ddiddordeb neilltuol mewn trefniadaeth eglwysig fel y dengys ei gyfieithiad o lyfr Isaac Chauncy, Yr *Atrawiaeth* (sic) *y Sydd yn ol Duwioldeb* (1711) a'i gyfieithiad diweddarach *Byrr Hyfforddiant yn Addoliad Duw* (1734). Fel atodiad i'w lyfr *Y Wir Eglwys* (1727) cyhoeddodd Maurice hanes yr ymdderu a'r ymrwygo a fu yn eglwys Henllan Amgoed ddechrau'r ganrif.[40] Cododd hynny wrychyn un o Gymreigwyr medrusaf y cyfnod, Jeremi Owen, a chyhoeddodd ei fersiwn ef o'r helyntion yn *Golwg ar y Beiau* (1732-3). Er mor ddifyr y gyfrol fach hon,[41] mwy arwyddocaol oedd ei draethawd ar *Y Ddyledswydd Fawr Efangylaidd* (1733)[42], un o gynhyrchion mwyaf ysgytiol yr Hen Ymneilltuwyr ar drothwy'r Diwygiad.

Bu cryn dipyn o ysgrifennu dadleuol, ar Fedydd ac ar nodweddion Calfiniaeth yn arbennig, a'r cwbl ohonynt yn taflu goleuni gwerthfawr ar feddwl y cyfnod. Trwy gyfieithu gwaith Elisha Coles, *Traethawd Ymarferol am Gyflawn-Awdyrdod Duw* (1711) daeth Howel Powel, gweinidog Beilihalog, sir Frycheiniog, yn ddylanwad pwerus ar feddwl Cymru am genedlaethau canys dyma un o ffynonellau mwyaf poblogaidd Calfiniaeth Cymru. Cadarnhawyd yr athrawiaeth hon mewn llyfrau wedi'u seilio ar Catecism Byrraf Cymanfa Westminster, fel *Egwyddorion y Grefydd Gristionogawl* a gyhoeddwyd gan William

Evans yn 1707[43] neu *Egluhad o Gatecism Byrraf y Gymanfa* (1719). Hyd yn oed mwy diddorol fel darn o ysgolheictod diwinyddol oedd llyfr Enoch Francis *Gair yn ei Bryd* (1733) gyda'i resymu clir a gwybodaeth fawr yr awdur o'i faes wedi'i chuddio'n gyfrwys o'r golwg.

Dyna ddigon o enwi llyfrau. Daw'n amlwg ar unwalth nad segura yr oedd y genhedlaeth hon. Cynrychiola'r llyfrau a gyhoeddwyd ganddi brysurdeb nid bychan yn ogystal ag ymddiriedaeth hael yng ngallu daionus llenyddiaeth. Ac yn hyn o beth, parhawyd eu gwaith gan ddychweledigion y Diwygiad Methodistaidd, prawf ymarferol eto nad diystyr ganddynt yr arloesi a wnaethpwyd gan y genhedlaeth o'u blaen.

**Naws eu ffydd**

Rhaid troi tudalennau'r llyfrau hyn, fodd bynnag, i gael awgrym o naws ysbrydol y cyfnod. O safbwynt y Cymry (uniaith gan fwyaf) a ddarllenai'r llyfrau hyn, nid oedd o bwys pa un ai llyfrau gwreiddiol oeddynt ai cyfieithiadau. Yr un oedd eu dylanwad.

Un o nodweddion y ddeunawfed ganrif oedd yr obsesiwn cynyddol gyda marwolaeth a barn. Os yw dydd barn Goronwy Owen braidd yn faròc, y mae'n nodweddiadol o'i gyfnod iddo ddewis canu i'r testun hwn. Ac i'r sawl a fynnai gyfarfod yr Angau Glas mewn gwisgoedd mwy realistig, yr oedd ffantasïau'r *Bardd Cwsg* at ei wasanaeth. A chynyddai cyfaredd yr arswydus a'r goruwchnaturiol fel yr ildiai neo-clasuriaeth Ewrob i'r ffasiynau gothig a ragflaenodd ddyfodiad Rhamantiaeth. A gwyddai pob pregethwr Methodist o John Wesley a George Whitefield hyd at Howell Harris a John Thomas, Rhaeadr, sut i chwarae ar yr elfennau hyn ym meddyliau a dychymyg eu cenhedlaeth. Pan bregethai Howell Harris yn nhŷ Jethro Dafydd Evan yn Llanddeusant, yr oedd 'croen ei wyneb yn disgleirio (megis wyneb angel)', meddai John Thomas a oedd yn gwrando arno, ac ymhlith pethall eraill dywedodd y pregethwr, 'oni chaiff Duw dy galon di, fe fyn weled y diawliaid yn dy rwygo gorff ac enaid yn awr angau, ac yn nydd y farn'.[44] Nid gwneud twrw rhethregol yr oedd Harris mewn brawddegau fel hyn; yr oedd o ddifrif calon. A gellir gweld yr Hen Ymneilltuwyr (a'u cyfeillion Anglicanaidd, o ran hynny) yn paratoi'r awyrgylch lle gallai'r math yma o apêl fod yn effeithiol.

Gellid gosod y cwestiwn mawr sylfaenol yn gwta, fel y gwnaeth Jencin Jones, 'Pa un a fernwch chwi fydd orau, bod yn gadwedig yn dragwyddol, yntau bod yn golledig yn dragwyddol?'[45] Dyma'r cwestiwn y mae'n rhaid i bawb ei wynebu; a bydd eu dewis yn eu tynghedu tros byth. Yn y bywyd hwn y mae Duw yn gwthio dynion i fwlch y dewis trwy ymweld mewn barn â thorwyr y Saboth, gwatwarwyr, godinebwyr, chwaraewyr cardiau, swyn-gyfareddwyr a Phabyddion, meddai James Owen.

Ond ar y llaw arall, y mae'n gysur mawr i'r sawl a ddewisodd y rhan dda i wybod am 'drugareddau Duw i'r duwiol'.[46] Nid oedd amheuaeth am y canlyniadau torcalonnus i'r bobl a ddewisodd ddrygioni; fe'u cosbid tros byth:

> . . . byth nis gallant hwy ddywedyd am y gosb ymma, *Gorphennwyd* canys eu Poenau hwynt a fyddant megis pe byddent yn dechreu, pan dreuliont Ennyd cynnifer o Flynyddoedd yn Uffern ag sydd o Sêr yn y Ffurfafen, o Dywod ar Lan y Môr, ac o Frychau ym Mhelydr Yr Haul . . .[47]

Neu fel y gwelodd Thomas Daniel, un o aelodau Pant-teg, yr un peth:

> Ellyllon fydd eu Cwmp'ni hyll
> Mewn lle o erchill boen
> Am wrthod Cyfraith Duw y Tad
> Dibrysio Gwaed yr Oen.[48]

Ar y llaw arall, yr oedd eu rhethreg yn gloywi wrth bortreadu gogoniannau'r gwaredigion:

> Hwy a gant ddyfod i gyfaneddu i *Jerusalem* newydd, lle y bo Duw a'r Oen yn goleuo, ac yfed o Afon bur Dwfr y Bywyd, a bwyta o Ffrwythau hyfryd Pren y Bywyd, a Chyfiawnder o bob Dedwyddwch. a Rhyddhad o bob Adfyd, deall heb wyro, gwybod heb gamsyniad, Llawenydd heb Dristwch, Goleuni heb Dywyllwch, Pleser heb boen, digonoldeb heb dlodi, Ennill heb golled, gorphwysfa heb flinder, gweneu heb guchieu, Dydd heb Nos, Gwin heb Ddwfr, melus heb chwerw, Gwynfyd heb Adfyd, Gwledd heb ddiwedd, Oes heb ddarfod.[49]

Mewn gair, dyma Fedyddiwr yn gosod ffyddloniaid gorllewin Cymru yn yr un nefoedd yn union ag y gosododd Rhygyfarch, esgob Tyddewi, ein nawddsant ynddi saith ganrif ynghynt. Rhaid dysgu'r wers felly, 'Os heddyw Duw a fydd rhy gynnar itti ei Edifarhau, dy foru di a fydd rhy ddiweddar iddo ynte yw derbyn.'[50]

Y mae'r ffaith fod y genhedlaeth hon yn cyfieithu cynifer o lyfrau, yn hytrach na chyhoeddi rhai gwreiddiol, yn dweud rhywbeth am ansawdd eu hysbryd. Tueddu i ddibynnu ar y gorffennol oeddynt. Yn y cyfnod Piwritanaidd yr oedd y berw mawr creadigol. Ond anaml y ceir bellach nodyn llawen Walter Cradoc. Er bod Uchel-Galfiniaeth Vavasor Powell yn ddigon poblogaidd, nid yw mwyach yn Uchel-Galfiniaeth dymhestlog fel yr eiddo ef. Ac nid yw ei argyhoeddiad eirias fod hanes ar fin cyrraedd uchafbwynt cataclysmig yn ail-ddyfodiad Crist i deyrnasu yn golygu fawr ddim i neb ond John Harri, sy'n atgoffa ei ddarlenwyr fod y gred hon wedi ei choleddu gan wŷr amlwg yn y gorffennol, ac yn eu plith '*Morgan Lloyd.* Gwelwch y Llyfr Tri Aderun, Vavazor Powel'.[51] Yr oedd diddordeb ysbeidiol yn Llwyd. Ail-gyhoeddwyd *Llyfr y Tri Aderyn* yn 1714 ac yr oedd Thomas Williams, Capel Isaac, â digon o ddiddordeb i gyhoeddi *Llythyr i'r Cymru Cariadus a Gwaedd ynghymru.* Er hynny, nid oedd brawf fod cynnwys ei feddwl wedi effeithio fawr ar y cyfnod. Ac yn sicr, ni fynnai'r Hen Ymneilltuwyr ymddiddori yn ehediadau William Erbury.[52]

Cywair llai cynhyrfus sydd i lenyddiaeth grefyddol y ddeunawfed ganrif. Y mae'n llawer tawelach, yn llawer mwy ymholiadol a mewn-dreiddiol. Nid yw'n annheg tybio fod cryn dipyn o bryder yn eu plith am iechyd eu duwioldeb a dilysrwydd eu proffes. Adlewyrchir y dyhead am ddysgu sut i ymdawelu ymhob amgylchiad, boed lawen, boed drist, yng ngwaith Iaco ab Dewi'n dewis cyfieithu *Yr Ymarfer o Lonyddwch*[53] a chredai'r golygydd, Gruffydd Siôn, mai 'Diffyg gwir Gariad ydyw'r achos bod cymmaint o anghydfod ac anwastadrwydd rhwng Cristionogion'.[54] Ni cheir llonyddwch heb sicrhau bod Crist yn trigo yn y galon. Ac y mae sicrhau hynny'n golygu hunan-ymholi egnïol. Yn nyfnderoedd ei bersonoliaeth gwêl dyn y profion ei fod yn gadwedig: 'Gwna ond edrych o'th fewn dy hunan, ddyn, a thi a elli ganfod yw dy henw wedi ei Scrifennu yn Llyfr y Bywyd'.[55] A gwaith caled yw hunan-ymholi oherwydd ei bod mor anodd gwahaniaethu rhwng rhith duwioldeb a'r sylwedd. Prin y gellid cael cwrs manylach i hyfforddi'r anghyfarwydd yn hyn o beth na *Llun Agrippa.* Nid yw'n ddigon bod yn 'gristion o fewn ychydig', rhaid bod yn un mewn gwirionedd. Nid digon y ddawn i ddysgu eraill, 'dichon Gwr cloff a'i Ffon fagl bennu i ti y Ffordd union, ac etto na allo rodio ei hunan ynddi'.[56] Gall doniau llachar fod yn hynod dwyllodrus oherwydd dichion dyn bregethu fel Apostol, gweddio fel Angel, ac etto dichon fod ganddo galon cythraul.[57] Nid digon chwaith argyhoeddiad o bechod, rhaid yn ogystal wrth dröedigaeth oddi wrtho.[58] Gyda rhesymeg didostur eir ymlaen i nodi'r pethau nad yw'n ddigon eu cael – ymhyfrydu mewn pregethu, bod yn aelod eglwysig, mawredd mewn gweddi, sêl grefyddol, dioddef tros Grist, meddiant ffydd, caru pobl Dduw – nes dweud na 'ddichon Dyn byth fod yn wir Gristion, nac yn gymmeradwy â Duw, er ucheled ei Broffes ef o Grefydd, heb waith Grâs yn y Galon'.[59] Ac ystyr hyn yw fod yn rhaid wrth ymyriad goruwchnaturiol o'r tu allan i ddyn, sef trwy dderbyn Crist fel Offeiriad, Proffwyd a Brenin.[60]

Golyga hyn asgetiaeth o fath arbennig gan fod galw arnom 'i ddattod ein Serchiadau oddi wrth, a chodu ein Meddyliau oddi ar, y Pethau presennol; gan ymosod i ddilyn y Cyfarwyddiadau y mae yr Arglwydd yn eu rhoi i ni yn ei Efengyl Sanctaidd'.[61] Rhaid felly wrth ddisgyblaeth o lymder go eithafol. Rhaid wrth fyfyrio a gweddïo cyson. Rhaid gwneud cyfamod personol â Duw a'i adnewyddu'n gyson. Dylai'r Sul ar ei hyd fod yn ddiwrnod o ddefosiwn llwyr ac nid gormod ar ddyddiau'r wythnos neilltuo dwy awr ar ddechrau'r dydd, o flaen cadw'r ddyledswydd deuluol, i weddïo. Dylid cateceisio aelodau'r teulu o leiaf ddwywaith yn yr wythnos. Dyma'r esiampl y mynnai Philip Pugh ei dyrchafu o flaen llygaid pobl yn *Darluniad o'r Gwir Gristjon*, ei gyfieithiad o gasgliad John Shower o bapurau'r Piwritan Henry Gearing. Ond y mae'n werth sylwi nad defosiwn i fynachod neu weinidogion yn unig oedd hon. Fe'i bwriedid fel defosiwn i bobl oedd ynghanol berw'r byd. Yr oedd Gearing, fe'n sicrheir yn tystio 'ei fod yn mwynhau mwy o Dduw yn ei Siop a'i Warws . . . nag y mae eraill yn ei fwynhau yn eu dirgel Ymneilltuad i Weddi'.[62] Brawddeg arwyddocaol yw hon. Oherwydd un o ganlyniadau'r math dduwioldeb a fegid gan yr Hen Ymneilltuwyr oedd dileu ffin rhwng 'crefyddol' a 'seciwlar'. Gall dyn gael cymundeb sagrafennaidd â'i Dduw yn ei waith beunyddiol yn ogystal ag yn y Tŷ-cwrdd.

Nid mater o ddefosiwn yn unig, felly, oedd duwioldeb; yr oedd yn rhaid wrth foesoldeb hefyd. Os oedd diwinyddiaeth y mudiad yn rhoi'r pwyslais mwyaf ar gyfiawnhad trwy ffydd – ar newid statws dyn gerbron Duw – nid oedd yn anghofio lle sancteiddhad. Tan ddylanwad gras Duw mae'r statws newydd yn ei fynegi'i hun mewn gwelliant moesol. Fel y gosodwyd y peth yn un o lyfrau mwyaf dylanwadol yr oes,

> Gan mae i Ogoniant Duw eich gwnaeuthpwyd, attebwch eich diben: Y mae ef yn ogoneddus mewn Sancteiddrwydd, a thrwy Sancteiddrwydd y mae i chwi ei ogoneddu ef. Bydded yr Argraph Brenhinol hynny Sef SANCTEIDDRWYDD I'R ARGLWYDD yn nhalcen eich holl amcanion a'ch ymarweddiad.[63]

Ffurf ar dystiolaethu i ogoniant a gras Duw yw moesoldeb yn y ddiwinyddiaeth hon yn hytrach na moesoldeb wedi'i selio ar bosibiliadau manteisiol. Ei chraidd yw ufudd-dod llawen i ofynion Duw. Ni bu'n hawdd cynnal cydbwysedd y foeseg hon. Temtid Calfiniaeth i lithro i un o ddau salbwynt. Ar y naill law, gellid mawrygu gweithgarwch Duw mewn ffordd oedd yn gwneud ymateb dyn yn ddibwys. Pan ddigwyddai hyn, datgysylltid achubiaeth yn llwyr oddi wrth foesoldeb. Dyma 'antinomiaeth'. Arswydai'r Hen Ymneilltuwyr rhag hon. Pwysai gymaint ar wynt Philip Pugh fel y copïodd i Lyfr Eglwys y Cilgwyn restr o ddeg 'Cyfeiliornad Antinomaidd'.[64] Ar y llaw arall, gellid gwneud ymateb dyn yn bopeth a gwneud ymyrraeth Duw'n beth dibwys. Yr oedd apêl neilltuol i'r safbwynt hwn i bobl y ddeunawfed ganrif. Hawdd y gallent dynnu'r casgliad fod moesoldeb yn rhywbeth sydd wedi'i sylfaenu ar reswm yn hytrach nag ar ddatguddiad. Dyna sy'n esbonio poblogrwydd yr ymgais i ystyried Cristionogaeth fel cyfundrefn foesol yn anad dim arall.

Ceisiai'r Hen Ymneilltuwyr ddiogelu ei le priodol i foesoldeb yn eu heglwysi. Un o'u hen gwynion yn erbyn Eglwys Loegr oedd llacrwydd ei disgyblaeth hi[65] ac ofnent syrthio i'r un camwedd. Nid rhyfedd eu bod o'r farn na ellid mawrygu brenhiniaeth Crist mewn unrhyw eglwys 'lle na byddai dyscyblaeth fywiog ac efengylaidd'.[66] Yn y ffordd hon rhoddwyd lle amlwg i'r agwedd foesegol ym mywyd Ymneilltuwyr ac yr oedd i gryfhau ei afael fel y cynyddai'r mudiad.

**Yr athrawiaeth**

Bu'r ddeunawfed ganrif yn gyfnod o ddadlau pur boeth yngylch y ffordd briodol i ddisgrifio personoliaeth a gwaith Iesu Grist. Daeth y dadlau mawr ar ôl cychwyn y Diwygiad ond y mae'r pwyslais Cristolegol yn llyfrau chwarter cyntaf y ganrif o ddiddordeb fel ernes o'r pwyslais trymach i'r un cyfeiriad yng ngwaith y Methodistiaid, a Williams Pantycelyn yn arbennig.

Yn y ffurf ar Galfiniaeth a elwir ambell dro'n Ddiwinyddiaeth Ffederal,[67] ceisir esbonio'r ymwneud rhwng Duw a dyn yn nhermau'r cyfamodau. Tueddai Uchel-Galfiniaeth i fynnu (fel y gosododd Philip Pugh y peth) nad oedd 'y cyfamod newydd yn cael ei wneuthur rhwng Duw a dynion, ond rhwng Duw a Christ. . . . Ac i fod Crist, wedi edifarhau a chredu ac ufyddhau tros ei eiddo.'[68] I Pugh a'r Calfiniaid cymedrol yr oedd perygl yn yr athrawiaeth hon am ei bod yn gwneud y berthynas rhwng credinwyr a Christ yn un gyfreithiol a ffurfiol. Cyfrifid cyfiawnder Crist i'r etholedigion, ac ni phriodolid unrhyw gyfraniad iddynt hwy ond ymaflyd yn y cyfiawnder hwn. Hawdd y gallai'r ddysgeidiaeth hon wneud Crist yn gyfrwng offerynnol yn hytrach nag yn Gyfryngwr personol. Ac yn wir, ceid yn yr Hen Ymneilltuaeth yn ddiweddarach ffrwd athrawiaethol oedd yn barod i dderbyn cyfaddasiad o'r hen ddiwinyddiaeth a fyddai'n ymwrthod â dwyfoldeb cyflawn Crist. Nid oedd yn syndod y gallai meibion Uchel-Galfinaidd droi'n Ariaid. Ond diweddarach oedd hynny. Cyn gwawrio o'r Diwygiad yr oedd y duedd yn hytrach i'r cyfeiriad arall; ceisio diogelu mawredd y Cyfryngwr a chynhesu eu perthynas bersonol ag ef. Dyma Iaco ab Dewi'n canu i swydd driphlyg Crist,

> Brenin Cred, Rhi diledryw,
> Brenin i bob Brenin byw . . .
> Offeiriad mewn graddiad gron
> Burach nag y bu Aron . . .
> Proffwyd yw ef, nef i ni
> Pur loyw-lain, pair oleuni.[69]

Er bod y mynegiant yn ansicrach, yr un yw'r cymhelliad gan Thomas Baddy,

> Fy enaid dod i'th Grist fawr glod,
> A mawl i'th anwyl Jesu;
> Bendithia Dduw tra fyddoch fyw,
> Am roi ei Fath i'th brynu.[70]

Heb sôn am emyn cyfarwydd James Owen,

> Efe yw'r Unig ffordd at Dduw
> Ond gwiw yw rhodio ynthi?
> Efe yw'r pur Wirionedd maiith
> Y gyfraith a'r Prophwydi.[71]

Rhoir lle arbennig i ddioddefaint Crist. Yr oedd hyn eto'n gydnaws â thuedd amlwg ym meddwl yr eglwys mewn sawl gwlad yn y ddeunawfed ganrif a brigodd yn rymus yn emynau'r Morafiaid a'r Methodistiaid ac ym mhregethu Howell Harris. Y mae'n amlwg i'r cwlt hwn ymhlith yr Ymneilltuwyr dyfu ochr yn ochr â chynnydd yn eu parch at y Cymundeb. Yn 1703 cyhoeddodd Thomas Baddy *Pasc y Christion*.[72] Bu'n boblogaidd iawn yn Gymraeg ac yn Saesneg. Y mae'n gyfrol ystwyth ei hiaith a dwys ei chynnwys yn dadlau tros gymuno'n fynych, gyda tair pennod ar gyfer holi'r galon cyn cymuno. Neilltuir pennod i fyfyrio ar briodoleddau gwaed Crist ac ar y diwedd ychwanegir, 'Hymnau Sacramentaidd Scrythyrol', chwech ohonynt.[73] Y mae'n drawiadol fod James Owen, Philip Pugh, Dafydd Lewys a Lewis Thomas wedi cyhoeddi emynau 'sacramentaidd' cyffelyb. I gadarnhau'r dystiolaeth, gellid cyfeirio at *Hymnau Ysprydol* (1730) o waith David ac Evan Thomas ac mewn rhyddiaith, llyfr Matthias Maurice, *Eglurhad Athrawiaeth Dioddefaint Crist* (1733). Cynhwysai *Darluniad o'r Gwir Gristion* gyfieithiad o lyfryn John Shower, *Myfyrdodau Difrifol ynghylch Dioddefaint Crist*, ac yn hwn ceir y math yma o ddefosiwn ar ei gynhesaf, gyda chryn fanylu ar y dioddef yn yr ardd, yng Nghaersalem ac ar Galfaria:

> Ac yn awr ystyria, O fy Enaid! a thrwy ffydd edrych ar dy Arglwydd a'th Iachawdwr wedi dyfod i'r Man lle bu Efe farw; ac wrth ystyriaid y peth a roisant iddo Ef yno, sef Cwppanaid o Winegr wedi ei gymmysgu â Bustl, bydded i'r Coffadwriaeth o'th bechodau di fod fel wermod a Bustl i'r Archwaeth. Ti a gymmeraist unwaith yn wîr Hyfrydwch a Phleser yn dy Bechodau, a thi a feddyliaist gynt eu bod mor felused a'r Mêl a'u troaist fel Tammeidjau melus dan dy Dafod: ond yn awr mi welâf . . . eu bod mor chwerw ag y buont gynt yn felus gennyf. . . .[74]

A yw'n rhyfedd fod y gŵr a gymreigiodd y gwaith hwn wedi bod yn gefn i Fethodistiaid?

## Dadleuon

Peth pur anodd, hyd yn oed i bobl sy'n mwynhau dadlau, yw cydymdeimlo â dadleuwyr y gorffennol. Mae'n wir fod dadleuon yr Hen Ymneilltuwyr wedi peri cyffro mewn llawer eglwys a'u bwrw i yddfau ei gilydd, 'Tri erbyn pump rai prydiau, neu ddeg yn erbyn un', chwedl Pantycelyn. Ond y mae i'r dadleuon eu pwysigrwydd hanesyddol oherwydd ohonynt tarddodd dwy ffrwd syniadol, y naill yn cael ei bywiocáu gan y Diwygiad Methodistaidd, a'r llall yn arwain i'r athrawiaeth resymolaidd a effeithiodd yn bur ddwfn ar feddwl Ewrob ac America yn niwedd y ganrif. Ac wedi'r cwbl, yr oedd y bobl hyn yn dadlau ynghylch tynged dyn ac nid yw hwnnw byth yn bwnc dibwys.

At derfyn yr ail ganrif ar bymtheg dechreuodd awelon diwylliannol newydd chwythu dros Ewrob. Yn sgil yr adfywiad clasurol, daeth galw pendantach am wysio popeth o flaen brawdlys rheswm. Mewn athroniaeth yr oedd Descartes a Locke, gyda'u pwyslais ar eglurder syniadau, yn herio sofraniaeth ffydd ym myd ffeithiau. Aethpwyd i deimlo'n annifyr ym mhresenoldeb dirgelwch o bob math. Dechreuasai gwyddoniaeth fodern hawlio ei phlwyf gan bwysleisio rheoleidd-dra'r greadigaeth a'r angen am ddarostwng pob gosodiad am y byd naturiol i arbrawf empeiraidd Dechreuodd dynion alw am grefydd heb ddatguddiad, am athrawiaeth heb ddirgelion afresymegol ynddi, am Dduw y gallai'r athronydd a'r gwyddonydd ei barchu. Ac nid oedd yr Hen Ymneilltuwyr heb wybod am ddylanwad yr awelon hyn. Y canlyniad oedd i rai fagu brwdfrydedd newydd tros yr hen athrawiaeth ac i eraill ei chymedroli i gyfarfod her byd newydd. Tueddai'r cymedroli i gymryd un o ddau lwybr – llarieiddio'r hen Galfiniaeth a rhoi gwefr efengylaidd iddi, neu gofleidio'r ddiwinyddiaeth a alwyd ar ôl ei sylfaenydd yn Arminiaeth. A'r tu mewn i'r mudiad Arminaidd drachefn ceid meddylwyr oedd yn eiddgar i gerdded eto ymhellach oddi wrth yr hen gredoau.

Nid pwnc i arbenigwyr yn unig oedd diwinyddiaeth ymhlith yr Ymneilltuwyr. Yr oedd iddi le canolog ym mywyd yr eglwysi a phob un ohonynt â'i chyffes ffydd, naill ai wedi'i benthyca o rywle arall neu wedi'i llunio gan ei haelodau ei hun. Er mwyn hoelio bannau'r ffydd yng nghof a chalon yr aelodau ceid cateceisio mynych a chyhoeddwyd amryw gatecismau i hyrwyddo'r gwaith.[75] A cheisid darparu addysg athrawiaethol ar gyfer pob oed. Cymeradwyai nifer o weinidogion *Catechism o'r Scryrthur* (1717) fel un cymwys ar gyfer 'Ieuenctid Cymru'. Diau ei fod braidd yn anodd i'r rhai lleiaf ac i lenwi'r bwlch cyhoeddodd Jencin Jones yn 1739 ei gyfieithiad o gatecism Dr Isaac Watts gyda'r teitl *Llawlyfr Plant*. Rhwng popeth yr oedd yn bosibl i arweinwyr yr eglwysi wneud ymdrech lew i ufuddhau i'r anogaeth a roes Enoch Francis i'w gyd-weinidogion yng Nghymanfa Llangloffan y Sulgwyn 1729: 'Fe ddylai gweinidogion y Gair ofalu am ddarparu i'w Gwrandawyr y fath athrawiaeth bur, y fath ymborth iachus ag a fytho yn gymhorth helaeth er iechyd a maeth ysprydol. . . .'[76] I Enoch Francis, Calfiniaeth oedd yr unig 'athrawiaeth bur' a honno oedd athrawiaeth mwyafrif lethol yr eglwysi Ymneilltuol yn chwarter cyntaf y ganrif – ac yn wir, ar ôl hynny.

Rhydd y Galfiniaeth hon bwyslais trwm ar Dduw fel yr ewyllysiwr dwyfol a hollalluog. Ni all dyn meidrol alw gweithredoedd y Duw hwn i gyfrif mewn unrhyw ffordd. O ewyllys Duw y tardda pob safon y gallai dyn byth ei chymhwyso at weithredoedd Duw. Y mae'r hyn a ewyllysia Duw'n dda, yn ddoeth ac yn gyfiawn. Craidd yr Efengyl yw fod Duw wedi ewyllysio arbed rhai i fywyd tragwyddol. Gan hynny,

> *Etholedigaeth* yw *Deddf* fawr *sylfeinol* yr Efengil. Er mwyn hyn y mae pob peth arall yn cael bod: trwy hyn y mae Duw yn amcanu y *Gogoniant mwyaf* iddo ei hun . . . pe tai yr amcan *hyn* yn ffeilu, nid yw yr holl greadigaeth ddigonol i wneuthur y fyny yr colled.[77]

Ond nid penderfyniad moel o eiddo Duw yw'r iachawdwriaeth chwaith. Y mae'n gweithredu trwy'r Cyfryngwr. Rhaid derbyn Crist fel cynrychiolydd yr etholedigion; ac fe ewyllysiodd Duw wneud hynny.[78] Pwy bynnag, o ganlyniad, a gredo yng Nghrist, fe'i harbedir. Ond y mae'r credu hwn yn ffrwyth dau beth: marwolaeth Crist dros yr etholedigion a gras Duw'n gweithredu'n nerthol yn y galon.[79] Dyna'r agweddau gwrthrychol a goddrychol i'r cadw. Cyflawnodd Crist holl ofynion Duw ac y mae Efe o'r herwydd yn gwbl gyfiawn. Trwy'r Cyfamod Gras ewyllysiodd Duw drafod yr etholedigion fel petai cyfiawnder Crist yn gyfiawnder iddynt hwy; y mae'n cyfrif cyfiawnder Crist iddynt. Ac y maent hwythau'n derbyn y dyfarniad grasol hwn trwy ffydd sydd hefyd yn rhodd gras Duw.[80]

Nid yw'n anodd disgrifio teithi'r ddiwinyddiaeth hon. Drwyddi rhed yr argyhoeddiad fod Duw'n ein hwynebu ymhobman – yn ein crefydd, yn ein hymwneud â phobl eraill ac yn nyfnder ein bodolaeth ein hunain. Clymwyd ein holl fodolaeth wrtho; ein byw a'n marw, ein ffydd a'n anghrediniaeth, ein cadw a'n colli. Os oes ystyr a gwefr i'n byw, daw hynny o gydnabod ei afael Ef arnom; ac os nad oes, cyfyd hynny o'r ffaith mai Ef yw'r dirwedd sy'n tynghedu canlyniadau ein hanghrediniaeth. Ni allwn byth ei osgoi na dianc oddi wrtho. Pe cyhuddid y meddylwyr hyn o lunio system sydd yn amlwg anghyson â datguddiad Crist mai cariad yw Duw, ni fyddent yn amharod (ar ôl trefnu pob dadl bosibl) i gydnabod fod dirgelwch yn aros. A hynny, fel y dysgodd Calfin ei hun, oherwydd bod gan Dduw ewyllys ddirgel sydd y tu hwnt i dreiddgarweh dynion.

Y mae ynddi hefyd ymwybod byw â hanes. Nid yw hynny mor glir yn y ddeunawfed ganrif ag yn y ganrif flaenorol, ond megid pobl i gredu bod rhythm a phatrwm mewn hanes. Gorweddai'r argyhoeddiad hwn ar y syniad o oruchwyliaethau, o'r naill gyfamod yn cael ei ddiorseddu gan y llall.

Ac yr oedd y ddiwinyddiaeth gyfamodol hon, yn arbennig yn y defnydd a wnaethpwyd ohoni yn yr eglwysi ac mewn bywyd defosiynol, yn gymorth i feithrin agweddau democrataidd trwy bwysleisio fod dynion yn ffurfio cymdeithas trwy weithredu gwirfoddol. Ac asiai hyn yn hapus â'r gogwydd athronyddol i ystyried cymdeithas a gwladwriaeth fel rhyw fath o gytundeb cyfamodol rhwng y dinasyddion unigol.

Dyma'r ddiwinyddiaeth y ceisiai llawer ei chymedroli. Rhwygwyd yr eglwys Ymneilltuol yn Wrecsam yn 1691 pan gofleidiodd yr elfen Bresbyteraidd yno y ffurf ar Galfiniaeth a ddysasid gan Richard Baxter ac a fabwysiadwyd gan un o feibion disglair yr eglwys, Dr Daniel Williams.[81] Tebyg oedd daliadau James Owen, Croesoswallt, a noddai'r ymwahanwyr hyn. Ym mhen arall y wlad, yn Henllan Amgoed, daeth ei frawd, David John Owen, yn ganolbwynt ffrae gyffelyb ar ôl iddo gael ei ddewis yn weinidog tua 1705. Coleddai D. J. Owen yntau ddiwinyddiaeth Daniel Williams a gwrthwynebid ef yn bur ffyrnig gan yr henuriad Lewis Thomas. Cyhuddai pabl D. J. Owen eu gwrthwynebwyr o ddymchwelyd moesoldeb a chofleidio Antinomiaeth. Atebent hwythau fod yr Isel- Galfiniaid yn difa gras Duw ac yn creu deddfoldeb newydd a thrwy hynny hyrwyddo Neonomiaeth.[82] Ffrwyth y dadlau oedd i Lewis Thomas a'i gyd-Uchel-Galfiniaid ymneilltuo a ffurfio eglwys Rhydyceisiaid tua 1707.

Ymhlith disgyblion James Owen yr oedd Thomas Perrot a Jeremi Owen. Mab D. J. Owen oedd Jeremi ac y mae'n amlwg oddi wrth ei gyfeiriadau miniog at Galfiniaeth Maurice a'i gyfeillion (a oedd ymhlith gwrthwynebwyr D. J. Owen) mai diwinyddiaeth ei ewythr oedd orau ganddo ef.[83] Ond Calfin ydoedd er hynny a chyda'r dwysaf a'r mwyaf efengylaidd ei ysbryd ohonynt. Âi Thomas Perrot, athro yn

Academi Caerfyrddin o 1720 hyd 1733, ymhellach na hynny a thybir mai ef oedd tad 'Arminiaeth Cymru yn y ddeunawfed ganrif'.[84] Ymblith disgyblion Perrot yr oedd Jencin Jones a Charles Winter. Gŵr a godwyd o dan y Calfin anhyblyg James Davies ym Mhantycreuddyn oedd Jones. Mabwysiadodd Arminiaeth a chaewyd drws ei fam-eglwys yn ei erbyn a bu'n rhaid iddo ef a'i gyfeillion fynd i addoli ar wahân. Fe'i hordeiniwyd yn weinidog arnynt yn 1726 a chan ei fod yn ŵr go gefnog gallodd adeiladu capel Llwynrhydowen ar eu cyfer yn 1733. Gŵr cryf oedd Jencin Jones, cwbl ymroddedig i'w waith fel gweinidog a phregethwr a llenor diwyd. Mab i ffermwr cefnog ym Medwellty oedd Charles Winter a chodwyd yn eglwys y Bedyddwyr ym Hengoed. Ar ôl bod yng Nghaerfyrddin cofleidiodd Arminiaeth a chariodd y ddadl fawr yn ôl adref gydag ef. Bu'n go boeth yng Nghymanfa Hengoed (1730) ond llwyddodd Winter a'i gefnogwyr i gadw'r heddwch yn yr eglwys am nifer o flynyddoedd. Yn 1750, fodd bynnag fe'u diarddelwyd a ffurfiasant Eglwys o Fedyddwyr Cyffredinol yng Nghraig-y-fargod.[85] Yn y gorllewin lledodd dylanwad Jencin Jones i blith y Bedyddwyr a chofleidiodd Abel Francis a Rees David Arminiaeth.[86] Ymegnïwyd yng Nghymanfa Llangloffan (1729) i wrthsefyll y ddysg newydd ond daliai i ffynnu nes cilio o Francis at bobl Llwynrhydowen a Rees David i ardal Hengoed. Ond yr oedd i godi ei phen eto ymhlith Bedyddwyr y gorllewin yn niwedd eithaf y ganrif. Yr un modd lledai Arminiaeth ymhlith pobl Philip Pugh gan gael gwell daear yno nag ywhlith y Bedyddwyr.[87]

Yr oedd Arminiaeth yn hŷn peth yng nghylch Cefnarthen, sir Gaerfyrddin, a Chwm-y-glo, Merthyr Tudful. O 1698 hyd 1730 gweinidogaethai Roger Williams i'r ddwy eglwys ac Armin oedd ef.[88] A'r un modd ei fab John a ordeiniwyd gyda David Williams yn olynwyr iddo yng Nghefnarthen. Ond Calfinoedd eu cyd-weinidog yno, David Thomas. Yng Nghwm-y-glo hefyd cafodd Roger Williams y Calfin James Davies i'w gynorthwyo yn 1724. Y diwedd oedd rhwygo'r naill eglwys a'r llall. Ciliodd Calfiniaid Cefnarthen i Glunpentan yn 1740 gan ymsefydlu yng nghapel Pentre Tŷ-gwyn naw mlynedd yn ddiweddarach. A chiliodd yr Arrniniaid o Gwm-y-glo i ffurfio eglwys Cefncoedycymer yn 1747.

Erbyn hynny, yr oedd y Diwygiad wedi cyrraedd. Ei duedd oedd magu adwaith anffafriol braidd ymhlith Ymneilltuwyr radicalaidd eu diwinyddiaeth. Oherwydd nid y lleiaf pwysig o argyhoeddiadau'r

Arminiaid oedd fod gras Duw'n cyrraedd calonnau dynion trwy'r gwirionedd. Nid hawdd iddynt hwy oedd cydymdeimlo â diwygwyr a welai'r Ysbryd fel tân yn hytrach na goleuni. Ond am y Calfiniaid, eu tuedd hwy oedd cynhesu at y diwygiad. Er bod ambell enghraifft yn aros o Galfin na fynnai groesawu'r berw newydd – gwŷr fel Phylip Dafydd, Pen-maen, – eto tueddu at gymedroli ac ystwytho ac efengyleiddio Calfiniaeth yr oedd y Diwygiad.

**Ansawdd ysbrydoledd**

Fe'n gorfodir i ddod o'r diwedd at y cwestiwn anoddaf i'w ateb o bob un am Gristionogaeth y gorffennol. Beth oedd ansawdd bywyd yr eglwysi hyn? Beth oedd eu cyflwr ysbrydol?

Syber a digyffro oedd eu hoedfaon. Ac ychydig oedd eu rhif. Ar ôl y Diwygiad Methodistaidd y tyfodd y syniad fod yn rhaid cael tair oedfa ar y Sul. Mewn llawer man, un oedfa a gynhaliai'r Hen Ymneilltuwyr a honno ar fore Sul gydag un yn y prynhawn yn rhai o'r trefi.[89] Ni cheid fyth oedfa hwyrol oherwydd cedwid y noson llonno ar gyfer addoli teuluol, i ddarllen pregethau ac i gateceisio plant.

Syml oedd rhediad yr oedfa gyda gweddi a phregeth pur hir ac ychydig o ganu di-raen ar Salmau Edmwnd Prys. Ar ôl 1700 dechreuwyd rhoi dipyn bach mwy o sylw i ganu emynau, a barnu oddi wrth y casgliadau o emynau a argraffwyd.[90] Arhosai'r bregeth yn uchafbwynt y gwasanaeth. Er bod pregethu hir yn dal yn ffasiynol, nid oedd mor rymus nac mor eang ei gwmpas a phregethu'r Piwritaniaid. Ond y mae arwyddion bod y symleiddio a ddigwyddodd eisoes ym mhregethau'r Anglicaniaid yn dechrau effeithio ar Ymneilltuwyr. Er y meithder, gallai pregeth yn y ddeunawfed ganrif fod yn ddigon bywiog. Mae'n siwr fod pregeth Enoch Francis, 'Gwaith a Gwobr Ffyddlon Weinidogion' wedi cymryd amser hir i'w thraddodi yn 1729, ond gellid dychmygu y byddai'n cadw sylw'r gynulleidfa'n ddigon effeithiol. Er hynny, mae lle i ofni fod llawer o bregethu'r Hen Ymneilltuwyr yn faich i'r cynulleidfaoedd. Beth arall ysbrydolodd Howel Powel i gyfieithu a chyhoeddi *Y Gwrandawr* yn 1709? Prin y byddai ei angen oni bai bod ei gynghorion a'i rybuddion yn gweddu i gyflwr crefyddwyr yng Nghymru. Wedi dod i'r oedfa rhaid gwrando 'gyd a Pharch, Ofn, a dychryn duwiol,'[91] a chyda diwydrwydd ac ystyriaeth' gan ochel 'meddyliau gwibiog, a chwsg'.[92] Wel, ni fyddai angen cyhoeddi llyfr yn dweud hynny oni bai fod Howel Powel wedi gweld cryn dipyn o lygaid gwibiog ac o gwsg tua sir Frycheiniog ym mlynyddoedd agoriadol y ganrif.

Y mae hwn yn gystal lle ag unman i dynu llinynnau'r drafodaeth ynghyd. Y mae'n gwbl amlwg fod amryw bethau go ddifrifol o'i le ar fywyd eglwysi'r Hen Ymneilltuwyr. Yr oedd duwioldeb yn llacio, brwdfrydedd yn oeri, pregethu'r Efengyl yn lleihau yn ei effeithiolrwydd. Gwanychu yr oedd y mudiad. Ni allai ymysgwyd rywsut ac ymosod. Ac eto, prin y gellid cyhuddo'r arweinwyr o fod yn esmwyth arnynt yn Seion. Gwyddent yn dda beth oedd ymboeni am gyflwr eu heglwysi a'r wlad; nid oedd dim yn hunan-foddhaus ynddynt. A'u gweithgarwch hwy yw'r union beth sy'n ei gwneud hi'n bosibl inni gasglu nad oedd popeth yn iawn yn eu heglwysi. Ac eto, yr oedd y gwaith a wnaethant, a bywyd eu heglwysi, yn arloesi'r ffordd ar gyfer y Diwygiad. Yn eu brwdfrydedd tros ddefosiwn mwy difrifol, yn yr hunan-holi, yn y pwyslais ar arbenigrwydd Crist a'i Groes, yn eu Calfiniaeth, yn eu cyhoeddi llyfrau, yn eu cyfansoddi emynau - yn yr holl bethau hyn y maent yn cysylltu â'r Diwygiad. A chyn y Diwygiad hefyd yr oedd anfodlonrwydd gweinidogion fel Miles Harri, Edmwnd Jones, Enoch Francis a James Davies eisoes yn troi'n bregethu cenhadol.

A sut y teimlai'r awyrgylch i ddynion yr oes honno? Dywedai Williams Pantycelyn fod 'mil och'neidiau am i'r Haul godi'[93] a phrin y cafwyd ochenaid ddwysach nag un Jeremi Owen yn ei *Ddyledswydd Fawr Efangylaidd*. Gwedd braidd yn ddigalon a gymerai ef o'r sefyllfa yng Nghymru,

> Gweddilliwyd ni hyd oni ddaeth sorod yr amserau oll, pan yw anwiredd yn amlhau, a *chariad llaweroedd* yn oeri; pan yw Crefydd wedl ei bwrw dros y drws, a Rhinwedd heb ddull arni, ac wedi ei llŵyr ddigalonni.

Ac y mae'n ddigalon i'r eithaf yn yr eglwysi,

> Yr Eglwysi a welwyd yn blodeuo yn amser erledigaeth, ydynt wedi myned yn ddim oddi ar y pryd y cawsant hir ennyd o gyflawn rhyddid. . . . Nid yw hiliogaeth rhieni duwiol yn atteb disgwyliad dyn mewn modd yn y byd: Ni ddeuant i fyny at yr esamplau a roddwyd iddunt, nac at y deisyfjadau a'r gweddïau a osodwyd i fyny drosunt. . . . Chwyn drygsawrs a dyfant lle y

> bu *Prennau Cyfiawnder* gynt. Anffyddjaeth sydd yn dyfod ar *ôl* ffydd dra bywiol, anserchowgrwydd oerllyd ar ôl zêl wresocaf. . . .[94]

Da y galwyd y gŵr hwn yn Jeremi. Os ydyw'n taenu ei baent braidd yn drwm, nid oedd yn siarad dan ei ddwylo. Yr oedd hi yn argyfyngus ar yr eglwysi. Ac atseinir ei gŵyn ingol gan Jencin Jones. Beth barodd iddo gyfieithu a chyhoeddi *Dydd y Farn Fawr?* Y mae'n esbonio i'w ddarllenwyr.

> Yr ystyriaeth o Ddiofalwch presennol y Cymru, a rhai, o's rhŷdd yw bod yn ddiwenjaith y gellir dywedyd am danynt Fod hir Lwyddiant a Rhydd did, hir Ymgynnefino â Phechodau neillduol, hir Ymarfer â Rhith Duwioldeb, hir Ddibrisdod ar Ordeiniadau Crist, a hir Ymbleidio ynghylch Cadachau Crefydd wedi bwyta i fynu eu Zêl ac wedi eu suo i gysgu ar Wely manblu Difrawch cnawdol fel nad oes, debygwn i, ond Udgorn uchelfloedd a ddichon eu deffroi. . . .[95]

'Udgorn uchelfloedd' Jencin Jones oedd ei lyfr. Ond wyth mlynedd ar ôl ei gyhoeddi fe ddaeth utgorn mwy effeithiol 'O Drefeca fach i ma's'. Ond chwarae teg i Jencin Jones, acenion ei Ddydd Barn yntau oedd ar wefusau Harris hefyd. A dyna, mewn dwy frawddeg, batrwm y cysylltiad rhwng yr Hen Ymneilltuaeth a'r Diwygiad Methodistaidd.

[1]*Traethawd i brofi ac i gymmell ar Yr hôll Eglwysi y Ddyledswydd Fawr Efangylaidd O Weddio dros Weinidogion* (1733), 27

[2]Gw. A. H. Dodd, *The Character of Early Welsh Emigration to the United States* (Cardiff, 1937), 12-16

[3]Daw'r enwau hyn o ddyddiadur Hugh Roberts a geir yn *Wales* (O. M. Edwards), III, 335-43, 370-1. Enwa gryn 26 o leoedd, ond nid yw'n eglur a oedd cyfarfodydd sefydlog ynddynt i gyd. Am Roberts (1644?-1102), gw. B.

[4]*History of Protestant Nonconformity in Wales* (1883), 266. Ac eto myn Beriah Evans fod y rhif hwn 'yn rhy isel', *Diwygwyr Cymru* (Caernarfon, 1900), 212, n.4.

[5]Rhif eu haelodaeth yn 1882 oedd 127 meddai Rees, *History*, 463

[6]Llsg. 34.4 yn Llyfrgell Dr Williams, Llundain

[7]Gwaith digon anfoddhaol yw ceisio rhoi trefn a dosbarth ar ystadegau Dr. John Evans. Nid yw J. Spinther James, *Hanes y Bedyddwyr* (Caerfyrddin, 1902), III, 17-21, o fawr help gan nad yw'n ymddangos iddo weld y llawysgrif wreiddiol a bodloni ar atgynhyrchu'r rhestr fel y ceir hi gan Rees, *History*, 259-265

[8]Dyna'r eglwysi yn 1715: (i) Abertawe; (ii) Olchon; (iii) Trosgoed (ond gw. Joshua Thomas, *Hanes y Bedyddwyr* (1885), 426, am y berthynas aneglur rhwng (ii) a (iii)). (iv) Llanwenarth (v),Rhydwilym; (vi) Glandŵr; (vii) Blaenau Gwent: (viii) Cilfowyr; (ix) Pentre a'r Cwm; (x) Hengoed; (xi) Wrecsam; (xii) Glasgwm; (xiii) Llanbryn-mair.

[9]Rees, *History*, 266.
[10]Evans, *Diwygwyr*, 213
[11]*Y Cofiadur* 17 (1947), 8-9
[12]f. 139
[13]R.T.Jenkins, *Hanes Cymru yn y Ddeunawfed Ganrif* (Caerdydd, arg.1972), 50
[14]Gw. Kenrick (Teulu)', *B*
[15]R.T.Jenkins, *Hanes Cynulleidfa Hen Gapel, Llanuwchllyn* (Bala, 1937), 20-2
[16]Gw. s.n. Daniel Phillips (fl. 1680 - 1722), *B*
[17]*Y Cofiadur* 3 (1924), 29
[18]E.Lewis Evans, *Capel Isaac* (Llandysul, 1950), 52
[19]Ioan Pedr a G. ap Rhys, *Enwogion y Ffydd* (1877), III, 115
[20]Amdano ef a'r enwau eraill yn y paragraff, gw. B.
[21]James, *Bedyddwyr*, III, 98-9
[22]Ibid., 96
[23]f. 140
[24]*Y Cofiadur* 27 (1957), 31, 35-6
[25]Y cofnodion (yn y Memorial Hall, Llundain) o dan 8 Mai 1738
[26]Gw. Michael R.Watts, *The Dissenters from the Reformation to the French Revolution* (Oxford, 1978), 367-71
[27]Gw.Dewi Eirug Davies, *Hoff Ddysgedig Nyth* (Abertawe, 1976), passim
[28]Am y drafodaeth hir ar y cwestiynau sy'n codi ynglyn a threfniant yr academi yn y cyfnod hwn, gw. Gomer M.Roberts, *Y Pêr Ganiedydd* (Aberystwyth, 1949), I, 25-8
[29]G.F.Nuttall,'Welsh students at Bristol Baptist College, 1720-97', *Trafodion Anrhydeddus Gymdeithas y Cymmrodorion* (1978), 187-99
[30]*Cadwyn Euraid o Bedair Modrwy* (1706), 16
[31]Cyhoeddwyd gyntaf yn Saesneg gyda'r teitl *Social Religion Exemplify'd* (1737-40), cyfieithiwyd i'r Gymraeg gan Benjamin Evans, Dre-wen, a'i gyhoeddi yn 1797
[32]*Cyffes Ffydd* (Caerfyrddin, 1721), 106. Geiriau R.D. yw'r rhain, sef Rees David, Am David gw. *B*.
[33]Am ei yrfa gw. Garfield H. Hughes, *Iaco ab Dewi 1648-1722* (Caerdydd 1953) a John Davies, *Bywyd a Gwaith Moses Williams* (Caerdydd, 1937), 38-43
[34]Hughes, *Iaco ab Dewi*, 112-6
[35]Samuel a Johnes oedd noddwyr *Catecism o'r Scrythur* (1717)
[36]Am Davies (1669-1732) gw. Evans, *Capel Isaac*, 52-3
[37]G.J.Williams, *Traddodiad Llenyddol Morgannwg* (Caerdydd, 1948), 262-3. Symudodd Lewis i Langatwg Nedd yn 1718. Gellir tybio iddo noddi *Gemmeu Doethineb* (1714) a *Catecism o'r Scrythur* (1717)
[38]Tebyg mai Joshua Thomas, offeiriad Llanlleonfel (m.1759), oedd hwn. gw. *B*
[39]Evans, *Capel Isaac*, 56-7. Bu Williams yn weinidog yno 1757-78
[40]Fe'i ceir wedi'i ail-argraffu yn *Cofiadur* 5 (1925)
[41]R.T.Jenkins (gol.), *Golwg ar y Beiau* (Caerdydd, 1950)
[42]*Traethawd i brofi*, 27
[43]Gwaith Thomas Vincent oedd y gwreiddiol. Y cyfieithwyr oedd 'J.P'. a 'J.T.'
[44]J.Dyfnallt Owen (gol.), *Rhad Ras* (Caerdydd, 1949), 29
[45]*Llun Agrippa*, 325
[46]*Trugaredd a Barn* (arg.1715), 90-147
[47]Jencin Jones, *Dydd y Farn Fawr* (1727), 165
[48]Christmas Samuel, *Rhai Lloffion o fyfyrdodau Gwr Tywyll* (Caerfyrddin, d.d.), 8
[49]Enoch Francis, *Gair yn ei Bryd*, 183
[50]*Cadwyn Euraidd*, 13
[51]'At y Darllenydd' yn *Rhai Datguddiadau o'r Nefoedd Newydd, ar Ddaear Newydd*

(Caerfyrddin, 1725), xv. Un o Fynwy oedd Harri ac yn weinidog ym Mlaenau Gwent, 1715-37

[52]Am gais ddiweddarach i atgyfodi dysgeidiaeth Erbury gw. *B* o dan Thomas Meredith (fl.1747-70)

[53](d.ll., d.d.); y rhagair 'at y darllenydd' gan Gruffydd Siôn, Pant yr haidd, 7 Awst 1730

[54]Ibid., 9

[55]Baddy, *Dwysddifrifol Gyngor* (1713), 114

[56]*Llun Agrippa*, 43

[57]Ibid., 45

[58]Ibid., 62, 3

[59]Ibid., 232

[60]Ibid., 267-8

[61]'Llythyr at y Darllenydd', *Darluniad y Gwir Gristion* (1748)

[62]Ibid., xiv

[63]Eliseus Cole, *Traethawd Ymarferol am Gyflawn-Awdyrdod Duw* (1711), 359-60

[64]*Y Cofiadur* (1937), 20-2

[65]Cf. [James Owen], *Moderation a Virtue* (1703), 11

[66]John Roberts, *Ychydig o Hanes y Diweddar Barchedig Lewis Rees* (Caerfyrddin, d.d.), 22

[67]Gw. uchod, pennod 1

[68]*Y Cofiadur* (1937), 21

[69]Hughes, *Iaco ab Dewi*, 95

[70]*Pasg y Christion* (1740), 214

[71]Dyfynnir o *Hymnau Scrythurol* (1705) yn *Y Cofiadur* (1932), 8-9

[72]Bu argraffiadau eraill ohono yn 1739 a 1740. Y gwreiddiol oedd Thomas Doolittle, *A Treatise Concerning the Lord's Supper* (19 arg.,1679) 72 (arg.1740), 209-16

[73]Darluniad, 40-1

[74]Gw. Eirlys Williams, 'Catecismau: agwedd ddiddorol ar lenyddiaeth Cymru', *Trafodion Cymdeithas Hanes y Bedyddwyr* (1958), 42-54, (1959), 29-37

[75]*Gwaith a Gwobr Ffyddlon Weinidogion yr Efengyl* (Caerfyrddin, 1729), 35

[76]Howel Powel, *Traethawd Ymarferol*, 62

[77]Mathias Maurice, *Yr Athrawiaeth y Sydd yn Ol Duwioldeb*, 158

[78]Ibid., 231, 246

[79]Ibid., rhagymadrodd

[80]Vernon Price, *The Old Meeting* (Wrexham, d.d.), 133

[81]Thomas Richards, 'The Henllan secessions', J.E.Lloyd (gol.), *A History of Carmarthenshire* (Cardiff, 1939), II, 165-70

[82]Jenkins (gol.), *Golwg ar y Beiau*, 61-2

[83]Ni ddylid anghofio'r Bedyddwyr Cyffredinol - Arminaidd – a geid yn sir Faesyfed yn y ganrif flaenorol

[84]J.Gwili Jenkins, *Hanfod Duw a Pherson Crist* (Lerpwl, 1930), 44-7

[85]Ibid., 37-9

[86]Ibid., 39-42

[87]Ibid., 42-4

[88]Felly trefi dychmygol Maurice, *Crefydd Cymdeithasol*

[89]L.Wynne Evans, 'Caniadaeth y cysegr ymhlith yr Hen Ymneilltuwyr', *Trafodion Cymdeithas Hanes y Bedyddwyr* (1956), 6-40, (1957), 59-65

[90]Powel, *Y Gwrandawr*, 20

[91]Ibid., 29

[92]Ibid., 30-2

[93]Owen, *Traethawd*, 114-5

[94]Jones, *Dydd y Farn*, rhagymadrodd

# PENNOD 7

# 'Y Dwym Ias' a'r 'Sentars Sychion'

## *Methodistiaeth ac Ymneilltuaeth yn y Ddeunawfed Ganrif*

Blynyddoedd o dawelwch ar ôl blinder oedd chwarter cyntaf y ddeunawfed ganrif i'r Hen Ymneilltuwyr. Gyda phasio Deddf Goddefiad yn 1689 daeth i ben gyfnod yr erlid swyddogol gan y wladwriaeth a diffiniwyd sefyllfa gyfreithiol yr Ymneilltuwyr o'r newydd. Hwynt-hwy'n awr oedd yr wrthblaid grefyddol swyddogol ac fel y cyfryw'n mwynhau cysgod a nawdd y gyfraith ond iddynt gydymffurfio â gofynion y Ddeddf. Gwir fod rhannau sylweddol o'r bywyd cyhoeddus wedi ei gau iddynt trwy ddeddfau'r Prawf a'r Corfforaethau ond caent beth iawn am hyn trwy ddyblu diwydrwydd ym myd busnes a masnach. Tra bu'r frenhines Anne ar yr orsedd bygythid tawelwch a diogolwch yr Ymneilltuwyr gan wleidyddion ac eglwyswyr Toriaidd yn ogystal â chan eu cefnogwyr gorselog yn y trefi ond daeth tro ar fyd gydag esgyniad yr Hanoferiaid. Yr oeddynt hwy'n wrthglawdd yn erbyn y Stiwartiaid a Phabyddiaeth ac ar unwaith fe gafodd yr Ymneilltuwyr eu hunain yn frenhinwyr ymroddedig. Teimlent eu bod yn dod yn rhan o'r sefydliad gwleidyddol a chadarnhawyd y gred honno pan greodd y brenin y *Regium Donum* – y gronfa frenhinol i helpu gweddwon gweinidogion Ymneilltuol – yn 1727.

Yn sgil y sefydlogi daeth cyfnod merfaidd ar eu crefydd. Anadlent ddigon o awyr ddiwylliannol o'u cenhedlaeth i fawrygu trefnusrwydd a ffurf a rheswm. Perthyna'r dadlau brwd Piwritanaidd i'r gorffennol pell a hawdd bellach oedd gosod cywair is i'r bywyd defosiynol ac ysbrydol. Gwelid dylanwad rhesymoliaeth yn y duedd i lacio'r hen safonau Calfinaidd a'r pwyslais deallol trwm yn y pregethu athrawiaethol. I genhedlaeth a ymhoffai o'r newydd mewn eglurder mynegiant mewn llenyddiaeth a symlrwydd llinell mewn pensaerniaeth, yr oedd crefydd urddasol, olau, oer yn cario apêl arbennig. Ac felly y tyfodd yr hen 'ffanaticiaid' – fel y galwai'r Cafaliriald hwy – yn 'Sentars Sychion'. Magu crefydd a moes mewn eglwysi a oedd yn gylchoedd caeedig a disgybledig oedd amcan y gweinidogion Ymneulltuol bellach. Ac yr oeddynt hwythau'n wŷr cymwys i'w gwaith – yn ddysgedig, yn urddasol ac, at ei gilydd, yn gefnog. Ac yna daeth y Diwygiad Methodistaidd a gweddnewid y darlun yn sylweddol.

**Methodistiaid a Phiwritaniaid**

Yn *Llyfr y Tri Aderyn* dywed Llwyd

> Mae dynion gwych (hiliogaeth yr hen Jacob) yn barod i gyfodi allan o'r pridd, ac er hynny, o'r nefoedd y disgynant. Y mae ffynhonnau y mor tragwyddol yn torri allan ynddynt; ac ni all y byd, na'r cnawd, na'r cythraul mo'u cau, na'u cadw dan y ddaear.

Y mae'n arwyddocaol iawn mai'r peth a welodd Robert Jones, Rhos-lan, yn y geiriau hyn oedd nid proffwydo'r Bumed Frenhiniaeth ond darogan y Diwygiad Methodistaidd.[1] Ac wrth gwrs yr oedd Robert Jones yn bur ymwybodol o gyfraniad y Piwritaniaid i fywyd crefyddol Cymru a cheir briwsion gwerthfawr o wybodaeth amdanynt ganddo. Ond po fwyaf a astudir ar y mudiad Methodistaidd mwyaf yn y byd yw'r cysylltiadau niferus a chymhleth rhwng Methodistiaeth a Phiwritaniaeth.[2] Ni byddai'n ormodiaith i ddweud mai Piwritaniaeth wedi ei thrydaneiddio gan Fethodistiaeth oedd hanfod mudiad Efengylaidd nerthol y bedwaredd ganrif ar bymtheg.

Yn un peth, yr oedd y ddyled ym myd syniadau'n un drom iawn. Yn y rhagymadrodd a ysgrifennodd i argraffiad o weithiau John Bunyan dywedodd George Whitefield o berthynas i'r Piwritaniaid:

> Though dead, by their writings they yet speak; a peculiar unction attends them to this very hour; and for these thirty years past I have remarked, that the more, true and vital religion hath revived either at home or abroad, the more the good old puritanical writings, or the authors of a like stamp who lived and died in communion of the church of *England* have been called for.[3]

Ac yr oedd hyn hyd yn oed yn fwy gwir yng Nghymru nag yn Lloegr. Eisoes rhoddasai'r Ymneilltuwyr gyfieithiadau o sypyn go fawr o weithiau'r Piwritaniaid yn nwylo'r Cymry ac ni wnaeth y Diwygiad Methodistaidd ond lluosogi nifer y llyfrau hynny a'u darllenwyr. Yn y modd hwn y daeth John Bunyan yn ddylanwad o'r pwys mwyaf ar feddwl crefyddol Cymru – yn ogystal â gwŷr fel Dr John Owen, Richard Baxter, Thomas Gouge, Thomas Doolittle, Morgan Llwyd, Walter Cradoc ac eraill. A gwyddom fod gweithiau'r diwinyddion Piwritanaidd i'w cael ar silffoedd gweinidogion ac offeiriaid Cymru yn y ddeunawfed ganrif.[4] Gyda'r diddordeb mawr hwn mewn diwinyddiaeth Biwritanaidd, nid rhyfedd i wasg Trefecca gyhoeddi cyfieithiadau o lyfrau gan wŷr fel Matthew Mead, Richard Baxter, John Bunyan, William Gurnall ac Obadiah Grew.[5] Canys gwerthfawrogai'r Methodistiaid y ddiwinyddiaeth hon ac nid yn unig mewn llyfrau ond ar bregeth, fel y dengys Elizabeth Cooke o Stoke Newington, un o ohebwyr Thomas Jones, Cwm-iau: 'I have been highly favoured in this particular that I have . . . sate under the preaching of those who have been & are zealous for the good old puritan Doctrine'.[6]

A gwyddai Howel Harris yntau am gyfaredd y cyfnod Piwritanaidd. Wrth deithio ym Maldwyn, 6 Chwefror 1740, bu clywed am arwriaeth Vavasor Powell yn foddion i gynhesu ei enaid a pheri iddo lawenhau ynddo.[7] Ac ym mhen tridiau yr oedd Lewis Rees, Llanbryn-mair, yn ei atgofio am ddau ddywediad o eiddo Samuel Jones, Brynllywarch. Un oedd i beidio â chymysgu ein gwylltineb ein hunain â llid Duw – cyngor nid amhriodol i Harris! A'r llall oedd i beidio â defnyddio gordd fawr i ladd gwybedyn ar dalcen cyfaill rhag lladd y cyfaill.[8] Ymhen y flwyddyn yr oedd Harris yn darllen peth o hanes bywyd Vavasor Powell a sylwodd (gyda gormod gostyngeiddrwydd) 'I saw in reading of his boldness I had nothing of it'.[9] Nid yw'n rhyfedd felly fod Harris ar derfyn ei oes yn ymhwedd â'r Ymneilltuwyr i gofio eu traddodiad,

> Oni wyddoch chwi nad ydyw ffydd, a bywyd, a llais eich henafiaid ddim yn eich mysg; a ydyw hanes eu bywyd, eu llyfrau, a'u hathrawiaeth lymm ddim yn eich trywanu? A roddent hwy pe'r atgyfodent y llaw ddehau i chwi? – A obeithient hwy bod Crist ynoch chwi, pan y gwelent yspryd y byd, a marweldd-dra ysprydol, mor ddi-argyhoeddiad o'i blegid, ac mor ddi-gerydd, ac mor ddi-ymdrech yn ei erbyn? A ydyw Mab Duw yn unig fywyd i chwi yn ol eich athrawiaeth? A ydych chwi yn ym neillduo oddi wrth y byd, oddi wrth ei yspryd a'i lais ef? . . .[10]

Fel y dengys cyfeiriad Harris at Vavasor Powell nid oedd y Methodistiaid yn gwbl anymwybodol o'u dyled i'r Piwritaniaid mewn ffordd arall. Er yr erlid a ddioddefodd Harris a'i gydweithwyr oddi ar law gwerin anwybodus a chlerigwyr di-ras, byddai eu dioddefaint lawer yn fwy oni bai am y frwydr fawr a ymladdodd y Piwritaniaid dros ryddid. Yr oedd Whitefield yn ymwybodol iawn o'r olyniaeth ddioddefus hon. Wrth sôn am yr erlid ar Bunyan dywed, 'ministers never write or preach so well as when under the cross: the spirit of Christ and of glory then rests upon them'. Ac ychwanega,

> It was this, no doubt, that made the Puritans of the last century such burning and shining lights. When cast out by the black *Bartholomew-act*, and driven from their respective charges to preach in barns and fields, in the highways and hedges, they in an especial manner wrote and preached as men having authority.[11]

Y mae'r cysylltiadau hyn rhwng y mudiad Methodistaidd a'r Piwritaniaid yn allweddau pwysig i ddeall dau beth. Yn gyntaf, y mae'n help i esbonio pam yr oedd cymhellion dyfnion ar wahân i ffactorau hanesyddol gwrthrychol yn gyrru'r Methodistiald o'r tu mewn i'r Eglwys i gyfeiriad Ymneilltuaeth nes ymddangos ohonynt yn enwad newydd yn 1811. Yn ail, y maent yn ei gwneud yn bosibl inni weld mor anodd oedd hi i'r Hen Ymneilltuwyr uniongred wrthsefyll y dylanwadau Methodistaidd. Yr oedd yr elfennau bywiocaf a mwyaf ysbrydol ac efengylaidd yn ffydd a bywyd eu tadau Piwritanaidd yn eu gogwyddo o angenrheidrwydd tuag at y Methodistiaid. Y canlyniad yn y bedwaredd ganrif ar bymtheg fu i'r Ymmeilltuwyr efengylaidd droi'n hynod Fethodistaidd ac i'r Methodistiaid ymdebygu fwyfwy i'r Ymneilltuwyr.

A wedyn roedd ymwneud uniongyrchol. Nid oes faes mwy diddorol yn hanes y ddeunawfed ganrif na'r cysylltiadau personol rhwng Ymneilltuwyr a Methodistiaid. Roedd gan Howell Harris a'i gydweithwyr gyfeillion brwd ym mhlith yr Hen Ymneilltuwyr yn ystod y blynyddoedd cynnar, gwŷr fel Edmund Jones, y Tranch, Lewis Rees, Llanbryn-mair, Henry Davies, Blaen Gwrach a Vavasor Griffiths, Maes-gwyn, o blith yr Annibynwyr a Miles Harri a William Herbert o blith y Bedyddwyr. Ac yng Ngheredigion cawn Phylip Pugh yn gefn i Daniel Rowland.[12] Fel y cynyddai grym y Diwygiad fe geid dynion a fu'n drwm o dan ddylanwad Harris yn cadw ac yn cynyddu eu cysylltiadau â'r Ymneilltuwyr – dynion fol John Powell y Bedyddiwr a Jenkin Morgan, Richard Tibbott a John Thomas, Rhaeadr Gwy, gyda'r Annibynwyr. Ae fe geid Methodistiaid a fabwysiadodd safbwynt a pholisi Ymneilltuol fel Morgan John Lewis, Milbourne Bloom a David Williams, Aberthyn.[13]

**Grym yr Ysbryd**

Yn fuan ar ôl iddo glywed Gruffydd Jones yn pregethu yn Llanddewibrefi, daeth dwyster newydd i bregethu Daniel Rowland, ac meddai Robert Jones, Rhos-lan,

> A chyn pen nemor torrodd y wawr ar ei enaid tlawd, ac amryw o'i wrandawyr. Yn ôl llawer o stormydd ac o argyhoeddiadau grymus, llanwyd eu heneidiau â gorfoledd yr iechydwriaeth nes oedd sain cân a moliant yn llanw y cynulleidfaoedd. A dyna ddechreuad y gorfoledd ymhlith y Methodistiaid, ag sydd â chymaint o ddyweyd yn ei erbyn gan lawer.[14]

Yr oedd y 'gorfoledd' hwn i chwarae rhan mor amlwg yn y Diwygiad Efengylaidd ac yn y diwygiadau a'i dilynodd fel y daeth mwyafrif crefyddwyr Cymru i feddwl am ddylanwadau'r Ysbryd Glân mewn termau teimladol yn unig. Berw eneidiol dynion wedi eu gorfodi i ddewis rhwng tynged frawychus a iachawdwriaeth ogoneddus oedd wrth wraidd y gorfoledd hwn. Cymerai ffurfiau amrywiol ac od, weithiau'n llawenydd ac weithiau'n arswyd, weithiau'n llesmair nefolaidd ac weithiau'n orffwylledd, weithiau'n wylo hidl ac weithiau'n ganu di-baid. O dan ei ddylanwad anghofiai dynion eu hunain yn llwyr. Dyna fel y bu i Daniel Rowland bregethu o amser oedfa'r bore nes bod yr haul yn tywynnu trwy ddrws gorllewinol ei eglwys – a'i gynulleidfa o dan yr un gyfaredd ag yntau.[15] Fel y canodd Williams yn ei farwnad iddo,

> Ai rhaid marw gwr *wnai* dyrfa
> Oerllyd, drom, yn llawn o dân,
> Werin fyddar, fud, ddifywyd,
> Oll i seinio nefol gân . . . ?

Gwelwch DANIEL yn pregethu
Yn y tarth, y mwg, a'r tân;
Mil ar unwaith yn molianu,
Haleluia yw y gân
Nes ba'i torf o rai annuwiol
Mewn rhyw syndod dwfn mud,
Ac yn methu rhoi eu meddwl
Ar un peth ond diwedd byd.[16]

Adwaith cyntaf yr Hen Ymneilltuwyr i'r math yma o frwdfrydedd oedd ei wrthwynebu. A daliodd llawer ohonynt i'w wrthwynebu drwy'r blynyddoedd. Er enghraifft, dyma Philip Dafydd, Pen-maen, ym mhen cenhedlaeth ar ôl dechrau'r Diwygiad yn ysgrifennu yn ei ddyddiadur am gyfarfod gweinidogion yn New Inn, 'I seldom or ever spent a day in publick worship with so little satisfaction. . . . two other persons who are rank Methodists, screaming with some hideous noises and unbecoming gestures, and ye people well liking these things'.[17] Yn yr un modd fe'i dywed hi'n hallt am David Williams, Llysyfronydd, nid yn unig am bregethu'n annhrefnus ond 'raising his voice to an uncommon pitch, all wch I take to be no part of ye Religion of Jesus'.[18]

Yr oedd yn anodd i Ymneilltuwyr uniongred wrthsefyll y lli teimladol hwn yn union oherwydd fod digon o'r un peth yn eu traddodiad hwythau. Ni allai'r Methodistiaid mwyaf eithafol ddysgu dim i Biwritaniaid y chwith am wres a theimladrwydd crefyddol – fel y cofia'r sawl sy'n gyfarwydd â *Gangrena* Thomas Edwards. Hyd yn oed gyda'r Piwritaniaid mwy syber, yr oedd ireidd-dra a theimlad dwfn i'w cael yn fynych. Ni ellir darllen gweithiau Cradoc, Erbury, Llwyd a Vavasor Powell heb deimlo hyn. Ac onid oedd yn wir mai anaml y pregethai Stephen Hughes heb wylo – a'i gynulleidfa gydag ef?[19] Wedi'r cwbl, yr oedd i'r Ysbryd Glân a'i ddylanwadau le canolog ym meddwl a phrofiad y Piwritan. Ac eto nid yr un yw gogwydd y teimladrwydd Piwritanaidd a'r teimladrwydd Methodistaidd. Yr oedd y Piwritaniaid yn ofalus i wahaniaethu'r Ysbryd oddi wrth reswm ar y naill law, ac oddi wrth gydwybod ar y llaw arall ond er hynny ni elllr osgoi'r duedd ddeallol honno a barai iddynt gysylltu'r Ysbryd Glân â'r Gair, ac felly a'r gwirionedd.[20] O ganlyniad hoffent gymharu'r Ysbryd â goleuni.

> Pe gwyddoch, [meddai Walter Cradoc] yn y byd naturiol mai trwy'r un goleuni yr ydwyf yn gweld yr haul ac yn gwybod fy

> mod yn ei weld. Felly hefyd pan fo Duw'n gwneud ei hun yn hysbys yn yr enaid, y mae'n dwyn ei dystiolaeth ei hun. Y mae mor glir pan ddaw fel y gwn mai golwg ar Dduw ydyw a gwn fy mod yn ei weld Ef er na chefais y profiad erioed o'r blaen ac na allaf trwy ymresymu yngan yr un gair amdano.[21]

Yr oedd gogwydd y Methodist dipyn yn wahanol. Cysylltai ef yr Ysbryd yn fwy â'r ewyllys. Dylanwadau'r Ysbryd oedd yn gwneud i ddynion ddewis. O ganlyniad tueddid i feddwl am yr Ysbryd fel grym a hawdd wedyn oedd ei gymharu â thân.

> Bedyddia fi â'r Ysbryd Glân,
> Fel tân pwerus nerthol;
> Caiff ysbryd barn a llosgfa fod
> Ar bechod yn wastadol.

Effaith gweithgarwch yr Ysbryd yw teimladau angerddol a drylliog. Daw profiad yn eithriadol bwysig fel tystiolaeth i waith yr Ysbryd.

O dipyn i beth daeth y pwyslais teimladol i gyfarfodydd yr Hen Ymneilltuwyr. Dyna John Thomas, un o ddychweledigion Howell Harris a ddaeth yn ddiweddarach yn weinidog Annibynwyr yn darlunio effeithiau pregeth o'i eiddo yn Nhregaron ar 'A chan droi dinasoedd Sodom a Gomorra'n lludw, a'u barnodd hwy a dymchweliad'. Cododd un wraig yn y gynulleidfa gan waeddi am drugaredd ac

> aeth allan trwy'r bobl fel un ar ddarfu amdani, bu oddi amgylch, pythefnos yn ffaelu gwneud dim â'i dwylo, ond cerdded o fan i fan fel un wedi colli arni ei hun, nes myned i Langeitho i wrando'r enwog Mr Rowlands, cafodd yma ei chodi i'r lan, a'i hysbryd yn llamu o lawenydd. Drannoeth yr euthum i ymweled ag offeiriad y plwyf, yr hwn oedd garwr i mi yn ôl y cnawd, ond gelyn yn ôl yr ysbryd. Gofynnodd i mi a oedd gennyf ddim gwaith arall i wneuthur, yn lle dyfod ar hyd y wlad i yrru dynion maes o'u cof? Atebais, mae dynion annuwiol maes o'u cof eisoes, ceisio eu dwyn i eu cof yr ydwyf, ebe fi, 'i eu cof', ebe fe, 'trwy wneud iddynt lefain allan nes terfysgu'r holl dref, fel y gwnaethoch neithiwr'. Syr, ebe fi, oni ddarllenasoch yn yr Actau fel y darfu i'r bobl dan bregeth Pedr dorri allan a llefain, *beth a wnawn ni fel y byddom cadwedig.*[22]

Neu gellir dyfynnu enghraifft arall, y tro hwn o gofnodion y Dirprwywyr Ymneilltuol. Byth er 1763 bu rhai o Ymneilltuwyr Môn yn ceisio cael trwyddedu tŷ cwrdd ond yr oedd yr ustusiaid yn gwrthod gwneud eu gwaith. Apeliwyd at y Dirprwywyr Ymneilltuol a chymerasant hwy'r achos mewn llaw. Yn eu cyfarfod yn Pinners' Hall, 13 Chwefror 1765, adroddwyd fod Esgob Bangor wedi rhoi dau reswm dros y gwrthodiad. Yn gyntaf, nid oedd eu pregethwr, David Williams, yn 'regular Dissenting minister'. Ond yr ail reswm, 'That the said house had been used by Enthusiasts of the Wildest sort who stri[p]ped themselves in their Worship'.[23] Yn awr, nid rhai o Fethodistiaid selog Môn oedd y bobl hyn a oedd yn eu llesmair yn dadwisgo. Annibynwyr oedd y rhain a David Williams oedd eu gweinidog.[24] Yn yr un modd yn union fe gawn yr un brwdfrydedd yn codi ymhlith y Bedyddwyr ym mhen arall y wlad, yn Aberduar, a'u gweinidog, Timothy Thomas yr ail, yn rhybuddio aelodau mwy syber a sychlyd ei gynulleidfa, 'Ni ellwch chwi nac afonydd y fall ddiffodd y tân y mae Duw wedi ei gynnau yn Seion'.[25] Dyma'r dylanwadau a amddiffynnai Williams Pantycelyn yn ei gân *Ateb i ŵr Bonheddig*[26] – dylanwadau a oedd yn torri dros bob terfyn cydnabyddedig,

> . . . A dylanwadau'r Yspryd yn gweithio o'u mewn mor gry,
> Nes byddont fel ynfydion gan yr annuwiol Lu.

Wedl'r cwbl, ni all dynion wrthsefyll y grymusterau ysbrydol,

> A phwy ond anian nefol all oddef ar un pryd
> Un radd o nerth y nefoedd ddisgyno i lawr i'r byd?
> Pan ddelo Haul cyfiawnder y'ngrym y dydd yn nes,
> Ni ddichon dyn anianol fyth fythol ddiodde ei wres.

Ac yn y pennill olaf y mae Williams yn geirio ei esgusawd tros orfoleddu yn y geiriau hyn,

> Ac fel y neidiodd Ioan Fedyddiwr yn y bru,
> Pan y cyfarchodd iddo fam ein Iachawdwr ni;
> Ac nid oes neb a deimlodd o ddwyfol ras y nef,
> Ha neidia, na chrechwena wrth ei gyfarchiad ef.

Ac efallai ei fod yn ddiddorol i sylwi fod Walter Cradoc wrth bregethu ar yr Ysbryd wedi defnyddio yr un darlun ysgrythurol. Ei bwynt yw fod y saint yn adnabod Ysbryd Duw megis trwy reddf:

> But a man that *hath the spirit of God*, he can see as *clearly* as a natural man can with his eyes. How can a poor lamb *know* the *dam* among a thousand? There is a *Segacitie* in nature, and so there is here in grace, they have the same spirit. As when *Elizabeth*, and *Mary* were talking, the *Babe in Elizabeths womb leaped*, hearing the words of *Mary*, that then had the *Lord Jesus* conceived in her.[27]

Mae'r tebygrwydd rhwng y ddau gyfeiriad yn ddiddorol ond yr annhebygrwydd sy'n dangos y gwahaniaeth rhwng dwy genhedlaeth. I'r Methodist y peth sy'n bwysig yw'r llamu; i'r Piwritan y peth sy'n bwysig yw'r adnabod.

Dyma felly'r 'dwym ias', y 'nefol dân', yr 'enthusiasm' a oedd mor nodweddiadol o'r Methodistiald ac a ledodd o dipyn i beth i blith yr Ymneilltuwyr. Rhaid oedd dechrau gyda hwn oherwydd y mae cynifer o bethau eraill yn dilyn ohono.

**Pregethwyr**

Pan wnaeth Howell Harris ei drydydd cais am gael ei ordeinio aeth yn bur boeth rhyngddo a'r Esgob Claggett.[28] Dywedodd yr esgob wrtho y gwnai lawer iddo pe rhoi helbio fynd oddi amgylch i bregethu. Meddai Harris am y sylw hwn yn ei ddyddiadur, 18 Awst 1739: 'I said it was a case of conscience with me, and that while God did bless my endeavours by giving success to them, I thought it was my duty to do all I could . . .'[29] Nid yn unig yr oedd hon yn foment ddramatig i Harris a'i fudiad, yr oedd hefyd yn gystal enghraifft â'r un o'r gwrthdrawiad rhwng dyn a gredai iddo gael ei alw gan yr Ysbryd Glân a dyn a oedd wedi ymdynghedu'n ddifrifol i gadw rheolau disgyblaeth ei Eglwys. Y peth mawr o'r safbwynt Methodisiaidd oedd y 'wŷs oddi uchod' oherwydd gan bregethwyr a ddaliwyd â'r wŷs honno y ceid bara'r bywyd. Fel y canodd Thomas Williams, Bethesda'r Fro, yn ei farwnad i Dafydd Jones, Llan-gan,

> Dewch i rywle, medd y werin,
> Dewch heb 'r ofyn, dewch yn un,
> Lle bo 'ffeiriad neu gynghorwr,
> Nid oes fater nemor p'un. . . .
> Awn i 'mofyn gair y bywyd
> Fel y clywsom ef o'r blaen.

Beth sy fater, nid oes ronyn,
Ond i ni gael blasus fwyd,
Beth fo gwisg y gŵr a'i rhano,
Brethyn glas, a'i brethyn llwyd;
Neu ynteu frethyn du, a'i guddio
Drosto gyda llian gwyn;
Byddwn gallach o hyn allan,
Nag ymryson yn nghylch hyn.[30]

Llais gŵr a droes ar ôl helynt diarddel Peter Williams yn Fethodist Annibynnol (neu'n Annibynnwr Methodistaidd) yw hwn ond y mae'n ddiddorol sylwi mai'r peth mawr yw cael 'blasus fwyd'. Ni waeth beth yw enwad na gwisg pregethwr ond iddo allu cyfrannu hwnnw. I'r Hen Ymneilltuwyr yr oedd peth fel hyn yn afreolaidd iawn. Yr oedd ganddynt reolau a thraddodiadau ynglŷn â chodi ac ordeinio gweinidogion. Ni wnai'r tro i bawb oedd yn credu ei fod wedi cael galwad yr Ysbryd i fwrw i'r gwaith ar unwaith. Rhaid profi'r ddawn, ei chydnabod a'i chymeradwyo. Yr oedd hyd yn oed cyfeillion y Diwygiad yn teimlo pryder ynglŷn â'r duedd i daflu pob rheol i'r gwynt. Dyma Edmund Jones yn 1743 yn datgan ei bryder yn gyhoeddus nad oedd Harris ac eraill wedi eu hordeinio a Lewis Rees, flwyddyn yn ddiweddarach, yn cynghori Richard Tibbott i fynd yn ôl i ffarmio am nad oedd Duw wedi ei alw i'r gwaith.[31] Rhaid parchu'r rheolau!

Yr oedd y pwyslais hwn yn taro'n fwy naturiol i Bresbyteriaid nag i Fedyddwyr ac Annibynwyr. Yn wir, yr oedd gorffennol y Bedyddwyr a'r Annibynwyr yn llefaru'n gryf yn eu herbyn. Gwyddai Morgan Llwyd yn dda am sen eglwyswyr ar bregethwyr ifainc a di-addysg y Piwritaniaid. Meddai'r Gigfran,

> Oni weli di gywion y colomennod yn ehedeg i'r pulpud i bregethu, ai plisg geni am ei pennau; Pa fodd y gall ifiengtid ddyscu henaint?

A dyma ran o ateb yr Eryr,

> Fe ddywaid y golomen i ti . . . bod rhai yn ddyscedig yn ei hifiengtid, a llawer yn ynfydion yn ei henaint. Ac nad dyfnderoedd ffynnonau naturiaeth sy'n dyfrhau enaid dyn, ond y cawodydd oddifry . . .

A beth am y cwmni prysur o gryddion, gwehyddion, seiri, gofaint a melinyddion a godwyd gan Vavasor Powell yn bregethwyr teithiol?

Cyn bo hir dechreuodd y Diwygiad Methodistaidd atgyfodi'r math pregethwr a fu'n ddefnyddiol ddigon yn y cyfnod Piwritanaldd. Aethpwyd i bwysleisio dawn yr Ysbryd yn hytrach na safle cymdeithasol neu gyraeddiadau addysgol. Ym mhlith yr Annibynwyr erbyn diwedd y ddeunawfed ganrif yr oedd arwyddion go bendant fod traddodiad y ganrif honno'n newid. Gwelir y peth yn eglur yn David Davies, olynydd Lewis Rees yn Mynydd-bach, Abertawe. 'Ynddo ef', meddai R.T. Jenkins, 'ond odid, y torrwyd gyntaf ar hen draddodiad y Presbyteriald a'r Annibynwyr, a fynnai weinidogion wedi bod o dan gwrs o addysg mewn academi'.[32] Yr oedd y patrwm dipyn yn wahanol gyda'r Bedyddwyr oherwydd eu bod hwy wedi cadw'n nes at eu traddodiad Piwritanaidd. Cai'r gŵr dawnus ei gyfle yn eu plith er i'w addysg fod yn ddiffygiol. Ond yn eu plith hwythau gellir gweld y newid pwyslais o ddiwylliant i ddawn. Gellid enwi fel enghraifft o ddosbarth niferus, Richard Michael (1744-1801) melinydd a phregethwr Methodist a ordeiniwyd yn Hydref 1786 ym Miwmares yn weinidog i'r Bedyddwyr ac a wnaeth wrhydri cyn ac ar ôl ei ordeinio fel un o arloeswyr ei enwad ym Môn.[33] Safai Michael fel llu o rai eraill yn nhraddodiad John Powell (bu f. 1743), un o ddychweledigion Harris a gynrychiolai flaen câd y pregethwyr Methodistaidd ymhlith y Bedyddwyr. Golygai'r trawsnewid hwn y byddai gweinidogion y bedwaredd ganrif ar bymtheg yn dra gwahanol i'w rhag-flaenwyr.[34] Golygai hefyd newid cymdeithasol o bwys a'i gwnaeth yn bosibl i'r weinidogaeth adlewyrchu teimladau'r dosbarthiadau gweithiol yn ogystal â'r dosbarth canol tiriog.

**Pregethu**

Nid yn unig daeth newid dros y pregethwyr, newidiwyd y pregethu hefyd. Yn 1709 cyhoeddodd Howel Powel, gweinidog Annibynnol Beilihalog ac un o weinidogion mwyaf ysbrydol ei genhedlaeth,[35] gyfieithiad o lyfr Saesneg o dan y teitl *Y Gwrandawr* ac yn hwn gallwn weld yn eglur beth oedd y safonau Piwritanaidd ynglŷn â phregethu.

> Ym mhregethiad yr Efengil, yr ydys mewn modd bywiog yn gosod allan Iesu Christ a'i dragodidog ragoriaethau: dirgelwch Prynedigaeth trwy ei farwolaeth a'i haeddiant ef: ie holl drefn achybedwriaeth dyn . . .

Wedi enwi nifer o bynciau diwinyddol eraill, gorffenna trwy ddweud: 'Yr Athrawiaethau hyn ac aneirif o'r cyfryw orychel annian, yw sylwedd Pregethiad Efangylaidd'.[36] Trwy'r llyfr, fel yn y paragraff hwn, ni ellir osgoi'r pwyslais deallol ac athrawiaethol. Nid oes le i *illustrations* ehedog oherwydd y mae'r awdur yn pledio â'i ddarllenwyr:

> na byddoch yscafn a moethus, yn serchu nosiunnau a ffansiau gorwag: yn cymeryd y bodlonrwydd mwyaf, mewn Ymadroddion prydferth, cyffelybiaethau rhagorol, Cymhywsiadau historiol, Trefn Geiriau a'r hyn sydd yn edrych fel rhyw gyfatsain mewn rhai Pregethau: yn dibrisio pob pregeth na bo hardd ei ymadroddion, yn gyflawn o ddoethder ac Araith; yn barnu daioni Pregeth, wrth ei chywreindod.

Pregethu maethlon, ymresymiadol, plaen, diwinyddol a ddisgwylid yn y capeli Ymneilltuol felly, y traddodi'n bwyllog er mwyn i'r gynulleidfa droi yn eu Beiblau at yr adnodau a ddyfynnid ac fel y gellid ysgrifennu prif bennau'r bregeth i'w myfyrïo'n bellach. Y canlyniad oedd pregethu trwm – hyd at fod yn drymaidd. A chawn enghraifft o ganlyniadau llai ysbrydoledig y pregethu hwn yn y dyfyniad yma o'r *Gwrandawr*:

> Y mae rhai ac sydd escud a bywiog allan o'r eglwys, ond a gyfnewidiant eu nattyr yn ebrwydd, pan delont, neu yr arhossont yno ychydic. Megis pe byddai rhyw anian syrthlyd yn cael ei gyfrannu iddynt trwy enwi y Testyn, y maent ymaes o law yn trymhau ac yn *myned* yn gyscadur. . .[37]

Beth bynnag arall yr oedd pobl yn ei wneud wrth wrando Harris a Rowland yn pregethu, nid oeddynt yn mynd i gysgu. Rhoi cyfle i rym yr Ysbryd goncro calonnau ystyfnig oodd amcan y pregethu Methodistaidd. Yr oedd yn ddirfodol yn yr ystyr mai ei nod oedd gorfodi dynion i wneud y dewis mawr. Nid, wrth gwrs, nad oedd amrywiaeth mawr rhwng dulliau'r pregethwyr Methodistaidd a'i gilydd, rhai'n goeth a rhai'n amrwd. Rhai fel Daniel Rowland â rhyw ddwyster melys o gwmpas eu gwaith cyhoeddus. Eraill, a Harris oedd y godidocaf o'r rhain, â'r gallu ganddynt i gynhyrfu a dychryn. Gallwn glywed adsain digamsyniol o uniongyrchedd didostur Harris yn y brawddegau hyn o bregeth ganddo a glywyd ac a groniclwyd gan John Thomas, Rhaeadr Gwy:

> Fe allai dy fod ti wedi troi llawer ar ddail y Beibl er ys deugain mlynedd, ac eto na wyddost ti fwy am Dduw na'r ci, neu fochyn; fe allai dy fod ti wedi bod ar dy liniau yn gweddio lawer gwaith yn dy dyb dy hun, ac yn grefyddwr braf, ond ni weddiaist ti eto unwaith o dy galon erioed, ac oni chaiff Duw dy galon di, fo fyn weled y diawliaid yn dy rwygo gorff ac enaid yn awr angau, ac yn nydd y farn; mae fy saethau yn llymion, Duw a ddanfono ei eirieu fel *bwlets* i saethu trwy dy galon di.[38]

Er mwyn sicrhau'r uniongyrchedd hwn a chan gredu fod yr Ysbryd Glân i'w weld yn amlycach mewn pregethu byrfyfyr nag mewn pregethu wedi ei baratoi'n ofalus, mynnai'r pregethwyr Methodistaidd gefnu ar nodiadau ac amlder pennau y pregethu Ymnellltuol. Ond yr oedd i hyn ei wendidau hefyd. Y mae adwaith Philip Dafydd, Pen-maen, yn ddiddorol. Ar 17 Tachwedd 1774 bu'n gwrando ar Thomas Saunders, Llanfaches. Dyma ei ddisgrifiad o'i bregethu: 'his way of preaching is like ye Methodists, observing no order but rambling'. Ac am David Williams, Llysfronydd, a glywodd ym Mynydd Islwyn, 21 Mehefin 1775, dywed 'ramble(d) about quoting some Scripture Histories, stuffing his discourse with many similitudes, and some of them not ye most proper'. Yr oedd pregethu'n fyrfyfyr yn peri syndod mawr i Philip Dafydd, fel y pregethwyr hynny a welodd yn Llanharan yn pregethu 'all extempore and laying aside their Bible'.[39] A phan bregethodd Thomas Morgan (Henllan) ymhlith ei hen gyfeillion Methodistaidd yn Eglwys Ilan fe'i ceryddwyd yn llym am ddefnyddio nodiadau.[40]

O dipyn i beth aeth y ddau fath o bregethu i adweithio ar ei gilydd. Ni allai'r hen bregethu Piwritanaidd yn y ffurf a oedd iddo erbyn y ddeunawfed ganrif ddim deffro gwlad o'i chwsg. Ar y llaw arall, ni allai'r cynulleidfaoedd dyfu mewn ffydd a gwybodaeth ar bregethu byrfyfyr, pa mor gynhyrfus bynnag. Barnai William Jay, un o bregethwyr mwyaf dylanwadol ei genhedlaeth yn Lloegr, 'it is this union . . . of the Dissenter and Methodism that has produced the better style of preaching than either of them had separately attained'.[41] Yr oedd hyn yn sicr yn wir yn Lloegr; nid oedd yn llai gwir yng Nghymru. Nid damwain ydyw hi mai yn nechrau'r bedwaredd ganrif ar bymtheg y mae ein traddodiad Ymneilltuol yn gosod Oes Aur ein pregethu. Fe ellir dweud fod Elias, Christmas Evans a Williams o'r Wern mewn gwahanol ffyrdd yn gynnyrch y pregethu a gaed o'r briodas rhwng yr Hen Ymneilltuaeth a Methodistaidd. Ac fe ellir ychwanegu mai'r mwyaf Methodistaidd o'r tri hyn oedd y Bedyddiwr, Christmas Evans.[42]

**Y canlyniadau**

Mewn gwirionedd, ni ellir dadansoddi'n llawn natur y briodas rhwng Methodistiaeth ac Ymneilltuaeth heb adrodd hanes crefydd yng Nghymru am dros ganrif a hanner gyda manyldeb. Yma nid oes ofod ond i awgrymu. Soniwyd eisoes am gyfnewidiadau mewn pethau go sylfaenol ym myd crefydd. Ond nid cyfnewidiadau yn y gwagle mohonynt. Bu iddynt effeithio'n ddwfn ar fywyd y genedl.

Yn un peth bu canlyniadau go bwysig yn syniadau ac ideoleg y genedl. Achosodd y Diwygiad Efengylaidd ddau ddatblygiad croes i'w gilydd. Ar y naill law, ceid adwaith yn erbyn y Diwygiad ac at ei gilydd adwaith i gyfeiriad rhesymoliaeth oedd hwn. Y mae'r pwyslais deallol i'w gael ym meddwl J.R. Jones, Ramoth, yn union fel yn syniadau'r Arminiaid yn Ne-Orllewin Cymru. Yr oedd tuedd i symud oddi wrth Uchel-Galfiniaeth yn amlwg yn y cynulleidfaoedd Annibynnol a Phresbyteraidd cyn dechrau'r Diwygiad. Wedi i hwnnw ddechrau yn y tri-degau, cyflymwyd y datblygiad i gyfeiriad Baxteriaeth ac Arminiaeth wrth drafod yr Iawn ac i gyfeiriad Ariaeth ac Undodiaeth wrth drafod natur Duw. Enghraifft dda – ac un yn unig o lawer – yw David Williams, Pwll-y-pant (1709-1784). Gweinidog y Trinity, Caerdydd a Watford oedd Williams a rhoddodd groeso mawr i'r Diwygiad ar y cychwyn. Erbyn 1740 yr oedd yn mynd yn ddrwg rhyngddo â Harris ar fater 'sicrwydd maddeuant'. Yn fuan iawn aeth yr elfen Fethodistaidd o Watford i sefydlu'r Groes-wen. Yn y blynyddoedd dilynol symudodd Williams yn bellach oddi wrth Galfiniaeth gan gofleidio Arminiaeth ac Ariaeth. Yn yr un cyfnod yn union yr oedd Academi Caerfyrddin yn enwog am ei hanuniongrededd a'r myfyrwyr yn falch ddigon o gyfle i dynnu blewyn o drwyn Howell Harris a bu dylanwad yr Academi, mae'n ddiau, yn gefn mawr i ddiwinyddiaeth anuniongred yng Ngorllewin Cymru.[43] Ymhlith y Bedyddwyr yr un modd bu cynhyrfiadau crefyddol a diwinyddol a gyrhaeddodd eu huchafbwynt pan ddiarddelwyd y Bedyddwyr Cyffredinol yn 1799.[44]

Ar y llaw arall, bu'r Diwygiad yn foddion i gryfhau gafael Calfiniaeth ar y wlad. Yr Ymneilltuwyr Calfinaidd a'i cafodd hi'n rhwydd i groesawu Harris a'i ffrindiau. Yn awr dyma'r Diwygwyr yn talu'r ddyled yn ôl trwy sefydlogi eu dychweledigion yn y ddiwinyddiaeth Galfinaidd. Ac aeth Calfiniaeth yn gyfystyr ym meddyliau miloedd o bobl ag ireidd-dra, gwres a hwyl mewn crefydd. Ond rhyfedd fel y mae'r olwyn yn troi. Un o feibion disgleiriaf y Diwygiad a fu'n foddion hefyd i lacio gafael Uchel-Galfiniaeth. Y gŵr hwnnw oedd Edward Williams o Ddyffryn Clwyd â gŵr a gafodd dröedigaeth o dan y pregethu Methodistaidd ond a ymaelododd yng Nghapel Lôn Swan, Dinbych. Yn ddiweddarach yn ei oes bu'n Brifathro Academi Croesoswallt ac Academi'r Annibynwyr yn Rotherham. Yr oedd yn un o ddiwinyddion treiddgaraf a mwyaf dylanwadol ei genhedlaeth.[45] Efe yn anad neb a geisiodd lacio'r tyndra rhwng athrawiaeth brennaidd yr Uchel-Galfiniaid ac awydd y pregethwyr Efengylaidd i gynnig iachawdwriaeth i bawb yn ddi-wahân. I wneud hyn lluniodd y gyfundrefn a alwai ef yn 'Modern Calvinism' ond a ddaeth yn fwy adnabyddus yng Nghymru fel y 'Sistem Newydd' a gofleidiwyd yn gyntaf gan Annibynwyr dylanwadol, yna gan rai Bedyddwyr, ac ar ôl marw John Elias a than ddylanwad John Jones, Tal-y-sarn, gan y Methodistiaid Calfinaidd.

Ond canlyniad amlycaf y Diwygiad oedd gwneud eglwysi Cymru, at ei gilydd, yn fwy ymosodol a chenhadol. Yn wir, cynnyrch mwyaf syfrdanol y Diwygiad ym Mhrydain ac America oedd y cymdeithasau cenhadol modern. Sylfaenwyd y Baptist Missionary Society yn 1792 a thair blynedd yn ddiweddarach sylfaenwyd yr London Missionary Society a fu'n gymdeithas genhadol nid yn unig i Annibynwyr Cymru ond i'r Methodistiaid Calfinaidd yn ogystal hyd 1840. Ac nid oedd y cymdeithasau cenhadol ond enghreifftiau o lu enfawr o gymdeithasau o bob math a fynegai'r undeb ysbryd a ffynnai rhwng pobl o argyhoeddiadau efengylaidd er iddynt berthyn i enwadau gwahanol.[46] Yng Nghymru ei hun hefyd daeth yr Hen Ymneilltuaeth at ei gilydd yn genhadol ac ymosodol ei hysbryd. Gwelodd R.T.Jenkins ruthm pendant yn yr hanes. Yn gyntaf ceid cyfnod pan oedd amryw weinidogion Ymneilltuol yn falch o groesawu'r Diwygiad. Dilynwyd hwn gan gyfnod o oerfelgarwch o tua 1750 hyd at tua 1785. Yna daeth y cyfnod pan oedd y dylanwadau Methodistaidd yn cerdded yn gryf yn yr hen eglwysi Ymneilltuol.[47] Dechreuodd y trydydd cyfnod ynghynt ymhlith y Bedyddwyr nag ymhlith yr Annibynwyr a'r arwydd sicraf o'r newid hwn oedd sefydlu'r Genhadaeth i'r Gogledd yn 1776.[48] Trwy'r genhadaeth hon yn ogystal ag yn eu hardaloedd cartref gwelwyd gynifer o arweinwyr oedd wedi eu tanio â'r ysbryd Methodistaidd – gwŷr fel Dafydd Jones (Pont-y-pwl), y ddau David Evans (Maesyberllan a'r Dolau), Miles Edwards (Trosnant), Daniel Davies (Felin-foel) a Timothy Thomas yr ail. Ac er holl ddwrdio Bedyddwyr fel J.R.Jones, Ramoth, William Williams, Aberteifi, William Richards o Lynn a Nathaniel Williams yn erbyn yr ysbryd Methodistaidd, gyda hwnnw yr oedd y dyfodol.[49] Yr un modd gyda'r Annibynwyr. Evan Williams, y Bala a Llanuwchllyn, Griffith Hughes, Groes-wen, Morgan Jones, Tre-lech, Azariah Shadrach a David Davies, Abertawe – dyma'r gwŷr, ynghyd â llawer eraill, sy'n cynrychioli buddugoliaeth yr ysbryd diwygiadol dros lonyddwch y 'Senters Sychion'.[50]

Erbyn 1815, o ran rhif, dylanwad ac o ran ysbryd, yr oedd y llwyfan wedi ei gosod ar gyfer stori gyffrous Ymneilltuaeth Oes Victoria.

[1] Robert Jones, *Drych yr Amseroedd* (gol.) Glyn Ashton (Caerdydd, 1958), 10

[2] E.e. Glyn Tegai Hughes, 'Pantycelyn a'r Piwritaniaid', yn Derec Llwyd Morgan (gol), *Meddwl a Dychymyg Williams Pantycelyn* (Llandysul, 1991), 31-54; R.Tudur Jones, 'The Evangelical Revival in Wales: a study in spirituality', yn James P.Mackey, *An Introduction to Celtic Christianity* (Edinburgh, 1989), 237-67 (242-4 yn arbennig)

[3] *The Works of... George Whitefield* (1771), IV, 306

[4] Geraint H.Jenkins, *Literature, Religion and Society in Wales, 1660-1730* (Cardiff, 1978), 113-45, 169-97

[5] *Cylchgrawn Cymdeithas Hanes y Methodistiaid Calfinaidd* (=*CCH*) 25 (1940) , 3-9

[6] Trevecka letter 181, 6 Awst 1793

[7] *CCH* 25, Trevecka MSS 417

[8] Ibid., 419

[9] Ibid., 444 - dyddiadur 9 Chwefror 1741

[10] *Cennadwri a Thystiolaeth Ddiweddaf Howell Harris, Yswain*, 52 – 'Gair at y Dissenters'

[11] *Works*, IV, 306

[12] R.T.Jenkins, 'Yr Annibynwyr Cymreig a Hywel Harris', *Yng Nghysgod Trefecca* (Caernarfon, 1968), 9-37, W.J.Rhys, *Penodau yn Hanes y Bedyddwyr* (Abertawe, 1949), 163-174, Eifion Evans, *Daniel Rowland and the Great Evangelical Awakening in Wales* (Edinburgh, 1985), 38-46

[13] R.Tudur Jones, *Hanes Annibynwyr Cymru* (Abertawe, 1966), 143-8

[14]Jones, *Drych*, 42
[15]Ibid.
[16]Thomas Levi, *Casgliad o Hen Farwnadau Cymreig* (Wrexham, d.d.), 46, 48
[17]22 Mawrth 1775, dyfynnir gan Jenkins, *Cysgod Trefecca*, 36
[18]Ibid., 21 Mehefin 1775
[19]Edmund Calamy, *An Account of the Ministers . . . who were Ejected or Silenced after the Restoration in 1660* (1713), II, 718
[20]G.F.Nuttall, *The Holy Spirit in Puritan Faith and Experience* (Chicago, arg.1992), 20-34
[21]*Gospel-Holiness* (1655)
[22]J.Dyfnallt Owen (gol.), *Rhad Ras* (Caerdydd, 1949), 78-9
[23]Guildhall MS 3083/1, f.486
[24]Thomas Rees a John Thomas, *Hanes Eglwysi Annibynol Cymru* (Lerpwl, 1890), IV, 347
[25]Rhys, *Penodau*, 170
[26]N. Cynhafal Jones, *Gweithiau Williams* (Casnewydd, 1891), 1, 619-26. Gŵr bonheddig oedd hwn, meddai Williams, 'A geisiodd brydyddu senn i'r ysbryd a ddisgynodd ar rai gwrandawyr bywiol yn ddiweddar, ac a'u gwnaeth hwy i Ganu, a dyblu Canu Mawl i Dduw a'r Oen; ie, Bendithio, Moliannu, Llawenhau, Llammu, a neidio o Orfoledd eu Iechydwriaeth'
[27]*Divine Drops Distilled* (1650), 210
[28]Gw. Geraint Tudur, 'A Critical study of the Life and Work of Howell Harris and his Contribution to the Revival in Wales between 1735 and 1750', Traethawd D.Phil Prifysgol Rhydychen, 1989, 72-3
[29]*Trevecka Letters Supplement*, 220
[30]Levi, *Hen Farwnadau*, 86
[31]Jenkins, *Cysgod Trefecca*, 26
[32]*B, s.n.* David Davies (1763-1816)
[33]J. Spinther James, *Hanes y Bedyddwyr* (Caerfyrddin, 1902), 3, 249-251
[34]Gw. T.M.Bassett, 'Trobwynt y ddeunawfed ganrif', *Trafodion Cymdeithas Hanes y Bedyddwyr* (1967), 23-37; D. Densil Morgan, 'Smoke, fire and light: Baptists and the revitalization of Welsh Dissent', *The Baptist Quarterly* 32 (1988), 224-32
[35]Bu f. 1716, gw. *B*
[36]*Y Gwrandawr* (1709), 28
[37]Ibid., 8, 31-2
[38]Dyfnallt (gol.), *Rhad Ras*, 28-9
[39]Jenkins, *Cysgod Trefecca*, 36
[40]J.E.Lloyd (gol.), *History of Carmarthenshire* (Cardiff, 1939), II, 229
[41]*The Autobiography of William Jay* (1854), 142
[42]Gw. D. Densil Morgan, *Christmas Evans a'r Ymneilltuaeth Newydd* (Llandysul, 1991)
[43]Gw. Dewi Eirug Davies, *Hoff Ddysgedig Nyth* (Abertawe, 1976), 45-65
[44]T.M.Bassett, *Bedyddwyr Cymru* (Abertawe, 1977), 102-115
[45]Gw. R.Tudur Jones, *Congregationalism in England, 1662-1962* (1962), 167-71; W.T.Owen, *Edward Williams DD, his Life, Thought and Influence* (Cardiff, 1963)
[46]D.W.Bebbington, *Evangelicalism in Modern Britain: a history from the 1730s to the 1980s* (1988), 75-105
[47]R.T.Jenkins, 'Yr Annibynwyr Cymreig a Methodistiaeth', yn *Hanes ac Egwyddorion yr Annibynwyr* (Abertawe, 1939), 129-144, y sylw ar d.129
[48]Bassett, *Bedyddwyr Cymru*, 95-102
[49]Gw. Morgan, *Christmas Evans*, 159-176
[50]Jones, *Hanes Annibynwyr Cymru*, 168-220

PENNOD 8

# *John Jones, Tal-y-Sarn (1797-1857)*

Claddwyd John Jones ar ddydd Gwener, 23 Awst 1857. Yn y cynhebrwng yr oedd 8 o feddygon, 65 o weinidogion, 70 o flaenoriaid, 200 o gantorion, tua 4,000 o ddynion a merched, 40 o gerbydau'n cario ei berthnasau, daeth 15 ar gefn ceffylau ac ymunodd tua 2,000 o bobl a'r orymdaith rhwng Pen-y-groes a Llanllyfni. Dyma'r cynhebrwng mwyaf a welwyd erioed yn yr ardal. Y mae'r ffeithiau hyn yn awgrymu fod a wnelom â dyn oedd wedi gwneud argraff ddofn ar ei genhedlaeth. Ein tasg yn awr yw ceisio creu portread ohono.

**Ei flynyddoedd cynnar**

Cafodd ei eni ar ddydd Iau, 1 Mawrth 1797, am bedwar o'r gloch yn y prynawn, yn Nhan-y-castell, Dolwyddelan. Cafodd ei fedyddio yn eglwys y plwyf, Dolwyddelan, ar 5 Mawrth 1797. Enw ei dad oedd John Jones (1759-1807), mab John William Pritchard ac Angharad James. Goruchwylio chwarel a agorwyd ar dir Tan-y-castell oedd ei waith. Yr oedd wedi dod yn drwm o dan ddylanwad y Diwygiad Efengylaidd ac yn ymarfer disgyblaeth grefyddol yn ei gartref ac yn y chwarel ymhell cyn iddo ddod yn aelod o'r seiat yn Nolwyddelan. Enw mam John Jones, Tal-y-sarn, oedd Elinor ach Rhisiart (1762-1846), merch Richard Owens, Bertheos, a Margaret, ei wraig. Yr oedd hi'n ferch i Gwen, merch John William Pritchard ac Angharad James.

Prin y gellid dweud bod hynafiaid John Jones yn bobl nodedig. A diau fod bywyd yn ddigon caled ar yr aelwyd oherwydd ganwyd i John Jones ac Elinor naw o blant, sef Margaret (1788-1846), Catherine (1790-1859), Mary (1793-1865), Gwen (1794-1838), John (1797-1857), Richard (1799-1850), William (1801-1885), Jane (1802-1875), David (1805-1868). John Jones felly oedd y plentyn canol, y pumed o'r enw. O'r rhain, daeth David yn adnabyddus fel pregethwr grymus –

David Jones, Treborth. Felly hefyd William a fu'n weinidog yn Rhyd-ddu cyn ymfudo i Wisconsin. Yn wir, ymfudodd pump ohonynt i America, i Wisconsin. Y mae nifer fawr o'u disgynyddion yno o hyd. Adlewyrchiad o galedi bywyd yng Nghymru oedd yr ymfudo mawr. Edrychid ar America fel gwlad â dyfodol ffyniannus iddi ac yr oedd symud yno'n ddihangfa rhag tlodi. Bu John Jones ei hunan yn meddwl ymfudo a phrynu fferm yn America er mwyn rhoi gwell dyfodol i'w blant nes dywedodd un wraig wrtho, 'Eich fferm chi yw Cymru'

Ergyd drom iawn i'r teulu oedd marw John Jones, y tad, yn 48 oed ar 12 Mai 1807. Yr oedd y rhagolygon yn dywyll iawn i'r fam gyda naw o blant i'w magu, tri ohonynt o dan chwech oed. Bu'n rhaid i'r bechgyn ymroi ati i ffermio'r tyddyn eu hunain.

Fel llu mawr o arweinwyr Cymru yn y ganrif ddiwethaf, dechreuodd John Jones ymarfer ei ddoniau'n gyhoeddus yn y capel. Dyma un o'r pethau a gyfrannodd at boblogrwydd Ymneilltuaeth. Yr oedd trefniadau'r capeli yn rhoi cyfle i blant tlodion a di-addysg feithrin eu doniau ac, wrth gwrs, unwaith yr oedd y ddawn gyhoeddus wedi blodeuo yr oedd yn bosibl ei hymarfer hi mewn meysydd y tu allan i'r capel. Mae'n wir fod John Jones wedi cael cyfle i sylweddoli fod ganddo ddawn gyhoeddus trwy 'gadw dyletswydd' ar yr aelwyd yn Nhan-y-castell ond am ryw reswm, methodd ei fam yn lân â'i berswadio i wneud hynny. Ond daeth i'r llwyfan gyhoeddus mewn ffordd braidd yn anghyffredin ar y pryd. Yr oedd ganddo lais canu ardderchog a chan fod gan ei dad ddiddordeb mawr mewn canu, yr oedd amryw gasgliadau o donau ar gael yn y cartref. Astudiodd John Jones y rheini ond heb wneud llawer o gynnydd. Tua'r adeg hon yr oedd y capeli'n dechrau codi safon y canu cynulleidfaol a oedd yn hynod flêr ac aflafar a phobl yn meddwl mai canu oedd gweiddi. Ymhlith yr athrawon canu a gyfrannodd at y diwygiad hwn trwy grwydro'r wlad yn hyfforddi yr oedd Griffith Jones, Dolbryn Goch, Capel Curig. Yr oedd ef yn fodlon cerdded ym mhob tywydd tros y mynydd o Gapel Curig i Dolwyddelan i ddysgu canu i deulu Tan-y-castell. Maes o law gallai John Jones ei hun ddynwared ei athro a mynd o gwmpas i ddysgu canu ac ef hefyd a fyddai'n codi canu yng nghapel Dolwyddelan. Daeth canu Dolwyddelan yn esiampl i gylch eang ac yn wir byddai ambell oedfa yn yr Ysgol gân yn troi'n orfoledd o dan arweiniad John Jones.

Byddai hefyd yn cyfansoddi tonau yn y cyfnod cynnar hwn. Aeth y cwbl ohonynt i ddifancoll. Erys rhai o'r tonau a gyfansoddodd yn nes ymlaen ar ei yrfa a'r fwyaf poblogaidd ohonynt, mae'n siwr, yw 'Llanllyfni'. Ni wyddai ddim am reolau cynganeddu. Cyfansoddi'r alawon y byddai a chael rhywun arall i'w cynganeddu. Byddai geiriau emyn yn awgrymu tôn iddo a byddai'n gosod yr alaw ar bapur lle bynnag y byddai – hyd yn oed yn y chwarel.

Tua dechrau gaeaf 1818 aeth i aros yn fferm ei chwaer Mary, Gammaes, yn Llangernyw. Ym mis Mai 1819 dychwelodd adref i Dolwyddelan ond yn ôl o Langernyw yr aeth ddechrau gaeaf 1819 gan ymuno eto yng ngweithgareddau capel Cefn Coch lle roedd Mary yn aelod. Dechrau haf 1820 yr oedd yn ôl gartref yn Nhan-y-castell. Yr adeg hon yr oeddent yn gosod ffordd yr A5 ac aeth i Gapel Curig i weithio arni gan gerdded tros y mynydd a dychwelyd adref bob dydd Sadwrn. Bu am dros flwyddyn wrth y gwaith hwnnw. Yr oedd y nafis a weithiai'n adeiladu ffyrdd yn ddihareb am eu meddwdod a'u gerwinder. Byddai'n manteisio ar unigrwydd y daith tros y mynydd i bregethu. Yr oedd gweithiwr arall a oedd yn dilyn yr un llwybr wedi clywed swn siarad ar ei daith ac er brysio ymlaen wedi methu dal y drychiolaeth oedd yn mynd yn brysur yn y tywyllwch o'i flaen. Gan i hyn ddigwydd fwy nag unwaith, cychwynnodd y stori fod ysbrydion i'w cael ar y mynydd.

**Ei dyfiant ysbrydol**

Cafodd John Jones ei fagu mewn cartref defosiynol lle'r oedd gwasanaeth beunyddiol ar yr aelwyd. Yr oedd Ymneilltuaeth yn grefydd ddomestig iawn. Mewn llawer ardal cychwynnodd yr achosion ar yr aelwydydd. Yn wir, y mae lle i ddadlau fod codi capeli wedi andwyo'r wedd yma ar grefydd yng Nghymru wledig trwy symud oedfeuon iddynt a thrwy hynny secwlareiddio'r cartrefi. Felly yr oedd John Jones wedi dod yn gyfarwydd â'i Feibl yn gynnar iawn ac yn gyfarwydd hefyd â chlywed pregethu mewn tai. Pan oedd tua deunaw oed oerodd ei frwdfrydedd crefyddol. Yr oedd yn dal i fynychu'r oedfeuon ond gwrthodai'n lân â gofyn am ei le fel aelod eglwysig.

Ar un achlysur aeth i ffair Llanrwst. Yn rhyfedd iawn nid oedd wedi bod yno o'r blaen. Aeth gyda chriw o'i gyfoedion i dafarn a dyma nhw'n ei berswadio i ordro cwrw. Ar ben hynny aeth rhai ohonynt allan a dod â merched i mewn i geisio ei bryfocio. Adweithiodd yn ffyrnig yn erbyn eu hymddygiad. Gadawodd y cwrw heb ei brofi a cherddodd y naw milltir adref. Synnodd ei fam ei weld ac esboniodd iddi nad ai byth eto i'r fath le. Yna ym 1819 clywodd Henry Rees yn pregethu. Newydd ddechrau pregethu yr oedd hwnnw a gwnaeth argraff ddofn iawn ar John Jones. Yr ysgytiad nesaf a gafodd oedd yn Llangernyw. Yr oedd yn cynnal cyfarfod canu yn nhŷ capel Cefn Coch ac yn arwain y cwmni i ganu emyn Morgan Rhys, 'Wel, dyma'r cyfaill gorau gaed, Mae'n ganmil gwell na mam na thad . . .' Aeth yn orfoledd yn y cyfarfod gyda'r cwmni'n ailganu'r emyn drachefn a thrachefn . Ni allai oddef aros i ddiwedd y cyfarfod ac aeth allan wedi'i lethu gan ei deimladau.

Rhwng popeth yr oedd yn aeddfed i geisio ei le yn y seiat. Y mae peth ansicrwydd ble y gwnaeth hyn ond y tebygrwydd yw mai â'r seiat yn Nolwyddelan yr ymunodd. Yr oedd hyn yn y gwanwyn 1819. Yr oedd angerdd pregethu yn dal i'w gorddi. Gyda'r nos byddai'n mynd ar draws y caeau yn Tan-y-castell i'r cae uchaf, i le o'r enw Nant y Tylathau. Yno wrth ymyl yr afon, ar ben ei hun bach, byddai'n pregethu fel petai cynulleidfa'n gwrando arno. Heb yn wybod iddo, yr oedd ei frodyr a rhai o'i ffrindiau yn mynd yn ddistaw bach ar ei ôl ac yn cuddio o dan y dorlan i'w wrando. Ni allai guddio ei ddawn yn hwy a nos Sulgwyn, 10 Mehefin 1821, gofynnodd un o'r blaenoriaid iddo'n ddirybudd ddod ymlaen a phregethu. Digwyddodd hynny mewn tŷ o'r enw Garnedd ym mlaen plwyf Dolwyddelan. Pregethodd ar Rhufeiniaid 8.17. Nid oedd effeithiau Diwygiad Beddgelert wedi llwyr ddarfod ac aeth yn gynhyrfus iawn yn yr oedfa honno cyn i John Jones orffen pregethu. Derbyniwyd ef yn aelod o'r Cyfarfod Misol yn Y Bala tua diwedd 1821 neu ddechrau 1822. Yr oedd yn rhydd felly i fynd oddi amgylch i bregethu.

Ond beth am ei addysg? Yn ôl Owen Thomas[1] dyma ddyn na chafodd fawr ddim addysg ffurfiol. Ond y mae'n anghywir. Yr oedd David Roberts, Tan-y-foel, Cerrigydrudion, un o ysgolfeistri Thomas Charles yn cadw ysgol yn Nolwyddelan tua 1805. Yn honno y dysgodd John Jones a'i frawd, David, ddarllen Cymraeg.[2] Nid oedd gan y Methodistiaid Calfinaidd goleg tan 1837 pan agorwyd Coleg y Bala. Yr oedd ysgolion fel un William Lloyd, Caernarfon, neu un John Hughes yn Wrecsam, ond dyna'r cwbl. O ganlyniad yr oedd John Jones yn Gymro uniaith, er mawr ofid i'w gofiannydd, Dr Owen Thomas. Ond y mae John Jones yn enghraifft o gynnyrch diwylliant capel. Yno cafodd bopeth angenrheidiol i gyrraedd y brig yn y byd crefyddol Cymraeg.

**Priodi**

Ar ôl bod yn gweithio am rai misoedd ym 1821 yn Chwarel Clogwyn y Fuwch yn ymyl Trefriw, symudodd i Chwarel Llanrhychwyn. Yr adeg hon yr oedd Ieuan Glan Geirionydd yn dal yn aelod gyda'r Methodistiaid Calfinaidd. Casglodd rai o'i ffrindiau o'i gwmpas i ffurfio math o gylch darllen. Yr oedd John Jones yn eu plith. Y maes y rhoisant sylw fwyaf iddo oedd gwaith Dr Edward Williams, Rotherham. Gŵr o Ddyffryn Clwyd oedd Williams, ffrind agos i Thomas Jones o Ddinbych, a phrifathro Coleg yr Annibynwyr yng Nghroesoswallt ac yn ddiweddarach yn Rotherham.[3] Yr oedd Edward Williams yn feddyliwr disglair ac un a ddylanwadodd yn drwm ar lawer o weinidogion yng Nghymru a bu'n gyfrifol am leddfu peth ar erwinder yr hen Galfinyddiaeth, peth nid dibwys yn natblygiad John Jones yn ddiweddarach fel y cawn weld. Yr oedd gweithio yn Llanrhychwyn a cherdded yn bell i bregethu yn gwneud bywyd yn flinderus iawn i John Jones. Ac yr oedd y sôn amdano'n lledu. Clywodd John Elias ef yn pregethu ym Meddgelert a gwnaeth argraff ffafriol iawn arno ac yr oedd cymeradwyaeth Elias yn peri i fwy o eglwysi fod yn awyddus i'w glywed. Yr oedd cyfnither iddo (merch chwaer ei fam) yn byw yn Nhal-y-sarn ac anfonodd hi ei gŵr, Griffith Williams, goruchwyliwr Chwarel Tal-y-sarn, i Bron-y-fedw (Rhyd-ddu) i wrando arno. Llwyddodd i'w berswadio i ddod i aros atynt. Wrth sgwrsio sylweddolodd Griffith Williams pa mor anodd oedd hi ar John Jones yn Llanrhychwyn a chynigiodd waith iddo yn y chwarel a llety rhad am flwyddyn. A dyna sut y daeth i gysylltiad â Thal-y-sarn.

Pregethodd ei bregeth gyntaf yno yn y capel newydd a godwyd flwyddyn yng nghynt ganol dydd, dydd Llun, 30 Ragfyr 1822 ar Rhufeiniaid 8.3. Pregethai wedyn yn Nhal-y-sarn a Llanllyfni ar y Sul 12 Ionawr 1823 a thrannoeth dechreuodd weithio yn y chwarel. Ymfwriodd i waith yr eglwys. Un o'r pethau cyntaf a wnaeth oedd sefydlu cyfarfodydd canu yn Nhal-y-sarn a Llanllyfni. Un o aelodau brwdfrydig y cyfarfod oedd Frances Edwards. Syrthiodd mewn cariad â hi ond petrusai rhag datgelu hynny iddi. Ar ôl yr ail gyfarfod canu, aeth i'w danfon beth o'r ffordd tuag adref a rhoddodd lythyr iddi'n cyffesu ei deimladau. Pan aeth i geisio ateb ganddi drannoeth, dywedodd fod yn rhaid iddi gael gair gyda'i thad yn gyntaf. Gofynnodd John Jones i Dr Griffith Roberts, meddyg esgyrn, Llanllyfni, ddweud gair trosto wrth dad y ferch a gwnaeth hynny. Cytunodd hithau'n frwdfrydig â'i gais. Yn ôl trefn y Methodistiaid y pryd hwnnw, rhoddodd y mater o flaen y seiat a chafwyd sêl bendith yr eglwys. Aeth John yn awr i Gaernarfon i geisio trwydded i briodi ond gwrthodwyd un iddo am fod Fanny o dan ddeunaw oed. Felly, gofynnodd i berson Llanllyfni gyhoeddi gostegion y briodas yn yr eglwys. Y canlyniad hapus oedd i'r ddau briodi yn eglwys Llanllyfni, 14 Mai 1823

Merch Thomas ac Ann Edwards oedd Fanny a ganwyd hi yn Cefnfaes, Ffestiniog, ym Mai 1805. Ei mam fedydd oedd Jane Williams, gwraig William Turner, arloeswr chwareli llechi'r Diffwys, Ffestiniog. Busnes y chwareli oedd y cyswllt rhwng y ddau deulu. Symudodd y teulu o Gefnfaes i fferm Llwydcoed, Llanllyfni, ac wedi hynny i fferm Taldrwst. Bu Ann Edwards, y fam, farw ym Mawrth 1816 yn 35 oed a Fanny a ofalai am ei thad wedyn nes iddi briodi. Bu Fanny byw am ugain mlynedd ar ôl ei gŵr.

Bu gan John Jones a Fanny ddeuddeg o blant: *Ann*, sef Mrs Owen, Bryn Afon, Tal-y-sarn. Bu farw Hydref 1892 yn 68 oed; *John Lloyd Jones*, Plas y Bryn, Bontnewydd. Un o berchnogion chwareli Dorothea a Phen yr orsedd. Yr oedd yn byw yn Nantlle ac yn un o gychwynwyr yr achos yno. Bu farw Mawrth 1893, yn 67 oed; *Frances*. Bu farw pan nad oedd ond ychydig wythnosau oed; *Frances* (yr ail), sef Mrs Jones, Cambrian House, Machynlleth (roedd hi'n fyw ym 1907); *Elen*. Bu farw yn 14 oed 15 Hydref 1845; *Margaret* a briododd John Williams, Glanbeuno, prif berchennog Chwarel Dorothea. Bu farw yn 38 oed ym 1871. *Richard*. Bu farw yn 28 oed yn Hydref 1863. Meddyg ym mhractis Dr Watkin Roberts, Caernarfon, ydoedd; *Thomas Lloyd Jones*. Yr oedd yn adnabyddus fel darlithydd, llenor a hanesydd. Bu farw Rhagfyr 1888 yn 51 oed; *Gwen*, sef Mrs John Davies, Lerpwl, ac yn fam i'r heddychwr George M.Ll. Davies a'r Athro J. Glyn Davies, ei frawd; Y Parchg. *David Lloyd Jones*, M.A., Llandinam; Esther, sef, Mrs Williams, Llundain (hithau'n fyw ym 1907 yn ogystal); *Elen* (yr ail) a fu farw'n faban.[4]

Codwyd tŷ iddynt gerllaw'r capel. Yn fuan iawn agorodd Fanny siop. Oherwydd y cynnydd enfawr ym mhoblogrwydd John Jones a'i fod yn cerdded i'w gyhoeddiadau, ambell dro gymaint ag ugain milltir neu fwy, mynnodd Fanny iddo roi'r gorau i'r chwarel ymhen tua blwyddyn ar ôl iddynt briodi. Byddai John Jones yn helpu yn y siop ond nid oedd gannddo fawr glem ar y gwaith. Nid oedd yn ddim ganddo werthu nwyddau am hanner y pris. Unwaith gwerthodd raw gwerth pum swllt am hanner coron!

Cafodd ei dderbyn yn aelod o'r Gymdeithasfa ar 30 Medi 1824. Ystyr hyn oedd ei fod yn rhydd i bregethu mewn unrhyw eglwys yn yr enwad ac nid yn unig o fewn terfynau ei gyfarfod misol. O'r diwedd cafodd ei ordeinio yng Nghymdeithasfa'r Bala, 18 Mehefin 1829. Yr oedd ei boblogrwydd yn rhyfeddol hyd yn oed cyn gynhared â hyn. Cadwai gofnodion manwl o'i bregethau a'i gyhoeddiadau a rhwng Sulgwyn 1821 a 23 Ebrill 1832, cyfnod o 11 mlynedd, yr oedd wedi pregethu 2,735 o weithiau – dros bedair gwaith yr wythnos ar gyfartaledd. Yr oedd ar brydiau'n teimlo blinder eithafol o ganlyniad i'w ymdrechion ond bu digon o lwyddiant ar y siop – diolch i'w briod – fel y gallodd fforddio i brynu ceffyl tua 1825.

Dylid esbonio mai un o nodweddion bywyd y pregethwr yn yr oes honno oedd crwydro ar hyd y wlad i bregethu. Yr oedd hyn yn wir am yr holl enwadau Ymneilltuol. Darllenwn yn barhaus am weinidogion yn mynd 'ar daith'. Y drefn oedd fod pregethwr yn mynd ag un arall gydag ef, y 'cyfaill', fel y gelwid ef. Gallai pregethwr gymryd ei daith heb gael ei wahodd a gyrru cyhoeddiad o'i flaen yn dweud y byddai'n pregethu yn y fan a'r fan ar y diwrnod a'r diwrnod. Nid oedd y pregethu wedi'i gyfyngu i'r Sul – yn wir, yr oedd y rhan fwyaf o'r pregethu ar ddiwrnod gwaith. Ac nid oedd eisiau pryderu am lety. Yr oedd digon o bobl yn gysylltiedig â'r eglwysi a oedd yn barod i roi llety i'r pregethwyr. Ond wrth gwrs, gyda'r Methodistiaid yr oedd yn rhaid cael awdurdod gan y Cyfarfod Misol neu'r Sasiwn i fynd ar ofyn yr eglwysi fel hyn. Peth arall i'w gofio am y cyfnod hwn yw nad oedd gan y Methodistiaid weinidogaeth fugeiliol daledig. Gweinidog i'r enwad cyfan oedd gweinidog, nid gweinidog ar eglwys unigol. Ond yr oedd yn digwydd, fel yn achos John Jones, fod gweinidog ordeiniedig yn gweithredu fel bugail yn yr eglwys lle'r oedd yn aelod. Ond ni allent ddibynnu ar yr eglwysi am eu cynhaliaeth. Er bod John Jones yn gweithredu fel bugail eglwys Tal-y-sarn, unwaith erioed y cafodd dâl am ei wasanaeth ganddi. Yr oedd yn rhaid i weinidogion y Methodistiaid gael rhyw alwedigaeth arall neu briodi gwraig gyfoethog i'w cynnal. Dyna arwyddocad y siop ym mywyd John Jones.

### Y cyfnewidiad

Rhaid troi sylw yn awr at y cyfnewidiad yn hanes y Methodistiaid yr oedd ef yn un o'i arloeswyr. Bu dadlau pur ffyrnig yn y cyfnod hwn ymhlith arweinwyr crefydd o bob enwad ynglyn â sut orau i gysoni arglwyddiaeth Duw a rhyddid dyn. Yr oedd un blaid yn rhoi cymaint o bwysau ar arglwyddiaeth Duw nes mynnu na allai pechadur wneud dim o gwbl i gyfrannu at ei achub. Yr oedd popeth wedi'i drefnu ymlaen llaw. Prif arweinydd y blaid hon oedd John Elias.[5] Ond yr oedd yr awydd yn cynyddu i roi mwy o bwyslais ar gyfrifoldeb pobl i ymarfer y moddion a ordeiniodd Duw i sicrhau achubiaeth. Prif ladmerydd y safbwynt hwn oedd Dr Edward Williams, gŵr y daeth John Jones o dan ei ddylanwad yng nghylch myfyr Ieuan Glan Geirionydd yn Nhrefriw. Nid gwadu fod yr achub yn llwyr o ras yr oedd pleidwyr y safbwynt hwn ond ceisio adfer cydbwysedd rhwng rhan Duw a rhan dyn yn yr achub. Dyma John Jones ei hun yn esbonio'r pwynt mewn cymhariaeth:

> Meddyliwch fod un o lyngeswyr Lloegr yn anfon llythyr at gabden llong ryfel ym Môr y Canoldir, yn gorchymyn iddo ddyfod â'r llong adref i Loegr. Oni ddeallai'r cabden mai meddwl y llynghesydd ydyw iddo ef, nid cario'r llong ar ei gefn, ond yn unig arfer y moddion i'w dwyn adref – codi'r hwyliau, ac iawn droi'r llyw, a gadael i'r môr ei chario ac i'r gwynt ei gyrru adref. Felly, llong ymhell o gartref wyt tithau. Y mae Duw yn galw am yr hen long yna adref yn ôl, ond nid yw'n disgwyl iti ei dwyn adref yn dy nerth dy hun ond y mae yn caniatau i ti ei rhoddi ar fôr rhad ras i'w chario, ac o flaen gwynt nerthol yr Ysbryd o'r uchelder i'w gyrru adref. Disgwylir i tithau godi ambell Ysgrythur i fyny yn dy fyfyrdod, fel hwyl ar ei mast, i'r gwynt gael dal arni; ac anfon ambell weddi i fyny fel llyw i'w chyfeirio i'r iawn borthladd.[6]

Y gair 'cyfrifoldeb' sy'n bwysig. Yr oedd tuedd yn athrawiaeth John Elias a'i debyg i roi'r argraff fod Duw wedi trefnu popeth i'r manylion. Os oedd ymhlith yr etholedigion, deuai'n Gristion beth bynnag a wnai. Ar y llaw arall, onid oedd ymhlith yr etholedigion, ni allai wneud dim i osgoi ei dynged. Na, meddai John Jones, y mae Duw wedi trefnu moddion i arwain anghredinwyr at Grist, fel pregethu, darllen y Beibl neu weddïo. Daliai ei bod yn ddyletswydd i ddefnyddio'r moddion hyn – yn gymaint o ddyletswydd, dyweder, a dweud y gwir neu fod yn onest. Daeth hyn ag ef a rhai tebyg iddo i wrthdrawiad digon milain â John Elias a oedd yn mynd yn fwy ac yn fwy anoddefgar fel yr âi'n hŷn. O gymryd y safbwynt hwn, daeth John Jones yn arloeswr math newydd o bregethu ymhlith Methodistiaid ei gyfnod. Dywedodd Dr Owen Thomas am John Jones: 'Fe fu ei bregethu yn effeithiol i gynnyrchu cyfnewidiad mawr yn nhon y weinidogaeth yn ein gwlad, yn neillduol yn y Cyfundeb y perthynai efe ei hunan iddo'.[7]

Beth oedd natur y cyfnewiad hwn? Yr oedd yn cysylltu'n naturiol â'r newid pwyslais yn ei ddiwinyddiaeth. Mynnai fod gwahoddiad yr Efengyl yn wahoddiad didwyll i bawb. Nid oedd dim yn arfaeth Duw a oedd yn cyfyngu ar y gwahoddiad. Cyn iddo ef ddod i'r amlwg yr oedd tuedd gref ymhlith pregethwyr i fod yn bynciol, hynny yw, i bregethu ar bynciau fel arfaeth Duw neu etholedigaeth neu'r Cyfamod Gras neu natur pechod. Yr oedd pregethu'n aml iawn yn swnio fel darlithiau diwinyddol. Gyda dyfodiad y Wesleyaid a'r dadleuon diwinyddol a ddilynodd hynny, aethpwyd i bwysleisio mwy ar nodweddion arbennig Calfiniaeth o'i chyferbynu ag Arminiaeth. Y peth oedd yn mynd ar goll oedd cysylltu'r gwirioneddau diwinyddol â dyletswydd pechaduriaid i ymateb i ras Duw. A defnyddio gair sy'n perthyn i'r ugeinfed ganrif, yr oedd yr elfen 'ddirfodol' yn absennol. 'Doedd hi ddim yn absennol ym mhregethu Howell Harris neu George Whitefield neu Robert Roberts, Clynnog – na John Elias, chwaith. Ond eu dull hwy oedd portreadu trueni pechadur a rhyfeddod gras Duw mewn iaith realistig, huawdl oedd yn 'ddeffrous' ac yn gynhyrfus. Mewn un ystyr, ailddarganfod y dull hwn a wnaeth John Jones. Ond y mae gwahaniaeth. Mynnai John Jones bregethu'n 'ymarferol'. Esboniai drefn yr iachawdwriaeth a disgrifio'r cyfryngau a ordeiniodd Duw i bobl eu defnyddio a phwysleisiai'r angen i bobl ddefnyddio'r moddion. Yr oedd yn chwyrn yn erbyn pob tuedd i esgeuluso 'moddion gras'. Yr oedd achub enaid yn fater canolog yn ei waith fel pregethwr a chredai'n angerddol fod yn rhaid cymhwyso pa athrawiaeth bynnag a oedd dan sylw at gyflwr y gynulleidfa o'i flaen. Eu dwyn i fwlch yr argyhoeddiad oedd ei gymhelliad mawr. Ni allai neb fod yn ddiesgus yn wyneb gwahoddiad grasol Duw i bobl gredu yn y Gwaredwr ac ildio iddo. Nid traethiad athrawiaethol academaidd oedd pregeth iddo ond ple tros gredu yn Iesu Grist. Yr oedd rhybuddio, erfyn ac ymbil yn drwch trwy ei bregethau. Ambell dro âi'n bur bell wrth wneud hyn. Cymerer, er enghraifft, ei bregeth yn Sasiwn Caersws, ddydd Gwener, 12 Ionawr 1849. Ei destun oedd 'Paham y sefwch chwi ar hyd y dydd yn segur?' (Mat. 20.6). Wedi dadansoddi a chyferbynu gwasanaethu Satan a gwasanaethu Iesu Grist, dywedodd, 'Wel, fy mhobol i, dyna fi wedi gosod allan y ddau feistr mor deg ag y gallwn. Yr wyf yn sicr na wneuthum i gam â'r diafol. Os gwneuthum i gam â rhywun, â Iesu Grist y gwneuthum . . . Ond yr ydych wedi clywed digon, mi dybiwn, fel yr ydych yn barod, bellach, i ddyfod i ryw benderfyniad . . . Gadewch imi, gan hynny, gael gwybod gennych yn bendant pa beth ydych am ei wneud, pwy ydych am bleidio, dros bwy yr ydych yn fotio. Beth a allwn wneud yn well na rhoddi y ddau i fyny i lais, a rhannu y tŷ, a chael gwybod yn deg pwy sydd dros y naill a'r llall'. Yna cyhoeddodd fendith ar Satan a gwahodd pawb oedd o'i blaid weiddi 'Amen' – fel hyn:

> *'O Beelzebub, tywysog y fagddu fawr, archelyn yr Anfeidrol, a chadfridog llu annwn . . . yr ydym o'n calon yn dymuno ar i ti fyw byth, llywodraethu arnom yn dragywydd, ac estyn dy deyrnwialen ar frys dros holl derfynau y greadigaeth'*. Dowch â'ch 'Amen' o'i blaid.

Disgynnodd distawrwydd llethol tros y gynulleidfa. Bendithiodd Satan yr eildro:

> *'O ardderchocaf Satan, ymerawdwr uffern, pennaeth mawr holl gythreuliaid distryw . . . yr ydym yn caru bod yn ddilynwyr i ti, yn ymlawenychu yn dy arglwyddiaeth arnom . . . bydd fyw yn dragywydd a theyrnasa arnom yn oes oesoedd'* 'Rwan am eich 'Amen'.

Distawrwydd llethol eto. Ychwanegodd y pregethwr, 'Ai nid oes yma neb o weision diafol? Od oes, 'does bosib eich bod yn mynd i'w wadu'n gyhoeddus fel hyn. Dyma fi'n mynd i roi un cynnig eto i chwi.' A bendithiodd Satan y drydedd waith. Ond ni chlywyd yr un wich gan y gynulleidfa. Wedyn aeth ati i fendithio Iesu Grist:

> *O Iesu bendigedig, ti a'th roddaist dy hunan yn ein lle, ac a'n prynaist â'th werthfawr waed . . . ac a'n derbyniaist i'th wasanaeth hyfryd . . . yr ydym o'n calonnau'n bendithio dy enw am dy garedigrwydd anhraethol i ni.*

'Gyda hynny,' meddai Owen Thomas a oedd yn bresennol, 'dyna gannoedd o amenau yn treiddio trwy'r capel, fel pe buasai pawb wedi rhag-gytuno i gydweiddi ar yr un amrantiad. Ac yna rhoes John Jones gynnig eto i'r gynulleidfa a bendithio Iesu Grist'. Ar derfyn y fendith honno, meddai Owen Thomas, 'yr oedd y gweiddi rhyfeddaf o amen a glywsom erioed. Ymddangosai fod pawb yn gweiddi – rhai dibroffes fel proffeswyr, a'r Saeson a oedd yn capel fel y Cymry. Yr ydoedd fel tân gwyllt yn treiddio trwy y lle'. Ac felly y terfynodd y cyfarfod.

Y mae'n werth sylwi ar ddau beth: i) Yr oedd anghredinwyr yn yr oedfa ac nid y tu allan; ii) Y mae Owen Thomas yn gwneud y sylw hwn ar y digwyddiad: 'Nid oeddem ar y pryd, ac nid ydym eto, mor sicr o nodwedd grefyddol yr effeithiau cynhyrfus a gynhyrchwyd ar deimladau y gynulleidfa tua'r diwedd, ond am yr effeithiau eu hunain, yr oeddent, mewn gwirionedd, yn rhai rhyfedd iawn'.[8] Yr oedd effeithiau cynhyrfus yn nodweddu llawer iawn o oedfeuon John Jones, er ei fod ef yn sefyll yn stond heb symud llaw na throed ynghanol y cynnwrf. Ond sylwch ar y dyddiad – 1849. Yn ddiweddarach, yn Niwygiad 1859, y mabwysiadwyd yr arfer o bwyso ar gynulleidfaoedd i ddod i benderfyniad yn y fan a'r lle. Ni buasai George Whitefield neu Christmas Evans yn dychmygu gwneud y fath beth ac o'r America y daeth yr arfer.

Peth arall a nodweddai rhai o'i bregethau oedd yr ergydion ymarferol cyfoes a chymdeithasol a geid ynddynt. Dyma enghraifft o'r peth:

> Tywysogion y byd hwn, cyfoethogion y ddaear, y duwiau pridd a chlai sydd yn ein mysg, y rhai ohonom sydd yn gorthrymu ein cig a'n gwaed, sydd yn dal ein cydgenedl mewn gefynau heyrn – dynion ydynt, ond gorthrymwyr ar eu gwell. Y maent yn codi gormod o rent ar y tenant diwyd a ffyddlawn, ac yn ei ddarostwng i dlodi, i gyfyngder, i newyn, i noethni, ac i wylofain uwchben noethni a newyn ei rai bach. Ond pa ddefnydd pwysig a wneir a'r arian a drachwantwyd ac a feddiannwyd mor greulawn? Gellid meddwl eu bod yn cael eu tynnu at ryw ddibenion pwysig. Wrth weled eu prysurdeb yn eu cylch, gellid meddwl mai prynu bywyd tragwyddol ydyw y diben, neu anfon cenhadon at baganiaid, neu o leiaf gwneud rhywbeth fyddo o gyfrif da yn mrawdle Crist . . . Ond er ein gofid ni, a'u cywilydd hwythau, i ddibenion rhy isel i'w henwi y defnyddir yr holl orthrymder hyn. Nid i anfon yr efengyl i'r pagan, ond i chwarae lotri; nid pwrcasu diben pwysig erbyn dydd yr farn, ond cynnal chwaraeyddiaeth pechadurus yw eu diben. Rhaid iddynt gael gwisg y tenant i gynnal puteiniaid;

> rhaid iddynt gael ymborth y rhai bach i'r *player* am ei ynfydrwydd; rhaid iddynt gael dodrefn tŷ y tlawd i gynnal rhedegfeydd a'r dawnsiau ac i wag-rodianna . . .[9]

Yr oedd y math yma o beth yn newydd ymhlith Methodistiaid ym 1835. I bobl fel John Elias yr oedd yn dramgwyddus oherwydd ei fod yn rhy debyg i bregethu politicaidd. Ond gyda'r elfen apeliadaol ac ymarferol, yr oedd John Jones yn gyfrwng i newid awyrgylch pregethu ac i roi bywyd newydd ynddo.

**Chwarel Dorothea**

Rhaid cyffwrdd yn awr â mater a ddug John Jones o dan gabl. Perchennog Chwarel Dorothea oedd William Turner, Parcia, Caernarfon. Fel y gwelsom, yr oedd cysylltiad rhwng teulu John Jones ag ef oherwydd ei wraig oedd mam fedydd Fanny. Erbyn 1849 yr oedd Turner yn awyddus i werthu'r chwarel a thua diwedd y flwyddyn honno gwnaethpwyd cytundeb i John Jones a'i gyfeillion ei phrynu. Ffurfiwyd cwmni a phrynwyd cyfranddaliadau ynddo gan John Jones ac eraill. Wrth gwrs, yr oedd ganddo gryn brofiad mewn gwaith chwarel ac yn 1850 cymerodd at oruchwylio'r gwaith. Ar y pryd llesg oedd y farchnad lechi ond nid mor llesg ag y tybiai John Jones. Yr oedd yn bryderus am iechyd ariannol y cwmni ac ofnai i'r cyfranddalwyr dynnu eu harian o'r cwmni a'i adael ef i wynebu'r gost. Penderfynodd fod yn rhaid gostwng cyflogau'r gweithwyr a oedd y ennill tua swllt a chwech y dydd. Rhoddodd y dewis iddynt naill ai derbyn gostyngiad neu adael y gwaith. Ar ben hynny, rhoddodd ffafriaeth i'r gweithwyr tlotaf gan gredu fod y lleill yn ddigon cefnog i wynebu diweithdra. Yr oedd yn bolisi ffôl, a dweud y lleiaf. Ar ben hynny, cafodd ddamwain yn y chwarel. Yr oeddent yn rhoi prawf ar offer newydd i dynnu gwagenni i fyny'r inclein. Pan oedd wagen lawn bron wedi cyrraedd top yr inclein, torrodd y rhaff a rhedodd y wagen lawn yn gyflym i lawr. Ceisiodd dau o'r gweithwyr gipio John Jones i ddiogelwch ond methwyd a chael ei droed yn glir o'r lein. Rhedodd y wagen tros ei droed a'i anafu'n ddifrifol. Bu'n segur am ddeufis. Ac ym 1853 rhoddodd heibio'r oruchwyliaeth a thynnu allan o'r busnes. I bob golwg nid oedd trafferthion y chwarel wedi mennu fawr ddim ar ei boblogrwydd yn y wlad ond gwnaeth fawr ddrwg i'w enw da yn yr ardal. Yr oedd yn ddarn pur gymylog o'i yrfa.

## Ei flynyddoedd olaf

Yn ystod ei flynyddoedd olaf yr oedd mor brysur ag erioed. Er enghraifft, ym 1854 pregethodd 324 o weithiau (a chael £112 am ei drafferth). Ym 1856 pregethodd 360 o weithiau (a chael £149/9s. am ei wasanaeth) A dyna'r flwyddyn olaf iddo. Yr oedd Sasiwn yn yr Wyddgrug o 9 hyd 11 Rhagfyr 1856. Yn fuan wedyn fe gafodd annwyd trwm. Dechreuodd gael poenau yn ei ymysgaroedd a methai fwyta. Er hynny ar 22 Mawrth 1857 yr oedd yn pregethu ym Moriah, Caernarfon, a dyma'r bregeth olaf ganddo. Ar ôl hynny yr oedd yn dirywio'n gyflym. Erbyn dechrau Awst yr oedd yn amlwg fod y diwedd yn agos. Erbyn bore Sul, 16 Awst 1857, yr oedd yn wan iawn ond llwyddodd i adrodd y pennill,

O na allwn roddi 'mhwys,
Ar dy ardderchog law;
A gado i gystudd ddod,
Oddiyma ac o draw;
A byw dan nawdd y dwyfol waed,
Yng ngolwg hyfryd tŷ fy Nhad.

Gofynnodd faint o'r gloch oedd hi a dywedwyd wrtho ei bod yn ddeg o'r gloch. Yr oedd bob amser wedi dymuno cael marw ar ddydd Sul. Am ddeng munud wedi deg cafodd ei ddymuniad.

Rhwng popeth yr oedd John Jones, Tal-y-sarn, yn un o dywysogion y cyfnod.

[1]Owen Thomas, *Cofant John Jones, Talsarn* (Wrecsam, 1874), 973
[2]*Bywyd Samuel Roberts* (Bangor, 1879),
[3]Gw. R.Tudur Jones, *Congregationalism in England, 1662-1962* (1962), 176-71; W.T.Owen, *Edward Williams DD, his Life, Thought and Influence* (Cardiff, 1963)
[4]Gw. O.Llew Owain, *Cofant Mrs Fanny Jones, Talsarn* (Caernarfon, 1907), 80-3
[5]Gw. R.Tudur Jones, *John Elias, Pregethwr a Phendefig* (Penybont-ar-Ogwr, 1975), 17-20
[6]Cf. *Cofiant*, 233-5
[7]Ibid., 1003
[8]Ibid., 677
[9]Cf. Griffith Parry (gol.) *Pregethau y Diweddar Barch. John Jones, Tal-y-Sarn* (Dinbych, 1869), 212-27, 274-95, 464-77, 590-99 etc

PENNOD 9

# *Gwilym Hiraethog (1802-83)*

Er mwyn inni ddod i nabod y gŵr·yr ydym yn ei drafod, da fydd dechrau trwy geisio dadansoddi natur ac ansawdd ei ddiwylliant.

**Ei ddiwylliant**

Mab Dafydd ac Ann Rees, tenantiaid y Chwibren-isa, plwyf Llansannan, oedd William Rees. Fe'i ganwyd 8 Tachwedd 1802. Yr oedd pump o blant ar yr aelwyd, un ferch, a phedwar mab. O'r meibion, Henry oedd yr hynaf a William oedd yr ieuangaf. (Enwau'r plant eraill oedd Gwen, Thomas a Dafydd). Amaethyddol, felly, oedd cefndir Gwilym Hiraethog. Bu'r Chwibren-isa yn etifeddiaeth i deulu ei nain, Gwen Llwyd, ers cenedlaethau. Mae'n deg oherwydd hynny meddwl am William Rees fel bachgen oedd yn rhannu'r balchder sy'n perthyn i ffermwyr biau eu tir eu hunain, pa mor dlodaidd bynnag eu hamgylchiadau. Yr oedd yn llanc yn ystod cyfnod y rhyfeloedd yn erbyn Napoleon a gwelodd y mân ffermwyr yng Nghymru galedi dychrynllyd yn ystod y cyfnod hwnnw – fel y cofio darllenwyr Hunangofiant ap Vychan. A chyrhaeddodd y caledi ei eithaf yn ystod haf 1816 pan ddifawyd y cnydau gan wlaw didrugaredd. Mae'n bwysig sylwi ar y caledi hwn oherwydd fe adawodd ei ôl yn drwm ar lawer o'r arweinwyr a fagwyd ym mhymtheg mlynedd cyntaf y ganrif ac mae'n esbonio eu gogwydd at radicaliaeth wleidyddol yn nes ymlaen.

Magwyd Gwilym Hiraethog yn Gymro uniaith ac mewn bro y mae iddi le disglair yn hanes llenyddiaeth Cymru, yn arbennig yng nghyfnod y Dadeni Dysg. Fel mwyafrif Cymry addysgedig y cyfnod, dechreuodd ddysgu Saesneg yn yr ysgolion lleol. Ond nid oes fawr brawf iddo yn ystod ei blentyndod ddysgu dim am gyfoeth traddodiad llenyddol Bro Aled a Dyffryn Clwyd. Fodd bynnag, yr oedd un llwybr yn ei gysylltu â'r gorffennol clasurol – y traddodiad barddol lleol. Pan oedd ef yn laslanc, yr oedd cymdeithasau barddonol, llenyddol a hynafiaethol yn dechrau lluosogi yng Nghymru. Gwir mai digon amaturaidd oedd y rhain ac nid ychydig o ffug ysgolheictod pur amrwd yn ffynnu ynddynt. Ond, o leiaf, buont yn foddion tra gwerthfawr i fagu balchter yn ein gorffennol diwylliannol ymhlith llu mawr o bobl. A cheid beirdd lleol a wyddai dipyn am gynganeddu a cheisiai'r rhain drosglwyddo eu crefft i ddynion ifainc. Un o'r rhain oedd Robert ap Dafydd o'r Gilfach Lwyd ac ef a ddysgodd egwyddorion cynganeddu i William Rees. Ac yr oedd Rees tuag ugain oed pan ddechreuodd ymddiddori mewn barddoni.

Nid oedd barddoni eto wedi dod yn symbol statws yng Nghymru ond yr oedd Rees yn un aelod o'r genhedlaeth a barodd i farddoni ddod yn beth parchus ymhlith crefyddwyr ac yn ystod gweddill y ganrif, ac ymlaen i'r ganrif bresennol, fe gawn gannoedd lawer o bobl yng Nghymru'n bwrw eu plu fel ffigurau cyhoeddus trwy farddoni. Ond yr oedd hynny yn y dyfodol.

Yr oedd Hiraethog yn enghraifft o Fethodus a droes yn Annibynnwr. Yr oedd ei dad yn flaenor yng nghapel Tan-y-fron. Mater disgyblaeth a barodd i William Rees newid ei enwad. Yr oedd Joseph Davies, Llys Aled, gŵr diwylliedig a phorthmon pur sylweddol (a chodwr canu hefo'r Methodistiaid yn Llansannan) wedi cael gair pan oedd ar ei daith yn Lloegr fod ei wraig yn ddifrifol wael ac ofnid y byddai'n marw. Brysiodd yntau'n ôl a cherddodd o Gerrigydrudion i Lansannan er mwyn bod wrth ei gwely. Ond troseddodd trwy wneud y daith hon ar y Sul. Mynnodd Peter Roberts, y gweinidog, ei roi dan ddisgyblaeth. Ffrwyth yr ymdaro oedd i David Roberts, gweinidog Lôn Swan, yn niwedd 1827, gorffori eglwys Annibynnol newydd yn Llansannan, ac ymhlith yr aelodau cyntaf ceir enw William Rees.

Mae amryw weinidogion yn y ganrif ddiwethaf a fagwyd gyda'r Methodistiaid ac a droes yn Annibynwyr. Dyna John Thomas, Lerpwl, brawd Owen Thomas; David Roberts, Wrecsam, a'i frawd Samuel yn weinidog gyda'r Methodistiaid. Enghraifft arall, oedd Dr Arthur Jones, Bangor (mab-yng-nghyfraith Twm o'r Nant) a'i elyn mawr Caledfryn a ffraeodd â blaenoriaid Methodistiaid Dinbych. Gwŷr oedd y rhain a gefnodd ar y Methodistiaid oherwydd na allent ddygymod â disgyblu llym yr hen do. Mae dau beth i'w ychwanegu. Yr oedd tuedd amlwg ynddynt i wrthod y math Calfiniaeth ag a arddelid gan flaenwyr y Methodistiaid ar y pryd, ac yr oedd eu gogwydd hefyd at wleidydda ac eisteddfota. Yn nes ymlaen, yr oeddynt i fod yn amlwg iawn yn yr ymgais i roi gwedd fwy Presbyteraidd ar yr Annibynwyr a dyna beth ddaeth â hwy i wrthdrawiad mileinig â Michael D Jones.

Ychydig iawn o addysg ffurfiol a gafodd Hiraethog. Ac ni bu mewn coleg. Unwaith eto, mae dylanwad y diwygiad Methodistaidd i'w weld yma ar yr Annibynwyr. Yr oedd addysg academi yn anhepgor i'r hen weinidogion Sentars. Ond yr oedd y pregethwyr selog newydd a godwyd gan y Diwygiad yn tueddu i fychanu addysg coleg. Ac felly cawn bregethwyr digoleg yn dechrau cael eu hordeinio ar eglwysi Annibynnol – ac yn eu plith Gwilym Hiraethog. Ef oedd y cyntaf o weinidogion Lôn Swan i'w ordeinio heb fod trwy goleg. Er hynny, ymroes Hirethog i'w addysgu ei hunan, a bu'n bur lwyddiannus. Darllenai bopeth a ddeuai i'w ddwylo a chasglodd swm mawr o wybodaethau amrywiol. O safbwynt moesol a phersonol, mae'n glod mawr i'r dynion hyn eu bod, o dan bwysau anawsterau ac anfanteision enfawr, yn llwyddo i gasglu gwybodaeth. Ond yr oedd anfantais hefyd. Yn un peth, tuedd pobl hunanaddysgedig yw bod yn annisgybledig. Maent ar draws y lle i gyd. Nid oes batrwm i'w darllen ac yn aml fe'i cânt yn anodd canolbwyntio ar ddim yn ddigon hir i'w feistroli. Nid bod hyn yn unrhyw anfantais i bregethwr a darlithydd poblogaidd. Ond peth braidd yn chwerthinllyd, er enghraifft, oedd gwneud Hiraethog yn un o arholwyr Coleg Aberhonddu. Peth arall pwysicach sy'n anfantais i bobl hunan-addysgedig – fe'i cânt yn anodd iawn bod yn siwr o safonau uchel a sicr i'w beirniadu eu hunain. Mae eu camp yn casglu gwybodaeth trwy eu hymroddiad yn falchter iddynt a thueddant i weld unrhyw feirniadaeth fel ymosodiad ar eu personau – gwendid, wrth gwrs, nad yw'n gyfyngedig i bobl hunan-addysgedig!

Gwreiddiwyd diwylliant llenyddol Hiraethog mewn nifer fechan o lyfrau – almanaciau, *Geiriadur* Charles, *Hanes y Merthyron, Amseryddiaeth Ysgrythyrol* Llwyd o'r Bala, *Drych y ddaear a'r ffurfafen.* Ond yn bennaf oll, y Beibl. Yr oedd wedi ymdrwytho yn y Beibl ac yr oedd ei ddylanwad yn drwm ryfeddol ar ei feddwl a'i iaith.

Gellir nodi ei yrfa fel gweinidog mewn byr eiriau. Cafodd ei ordeinio ddydd Gwener y Groglith, 1832, ym Mostyn; o 1837 hyd Mai 1843, yr oedd yn Lôn Swan; o 1843 hyd 1853, yn y Tabernacl, Lerpwl, ac o 1853 hyd nes iddo ymddeol ym 1875, yn Salem ( = Grove Street), Lerpwl. Ar ôl ymddeol, bu'n byw yng Nghaer ac yno y bu farw ar 8 Tachwedd 1883. Cladddwyd ei weddillion ym mynwent Smithdown

Road, Lerpwl. Ei wraig oedd Ann Edwards, merch Waunddilen, Nantglyn. Bu hi farw o'i flaen, ym 1874.

**Cerddi ac emynau**

Deuwn yn awr at ei waith. Yr oedd yn bregethwr gyda'r mwyaf grymus yn ei genhedlaeth. Yn ôl pob tystiolaeth yr oedd yn siaradwr cyhoeddus cyfareddol. Yr oedd ei arddull yn gartrefol ac hyd yn oed yn wladaidd. Ac yr oedd yn perthyn i'r ysgol honno o bregethwyr a gredai mewn peintio darluniau byw, llunio sgyrsiau dychmygol rhyngddo â'r apostolion a chymeriadau eraill y Beibl. Ac nid oes wadu nad oedd yn un o'r rhai a oedd yn gyfrifol am ddod ag elfen adloniadol gref i'r pulpud Cymraeg.

Gwaith braidd yn drist erbyn hyn yw trafod ei farddoniaeth. Mae ei gynnyrch, wrth gwrs, yn ddiddorol i'r hanesydd fel dogfennau sy'n adlewyrchu'r cyfnod, ond fel cyfraniad i'n gwaddol esthetig, maent yn perthyn, gan fwyaf, i oes sydd wedi darfod. Mae'r peth yn dristwch oherwydd fod Hiraethog yn cael ei gyfrif yn fardd pur fawr yn ei oes ei hun. Ac yr oedd yntau'n meddwl yn uchel iawn am rai o'i ganeuon. Er enghraifft, credai fod ei farwnad i Williams o'r Wern ymhlith y pethau gorau a gyfansoddodd. O'i darllen heddiw, mae hi mor sentimental nes bod yn ddideimlad a'r mynegi'n artiffisial neu'n brennaidd. Er enghraifft, dyma un o'r penillion, y gwelais ei ddyfynnu fwy nag unwaith, o'r gân honno:

Pe bai tywallt dagrau'n tycio  
   Er cael eilwaith weld dy wedd,  
Ni chait aros, gallaf dystio,  
   Hanner munyd yn dy fedd;  
Deuai'r holl eglwysi i wylo,  
   A gollygent yn y fan,  
Ffrwd ddigonol i dy nofio  
   O waelodion bedd i'r lan!

Mae'r darlun yn un mor ddi-chwaeth fel ei bod yn anodd ei gymryd o ddifrif. Ond rhaid cydnabod fod y math yma o beth yn dderbyniol ganrif a mwy yn ôl. Fe gawn Eben Fardd, er enghraifft, yn trafod ei 'Bryddest-Awdl', *Job*, ac yn dweud,

> Nid yw yn debyg i ni o'n beirdd erioed allu cyfuno cynifer o ragoriaethau llenyddol mewn cyfansoddiad ar y mesurau caethion

> ag a geir yn yr awdl hon. Mae ehediadau eryraidd a dychmygfawr y meddwl, a'i gylch-chwaread pybyr a grymus yn ffurfafen darfelyddiaeth yn taro y gwrandawydd â syndod, ac yn ennyn teimlad o wylder ac arswyd oddi wrth wyddfodoldeb 'enaid aruthrol' Hiraethog . . .

Prin y byddai neb bellach yn cydnabod fod y deyrnged focsachus hon gan Eben Fardd yn ffitio'r gân, na'r gân yn ffitio'r deyrnged. Fel cynifer o feirdd ei genhedlaeth yr oedd Hiraethog yn dyheu am lunio cân arwrol fawr y gellid ei rhestru yn yr un gwynt â'r *Odyssey*, neu *Gomedi Ddwyfol* Dante, neu *Goll Gwynfa* Milton. Ac ar ôl bustachu'n hir cynhyrchodd ei *Emmanuel*. Y peth mwyaf trawiadol amdani erbyn heddiw yw ei hyd annhrugarog – rhyw saith gant o dudalennau annarllenadwy. Trueni mawr – a thristwch gwirioneddol, – oedd iddo dreulio'r fath amser ac egni ar waith mor gwbl ddi-fudd. Pan oedd Hiraethog yn anghofio'i uchelgais ac yn mynegi teimlad gwirioneddol, yr oedd yn gallu canu'n ddigon twt a didramgwydd, fel yn un o'i englynion ar ôl ei gyfaill Thomas Pierce:

Fel llaw dde, fy nghyfaill oeddyd - ti imi
Bob tymor o'm bywyd,
Yn oedfa llwydd, mewn adfyd,
Yn parhau'n un pur o hyd.

Mae'n ddiddorol iawn fod rhai o emynau Hiraethog wedi para'n hwy na'i farddoniaeth arall ac wedi gwisgo'n well. Ar ei orau yr oedd yn emynydd da iawn. Er bod y mesur yn un braidd yn herciog, emyn mawreddog, gyda'i fframwaith trindodaidd, yw:

Cariad Tri yn un
At yr euog ddyn, -
Cariad heb ddechreuad arno,
Cariad heb ddim diwedd iddo, -
Cariad gaiff y clod
Tra fod nef yn bod.

Ac yna, yr ail bennill yn dechrau gyda 'Cariad Duw y Tad . . .', y drydydd gyda, 'Cariad Iesu mawr, . . .', a'r pedwerydd gyda 'Cariad Ysbryd Duw . . .'. Mae llithrigrwydd ei fynegiant yn amlwg iawn yn yr emyn sy'n dechrau, 'Arglwydd dwyfol ras . . .'. Mae'r pennill olaf yn cloi'r emyn yn rymus,

Mae'r Aberth wedi ei ladd,
   Pob peth sy'n barod;
Llawn groeso i bob gradd
   Yn awr i ddyfod;
Caiff cleifion wir iachad,
Y noethion wisgoedd rhad,
A'r euog gyfiawnhad,
   Yng ngwaed y cymod.

Ac y mae'r thema a'r mynegiant yn fawreddog yn:

O ddirgelwch mawr duioldeb,
   Duw'n natur dyn,
Tad a Brenin tragwyddoldeb
   Yn natur dyn.
A holl ryfeddodau'r nefoedd
Dyma'r mwyaf ei ddyfnderoedd,
Testun mawl diderfyn oesoedd,
   Duw'n natur dyn.

Gallai Hiraethog gyfansoddi emynau ysgafnach eu trawiad hefyd. Mae 'Cydganwn foliant rhwydd, I'n Harglwydd, gweddus yw' yn dangos hynny a'i emyn llai adnabyddus ond hyfryd iawn:

Fy enaid, deffro di
Ar dân i foli Duw;
Bendithia'i enw am ei ddawn,
Dy ddyled gyfiawn yw.

a'r pennill olaf:

Tragwyddol pery hedd
Ei fawr drugaredd gun;
A'i bur wirionedd sy'n parhau
O hyd drwy'r oesau'r un.

Y thema a oedd yn cynhyrfu awen Hiraethog yn ei emynau oedd y cariad dwyfol. Cawsom enghreifftiau eisoes, ond gwelir y peth orau yn ei ddau emyn mwyaf. Er ychydig gloffni yn y mydr, mae grymuster yn yr emyn,

'Felly carodd Duw' wrthyrchau
Anhawddgara' eriod a fu;
'Felly carodd', fel y rhoddodd
Annwyl Fab ei fynwes gu;
Nid arbedodd, ond traddododd
Ef dros ein pechodau i gyd:
Taro'r cyfaill, arbed gelyn -
Felly carodd Duw y byd.

Ond y mwyaf adnabyddus o'i emynau, ac un o rai mawr ein hiaith, yw,

Dyma gariad fel y moroedd,
Tosturiaethau fel y lli;
Twysog bywyd pur yn marw,
Marw i brynu'n bywyd ni.
Pwy all beidio cofio amdano?
Pwy all beidio traethu ei glod?
Dyma gariad nad â'n ango
Tra bo'r nefoedd wen yn bod.

Ar Galfaria yr ymrwygodd
Holl ffynhonnau'r dyfnder mawr –
Torrodd holl argaeau'r nefoedd
Oedd yn gyfain hyd yn awr:
Gras a chariad megis dilyw
Yn ymdywallt yma 'nghyd
A chyfiawnder pur a heddwch
Yn cysanu euog fyd.

Diolch i Annie Davies, daeth yr emyn hwn (ar Dôn-y-botel) yn brif gân Diwygiad 1904 ac oherwydd hynny fe'i cyfieithwyd i nifer o ieithoedd tramor. Fe ddaw 'Cydganwn foliant rhwydd' a 'Fy enaid, deffro di . . .' o *Tŵr Dafydd*. Ymgais oedd hwnnw i roi'r Salmau i gyd ar fesur cân. Mae'n cynnwys llawer pennill digon twt ond ychydig o eneiniad a oedd ar y gwaith ac nid oedd yn yr un cae â Salmau Cân Edmwnd Prys na gwaith Dafydd Jones o Gaeo.

**Ei nofelau**

Fe ysgrifennodd Dr Bobi Jones, 'O safbwynt llenyddol, fe dybiaf i mai yn ei ryddiaieth y ceir gwaith mwyaf nodedig a mwayf darllenadwy Hiraethog'. Ac ychwanega, 'A dyma wir gamp lenyddol Gwilym Hiraethog, nid ei arwrgerdd *Emmanuel* yn bendant, nid ei ddarlithiau na'i ddiwinyddiaeth, ond ei ddarlun unochrog ond ffraeth o'i amseroedd yn yr iaith a oedd yn briodol i'r amserau hynny.'[1]

Ac ni ellir ond cytuno. Ceir hyn yn ei dair nofel, *Cyfrinach yr aelwyd, Aelwyd f'ewythr Robert* a *Helyntion bywyd hen deiliwr*. Ond i'n pwrpas ni, gellir cyfrif *Llythurau 'Rhen Ffarmwr* fel gwaith yn perthyn i'r un dosbarth. Yr oedd Hiraethog yn olygydd yr *Amserau* a'r papur hwnnw ar fin mynd a'i ben iddo. Dechreuodd yntau lunio llythyrau, gan goegio eu bod oddi wrth hen ffarmwr, hanner-llythrennog ond digri. Iaith sathredig bro ei eni yw'r iaith. Ar unwaith dechreuodd gwerthiant yr *Amserau* godi. Yr oedd y darllenwyr yn darllen ebychiadau'r Hen Ffarmwr gyda difyrrwch mawr. A thrwy roi nodiadau bach golygyddol yn ceryddu'r Hen Ffarmwr am y peth yma a'r peth arall, argyhoeddodd Hiraethog lawer o'i darllenwyr eu bod yn darllen cynnyrch ffarmwr go iawn.

Nid yn unig y mae'r iaith yn ddigrif ond y mae personoliaeth yr Hen Ffarmwr yn ddigrif, ac y mae rhai o'r straeon sydd ganddo i'w hadrodd a'r trafferthion y mae'n cael ei hunan yn eu canol, hwythau hefyd yn ddigrif. Mae'n wir fod yr iaith braidd yn anodd i'w sawl nad yw'n gyfarwydd â thafodiaith Dyffryn Clwyd, oherwydd mae'r llythyrau wedi eu hysgrifennu'n ffonetig. Ond buan y mae'r darllenydd dieithr yn sylweddoli mor glyfar yw'r awdur yn ei helpu i ddeall ambell gystrawen anghyffredin neu ambell air anghyffredin. Ar ôl darllen llythyr neu ddau, ni cheir fawr drafferth i'w deall wedyn. Ac y mae grymuster a sbonc yn yr iaith. Yr oedd mor gwbl wahanol i ryddiaith arferol llyfrau a chylchgronau y pryd hwn. Yr ydych yn gwrando, yn y llythyrau hyn, ar Gymraeg cyhyrog, lliwgar a di-lol Cymru uniaith cefn-gwlad Cymru cyn dyfod o'r Seisnigo mawr. Nid yw Hiraethog wedi gadael i unrhyw ddamcaniaethau am y ffordd y dylid siarad ac ysgrifennu Cymraeg safonol effeithio o gwbl ar yr Hen Ffarmwr. Er hynny, nid yr ystyriaethau hyn oedd diddordeb pennaf darllenwyr cyntaf y llythyrau. Iddynt hwy, y peth oedd yn newydd, yn syfrdanol newydd, oedd neges y llythyrau – neu safbwynt yr Hen Ffarmwr, os mynnwch. Cofiwch nad oedd cyfrinach awduraeth y llythyrau'n hysbys ar y pryd. Cyn belled ag y gwyddent hwy, wrth ddarllen, dyma hen ŵr gwladaidd, di-addysg, un o'r werin datws, yn mynegi barn heb flewyn ar ei dafod, am y byddigions, am y personiaid, am y llywodraeth. Ac yr oedd yn hynod feirniadol ohonynt. Mwy na hynny, yr oedd ganddo farn bendant iawn ar y ffordd orau i ddiwygio'r drefn gymdeithasol. Mewn gair, yr oedd Gwilym Hiraethog yn cyflwno egwyddorion radicaliaeth i'w ddarllenwyr ac yn gwneud hynny gan greu'r argraff mai dyma'r math ddoethineb y byddech chwi'n ei ddisgwyl gan hen gono o ffarmwr yng nghefn gwlad. O'r diwedd, dyma wladychu radicaliaeth yng Nghymru. Nid rhywbeth estron mohoni yn cael ei gwthio o Gymry gan Saeson, ond y math athrawiaeth yr oedd synnwr cyffredin yn ei ddysgu i'r werin bobl. Mwy na hynny, trwy osod ei genadwri ar wefus Hen Ffarmwr di-addysg, yr oedd yn rhaid i Hiraethog fynegi syniadau mewn ffordd ddiriaethol. Radicaliaeth yn cael ei chyflwyno mewn straeon, mewn darluniau, mewn digwyddiadau, sydd yma. Ac yr oedd hynny'n grymuso'r genadwri i werin gwlad. A thrwy lythyrau'r Hen Ffarmwr fe ddysgwyd gwerin daeog i godi'i phen, i fynnu'i hawliau ac i herio ei gorthrymwyr. Mewn gair, yr ydym yn y gwaith hwn yn gwylio meistr ar gyfathrebu wrth ei grefft.

**Radicaliaeth**

Sonnir am Gwilym Hiraethog ambell dro fel 'tad radicaliaeth Gymreig'. Mae cryn dipyn o gyfiawnhad tros roi'r teitl hwnnw iddo. Gadewch inni edrych ar y mudiad er mwyn prisio ei gyfraniad. Ym 1881 bwriodd John Thomas, Lerpwl, olwg tros ei yrfa mewn erthygl gyda'r pennawd, 'Adolygu triugain mlynedd'. Meddai:

> Yn fy nghof cyntaf, yr Annibynwyr a'r Bedyddwyr yn unig a ymyrent â gwleidyddiaeth, a hen Whigiaid gochelgar oeddynt hwythau; ac am y Methodistiaid a'r Wesleyaid, yr oedd cydymdeimlad eu blaenoriaid agos yn gwbl â'r Toriaid; ond erbyn hyn y maent hwythau yn Rhyddfrydwyr trwyadl . . .[2]

Mae John Thomas yn edrych yn ôl i ddau-ddegau'r ganrif. Ac y mae'n rhoi inni mewn un frawddeg fesur y newid a ddigwyddodd yn hanes gwleidyddol Cymru. Y peth y mae'n ei olygu wrth ddweud mai Whigiaid oedd yr Annibynwyr a'r Bedyddwyr yw eu bod yn fodlon cefnogi newidiadau bychain ond ni fynnent, er dim, beryglu'r drefn gyfreithiol a chymdeithasol oedd ohoni. Tra oedd John Elias wrth y llyw ymhlith y Methodistiaid, nid oedd unrhyw obaith i'w gweinidogion na'u blaenoriaid gefnogi unrhyw gyfnewidiadau gwleidyddol. Yr oedd ef yn gadarn ei ymlyniad wrth yr egwyddor na ddylai crefyddwyr ymhel â gwleidyddiaeth o gwbl – ond os oedd rhaid, yna cefnogi'r goron â'r llywodraeth oedd eu dyletswydd. Ond ni chafodd Elias ei ffordd ei hunan bob amser. Yr oedd Thomas Jones o Ddinbych, er enghraifft, a'i ogwydd yn fwy rhyddfrydol nag Elias, fel y byddech yn disgwyl oddi wrth un a oedd yn gyfaill plentyndod i Edward Williams, Rotherham. A thra bu Thomas Jones byw, nid oedd tragwyddol heol i Elias. Ond bu ef farw ym Mehefin 1820 ac wedyn yr oedd Torïaeth Elias yn gorffwys yn drwm ar yr enwad. Yn y tridegau, fodd bynnag, dechreuodd yr adwaith yn ei erbyn ymhlith y gweinidogion ifainc, ac hyd yn oed ymhlith blaenoriaid sir Fôn. Ac ni rywstrodd ddicter Elias Roger Edwards rhag golygu *Cronicl yr Oes* o 1835 hyd 1839, y papur gwleidyddol cyntaf yn Gymraeg a phapur croyw ei egwyddorion radicalaidd. Yn awr, erbyn hynny yr oedd Elias wedi ymosod yn hallt ar yr Annibynwyr gan honni nad oedd yr Efengyl ganddynt am eu bod yn busnesu mewn politics. Yr oedd gogwydd mwy rhyddfrydol yn datblygu yn eu plith hwy ers blynyddoedd. Dyna frwydr dileu Deddfau'r Prawf a'r Gorfforaethau ym 1828; Rhyddfreiniaid y Pabyddion ym 1829; Y Ddeddf Diwygio ym 1832; Rhyddhau'r Caethion ym 1833. Ond y frwydr a wnaeth y gwahaniaeth mawr yn agwedd yr enwadau at wleiddydieth oedd honno i ddileu Deddfau'r Yd, rhwng 1841 a 1846. Ar ddechrau'r ymgyrch fawr honno yr oedd cyrddau misol y Methodistiaid yn rhybuddio eu pobl rhag cymryd rhan ynddi. Ond erbyn ei diwedd, yr oedd chwyldro go fawr wedi digwydd. Teimlai llu mawr o Fethodistiaid mai eu brwydr hwythau oedd y frwydr am fara rhad ac fe'u hargyhoeddwyd fod gan Ymneilltuwyr lawer mwy o rym gwleidyddol nag yr oeddynt erioed wedi dychmygu. Ac yn wir, erbyn 1852, fe gawn Richard Davies y Borth, Methodus a oedd i briodi Anne, nith Gwilym Hiraethog (merch Henry Rees) ymhen tair blynedd, yn ymladd yr etholiad seneddol ym Mwrdeistrefi Caernarfon.

Rhan o frwydr yr Ymneilltuwyr oedd honno yn erbyn yr Eglwys Sefydledig. Dechreuodd y frwydr yn y tridegau ond magodd dipyn mwy o stêm yn y pedwar-degau.[3] Dechreuodd 'Llythyrau 'Rhen Ffarmwr' ymddangos yn yr *Amserau* ym 1846 Mae'r amseriad yn arwyddocaol. Yr oedd Brwydr Dileu Deddfau'r Yd wedi ei hennill. Yr oedd y wlad yn aeddfed am bwyslais mwy ymosodol. Yr oedd arweinwyr eisoes yn osio i gyfeiriad rhyddfrydiaeth gymedrol. Y cam nesaf oedd dysgu'r werin i werthfawrogi beth oedd radicaliaeth yn ei olygu. Yr oedd y tir eisoes wedi ei fraenaru gan bobl fel David Rees, Roger Edwards, Caledfryn, S.R. a'i frawd J.R. ac eraill. Daeth

Hiraethog i'r olyniaeth hon a gwneud radicaliaeth yn safbwynt na allai ond apelio at y werin – yn arbennig felly, gwerin cefn gwlad. A rhoes ddyfnder teimlad i'r safbwynt, yn ogystal â dysgu'r werin chwerthin am ben ei gormeswyr.

Ond y mae i Radicaliaeth Hiraethog flas arbennig oherwydd fod Cymreictod yn golygu rhywbeth iddo. Ni ellir dweud hynny am S.R. na David Rees. Ond saif Hiraethog gyda Ieuan Gwynedd a'r offeriad Cymraeg alltud yn Swydd Efrog yn ei argyhoeddiad fod yr iaith Gymraeg a dyfodol i genedl fel y cyfryw yn fater o bwys. A dyfnhawyd yr argyhoeddiad hwn yng nghalonnau llawer gan Frad y Llyfrau Gleision ym 1847. Ac nid cenedlaetholdeb cyfyng mo'i un ef – yr oedd ganddo ddiddordeb eirias yn y mudiadau cenedlaethol yn yr Eidal a Hwngari. Nid yn unig hynny, mynnai fod i'r Gymraeg safle freiniol fel llawforwyn i'r efengyl, ac yn ei anerchiad o Gadair Undeb yr Annibynwyr yng Nghaerfyrddin yn 1872 meddai:

> Ni fyddai dim yn fwy dymunol ganddo ef, Satan, na'ch cael chwi, dynion y tŷ yn cysgu . . . a chyda golwg ar Gymru, carai yn ddiau weled ein hen iaith yn syrthio i drancedigaeth buan, yn y gobaith y syrthiai ei chrefydd efengylaidd i drancedigaeth gyda hi; fel y bu, i fesur helaeth yn y rhanau hyny o'n gwlad y digwyddodd felly iddynt. Nid oes un Sais yn Lloegr, nac un iaith-fradwr yng Nghymru a garai hyny gymaint ag ef.[4]

Yn wahanol i Emrys ap Iwan, ni fyn fod cysylltiad uniongyrchol rhwng y genedl fel ffurf hanesyddol ar fywyd dynolryw a gwaith Duw. Yn hynny o beth roedd ei radicaliaeth yn cyfrannu yng ngwendid sylfaenol radicalaidd Ymneilltuol ei gyfnod, sef ei natur unigolyddol. Ond roedd y ffaith iddo osod pwys ar y Gymraeg o gwbl a gweld ynddi werth a'r angen i'w chadw yn fyw yn ei osod ar wahân i lawer o'i gyfoeswyr.

Rhwng popeth, roedd Gwilym Hiraethog ymhlith y difyrraf o arweinwyr crefyddol ei oes ac yn un a dal i ni ei fawrygi o hyd.

[1]R.M.Jones, *Llên Cymru a Chrefydd* (Abertawe, 1977), 447-8; cf Ioan Williams, *Capel a Chomin: Astudiaeth o ffugchwedl pedwar llenor Fictoraidd* (Caerdydd, 1991), 31-55

[2]*Y Tyst*, 4 Mawrth 1881, 4

[3]Gw. R.Tudur Jones, 'The origins of the Nonconformist Disestablishment campaign', *Journal of the Historical Society of the Church in Wales* 20 (1970), 39-76

[4]*Adroddiad Undeb yr Annibynwyr* (Caerfyrddin, 1872), t.16; gw. R. Tudur Jones, *Yr Undeb: Hanes Undeb yr Annibynwyr Cymraeg*, 1872-1972 (Abertawe, 1975), tt. 102-3.

PENNOD 10

# *Pregethu Henry Rees (1798-1865) a Gwilym Hiraethog*

Aeth pregethu bellach yn weithgarwch nad yw'n cyffwrdd ond ag ychydig o bobl Cymru. Peidiodd â bod yn act gyhoeddus y gellir disgwyl i'r werin a'r miloedd sylwi arni ac aeth yn weithgaredd preifat mewn cylchoedd bychain. Nid yw hyd yn oed yn cyffroi sylw cyson mwy nag un rhan o dair o aelodau'r eglwysi. Mae'r cyferbyniad rhwng safle pregethu ym mywyd ar drothwy'r mileniwm a'i safle ym 1850 yn syfrdanol. Ac o ganlyniad, y mae gan yr hanesydd dasg enbyd o'i flaen wrth geisio esbonio natur, dylanwad ac apêl pregethwyr fel Henry Rees a'i frawd, Gwilym Hiraethog, ym mlynyddoedd canol y bedwaredd ganrif ar bymtheg. Aeth D.S. Jones, Chwilog, yn llanc i Lerpwl, yn unswydd i glywed Hiraethog yn pregethu, ac ar ôl cyrraedd gofynnodd i blismon lle'r oedd capel William Rees, ac fe'i syfrdanwyd na wyddai'r dyn ddim! Gan fod pawb ym Mhenmaen-mawr yn gwybod am Hiraethog, naturiol fyddai i bawb yn Lerpwl wybod gan ei fod yn weinidog yno.[1]

**Y ddau frawd**

Yn Llansannan y ganwyd Henry a Gwilym Rees. Nid hollol ddibwys fel dylanwad ar eu cymeriadau oedd eu bod yn hanu o deulu uchelwrol yn y gorffennol pell, er bod treiglad y cenedlaethau wedi ysbeilio'r gangen hon o'r teulu o'i chyfoeth, ond nid o'i hurddas. Yr oedd y ddau'n dra ymwybodol o'r gorffennol ac yn meddu gogwydd cryf at arwain pobl. Ganwyd Henry Rees yn Chwibren-isaf ar 15 Chwefror 1798 a'i frawd, William, bedair blynedd a thri chwarter yn ddiweddarach, ar 8 Tachwedd 1802, yn yr un man. Magwyd y ddau gyda'r Methodistiaid Calfinaidd ond cefnodd William arnynt yn sgîl helynt ddisgyblu ac ymuno fel un o'r aelodau cyntaf yn eglwys newydd yr Annibynwyr a gorfforwyd yn Llansannan ym 1828. Dechreuodd Henry bregethu tua 1818 ac wedi mynd i'r Amwythig ym 1821 bu'n gofalu am yr eglwys yn y dref honno. Cafodd ei ordeinio ym 1827 ac ym 1836 symudodd i Lerpwl gan fod yn gysylltiedig maes o law ag eglwys Chatham Street. Bu farw 18 Chwefror 1869 a chladdwyd ei weddillion yn Llantysilio, Môn. Dechreuodd William bregethu ym 1828 a chafodd ei ordeinio ym Mostyn ym 1831. O 1837 hyd 1843 yr oedd yn Lôn Swan, Dinbych. Ac yna o 1843 hyd onid ymddeolodd ym 1875 bu yn Lerpwl, yn y Tabernacl hyd 1853 ac yn Salem (Grove Street) o hynny ymlaen. Felly, am dros chwarter canrif bu'r ddau frawd yn byw yn Lerpwl ac yr oedd y cyslltiad rhyngddynt yn un clos iawn. Mae'n drawiadol fod pâr arall o frodyr yn weinidigion yn yr un ddinas yr un pryd. Aeth John Thomas i'r Tabernacl, Lerpwl, ym 1854, a'i frawd hŷn, Owen, i Netherfield Road ym 1865, a buont hwythau, fel y brodyr Rees, yn cydweinidogaethu am 26 blynedd – y naill gyda'r Annibynwyr a'r llall gyda'r Methodistiaid Calfinaidd.

Gwŷr digoleg oedd Henry Rees a'i frawd – ac mewn gwirionedd digon prin oedd eu dyddiau ysgol. Cul oedd eu gwybodaeth ond yr oedd yn wybodaeth a enillwyd trwy fawr ymdrech. Ffrwyth hunan-ddisgyblaeth oedd y diwylliant cadarn a nodweddai'r ddau. Pan oeddynt yn ifanc yr oedd yn hawdd adnabod y naill oddi wrth y llall, er bod William wedi colli golwg un llygad o ganlyniad i'r frech wen pan oedd yn blentyn. Yr oedd y ddau'n dal ac urddasol eu hosgo, a lleisiau siarad trawiadol ganddynt. Ond yr oedd William er yn ifanc yn ddihareb am aflerwch ei ddillad. Gan na chawsant addysg uwchradd i ddileu argraffiadau diwylliant cartref a bro arnynt, yr oeddynt yn hynod debyg i'w gilydd yn eu pregethu cynnar. Er huchelgais oedd dynwared y Piwritaniaid gyda'u pregethau cymalog, yn frith o bennau ac is-bennau, ac yn llwythog o athrawiaeth. Yn ôl pob sôn, nid oedd hyn yn groes i'r graen gan gynulleidfaoedd oherwydd daeth y ddau'n rhyfeddol boblogaidd bron o'r cychwyn. Erbyn 1822 yr oedd Henry Rees yn pregethu yn y Gymdeithasfa yn Y Bala a phrin y bu'n absennol o lwyfan y sasiwn weddill ei oes. Yr oedd Gwilym Hiraethog yntau'n bregethwr Cymanfa hyd yn oed cyn ei ordeinio, ac yn ôl Dr John Thomas, 'wedi marw Mr Williams o'r Wern (1840) nid oedd unrhyw weinidog yn ei enwad yn Ngogledd Cymru mor boblogaidd.'[2] A gellid dweud am ei frawd, ar ôl marwolaeth John Jones, Tal-y-sarn, ym 1857, ef oedd y mwyaf dylanwadol a phoblogaidd o bregethwyr y Methodistiaid Calfinaidd.

**Datblygu'n wahanol**

Er bod Henry Rees a Gwilym Hiraethog wedi cefnu ar eu dull cynnar o gyfansoddi pregethau, datblygodd y ddau'n bur wahanol i'w gilydd wrth i'r blynyddoedd basio. Dywedir fod Henry Rees wedi dechrau cyfnod newydd yn hanes pregethu trwy'r boen a gymerai gydag adeiladwaith a chynllun ei bregethau. Gwir na fabwysiadodd bennau ffansi, gyda geiriau'n dechrau â'r un llythyren neu gyda chlec y gynghanedd ynddynt. Dirywiad diweddarach lawer oedd hynny. Ond âi i drafferth fawr i wneud ei bregethau'n gyfansoddiadau cryno a chyflawn. Nid oedd ar unrhyw amser yn cyfansoddi'n rhwydd. Er iddo brifio'n siaradwr byrfyfyr hynod effeithiol, nid da ganddo gael ei ddal yn ddibaratoad. Ysgrifennai baragraffau lawer gwaith drosodd. Ac un canlyniad yw fod ei bregethau'n frith o frawddegau caboledig. Am weinidogaeth Iesu ar y ddaear dywed:

> Daeth iddi trwy ymgnawdoliad, aeth drwyddi mewn ufudd-dod perffaith, ac o honi dan farn marwolaeth. Daeth iddi trwy gymeryd ein natur, ac aeth o honi trwy gymeryd ein cosb (*Pregethau* II, 26). [3]

Neu'r brawddegau hyn yn esbonio'r *Solo Christo*:

> Ni cheir neb yn Waredwr yn ei le, na neb yn gyd-Waredwr âg ef. Nid Crist a'ch defosiynau, Crist a'ch elusenau, na Christ a'ch argyhoeddiadau, a wna iawn dros eich pechodau, rhaid iddo ef gael bod oll yn oll, onide ni bydd yn ddim i chwi. Efe ei hunan yw yr iawn, ac y mae'n anfeidrol ddigon (*Pregethau* II, 555).

Am fod Henry Rees yn cymryd y fath drafferth gyda chyfansoddi, ac yn ysgrifennu ei bregethau'n gyflawn, mae'r ffurf brintiedig sydd iddynt yn union, bron air am air, fel y traddodwyd hwy. A dyna sy'n gwneud tair cyfrol ei bregethau'n gystal moddion i ddarganfod mawredd y pregethwr.

Yr oedd Gwilym Hiraethog, ar y llaw arall, yn cael trafferth fawr i ysgrifennu ei bregethau.[4] Cyfeddyf yn ei ragymadrodd i *Koheleth*, ei gyfrol gyntaf o bregethau, iddo gael trafferth enbyd i'w fodloni ei hun â'r cynnwys. Yr oedd yn hawdd ganddo ddilyn awgrymiadau a neidiai i'w feddwl ar ganol traethu – peth na wnâi ei frawd byth mohono. Ac fel y dywed fwy nag un sylwedydd wrth drafod ei bregethu, yr oedd yn anodd iawn cipio rhin a gwefr ei bregethau wrth eu cyhoeddi. A rhaid cydnabod mai siomedig braidd yw llawer pregeth yn y cyfrolau a gyhoeddwyd. Mae'r bregeth 'Cysegr Duw' a chyhoeddwyd ganddo yn *Koheleth* (202-221)[5] ar gael hefyd fel y copïwyd hi mewn llaw fer wrth ei gwrando yn Abermo, Dydd Calan 1878, yn *Y Dysgedydd* (1884), tt. 45-50. Gwir nad oes gwahaniaethau sylweddol rhwng y ddwy fersiwn ond y mae ei chael fel y traddodwyd hi'n dod â ni amryw gamau'n nes at werthfawrogi cyfaredd y traddodi.

Mae'r gwahaniaeth hwn rhwng y ddau frawd yn allwedd i wahaniaeth arall rhyngddynt ynglŷn â'r hyn oedd yn weddus wrth draddodi pregeth. Mae Henry Rees yn traethu ei farn yn ddifloesgni yn ei anerchiad ar 'Cymhwysderau a gwaith y Weinidogaeth'. 'Gwyliwch', meddai, 'rhag bob ysgafnder mewn ysbryd a dull'. Dim ond parchu'r egwyddor hon a bydd 'y meddwl yn marweiddio yn raddol i'r ffraeth ddywediadau gweigion, ystumiau y chwareufwrdd, a'r araeth chwyddidig ac amleiriog' (*Pregethau* III, 342). Uwchlaw popeth mynnai Henry Rees fod yn gwbl ddifrifol wrth draethu. Yr oedd ei frawd yn credu'n wahanol. Meddai hwnnw yn ei bregeth, 'Llywodraeth Duw':

> Aeth yn dybiaeth, rywfodd, yn meddyliau dynion fod crefydd a gwasanaeth Duw yn gofyn wynebpryd pruddaidd ac athrist i'w gyflawni, a'r pruddaf ei wedd, a'r amlaf ei ocheneidiau a gyfrifid yn fwyaf sanctaidd a duwiol . . . Gwyn fyd na ellid perswadio credinwyr i gredu y gwirionedd hwn, sef fod prudd-der wyneb, a surni gwedd, yn sarhau Duw yn ei gysegr, ac yn warthruddiad ar yr efengyl . . . (*Koheleth*, 151-2).

Ar gychwyn ei weinidogaeth yr oedd cymaint angerdd difrifol yn ei bregethu ag ym mhregethu ei frawd ond daeth newid yn y naws tua chanol y pedwar-degau. Fel y dywedodd Dr John Thomas, Lerpwl, 'daeth yn fwy hamddenol a *humorous* – cymerai hanesion Ysgrythyrol i fyny, a rhoddai ffrwyn i'w ddarfelydd i'w portreadu.'[6] Mewn geiriau eraill, daeth Hiraethog i apelio at gwmpas teimladol ehangach yn ei wrandawyr na'r frawd a dyna pam y ceir adroddiadau mynych am gynulleidfaoedd yn wylo ac yn chwerthin ar yr ail o dan ei bregethu.

**Moddion gras a sofraniaeth yr Ysbryd**

Y tu ôl i'r gwahaniaeth hwn yr oedd peth gwahaniaeth pwyslais diwinyddol rhyngddynt. Rhwng 1836 a 1840 bu dadlau brwd yng Nghymru ynglŷn â gwaith yr Ysbryd Glân yn nychweliad pechadur[7] a chymerodd Gwilym Hiraethog ran yn y drafodaeth. Craidd y ddadl oedd y cwestiwn, beth yw'r berthynas rhwng yr Ysbryd Glân, moddion gras a'r bersonoliaeth ddynol yn nychweliad pechadur? Y safbwynt uniongred Calfinaidd oedd fod yr Ysbryd Glân yn dylanwadu'n uniongrychol a digyfrwng ar ewyllys a deall pechadur i'w adgenhedlu a thrwy foddion gras (fel darllen y Beibl neu bregethu) i'w ddwyn i dröedigaeth neu'r enedigaeth newydd. Rhaid cydnabod fod y ddadl yng Nghymru wedi ei chymylu braidd â diffyg gwahaniaethu rhwng yr adgenhedlu, sef plannu hedyn y bywyd ysbrydol newydd yn y bersonoliaeth lygredig, a'r aileni, sef cofleidio'r gwirionedd achubol yn y Gwaredwr a'i fynegi'n gyhoeddus mewn edifeirwch a ffydd gadwedigol. Ond fel yr oedd hi, tueddai Annibynwyr a Bedyddwyr i bwysleisio dylanwad digyfrwng yr Ysbryd Glân yn nychwelaid pechadur ond heb ddiystyru moddion gras (fel pregethu). Dyma oedd safbwynt meddylwyr fel Dr George Lewis, John Jenkins, Hengoed, John Roberts, Llanbryn-mair, a David Morgan, Llanfyllin. Tuedd y pwyslais hwn, o'i gario i eithafion, oedd tanseilio ymddiriedaeth mewn moddion gras ac esgor ar lonyddwch a marweidd-dra yn y bywyd eglwysig ac ynglŷn ag efengylu. Mae adlais o'r pwyslais hwn yn ddigon cyfarwydd inni yn yr argyhoeddiad cyfoes na ddylem weithio i hybu adfywiad ysbrydol yng Nghymru heddiw. Ceisio 'gwethio Diwygiad', fel y dywedir, yw hynny. Rhaid inni fod yn llonydd a disgwyl i'r Ysbryd Glân, yn ei ras penargwlyddiethol, roi diwygiad i'r eglwysi. Yn y ddeunawfed ganrif yr oedd y Diwygwyr Methodistaidd eisoes wedi mabwysiadu pwyslais gwahanol. Fel y mae Owen Thomas yn esbonio:

> Yr oedd y Methodistiaid . . . tra yn credu, fel eu brodyr, fod y dylanwad sydd yn aileni pechadur yn oruwchnaturiol ac yn ddwyfol, eto yn golygu ei fod nid yn unig yn rhywbeth cysylltiedig â'r gwirionedd, ond yn cael ei weinyddu *trwy* y gwirionedd; a bod y gwirionedd, megis moddion i'w arfer gan y pechadur, wedi ei ordeinio yn offerynoliaeth ailenedigaeth iddo.[8]

Y peth a ddigwyddodd yn niwedd y tridegau oedd i ffurf fwy eithafol ar y pwyslais hwn ddechrau dylanwadu'n gryf ar feddwl Cymru. Cyfnygwyd y pwyslais newydd trwy lyfr y Cymro o Ferthyr Tudful, Thomas William Jenkyn (1794-1858), *Union of the Holy Spirit and the Church in the Conversion of the World*, a llyfr y diwygiwr Americanaidd, Charles G Finney (1792-1875), *Lectures on Revivals*. Yn fras, daliai'r ysgol hon mai dylanwad y gwirionedd datguddiedig, yn y Beibl ac mewn pregethu, sy'n troi pechadur a'i achub. Mewn geiriau eraill, nid yw gwaith yr Ysbryd Glân yn wahanol yn ei hanfod i waith y pregethwr. Mae'r cwbl yn dibynnu ar y perswâd a gaiff y gwirionedd ar bersonoliaeth pechadur. Dylanwad moesol a pherswadol y gwirionedd yw gwaith yr Ysbryd Glân - felly, yn y dadleuon Cymreig, gelwid y safbwynt hwn yn safwbynt 'y dylanwad moesol' o'i gyferbynu â'r hen safbwynt uniongred a elwid yn safbwynt 'y dylanwad anianyddol'. Ym 1838 daeth Gwilym Hiraethog (fel Dr Thomas Rees, yr hanesydd, a Richard Jones, Aberhosan) yn drwm o dan ddylanwad Jenkyn a Finney, ac yn wir lledodd y syniadau hyn yn gyflym ymhlith gwinidogion ieuengaf yr Annibynwyr ar y pryd. Tuedd gorbwysleisio'r moddion achubiaeth oedd ysgafnhau'r pwyslais ar waith yr Ysbryd Glân – neu o leiaf ei gymryd yn ganiataol. A dyma pam yr oedd Gwilym Hiraethog ar y pryd yn cael ei gyhuddo o wadu gwaith yr Ysbryd Glân yn achubiaeth pechadur. Fe'i hamddiffynnodd ei hun mewn pregeth yng Nghymanfa Conwy 1838 ar 'Yr Ysbryd a'r Briodasferch' ac fe'i hargraffodd fel y traddodwyd hi yn ei gyfrol *Koheleth* (tt. 366-402). Ond, yn ôl Dr John Thomas, yr oedd 'wedi cymedroli llawer ar ei olygiadau mewn blynyddoedd aeddfetach'[9] Ond ar y pryd, parodd gyfnewidiad yn ei bregethu oherwydd rhoddodd y pwyslais newydd 'fwy o uniongyrchedd i'w weinidogaeth, yr hon oedd bob amser yn ddifriol ac argyhoeddiadol; ond yn yr adeg yma yr oedd y fath nerth ynddi fel nad oedd dim bron a safai o'i flaen . . .', meddai John Thomas eto.

'Mwy o uniongyrchedd' – pam hyn? Fel y gweinidogion eraill a ddaeth o dan ddylanwad yr un syniadau, daeth Gwilym Hiraethog i ymdeimlo'n fwy angerddol â phwysigrwydd tyngedfennol moddion gras – a phregethu'n neilltuol. Daeth i deimlo fod tynged dragwyddol pechaduriaid yn dibynnu ar effeithiolrwydd pregethu, nid yn unig o ran ei gynnwys, ond o ran ei ddull. Ac os oedd pechaduriaid i gael eu hachub trwy bregethu, yna yr oedd yn rhaid bwrw ati i anelu'r pregethau'n benodol at eu deall, at eu cydwybod, ie, ac at eu teimladau hefyd – at y bersonoliaeth gyfan. Dyma lle daw'r 'uniongyrchedd' i'r patrwm. Nid cyhoeddi gwirioneddau'r Beibl yn wrthrychol uwchben cynulleidfa yw'r nod bellach, ond saernïo'r gwirioneddau fel saethau i drywanu'r gwrandawyr a'u dwyn i argyhoeddiad. Rhaid apelio'n uniongyrchol ac yn bersonol at bobl i ystyried, i ymysgwyd, i edifarhau a chredu oherwydd – a'i roi'n amrwd – nid oes gan yr Ysbryd Glân ond y bregeth, a'r moddion gras eraill, fel cyfrwng achubiaeth.

Safai Heny Rees yn nes at y traddodiad uniongred cynharach yn hyn o beth. Nid yw am eiliad yn diystyru'r moddion. Yn ei bregeth ragorol, 'Tywalltiad yr Ysbryd' (*Pregethau* I, 406-29), mae'n gwneud y sylw fod Cymru ar y pryd yn bur amddifad o'r Ysbryd Glân, ond mae'n ymgysuro nad yw tymor ei dywalltiad drosodd. A pham? – 'wele air ac ordinhadau yr efengyl genym; a chan fod ei arfau gweithio ef heb eu cymerid o'n hen chwarel ni, gallwn ymgysuro i ddisgwyl y Gweithiwr mawr ei hun' (t. 413). Ie, pregethau a'r sacramentau, gweddi ac oedfa, 'arfau gweithio' yr Ysbryd Glân ydynt, ond y mae'n awyddus i bwysleisio blaenoriaeth llwyr yr Ysbryd ar y cyfryngau. Beth yw pregethu? Dyma ei ateb:

> . . . dynion yn dysgu pethau Duw i ddynion gyda rhyw oleuni, teimlad, ac ymadrodd, nad oes ond Ysbryd Duw a all ei roddi; lefaru am drueni dyn, a'r angenrheidrwydd am Grist, gyda nerth anorchfygol, nes bod y gwrandawyr yn ffoi at Grist fel y caffont fywyd; dynion wedi adnabod eu calonau eu hunain yn llefaru nes gwneyd dirgelion calonau dynion eraill yn amlwg; dynion wedi gweld gogoniant Iesu Grist yn llefaru nes rhoddi gwybodaeth ei ogoniant ef i rai nad oeddynt yn ei adnabod. A ni, ynte, yn cofio i Dduw roddi addewid yr Ysbryd, na ddystewi . . . hyd oni chaffom achos i ddywedyd, Efe a dywalltodd yr Ysbryd Glân arnom ninnau yn helaeth trwy Iesu Grist ein Hiachawdwr! (*ibid.*, 426).

**Yr Ysbryd a'r Gair**

Er ei eiddigedd dros flaenorieth a sofraniaeth yr Ysbryd Glân, nid yw Henry Rees yn bychanu swydd Gair Duw yn y Beibl ac yn y bregeth. Perthynas yr Ysbryd a'r Gair yw thema'r bregeth, 'Goleuni y Gair trwy agoriad yr Ysbryd' (*Pregethau* II, 186-200). Ar y naill law, y mae meddwl dyn yn anobeithiol dywyll oherwydd pechod: '. . . cyflwyner i'r dyn hwnw wirioneddau'r efengyl, a hyny yn y modd cadarnaf ac egluraf, nis gall efe eu dirnad, eu deall, a'u derbyn yn gadwedigol, heb nerthol weithrediad yr Ysbryd Glân' (*ibid.*, 196). Y mae'r Gair yn cyfryngu barn Duw, ac yn cyfiawnhau pechadur. Ond yn ing yr argyhoeddi y mae'r waredigaeth hefyd oherwydd, o berthynas i'r Gwaredwr, deddfau Duw a'r eglwys, 'y mae yr Ysbryd yn eu dangos yn eu gogoniant i olwg y meddwl trwy'r Gair, nes dwyn yr enaid i'w caru' (*ibid.*, 199). Sylwch, yr Ysbryd trwy'r Gair yn gweithio ar feddwl dyn.

**Calfiniaeth efengylaidd**

I Henry Rees, felly, fel i Gwilym Hiraethog, y mae pregethu'r Gair yn bwysig. Ac yn sicr, ar ôl cyfnod y dadleuon ynghylch gwaith yr Ysbryd, ni ddylid gwneud melin a phandy o'r gwahaniaeth pwyslais diwinyddol rhwng y ddau frawd – os oedd gwahaniaeth o gwbl. Ond yr oeddynt yn gwahaniaethu yn eu gwedd at briodoldeb apelio at y teimladau wrth bregethu. Yr oedd Gwilym Hiraethog bob amser yn bregethwr cynhyrfus a cheid cynulleidfaoedd yn adweithio'n hynod deimladol o dan ei weinidogaeth. Ond ofnai Henry Rees deimladrwydd, fel y dywed Dr Owen Thomas:

> Yn yr awydd gwirioneddol a chryf oedd ynddo am achubiaeth eneidiau ei wrandawyr, yr oedd mor eiddigus o bob cynhyrfiad ar eu teimladau ag y gallent hwy ei gamgymmeryd am ddylanwad achubol ar eu calonau, fel ag i osgoi pobpeth a dueddai i oglais dim ar eu gymherau; ac yn y cyffredin, yn ei gyfyngu ei hunan yn gwbl i gyflwyniad eu hunan yn gwbl i gyflwyniad syml o'r gwirionedd gyda difrifwch a dwysder ger eu bron.[10]

Ymgroesai fwyfwy, fel yr heneiddiai, rhag lluosogi cymariaethau a rhag mynegi ei weledigaeth mewn ehediadau areithyddol. Mae'n ddiddorol mai sylw Owen Thomas ar y nodwedd hon oedd, 'Nid oes un amheuaeth, yn ein meddwl ni, nad oedd efe yn hyn yn camgymmeryd yn fawr . . .'[11] a hynny oherwydd ei fod yn lleihau effaith arhosol ei bregethu. Yr oedd agwedd ei frawd yn gwbl wahanol. Yr oedd yn feistr mawr ar y paragraff hedegog ac yn arbennig ar atgynyrchu mewn modd bwysig a diddorol hanesion y Beibl. Er hynny, y gwir yw fod y gallu i lunio cymhariaeth drawiadol mor gryf yn Henry Rees fel na allai ei fygu'n llwyr a cheir enghreifftiau nid yn unig yn ei bregethau cynnar ond ym mhregethau ei henaint hefyd.

Fel y gwelsom wrth drafod gwaith yr Ysbryd Glân, cwestiwn llosg ar ddiwedd y tridegau oedd trwy ba foddion y mae anghredinwyr yn cael eu hargyhoeddi. Dengys hyn at bwy, ym meddwl gweinidogion y cyfnod, yr oedd eu pregethu'n cael ei anelu. Eu targed oedd y byd anghrediniol. Nid poeni yr oeddynt, yn gyntaf peth, sut orau i adeiladu'r saint yn yr eglwys â'u pregethau, ond sut orau i orchfygu calonnau gwrthnysig y bobl y tu allan iddynt. Mewn geiriau eraill, yr oedd eu llygaid ar y cyhoedd – ac yn y peth hwn yr oeddynt yn parhau, ac yn adfywio, y traddodiad cenhadol ac efengylaidd a ysgydwodd Cymru yn y Diwygiad Methodistaidd a chyn hynny yn y cyfnod Piwritanaidd. Os yw pechadur yn gwbl lygredig, a oes disgwyl iddo ymateb o gwbl i alwad yr Efengyl? Os yw'n gwbl analluog i ymateb, pa synnwyr sydd mewn cyhoeddi ei fod yn euog? Yn wir, pa ddiben sydd mewn pregethu iddo o gwbl? Yn y blynyddoedd rhwng 1815 a 1840 lledai'r argyhoeddiad yn gyflym iawn ymhlith pregethwyr fod yn rhaid gwahaniaethu rhwng gallu naturiol a gallu moesol dyn. Er bod llwyr lygredigaeth yn golygu fod yr ewyllys yn gaeth i bechod ac na feddai dyn mwyach y rhyddid i ddewis y bywyd tragwyddol yn hytrach na cholledigaeth, nid oedd hyn yn golygu nad oedd pechadur yn rhydd i ddewis rhwng te a choffi. Fel creawdwr, y mae gan ddyn ddyletswyddau tuag at ei Greawdwr ac er y llanastr fawr a wnaeth pechod ar ddelw Duw ynddo, erys digon o'i ryddid naturiol i'w alluogi i ymateb, er yn gloff iawn, i ofynion ei Greawdwr. Felly, pwysai'r pregethwyr a goleddai'r safbwynt hwn ar bechaduriaid i ddechrau ymarfer y moddion a orderiniodd Duw, yn llawn hyder y gwnâi Duw ymateb yn rasol. Yr oedd gwŷr fel Williams o'r Wern, John Roberts (Llanbrynmair), Michael Jones a Gwilym Hiraethog wedi cofleidio'r safbwynt hwn a daeth yn ddylanwad grymus ar bregethu'r Methodistiaid Calfinaidd pan gofleidiwyd ef gan John Jones, Tal-y-sarn, yn nannedd gwrthwynebiad John Elias. Mae John Jones yn rhoi'r pwnc fel hyn:

> Felly, 'mhobl i, y mae yr Arglwydd yn yr efengyl yn galw arnoch chwithau i edifarhau ac i gredu ac i fyw yn dduwiol. Nid yw yn dysgwyl nac yn meddwl am i chwi wneuthur hyny yn eich nerth eich hunain. Na: yr hyn y mae yn ddysgwyl yw, ar i chwi eich gosod eich hunain yn y modd mwayf manteisiol i weithrediad nerthoedd anfeidrol ei natur ef ei hunan i'ch cynnorthwyo; ymarfer yn fyddlawn ac yn gydwybodol â'r moddion a drefnwyd

> ganddo ef, gyda llawn sicrwydd o'i fendith ef ar y fath ymarferiad, er eich dwyn i feddiant o fywyd tragwyddol.[12]

Mae'n wir fod Henry Rees yn petruso mabwysiadu pwyslais Tal-y-sarn ar ryddid pechadur i gymaerfer moddion gras, ond credai'n angerddol yng ngwerth apelio at bechaduriaid i ddod at Grist:

> 'Canys yn gymaint a dyoddef o hono ef gan gael ei demtio, efe a ddichon gynorthwyo y rhai a demtir.' Mae pob gwaedd a glywo, pob deigryn a wêl, pob ochenaid a gyfyd o'r fynwes drom am faddeuant a heddwch, yn deffro ei galon i gynorthwyo. O fy enaid, paham yr wyt ti'n ammheu, yn meddwl yn galed am ei ras, yn petruso am fynyd dyfod ato? Onid wyt yn cofio pa fath un ydoedd efe pan ar y ddaear? Pwy a wrthododd efe? . . . Dos ato dan dy groes, dy euogrwydd, a dy bla; ac fe fydd ei holl galon yn cyffroi er dy fwyn . . . (*Pregethau* II, 553).

A dyma Gwilym Hiraethog yn taro tant cyfarwydd iawn yn ei bregethu trwy'r blynyddoedd. Trafod y mae, 'Yr Ysbryd yn dywedyd "Tyred"':

> Y mae yr iachawdwriaeth y gwahoddir di i'w derbyn, wedi deilliaw o'r orsedd y codaist yn ei herbyn; y mae awdurdod yr orsedd hono wrth gefn y gwahoddiad; nid oes lle rhesymol i ofni dyfod yn mlaen i dderbyn a chofleidio y drefn, i yfed o'i dyfroedd. Yn dy waith yn sefyll yn ol y mae y perygl; y mae gennyt hawl i *dderbyn* iachawdwriaeth, ond nid oes gennyt hawl i'w *gwrthod*, pan y mae Duw wedi ei threfnu, a'r Ysbryd yn dywedyd, 'Tyred'.

Pa genadwri a oedd gan y dynion hyn ar gyfer eu cynulleidfaoedd? Wrth geisio ateb y cwestiwn hwn deuwn ar draws y gwahaniaeth mwyaf rhwng pregethu 1850 a'r pregethu sydd i'w glwyed ym mwyafrif capeli Cymru heddiw.

Craidd y gwahaniaeth yw fod pregethu heddiw gan amlaf yn amddifad o sylfaen diwinyddol gadarn, yr hynod o unigolyddol a goddrychol ac yn dibynnu ar argyhoeddiadau neu ddamcaniaethau'r sawl sy'n pregethu, yn annelwig ynglŷn â ffynhonnell ei awdurdod ac yn friwsionllyd yn ei gyflwyniad o Gristionogaeth. Mae pregethu Gwilym Hiraethog a Henry Rees yn hollol wahanol. Ei awdurdod yw datguddiad Duw ohono'i hun yn y Beibl. Fel y dywed Gwilym Hiraethog am y Beibl yn un o'i ddwy bregeth ar 'Lyfr Duw', 'y mae mawredd, ac urddas, a phwysigrwydd Dwyfol yn ei eiriau, gan ei fod megis yn cynrychioli Duw yn mysg dynion' (*Koheleth*, 171). Neu, fel y mae Henry Rees yn gosod y peth, 'Meddyliau Duw wedi eu gwneuthur yn hysbys i ddynion trwy eiriau o'i ddewisiad ydyw yr Ysgrythyrau sanctaidd' (*Pregethau* III, 139). Dyma, felly, sail awdurdod y pregethwr. 'Y peth mawr i'w bregethu yw y gair', meddai Henry Rees, 'a'r peth mwyaf yn hwnw yw Crist' (*Pregethau* III, 336). Ac y mae'r Gair yn fwy na thystiolaeth am ras; y mae'n cyfryngu gras. Fel y dywed Henry Rees, 'Trwy weinidogaeth y gair y mae Duw yn adgenedlu ei blant i'r etifeddiaeth . . . ac yn trosglwyddo ei ffrwyth mewn heddwch, maddeuant, a gras i'w mynwesau . . .' (*Pregethau* III, 150). Ond da cofio fod y ddau frawd yn gytûn fod eneiniad yr Ysbryd yn angenrheidiol gyda'r Gair. Yn ei bregeth goffa ar ôl ei frawd, 'Gwas Duw' (*Koheleth*, 342-59) disgrifia Hiraethog yr eneiniad fel 'y rhywbeth hwnnw' a dywed:

> Os bydd y lamp hon (sef y nerth a'r goleuni anghyffredin y soniwn am dano) diffodd yn nheml yr Arlgwydd, hi â yn nes ar grefydd yn Nghymru eto, a 'chyfyd oes arall' o broffeswyr a gwrandawyr nad adwaenant yr Arglwydd . . . Ni wna athrawiaeth iachus ac efengylaidd yn unig, na phob moddion addysg a gwybodaeth grefyddol gyda'u gilydd, y tro er cynyrchu a maethu bywyd crefydd ysprydol, heb y rhywbeth dwyfol hwnw i'w harddel a'i heffeithioli. Fe â y weinidogaeth yn sych, diafael a dieffaith. . . . crefyddwyr yn ddaearol ac anianol a chynhenus . . . daw y gelyn i mewn fel afon . . . ac nid oes ond 'Yspryd yr Arglwydd a'i hymlid ef ymaith' (*Koheleth*, 346-7).

Datguddiad Duw yn ei Air ac eneiniad yr Ysbryd Glân, felly, sy'n gwisgo'r pregethwr ag awdurdod.

Gweithiai Gwilym Hiraethog a Henry Rees gyda'r gyfundrefn ddiwinyddol y gellid yn briodol ei galw'n 'Galfiniaeth Efengylaidd'. Profiad diddorol yw ei hastudio yng nghyfrolau pregethau gwŷr fel Williams o'r Wern, Christmas Evans, John Jones, Tal-y-sarn, David Jones, Treborth, Edward Morgan, Dyffryn, Gwilym Hiraethog, Henry Rees ac eraill. Wrth ddarllen eu pregethau, fe sylweddolwn pa mor ddynamig ac atyniadol a siriol oedd y ddiwinyddiaeth hon. Dywed Karl Barth mai un prawf ar werth diwinyddiaeth yw a ellir ei phregethu. Ac yn sicr yr oedd hon yn ddiwinyddiaeth wedi'i saernïo ar gyfer pregethu.

**Dweud am y drefn**

Dywed Dr Owen Thomas am Henry Rees, 'Yr oedd yn geidwadwr trwyadl yn ei dduwinyddiaeth; ac nid oedd dim y dychrynai fwy rhagddo . . . nag ymadawiad mawr yn yr eglwysi efengylaidd oddiwrth y ffydd.'[13] Yr oedd yr un gofal am burdeb athrawiaeth gan Gwilym Hiraethog. Mae'n dweud fel hyn yn ei bregeth ar 'Efengyl Duw':

> Ceisir ein perswadio nad yw credo ac athrawiaeth . . . o nemawr bwys, mai nid cyfundrefn o athrawiaeth yw yr efengyl a Christionogaeth, ond yspryd a bywyd . . . ond rhaid i'r Yspryd dwyfoledd hwn gael corff cyfaddas i drigo ynddo, a gweithio trwyddo . . . os na fydd y corff – y ffurf o ymadroddion – yr athrawiaeth – yn 'iachus', ni bydd yr Yspryd yn hir heb fyned yn nychlyd a heintus ynddo (*Koheleth*, 251).

Dengys y dyfyniad hwn nad mater o gysondeb rhesymegol neu o ymlyniad prenaidd wrth draddodiad uniongred oedd yn ysgogi gofal y brodyr am athrawiaeth iachus ond ufudd-dod i'r datguddiad Beiblaidd ar y naill law a phryder tros ddiogelu dynamig achubol yr Efengyl ar y llaw arall. Fel hyn y dywed Gwilym Hiraethog:

> Y prif beth mewn pregethu ydyw trefn y cymmod – y modd y cyfiawnheir dyn gyda Duw, yr hyn a rydd iddo hawl i'r deyrnas, a'r hyn a'i cymmhwysa i'w mwynhau – gwaith Crist dros y pechadur, a gwaith yr Ysbryd ynddo. Y mae hyn i fod yn ganolbwynt pregethu, i'w ddal allan yn benaf yn y weinidogaeth (*Koheleth*, 286).

Ac yn ôl Henry Rees, 'Achub ac aileni dyn yw amcan mawr yr efengyl (*Pregethau* I, 263).

> Ceisio pechaduriaid at Grist yw gwaith mawr gweinidogion yr efengyl . . . Cael eneidiau at Grist yw amcan y weinidogaeth. Mae pob cael arall yn rhy fychan: cael cynnulleidfaoedd, cael gwrandawiad, cael y gair i effeithio ar y teimlad, cael dynion oddi wrth bechodau at rinweddau, ac o'r byd i'r eglwys; rhy fychan yw y cyfan heb eu cael at Grist (*Pregethau* III, 76).

'Cael at Grist' – nid mater o hap a damwain, nid mater o roi cynnig ar ystryw yma neu'r ddyfais acw yw cael pobl at Grist – y mae i'r gwaith ei drefn osodedig. Mae'r gair 'trefn' yn un pwysig yng ngeirfa'r Galfiniaeth Efengylaidd. Ac ymhlith lladmeryddion y ddiwinyddiaeth honno nid oes neb a esboniodd drefn achubol Duw'n fwy golau ac yn fwy perswadiol na Henry Rees. Er enghraifft, ceir yn ei ddwy bregeth, 'Edrych ar Iesu' (*Pregethau* I, 390-405) a 'Nesau at Dduw' (*Pregethau* II, 215-34) fynegiant disglair a grymus o batrwm yr achub. Pam 'trefn'? Fel hyn y mae Hiraethog yn ateb:

> Problem fawr ein hiachawdwriaeth ni ydoedd cael trefn – modd i gadw y gyfraith yn ei grym a'i bri wrth gyfiawnhau yr annuwiol, diogelu anrhydedd cyfiawnder a gwirionedd wrth faddeu i'r euog – a'r drefn honno a gafodd doethineb allan ac a ddatguddia hi yn yr efengyl . . . Yn ngosodiad Crist yn iawn dros bechod, ac yn ngweinyddiad maddeuant pechodau trwy yr iawn hwnw . . . y mae deddf a chyfiawnder, yn gystal â thrugaredd a gras, yn cael eu cyfiawnhau a'u gogoneddu (*Koheleth*, 129).

Mae dyn drwy bechod wedi syrthio dan farn Duw 'syrthiodd y llestr ardderchog dros y bwrdd, a drylliodd y ddelw ogoneddus a gerfiasid arno yn chwilfriw yn y cwymp' (*Koheleth*, 131). Ond y mae ffydd gadwedigol 'yn adnabyddiaeth o drefn yr efengyl, ac yn ymorphwysiad arni am iachawdwriaeth' (*Pregethau* I 397). Mae'r 'drefn' yn deillio o fwriad tragwyddol Duw. Duw sy'n achub: 'yr arfaeth Duw ei hun a'i ras y gwreiddiad y cwbl . . .' (*Pregethau* I, 97). Ond, yn gwbl nodweddiadol o'r Galfiniaeth Efengylaidd caeir y drws yn glep yn erbyn pob ymgais i benderfynu ein tynged trwy geisio treiddio i ddirgelwch yr arfaeth. 'Beth y mae y Bibl yn ei ddywedyd, medd rhywun, am fwriad tragwyddol Duw tuag ataf fi? Nid yw yn dywedyd dim; gedy hyny yn ddirgelwch.' (*Pregethau* I, 97) Dyma'n hytrach 'ddarparieth trefn yr efengyl: Gras, Prynedigaeth, Iawn, Maddeuant, Cyfiawnder; a'r cwbl i bechadur, o Dduw, yn Nghrist Iesu' (*Pregethau* II, 381). Yr unig beth y mae eisiau i bechadur ganolbwyntio arno yw ewyllys Duw fel y mae hi wedi'i mynegi a'i chorffori yng Nghrist. 'A oes rhyw genadau yn gofyn beth oedd yn yr arfaeth dragwyddol? . . . Nyni a allwn ateb, canys Duw a'i heglurodd i ni. . . . Beth a eglurwyd yr awr hon? Eglurwyd fod 'gras wedi ei roddi i ni yn Nghrist Iesu cyn dechreu y byd' (*Pregethau* II,13).

Y mae felly bwyslais trwm ar Grist yn y pregethu hwn. Ond mae'n bwysig sylwi pa fath bwyslais ydyw – pwyslais ar yr hyn yw Crist i bechadur. Ond y mae'r 'drefn' yn gyfundod gytbwys:

> Dyma genym yn awr wrthddrych ffydd yn gyflawn: Crist – Crist yn Iawn – a Duw yn Nghrist: gras a phrynedigaeth, Crist yr hwn a fu farw, Duw yr hwn sydd yn cyfiawnhau: y naill wedi gosod y llall yn iawn, fel y byddai efe yn gyfiawn, ac yn cyfiawnhau y neb sydd o ffydd Iesu (*Pregethau* II,102).

Felly rhaid adnabod Crist fel yr Iawn a osododd Duw tros bechod. Mae'n argyhoeddiad dwfn iawn gan y pregethwyr hyn nad oes osgoi difrifoldeb pechod a'r angen am ei gosbi:

> Ie, meddi, y mae Duw yn drugarog. Ydyw, ond y mae efe yn gyfiawn hefyd. Nid yw gweinyddiad trugaredd ond peth o ewyllys da Duw; ond y mae gweithredu'n gyfiawn yn naturiol iddo. Gallasai fod yn Dduw y cariad ac yn Dduw trugarog, heb fod yn Dduw maddeuant ac iachawdwriaeth; ond nis gallasai fod yn gyfiawn – yn wir, nis gallasai fod yn Dduw, â chaniatâu i bechod fyned yn ddigosb. Nid yw cosbi pechod yn beth croes i drugaredd; ond mae maddeu heb iawn yn groes i gyfiawnder (*Pregethau* I, 287).

Yr oedd hyn yn golygu deffro ac anesmwytho cydwybodau gwrandawyr. Mae dyfnhau euogrwydd yn anhepgor i'w feddyginiaeth. Ond nid sadistiaeth yw hyn oherwydd y cam cyntaf i gyfeiriad iachawdwriaeth yw adnabod y Gwaredwr a'i gofleidio trwy ffydd. A gwaith cyntaf ffydd yw dileu euogrwydd. Mae Henry Rees yn chwyrn ar y mater hwn:

> Gwyliwch rhag ysgyrnygu uffern ar eich gwrandawyr gyda rhyw ffyrnigrwydd poethlyd, a hyny yn anghysylltiol âg annogaethau i ddychwelyd, ac mewn tôn heb ei dofi a'i meddalu gan ddwysder meddwl a thosturi, fel pe byddai yn eich mynwes ryw rwyd a foddheid yn ei dinystr . . . Gwyliwch gamgymeryd halltrwydd am haerllugrwydd (*Pregethau* III, 320).

Credu yn y Gwaredwr, dilystrwydd ei wahoddiad i ddychwelyd, effeithiolrwydd ei Iawn, yw'r ffydd sy'n cyfiawnhau. Felly sicrheir undeb â Christ, a dyna sail a chynnwys Cristionogaeth. Ac y mae'r iachawdwriaeth yn llwyr o Dduw ac o'i ras: 'Gras Duw yw yr achos fod y glanhâd yn cael ei effeithio, ond drygioni dyn yw yr achos lle y mae yn cael ei attal' (*Pregethau* I,100). Ond y dechrau yw hyn:

'Sancteiddiad ei bobl yw amcan Duw yn yr holl iachawdwriaeth: ethol i sancteiddrwydd. . . . Cyfiawnhau mewn trefn i sancteiddio' (*Pregethau* II, 58).

Mae yn y fan hon bwynt ynglŷn â chyfiawnhau trwy ffydd sydd yn aml iawn yn cael ei anghofio – ond yr oedd yn hollol glir ym meddwl Henry Rees. Fel y gwelsom, trwy ffydd fe gyfiawnheir pechadur, ac fe symudir baich ei euogrwydd. Ystyr hyn yn y bywyd moesol yw fod euogrwydd yn peidio â bod yn gymhelliad i wneud gweithredoedd da. Mae'n rhaid wrth gymhelliad gwahanol a newydd. Wrth sôn am haelioni, mae Henry Rees yn dweud: 'Mae llawer yn cyfranu er mwyn llonyddu teimladau anesmwyth a dosturi . . . neu er mwyn dystewi taerineb . . . ac y mae rhai wedi cael eu gorfodi i gyfranu gan gûr cydwybod ac ofn uffern . . .' Nid felly'r Cristion: Gair Duw yw ei reol i gyfrannu; cariad Duw yw yr egwyddor oddi ar ba un y mae yn cyfranu; daioni Duw sydd yn ei gymhell; a gogoniant Duw yn ei amcan' (*Pregethau* II, 70). Cariad felly yw'r cymhelliad bellach. Ond ni ddaw hwnnw i weithredu heb fod yn aileni wedi digwydd gyntaf. Nid y moesol yn gynaf ond yr ailenedigaeth (*Pregethau* II, 319). Mae'r diwygio trwy ddychwelyd at Dduw'n gyntaf (*Pregethau* II, 325). Ac nid yw anelu at wella rhinwedd heb yr aileni ond twyll. Fel y dywed Henry Rees, 'Ffordd i fyned i uffern yn esmwyth yw diwygiad buchedd heb dduwioldeb calon' (*Pregethau* II, 330).

Un o nodweddion amlycaf pregethu Henry Rees oedd y pwyslais trwm ar sancteiddrwydd buchedd. Wedi'r aileni, mae marweiddio pechod yn waith bywyd ac yn ymdrech wastadol lle y gallwn ddibynnu ar gynhaliaeth yr Ysbryd Glân (*Pregethau* I, 264, 267). Mae'n ddiddorol fod y ddau frawd yn awyddus i ddangos dylanwad ymarferol ffydd gadwedigol ar fywyd beunyddiol. Ac nid yw'n llai diddorol fod gwahaniaeth yn ansawdd eu pwyslais. Yr oedd yr acen ym mywyd Henry Rees a godi safon moesoldeb personol. Nid oedd Gwilym Hiraethog yn anghytuno, ond gwelai ef hefyd fod i ffydd gadwedigol a byw o dan gymhelliad cariad yn esgor ar oblygiadau cymdeithasol, cenedlaethol a gwledidyddol.[14] Cymerwch y naill lwybr neu'r llall, ac fe welwch pam yr oedd y ddiwinyddiaeth siriol, gadarn, ddynamig hon, wedi cael y fath ddylanwad ar fywyd Cymru.

[1]*Cofiant*, 435
[2]*Y Geninen* (1884),101

[3]Roger Edwards (gol.), *Pregethau . . . y Diweddar Barchedig Henry Rees, Liverpool*, tair cyfrol (Treffynnon, 1872 – 81)
[4]*Y Dysgedydd* (1885), 147
[5]William Rees, *Koheleth* (1882)
[6]*Tyst a'r Dydd*, 16 Tachwedd 1883, 9
[7]Gw. Owen Thomas, *Cofiant John Jones, Talsarn* (Wrecsam, 1874), 524-536; John Thomas, *Cofiant . . . T. Rees, D.D., Abertawy* (Dolgellau, 1888), 114-5
[8]*Cofiant John Jones*, 525
[9]*Tyst a'r Dydd*, 16 Tachwedd 1883
[10]*Cofiant*, 929-30.
[11]Ibid., 930
[12]Ibid., 234
[13]Ibid., 982
[14]Gw. pennod 9

PENNOD 11

# *'J.R.' (1804-84) a'r 'Egwyddor Fawr Wirfoddol'*

Nid bob amser y sylweddolir bellach mor agos oedd cysylltiad 'Eriaid Llanbryn-mair' â Sir Gaernarfon.[1] Treuliodd J.R. bron iawn chwarter canrif o'i oes yn weinidog yng Nghonwy ac yno gydag ef y treuliodd S.R. a G.R. hydref eu bywyd a gorffwysa gweddillion y tri ym mynwent gyhoeddus Conwy.

Cysgodwyd gryn dipyn ar gyfraniad neilltuol J.R. i fywyd Cymru gan enwogrwydd ei dad a'i frawd. Daeth ei dad, John Roberts (1767 – 1834) yn adnabyddus yn nadleuon diwinyddol ddechrau'r ganrif fel amddiffynnydd Calfiniaeth gymedrol ei athro a'i gyfaill, Dr Edward Williams. Ac fel gweinidog yr eglwys Annibynnol a gyfarfyddai yn yr Hen Gapel, Llanbryn-mair, daeth yn hysbys fel dyn llariaidd, gweithgar a duwiol. Ail fab a phedwerydd plentyn John Roberts a'i wraig Mary oedd y bachgen y rhoddwyd enw ei dad arno. Fe'i ganwyd ar 10 Tachwedd 1804. Yr oedd felly bedair blynedd a hanner yn iau na'i frawd Samuel a phum mlynedd yn hŷn na'i frawd Richard. Cafodd John oes faith cyn ei farw yng Nghonwy ar 7 Medi 1884 pan oedd ar drothwy ei benblwydd yn bedwar ugain. Fe'i hordeiniwyd yn gyd-weinidog â'i frawd S.R. yn yr Hen Gapel ar yr 8 Hydref 1835.[2] Ar 6 Mehefin 1838 priododd yn Swyddfa'r Cofrestrydd yn Llanelwy ag Ann, merch Thomas Jones, gweinidog Llansant-sior a Moelfre, Abergele. Bu'n briodas hapus eithriadol a pharhaodd hyd ei marwolaeth hi ar 26 lonawr 1871.[3] Ar ôl priodi treuliodd J.R. flwyddyn ym maes ei dad-yng-nghyfraith cyn dychwelyd i Lanbryn-mair. Yna bu'n crwydro dipyn. O 1848 hyd 1857 bu'n weinidog yn Rhuthun; o hynny hyd 1860 yn Aldersgate, Llundain. Estynnwyd galwad iddo gan yr eglwys yn Seion, Conwy, ar 25 Ionawr 1860 a dechreuodd ar ei waith yno ar y Sul 19 Chwefror.[4] Yr oedd ei gyflog yn £60 neu £70 heb gynnwys £10 am ei wasanaethau i Saeson y dref. Ar ôl byw am ychydig amser naill ai yn Glan-y-don neu yn Rose Cottage ar y Tywyn, cododd Bryn-mair ar Forfa Conwy a hwnnw oedd cartref olaf J.R. a'i frodyr hwythau pan ddychwelasant o'r Taleithiau Unedig.[5]

Bu'n rhaid i J.R. weithio'n galed yn Seion. Dioddefasai'r eglwys yn enbyd trwy'r rhwygiadau a ddechreuodd yn fuan ar ôl ordeinio John Davies yn weinidog yno yn Rhagfyr 1848[6] a bu'r capel ar gau am beth amser.[7] Gwellhaodd pethau ddigon erbyn 1854 i'r eglwys ymuno â chynulleidfa Llandudno i alw Gwalchmai yn ôl i'w hen faes.[8] Pan ddaeth J.R. i Conwy wedi i Gwalchmai dorri ei gysylltiad â'r eglwys yr oedd y gwaith o wella hen glwyfau yn aros ac yr oedd yn rhaid ymegnio i dalu'r ddyled o £120 a oedd ar Seion.[9] Cliriwyd hon mewn tri mis gyda chymorth cyngherddau a darlithiau ac yna aethpwyd ati i wario ychwaneg ar ddiddosi'r capel, gosod seti newyddion ynddo, cael nwy i'w oleuo, prynu cloc newydd, 'clustog brydferth ar y pwlpud', llestri cymundeb a harmonium.[10] Cynyddodd yr eglwys o dipyn i beth, a phan gyfrifwyd addolwyr Conwy ar Sul ystormus ym mis Ionawr 1882, o'r 1,147 a oedd yn addoli yr oedd 176 ohonynt yn gwrando ar J.R.[11] Erbyn 1875 teimlid bod angen capel newydd ac ysgoldy, a chan i J.R. wrthod caniatáu i'w gyfeillion wneud tysteb iddo cyn hyn gwnaethpwyd codi'r capel yn gyfle i'r cyhoedd ddangos eu parch at y gweinidog trwy gyfrannu at y draul. Yn y ffordd hon casglwyd £845 at y capel newydd – £5 yn fwy na'r gost. Daeth Seion yn 'Gapel y Dysteb' a phan agorwyd ef ar 2 a 3 Hydref 1876 safai fel cof-golofn cwbl briodol i'r gweinidog.[12]

I J.R. ei hun ei waith pwysicaf oedd ei waith fel gweinidog cynulleidfa Seion. Mater o argyhoeddiad iddo ef a'r rhai a feddyliai yn yr un ffordd ag ef oedd mynnu bod gwasanaethu cynulleidfa o bobl mewn tref neu ardal neilltuol (a neilltuedig yn aml) yn waith nad oes ei urddasolach. Ond nid gweinidogaethu yng Nghonwy oedd ei unig waith. Cyfrannodd yn hael at fywyd Cymru ac amcan gweddill hyn o ysgrif yw ceisio darganfod natur y cyfraniad hwnnw a chynnig dadansoddiad o'r meddwl a oedd y tu cefn iddo.

## Y *Cronicl*

Yn gyntaf peth, gair am yr offeryn a ddefnyddiodd J.R. i ddylanwadu ar feddwl y cyhoedd. Cychwynnodd S.R. *Y Cronicl* yn 1843 a bu'n ei olygu hyd onid ymfudodd i Tennessee ym Mai 1857.[13] Gan hynny, golygodd J.R. y cylchgrawn o rifyn Mehefin 1857 hyd rifyn Medi 1884, y rhifyn olaf a gyhoeddwyd cyn ei farw. Bu wrth y llyw felly am ychydig gyda saith mlynedd ar hugain. Er i Gwilym Hiraethog alw'r misolyn bach yn 'gwdyn huddygl J.R.'[14] ac i feirniad arall ei alw yn 'Pwffiwr y teulu',[15] Dewi Môn wrth geisio bod yn sbeitlyd, a alwodd olygydd *Y Cronicl* yn 'ddyn y werin a'r miloedd'[16] ac anwesodd J.R. y feirniadaeth hon hyd ei fedd. *Y Cronicl* bach o 1857 hyd 1884, felly, yw cyfraniad cyntaf J.R. i'w wlad. Ac ar dudalennau'r *Cronicl* y gellir dilyn troeon ei feddwl orau.

Un o'r pethau diddorol am J.R. yw ei fod yn ŵr a safai ar y ffin rhwng dau gyfnod. Mewn iaith, diwinyddiaeth, pregethu – yn ogystal ag yn ei radicaliaeth – gwelir ei fod yn cysylltu dwy genhedlaeth.

**Pregethu**

I ddechrau, yr oedd yn arloeswr cyfnewidiad mawr mewn pregethu Ymneilltuol. Ni flinai bwysleisio'r angen am eglurder wrth ysgrifennu a siarad. Ei gŵyn yn erbyn y gynghanedd oedd mai hi yw'r 'dull goreu i dywyllu cynghor â geiriau'.[17] Canmola ei ohebwyr pan ysgrifennont yn glir ac ymhyfryda mewn beirniadu'r sawl sy'n gymalog a thywyll.[18] Bu'n croesgadu hefyd drwy'r blynyddoedd yn erbyn yr arddull chwyddedig a mawreddog a oedd mor boblogaidd yn ei gyfnod. Cwyna rhag 'y "ni" olygyddol' sydd 'yn fwy cyffredin yn awr na D.D.', mor gyffredin, yn wir, 'Â'r crinoline, hwp-di-dwdl-do, neu wallt o amgylch y genau'.[19] Ond nid oedd hyn ond peth bychan wrth arddull y gwŷr hynny a anerchai'r greadigaeth yn debyg i hyn:

> Chwi fynyddau banaglawg ac ysgythrogedig, chwithau foroedd trochionllyd gorddiwaelodadwy ac anwadal-rym ychoddaidd; chwithau sêr gwefreiddiawl tanbelenawg damgynffonegawg sydd yn llamsachu yn ymwagle bodolaeth . . .[20]

Bu'r pwyslais hwn ar eglurder a symlrwydd iaith yn help i baratoi'r ffordd ar gyfer y safonau arddull newydd a ddaeth i fri yn nes i ddiwedd y ganrif. Bu'n ddylanwadol hefyd ar bregethu. Gesyd J.R. ei safon yn ddigamsyniol yn ei bregeth, 'Dull Iesu o Bregethu'.[21] Pregethwr byr, eglur a chynhwysfawr oedd Iesu meddai. 'Nid yw byth yn ceisio ymddangos yn fawr drwy esgyn i'r cymylau, disgyn i'r dyfnderau, na myned yn mhell i'r niwl – y mae yn ymyl ei wrandawyr, ac yn cyfodi pethau na buasai neb yn eu gweled ond efe'.[22] Drachefn, yn ei bregeth, 'Pregethau Hirion, Cysgu, a Syrthio' dywed mai un o 'achosion cysgu mewn oedfaon' yw 'Pregethau aneglur, nad yw y pregethwr ei hun na neb arall yn eu deall. Geilw rhai hwy'n fawrion am eu bod yn annealladwy; yn aruchel am eu bod yn y niwl; ac yn or-ddwfn am eu bod yn y dŵr llwyd'.[23] Yn gwbl gyson â'r safbwynt hwn disgynnodd J.R. fel barcut ar un o bregethau Andrew Martin Fairbairn, prifathro Coleg Mansfield, Rhydychen, a gŵr y canmolid ei ysgolheictod y tu hwnt i fesur yn y dyddiau hynny. I J.R. yr oedd ei bregethu'n ddiwerth am ei fod yn annealladwy.[24]

Pregethai J.R. ei hun yn eithriadol o ddiddorol a bywiog. Ceidw ei bregethau ysgrifenedig eu ffresni; ac o blith y miloedd pregethau a gyhoeddwyd yn ystod y ganrif ddiwethaf y mae ei rai ef ymhlith yr ychydig sy'n ddarllenadwy. Gosododd safon newydd a gwahanol i bregethau Ymneilltuol a chafodd un efelychydd a gariodd y dull hwn heibio i ganol yr ugeirfed ganrif. Yr efelychydd oedd Howell Elvet Lewis.[25]

Cyn gadael yr ochr hon i'w gyfraniad, da yw sylwi ar un peth arall. Ar hyd y blynyddoedd, ysgrifennai J.R. ymddiddanion bach ar gyfer y *Cronicl.* Dialog syml oeddynt ambell dro a thro arall yn debycach i ddrama wedi ei seilio ar ryw hanes ysgrythurol. Mewn rhai mannau âi plant a phobl ifanc ati i ddysgu ac adrodd (a hyd yn oed i berfformio) yr ymddiddanion hyn. Ac i laweroedd yng Nghymru dyma eu cysylltiad cyntaf â dim tebyg i ddrama. Un o atgofion cyntaf Beriah Gwynfe Evans am ddrama oedd gweld perfformio Jonah, un o ymddiddanion J.R., yng Nghendl yn 1858.[26]

## Ewyllys rydd

Drachefn, mewn diwinyddiaeth, cynrychiola J.R. y bont rhwng Cafiniaeth Gymedrol ei dad a rhyddfrydiaeth David Adams. Brwydrodd ei dad dros y gred fod Iesu Grist wedi marw dros bawb ac nid dros yr etholedigion yn unig, fel y dadleuai ei wrthwynebwyr yr Uchel-Galfiniaid. I John Roberts (yr hynaf) a'i gyfeillion yr oedd perthynas rhwng marw Crist a holl drigolion byd. Ond er pwysleisio ehangder effeithiau marwolaeth Crist, dysgent hefyd i Dduw ethol rhywrai i iachawdwriaeth. Honnai J.R. fod ei dad yn anfodlon ar yr hyn a ddysgai'r Calfiniaid Cymedrol ar bwnc Etholedigaeth[27] ac aeth ati ei hun i gyhoeddi athrawiaeth a oedd yn ei dyb ef yn fwy cyson â'r Beibl. Cyd-olygai â'i dad, wrth gwrs, yn y gosodiad fod Crist wedi marw tros bawb ac ail-ddatganodd yr athrawiaeth hon yn y ddadl a fu rhyngddo a'i gefnder Richard Williams yn 1838-9.[28] Ond yn 1860 y bu'r ddadl fawr ar Etholedigaeth. Cyhoeddodd bregeth ar 'Etholedigaeth' a gwahodd Ap Fychan, a oedd y pryd hynny'n weinidog Ebeneser, Bangor, i wneud sylwadau beirniadol arni. A dyna ddechrau'r drafodaeth faith a aeth ymlaen yn wresog ar dudalennau'r *Cronicl* hyd 1864.[29] Mêr safbwynt J.R. oedd ymwrthod â'r gred bod Duw wedi ethol rhai personau neilltuol i iachawdwriaeth. I'r gwrthwyneb, mynnai bod Duw wedi cyhoeddi ar ba amodau y ceid iachawdwriaeth ac y byddai'n ethol pwy bynnag a gydymffurfiai â'r amodau. Diffinia etholedigaeth, gan hynny fel 'Penderfyniad Duw er cynseiliad y byd i gadw pwy bynnag a ddaw i'w drefn'.[30] Yr amodau yw credu yn Iesu Grist a mynegi hynny mewn ufudd-dod cyson i'w ewyllys. Ochr Duw yw ethol dynion yng Nghrist; ochr dynion yw bod yn ddiwyd i wneud eu hetholedigaeth yn sicr.[31] Disgwylir gweithgarwch gan ddynion a'r gweithgarwch hwnnw yn tarddu o'u cred yng Nghrist. Dadleuai J.R. fod yr athrawiaeth hon nid yn unig yn fwy cyson â'r Ysgrythur ond yn osgoi'r elfen greulon ac annheg sydd yn y ddysgeidiaeth Galfinaidd. Yn ôl honno, meddai J.R., condemnid dynion i gosbedigaeth dragwyddol er iddi fod yn amhosibl iddynt gael eu hachub rhag y dynged ofnadwy honno. Ond onid yw dyn yn rhydd i ddewis rhwng dau beth nid yw i'w gondemnio am fethu dewis. Oherwydd 'os nad oedd fodd i'r colledigion ddyfod i gylch yr etholedigaeth *nid all fod dim bai arnyn' am fod yn golledig*'.[32] Na, meddai J.R., y mae Duw wedi rhoi'r dewis i ddyn; y mae ewyllys dyn yn rhydd. Ni threfnwyd dewis dyn gan arfaeth Duw. A dim ond ar y sail yma y mae synnwyr mewn pregethu i'r cyhoedd yn gyffredinol. Rhagrith o'r math gwaethaf fyddai gwahodd pobl i'r bywyd pe bai'n hollol amhosibl iddynt fynd yno.[33] Gwelir oddi wrth yr amlinelliad hwn gymaint o bwyslais a roddai J.R. ar ryddid moesol dyn yn ogystal ag ar ganlyniadau tragwyddol y dewis. Gall dyn ddewis nefoedd neu uffern; ac os collir neb, arno ef ei hun y bydd y bai; pwy bynnag a gedwir fe'i cedwir yng Nghrist.[34] Ac wrth ddewis Crist y mae dyn yn mynegi ei barodrwydd i ufuddhau i'w ewyllys.

Dyma sail dysgeidiaeth gymdeithasol, foesol ac eglwysig J.R. A chredai fod ei agwedd ryddfrydig ef yn dibynnu ar ymwrthod â

Chalfiniaeth. Treuliodd ei flynyddoedd yn ymosod arni. Beirniadai Charles Haddon Spurgeon nid yn unig oherwydd bod 'gormod i'm tyb i, o gelfyddyd a gofal yn cael ei ddangos yn ngosodiad ei wallt', ond hefyd am 'fod ei athrawiaeth yn wir ddychrynllyd'.[35] Ar y llaw arall llawenhai fod Dr. Arthur Jones yn ei hen ddyddiau wedi cefnu hyd yn oed ar Galfiniaeth Gymedrol[36] a bod y Methodistiaid Calfinaidd yn bur gyffredinol wedi cefnu ar Uchel-Galfiniaeth John Elias.[37] Y mae'n arwyddocaol bod J.R. yn edmygydd mawr o Thomas Binney, gweinidog y King's Weigh House, Llundain oherwydd efe oedd tad y tueddiadau i lacio uniongrededd Calfinaidd ymhlith yr Annibynwyr Saesneg.[38] Pan gyhuddwyd J.R. o gofleidio Arminiaeth fe'i gwnaeth yn eglur nad oedd lawer o bwys ganddo pa enw a roddid ar ei safbwynt a, sut bynnag, gellid dweud am Iago Arminius 'ei fod yn un o ddynion dysgedicaf, a duwiolaf ei oes'.[39]

**Radicaliaeth**

Dau begwn meddwl J.R., felly, yw Duw cariadus ar y naill law, a dyn sy'n bersonol gyfrifol ar y llaw arall. Rhwng y ddau begwn yma y gweodd batrwm ei radicaliaeth Gristionogol. Nid cymhwysiad llafurus yn y byd seciwlar o egwyddorion a gafodd mewn diwinyddiaeth yw dysgeidiaeth ac ymagwedd gymdeithasol a gwleidyddol J.R. Ni fynnai gydnabod bod ffin o gwbl rhwng y crefyddol a'r seciwlar. Y mae crefydd a gwleidyddiaeth yn gweu trwy ei gilydd. 'Mae y Bibl', meddai, 'yn llawn o wleidiadaeth (politics), yn gymysg a chrefydd. Y mae y ddau yn anwahanadwy . . .'[40] Y casgliad anorfod o hynny yw hyn: 'Y mae yn iawn pregethu politics. Dylem ei bregethu. Gwnawn gam â Bibl, Duw a dyn, os na wnawn'.[41]

Iddo ef, nid cyfleu athrawiaethu anffaeledig a wna'r pregethwr ond mynegi ei argyhoeddiad personol mewn ufudd-dod i'r Beibl yng ngwydd ei gyd-gredinwyr. Y mae pob un ohonynt hwythau nid yn unig yn rhydd i ffurfio eu hargyhoeddiadau personol hwy ond tan ddyletswydd santaidd i wneud hynny. Nid oes dim dyletswydd yn santeiddiach na llunio barn gytbwys, olau, gadarn am ein crefydd a'n bywyd. Esgeuluso eu dyletswydd y mae dynion wrth ruthro i dderbyn credoau parod o eiddo dynion eraill. Ychydig o feddwl a oedd gan J.R. o'r credoau clasurol; 'y fath fawredd priestcrafftyddol' yw ei sylw ar Gredo Nicea.[42] Ac am Gredo Westminster, y gredo Biwritanaidd y maged cenedlaethau o'i gyndadau arni, dywed: 'Nid yw yn bosibl yn ôl fy mhrofiad i ffurfio cyffes mwy anghywir a chableddus am Dduw y cariad na hona. Byddai yn well genyf fil o weithiau dderbyn cyffes Hindooaid India am Grist na hi'.[43] Ni wrthwynebai gyffes ffydd fel y cyfryw ac, yn wir, gosododd ei gyffes ei hun ar bapur.[44] Ond rhaid parchu rhai amodau. Yn gyntaf y mae cydwybod Cristion wedi ei rhwymo wrth y Beibl.[45] 'O, y mae yn gas genym glywed sôn am orthodoxy heb law orthodoxy y Bibl'.[46] O hyn y cyfyd yr ail amod. Nid yw credoau o eiddo dynion i gael eu codi ar drostan yn safonau i feirniadu dynion wrthynt; yr unig safon bob amser yw'r Beibl. 'Peidiwch tybied yr hen dduwinyddion yn *anffaeledig* . . . y mae y byd yn hŷn yn awr ac yn gallach.'[47] Pan fu sôn yn y *Beirniad* yn Hydref 1872 am lunio 'corff o ddiwinyddiaeth' i'r Annibynwyr bu bron i J.R. â llewygu.[48] Os oedd dynion am lunio sistemau diwinyddol – ac y mae hynny'n waith gwerthfawr – aed pob un ati drosto ei hun heb honni siarad yn enw pobl eraill. O'r argyhoeddiad hwn y cododd ffyrnigrwydd J.R. yn erbyn dynion a'u gosodai eu hunain yn sensoriaid ar olygiadau eraill yn enw uniongrededd – pobl fel Dr. John Campbell a C. H. Spurgeon yn Lloegr a Dr. Thomas Rees yng Nghymru.[49] Teg yw dweud, er hynny, nad oedd J.R. ei hunan bob amser yn ofalus i wahaniaethu rhwng pobl a fynnai fygu ymholiad onest trwy waeddi 'anuniongrededd' a'r bobl, ar y llaw arall, a fynnai herio trwy ddadl y safbwynt a gyfrifai J.R. ei hun yn gyson â'r Beibl. Yr amod olaf oedd na ddylid rhwymo eiddo ac arian wrth gyffesiadau a chredoau. Nid oedd dim yn ei gynhyrfu'n fwy na gweithredoedd ('didau') yn cynnwys y pethau hyn. Ei gyngor yw, 'da chwi, adeiledwch eich colegau a'ch addoldai heb roddi cyffes yn eu deeds'.[50] Peth byw, personol, dirfodol, yw cyffesu ffydd ac nid oes hawl gan neb i ormesu'r presennol trwy orfodi ei gyffes ei hun nac i gaethiwo'r dyfodol trwy rwymo eiddo ac arian yn gyfreithiol wrth ei gredo ei hun. Gwelir oddi wrth hyn pa mor sylfaenol i J.R. a'i debyg oedd rhyddid barn llwyr. Trwy drafod a dadlau a thaeru y daw dynion i ffurfio barn gywir am ei grefydd ac am ei ddyletswydd gyhoeddus a phersonol. Nid mater o oddefiad, chwaith, yw rhyddid barn ond dyletswydd. Y mae'n rhaid i bob dyn, os yw am fod yn ddyn cyfrifol, fynegi ei farn yn groyw a gwrando ar farnau ei feirniaid. Oni bydd pobl diwedd yr ugeinfed ganrif yn gweld yr egwyddor hon, y mae perygl mawr iddynt wrth ddarllen gweithiau J.R. a radicaliaid eraill i basio heibio i'w dadleuon diddiwedd fel 'cecru' anfoneddigaidd.

**Gwleidyddiaeth**

Y mae egwyddor ac argyhoeddiad yn bwysig gan hynny mewn gwleidyddiaeth. Nid gwrando ar lais y mwyafrif a ddylai gwladweinydd ond dilyn argyhoeddiad. 'Dynion peryglus i'w rhoddi wrth awenau y Llywodraeth yw y rhai na feddant egwyddorion uwch i'w llywodraethu na dilyn y lluaws'.[51] A gall dynion gofleidio egwyddorion gwleidyddol sydd o safbwynt J.R. yn rhai cywir er iddynt eu seilio ar gredoau sydd yn ei olwg ef yn anghywir. Wrth ddewis ymgeisydd ar gyfer etholiad seneddol dylid gofyn nid beth yw ei gredo grefyddol ond beth yw ei egwyddorion gwleidyddol. 'Nid oes eisieu gofyn i neb i ba enwad y mae yn perthyn, na pha grefydd y mae yn arddel, canys nid lle i drin crefydd yw y senedd mwy na'r pwll glo'.[52] Pan oedd rhai Rhyddfrydwyr yn gwrthwynebu enwi William Rathbone yn ymgeisydd dros sir Gaernarfon yn 1880 am ei fod yn Undodwr, sylw J.R. oedd, 'Nid oes mwy o reswm i Ymneillduwyr ymholi pa beth yw cyffes un wrth ddewis seneddwr na phe byddai yn dewis gof i osod pedol'.[53] Cred bersonol J.R. adeg yr etholiad hwnnw oedd fod angen mwy o farsiandiwyr (a llai o dwrneiod!) yn y Senedd, 'gwrthwynebwyr meddwdod rhyfeloedd, Crefyddau Sefydledig, a phleidwyr cynildeb a rhyddid cyrff, meddyliau a masnach'.[54] Felly, fel rheol gyffredinol, y 'mae o bwys mewn etholiadau i gael anerchiadau yr ymgeiswyr, a gwybod rhywbeth am eu hegwyddorion a'u talentau . . .'[55] Teimlai'n anfodlon ar y drefn arferol o godi ymgeiswyr gan fod y dewis yn nwylo pwyllgorau cymharol fychain ac am nad oedd digon o ymgeiswyr yn cael eu gosod o flaen yr etholwyr. Ei awgrym o ganlyniad oedd i'r nifer a fynnai o'r dinasyddion eu cynnig eu hunain i'r cyhoedd gwneud eu hegwyddorion yn hysbys ar bapur i'r etholwyr, gwahardd pob gweithgarwch etholiadol a phob ymgais i wyro barn yr etholwyr a chaniatáu i'r cyhoedd ddewis o blith unrhyw nifer o ymgeiswyr.[56]

Cyfrifai J.R. ei hun yn rhyddfrydwr. Ond agwedd meddwl yw rhyddfrydiaeth iddo ef yn hytrach na pholisi plaid. 'Caethfrydwyr' yw gelynion rhyddfrydwyr. 'Rhyddfrydiaeth yw Ymneillduaeth wladol; ei hegwyddorion yw diwygiad, cynilwch, a heddwch'.[57] Yn yr ystyr mai Efe sy'n gwaredu dynion o bob math o gaethiwed gellir galw Iesu Grist yn rhyddfrydwr; 'ysbryd Crist a'i bregeth ar y mynydd yw sail gwleidiadaeth rhyddfrydwyr yr oes hon'[58] – ond nid sail gwleidiadaeth Rhyddfrydwyr yr oes bob amser. Droeon daeth J.R. i wrthdarawiad â'r arweinyddion Rhyddfrydol. Dechreuodd amau Gladstone yn fuan ar ôl

1868 wrth ei weld yn oedi cyflawni ei addewidion. Safodd J.R. yn gadarn yn erbyn ymgyrchoedd rhyfel y llywodraethau Rhyddfrydol. Bu pasio Deddf Addysg 1870 yn siom fawr iddo. Pan ochrodd John Bright ac Osborne Morgan gyda'r Ceidwadwyr i fynnu gwasanaeth claddu Cristionogol yn Neddf Claddu 1880, sylw J.R. yw 'Y mae arfer cyfrwystra i ladd egwyddor yn aberth rhy ddrud. Credwn i Gladstone a'r Rhyddfrydwyr wneud y camgymeriad yma pan mewn swyddau o'r blaen'.[59] Brad, felly, oedd cyfaddawdu â'r Ceidwadwyr ar un mater er mwyn cael gweddill y mesur drwodd.

**Ymyrraeth y wladwriaeth**

Fel ei gyd-radicaliaid yng nghanol y ganrif, arswydai J.R. rhag unrhyw gynnydd yn awdurdod y wladwriaeth ganolog. Credai mai drwg anaele oedd ychwanegu at ei gallu i ymyrryd ym mywyd y dinesydd. Credai hefyd ei bod eisoes wedi gwneud mawr ddrwg trwy ei gallu i ymyrryd ym mywyd crefyddol ei deiliaid Os oedd cenedlaetholi crefydd yn beth drwg, yr oedd pob cenedlaetholi'n ddrwg. Ac i'r radicaliaid yr Eglwys Sefydledig oedd un o'r ychydig enghreifftiau o agwedd ar fywyd dynion yn cael ei reoli'n uniongyrchol gan y wladwriaeth. Ac i Ymneilltuwyr yr oedd cenedlaethau o gamdriniaeth wedi eu perswadio nad oedd yr elfen ormesol mewn llywodraeth yn debycach o fod yn llai nag y bu hi wrth drin crefydd pe bai agweddau cwbl seciwlar ar fywyd cymdeithas yn mynd o dan reolaeth y wladwriaeth. Eisoes yr oedd gan y wladwriaeth ormod o allu yn ei dwylo. Rhaid dechrau trwy ddatgysylltu'r Eglwys Anglicanaidd oddi wrth y wladwriaeth. Dechreuodd J.R. yn gynnar ar y frwydr, canys bu'n annerch cyfarfod Datgysylltiad ym Machynlleth mor gynnar â 1837.[60] Yr oedd ei safbwynt yn ddigymrodedd: 'Ein cred yw, mai holl grefyddau sefydledig y byd, a gwahanol ddeddfau cyffesiadau ymneillduwyr, yw *Babilon fawr* llyfr y Datguddiad, ac nid Pabyddiaeth yn unig'.[61] Gyda'r safbwynt hwn, cefnogodd yr ymdrechion i symud cwynion Ymneilltuwyr. Croesawai'r gwahanol gynigion i symud y Dreth Eglwys[62] ond i'w cefnogwyr beidio â chymryd eu temtio i gymrodeddu.[63] Ymosododd yn gyson ar y grant tuag at Goleg Maynooth[64] a chefnogodd y mesurau i symud breintiau arbennig yr Eglwys Anglicanaidd gyda phriodi a chladdu. Cymhwysai yr un egwyddorion at Ymneilltuaeth. Condemniodd Dr. Joseph Parker yn llym am dderbyn pulpud yn rhodd gan Gorfforaeth Llundain i'w gapel newydd, y City Temple.[65] A'i gŵyn yn erbyn Deddf Claddu 1880 oedd ei bod yn rhoi safle freiniol i Gristionogaeth trwy wneud gwasanaeth Cristionogol yn orfodol a gwahardd claddu ar y Sul.[66]

Ond beth am ddeddfwriaeth ynglŷn â'r Saboth? Onid oedd J.R. a'i gyd-ymneilltuwyr yn mynd yn gwbl groes i'w egwyddor trwy gefnogi deddf i gau tafarnau ar y Sul a mesurau eraill i wthio'r Saboth Piwritanaidd ar bobl na chredent ddim ynddo? Yr oedd ei dad, pan oedd brwdfrydedd Sabathyddol yn cynyddu'n gyflym yn Lloegr yn y tridegau cynnar, wedi ysgrifennu'n glir yn erbyn gorfodi parch at y Saboth. 'Is it not high time for priests and princes to learn that the observance of religious duties can be promoted more effectually by example than by legislation – by appeals from the pulpit, than by petitions to Parliament ?'[67] Dadleuai J.R. mai dyma ei safbwynt yntau. Nid i sicrhau parch at y Saboth y cefnogai Deddf Cau'r Tafarnau ar y Sul, ond i atal y meddwdod a oedd yn waeth y diwrnod hwnnw nag unrhyw ddiwrnod arall. 'Nid am ddeddf i gadw y Sabbath yr ydym, ac nid ar dir crefyddol yr ydym yn ymresymu. Y mae y Sabbath wedi dyfod yn ddydd marchnad y fasnach feddwol'.[68] Yn gyson â hyn dadleuai o blaid agor amgueddfeydd a gerddi ar y Sul oherwydd wrth feddwl am drigolion 'heolydd cefn culion' y dinasoedd credai y 'buasai o fendith annhraethol eu cael oddiyno i ryw fuseums neu erddi yn rhywle'.[69] Y mae'r Saboth i'w barchu, wrth gwrs, fel dydd Duw, ac ar y tir hwn cymeradwyai faer Conwy am beidio ag arwain gorymdaith swyddogol i'r Eglwys yn 1877. Nid oedd J.R. yn gweld llawer o bwynt mewn defod o'r fath, mae'n wir (buasai'n fwy priodol gwneud hynny 'ar ôl planu tatws, hau gwenith, neu fedi'r ysgub gyntaf') ond ar wahân i hynny, y mae bandiau a milwyr yn gorymdeithio trwy'r strydoedd yn peri 'gwamalrwydd ac ysgafnder ar y dydd cysegredig'.[70] Ond nid mater i'r wladwriaeth yw mynnu parch at y Saboth; ar y mwyaf ei dyletswydd i'w gofalu na ddioddefa'r sawl sydd am barchu'r Saboth o ganlyniad i'w argyhoeddiad.

**Addysg**

Y maes lle'r oedd awdurdod y llywodraeth yn cynyddu'n gyflym iawn yn y blynyddoedd rhwng 1840 ac 1885 oedd addysg. I J.R. yr oedd addysg yn agwedd ar grefydd ac felly ymrestrodd gyda'r gwirfoddolwyr.[71] Credai 'na ddylid, ac na ellid, cadw egwyddorion y Bibl allan o'r ysgolion'.[72] Ond oherwydd ei fod yr un mor bendant yn ei feddwl na ddylai'r wladwriaeth gefnogi crefydd, tynnodd y casgliad y dylai Cristionogion godi eu hysgolion eu hunain a thalu amdanynt. Pe codai'r wladwriaeth ysgolion a dysgu crefydd ynddynt, byddai hynny'n gyfstyr â chreu crefydd sefydledig newydd; pe codai'r wladwriaeth ysgolion heb grefydd ynddynt, byddai hynny'n gam dybryd ag eneidiau'r disgyblion. Ond y cam dybryd a wnaethpwyd. Bu Deddf Addysg 1870 gyda'i threfniant i gynorthwyo ysgolion enwadol yn loes i J.R. Ei farn amdani oedd hyn: 'un wael o'r fath waelaf yr ystyriwn y *Ddeddf Addysg*'.[73] Ei hoff enw arni oedd 'Crefydd Sefydledig Rhif 2'.[74] Nid oedd ond cynllwyn yn creu 'segur-swyddwyr, yn ychwanegu trethoedd, ac yn sefydlu peth dirif o grefyddau'.[75] A gwelodd mewn trefn addysg orfodol a chyffredinol gyfle godidog i ddysgu egwyddorion celwyddog i blant.[76]

Agwedd arall ar ddysgeidiaeth J.R. am addysg oedd ei an nifrrwch ynglŷn â chynnwys y cyrsiau a gynigid mewn ysgolion. Yr oedd J.R. ymhell iawn o fod yn rhamantydd ynglŷn ag addysg. Ni ellir ei gyhuddo o feithrin cred mewn iachawdwriaeth trwy addysg. Dylai addysg fod yn ymarferol ac yn berthnasol i'r bywyd y mae pobl yn ei fyw a'r gwaith y maent yn gobeithio ei wneud. Yn 1868 ymosodai ar 'Anfuddioldeb Addysg'.[77] Un enghraifft o'i anfuddioldeb yw na ddysgir coginio a glanweithdra i ferched yn yr ysgolion, a'r canlyniad yw fod cenhedlaeth yn codi sydd yn gorfod yfed te yn barhaus![78] Ymhen pymtheng mlynedd daw at y pwnc eto: 'Trueni na byddai gwybodaeth ymarferol o'r alwedigaeth yr amcenir myned iddi yn cael ei dysgu yn fwy yn mhob ysgol, a'i alw yn ysgolheigdod, yn lle Mathematics, Geometry, Trigonometry, ac ieithoedd, a dysgu yr un peth at bob peth'.[79] Mewn gair, nid oedd ganddo fawr o gydymdeimlad ag addysg i greu ysgolheigion 'pur'. Creu dinasyddion yw gwaith addysg. Nid yw'n rhyfedd oherwydd hynny ei gael yn bur feirniadol o'r ymgyrch i godi Prifysgol Cymru. 'Ysgol y Dosbarth Diddefnydd' yw ei enw ar Goleg y Gogledd.[80] Ac ofnai bethau eraill hefyd. Wedi cychwyn Coleg Aberystwyth, ei sylw yw hwn:

> *Ai nid addysg Lloegr fydd yno?* Nid yw yn debyg y gwrteithia yr ysgol lawer ar y Gymraeg, nac yr estyna awr ar ei hoes. Amcanu lladd y Gymraeg y bu, y mae, ac y bydd sefydliadau addysg yng Nghymru, ond yr Ysgol Sabbathol. Pa blentyn fu mewn ysgol heb ddeall fod 'Welsh Stick' am siarad Cymraeg? A diau y bydd Welsh Stick o ryw fath yn Ysgol Aberystwyth.

Gan hynny, onid llawer gwell i'r Cymry fynd i Lundain i gael addysg Saesneg yn iawn? Er pwysiced y cwestiwn hwn, y mae ei bwysicach: a fydd y coleg newydd yn ansectol? Ofna J.R. na bydd. Gwêl sectyddiaeth yn y ffaith fod cynifer o swyddogion Cymdeithas y Beiblau, Ysgol Normal Bangor a'r Ysgolion Brutanaidd yn Fethodistiaid Calfinaidd. 'A dyma brif athraw Ysgol Aberystwyth etto wedi ei ddewis o'r enwad hwnw'.[81] A phan ddechreuwyd defnyddio'r *Llyfr Gweddi Gyffredin* mewn gwasanaethau yn y coleg a'r Prifathro T. C. Edwards yn ceisio amddiffyn yr arfer, adwaith J.R. oedd y tybiai lythyr y Prifathro 'y peth mwyaf direswm a dirmygedig a ysgrifenwyd erioed'.[82] Teimlai na allai dim fod 'yn fwy annheg na chwhwfanu Banerau *cenedlaethol* uwchben sefydliadau sectol' fel Coleg Prifysgol Cymru.[83] Bu'r un mor drwm ar Goleg Bangor. Ar wahân i'r ffaith fod Bangor yn 'bantle gwlyb, afiach', y mae'n ddinas esgobol. Ond er defnyddio'r gwahanol ddadleuon hyn i feirniadu colegau Aberystwyth a Bangor, nid oedd gan J.R. fawr o olwg ar y math addysg a gyfrennid mewn prifysgolion. Wrth gefnogi coleg Bangor byddai'r 'dosbarth gweithiol' yn condemnio eu hunain i 'gynal ymwthwyr a ystyriant eu hunain yn uwch na hwy; ac wedi i'r rhai hyny orphen eu haddysg, rhaid cael rhyw segurswyddau i'w cynal ar gefn y cyhoedd'. Ac yna daw J.R. at y foeswers sy'n crynhoi ei safbwynt ef yn berffaith: 'Pe gadawsid addysg i ofal rhieni a'r egwyddor fawr wirfoddol, buasid yn gofalu am ddysgu y pethau ymarferol'.[84]

Ond gwaeth na'r graddedigion o'r colegau oedd y graddedigion na fuont mewn colegau. Pan oedd graddau anrhydeddus prifysgolion anadnabyddus y Taleithiau Unedig yn treiddio i Gymru, cododd J.R. ei lais yn groyw iawn yn eu herbyn. Bu'n ddeifiol yn ei sen ar y 'D.D.od' Byddai J.R. wedi mwynhau i'r eithaf y penillion herllyd hyn, a gyhoeddwyd yn *Y Celt* ychydig ar ôl ei farw pe bai wedi byw i'w darllen:

Disgwyl 'rwyf er ys blynyddau
Disgwyl gweld yr adeg gu,–
Disgwyl gwel'd fy enw anwyl
'N cael ei ddilyn gan D.D.
Dyma gynffon
Fydd yn cynwys mwy na'm pen

Diolch ! diolch ! daeth o'r diwedd
Daeth yn ddiogel dros y lli
Syned nef a syned daear
'R ydwyf weithian yn D.D.
Beth yw pum punt
Am gael 'Duwinyddol gwt'. . .

Teimlaf bellach fel Simeon,
Arglwydd grasol gollwng fi,
Mae fy llygaid 'nawr yn gweled
iachawdwriaeth y D.D.
Af trwy'r afon
Gan ymaflyd yn fy nghwt . . .[85]

## *Laissez faire*

Mewn materion economaidd a diwydiannol, fel mewn materion gwleidyddol, cerddai J.R. ffordd lydan *laissez-faire*. Yr oedd yn gystal disgybl i Adam Smith ag oedd i Jeremy Bentham – er nad yw'n enwi'r naill na'r llall ohonynt. Yn ystod y frwydr fawr i ddiddymu Deddf yr Yd yn y pedwar degau dysgodd miloedd o bobl yng Nghymru fel yn Lloegr yr athrawiaeth economaidd fod byd masnach yn cael ei reoli gan ei ddeddfau sicr a gwyddonol ei hun a dim ond i ddynion beidio ag ymyrryd â rhyddid masnach ceid bywyd economaidd ffyniannus ac iach. Peidio ag ymyrryd oedd egwyddor ganolog J.R. yntau wrth drafod materion economaidd.

Dyma'r gred a esbonia ei agwedd at streiciau ac undebau llafur. Ymyrryd â deddfau hunan-reolus economeg a wnai'r gweithwyr wrth uno â'i gilydd i streicio neu i godi cyflogau; ac ni ellid disgwyl dim ond gwae o wneud hynny.

> Rhyddfasnach mewn llafur yw i bob un drosto ei hun gytuno â'r meistr goreu am y cyflog uwchaf. Ond y mae Lloegr yn llawn o'r hyn a elwir Trades Unions, sef gweithwyr yn ymuno i gadw y cyflogau i fynu, neu gyd-sefyll allan. Dyma yw caethfasnach neu y Dorïaeth waethaf yn mhlith y gweithwyr, ac effeithia yn waeth arnynt hwy eu hunain nag ar neb arall . . [86]

Pan streiciodd y gweithwyr dur yn y De yn 1865, cyngor J.R. oedd, 'Gwell iddynt beidio *cynghreirio* . . .[87] a'i obaith am chwarelwyr Bethesda yn yr un flwyddyn oedd 'na welir byth "Union" yn eu plith'.[88] Iddo ef, yr oedd Undebau yn peryglu rhyddid; eu bwriad oedd ymyrryd yn neddfau'r byd masnachol a'u hystumio i'w mantais eu hunain. Ni allai J.R. amau dilysrwydd ei athrawiaeth economaidd am foment: 'Rhyddfasnach a chydymgeisio yw yr hyn a gweidw y byd yn ei le . . .'[89] Credai mai 'trefn y nef' yw 'cydymgeisio',[90] a daliodd, o ganlyniad, i ddadlau fod Undebau Meistri ac Undebau Gweithwyr mor Doriaidd a'i gilydd – 'nid oes yr un ohonynt yn fasnach rydd'.[91] Ni welodd J.R. fod tyfiant yr undebau hyn ynddo ei hun yn brawf fod rhywbeth o'i le ar ei ddamcaniaeth economaidd.

Ac eto, pan glywodd am ffurfio undeb chwarelwyr ym Methesda dywedodd fod yn dda ganddo am hynny.[92] Sut mae esbonio yr anghysondeb? O dan bwysau beirniadaeth bu'n rhaid i J.R. esbonio ei safbwynt yn fanylach. Esboniodd nad oedd yn erbyn undebau gweithwyr fel y cyfryw. Gwrthwynebai'r rheol ganddynt oedd 'yn peri i'r miloedd sefyll allan ar unwaith, boddlon neu beidio, neu oddef y canlyniadau chwerwaf'.[93] Ni wrthwynebai streic chwaith, ond streicied pob un drosto ei hun. 'Y mae yn iawn i bob un drosto ei *hun* sefyll am bris ei lafur'.[94] Os metha gael cyflog teg gan un meistr, aed at un arall; os metha ym Mhrydain, ymfuded i wledydd eraill – a helped yr undeb ef i wneud hynny.[95] Y mae bygwth a dial ar y sawl sy'n fodlon gweithio am y cyflog is 'yn Doriaeth sydd yn dryllio deddfau nef a daear, ac yn peryglu newynu ein teyrnas'.[96] Ar yr un pryd, yr oedd J.R. mor feirniadol o'r meistri ag oedd o'r undebau llafur. Yn 1873 cyhoeddodd lythyr agored yn y *Cronicl* (a hynny yn Saesneg); 'To the Proprietors of Slate Quarries' yn galw am gyflogau uwch i'r gweithwyr[97] a chafodd y *Cronicl* fwy nag un ysgarmes yn y llysoedd barn â theulu'r Penrhyn. Dinoethai raib y perchenogion gydag asbri, fel y perchennog chwareli dienw yr oedd ei elw yn £200,000 a chyflogau ei weithwyr yn is na rhai unrhyw chwarelwyr ym Meirion ac Arfon.[98] Glynodd at ei safbwynt ar undebaeth lafur hyd y diwedd[99] gydag un eithriad a honno'n un awgrymog. Pan ymunodd perchnogion y glofeydd â'i gilydd i godi pris y glo yn 1874, dadleuodd J.R. y dylai'r llywodraeth 'ddefnyddio ein trethoedd i godi glo fel y ceid ef am brisiau teg', ac os dywedai rhywun fod hyn yn groes i fasnach rydd, etyb yn swta ddigon fod y llywodraeth eisoes yn ymyrryd mewn materion economaidd.[100] Ond ni ddychwelodd at yr awgrym hwn wedyn.

Gellir cymharu â'r berthynas eithafol unigolyddol hon rhwng meistri a gweithwyr syniadau J.R. am bleidleisio cyfrinachol. Yn 1867 dywedai fod yn rhaid cael y balot am nad yw pobl yn ddigon dewr i bleidleisio'n agored yn ôl eu cydwybod.[101] Ond erbyn 1869 yr oedd yn bendant yn erbyn y balot gan gredu y 'rhoddai y Ballot fwy o fanteision i blant y tywyllwch nag i blant y goleuni' gan y byddai pobl yn meddwl mwy am eu mantais bersonol nag am egwyddor a chuddio'r gyfrinach ym mocs y balot.[102] Erbyn 1875 yr oedd ei farn wedi caledu mwy eto yn ei herbyn a chredai mai'r balot a oedd yn bennaf cyfrifol am ddychweliad y Ceidwadwyr yn 1874.[103]

**Rhyfel a heddwch**

Mewn rhyfel y ceid gormes a gwastraff ar eu gwaethaf. Methai J.R. â chymryd yr agwedd basiffistaidd at ryfel fel y gwnai S.R. a Henry Richard. Yr oedd yn barod i gyfiawnhau rhyfel amddiffynnol.[104] Ar y tir hwn canmolai ei gyndadau am amddiffyn eu gwlad: 'Medrem gydymdeimlo â'r hen Gymry, fel y cydymdeimlem ag un a geisiai atal yspeilwyr i'w dŷ i lofruddio ei deulu'.[105] Cymeradwyai hefyd ymgyrch Garibaldi yn yr Eidal.[106] Ond mynnai yr un pryd nad 'oes o dan y nef drosedd mwy na chefnogi rhyfel na ellir ei gyfiawnhau'[107] – ac ni ellir cyfiawnhau rhyfeloedd ymosodol ac ymerodrol. Felly, yn ymarferol, yn ei genhedlaeth ef nid oedd y gwahaniaeth rhyngddo ef â heddychwyr llwyr ond gwahaniaeth damcaniaethol, canys rhyfeloedd ymosodol o safbwynt J.R. oedd pob rhyfel y bu'r Deyrnas Gyfunol yn ei ymladd. Condemniodd Gladstone am gyfiawnhau'r rhyfeloedd yn erbyn yr Aifft[108] a'r Ashanti.[109] Wrth sylwi ar ddiwedd y rhyfel yn erbyn yr Ashanti, rhydd ei safbwynt ar y math yma o ryfel mewn byr eiriau.

> Ymffrostir wedi y rhyfel y ceir yng ngorllewin Affrica borthladdoedd, dinasoedd, a ffyrdd rhyddion i longau Prydain, ei masnach a'i chrefydd! Ffordd ddigrif i enill cwsmeriaid cymdogaeth fyddai i fasnachwr fyned heibio eu tai a saethu plentyn neu ddau yn mhob un, dinystrio eu heiddo, a llosgi eu cartrefydd; a rhyfeddach fil o weithiau fyddai i awdwr y bregeth ar y mynydd ddewis gwneud fel hyn i agor ffordd i'w efengyl ef.[110]

Gydag agwedd fel hon ni allai ond dirmygu'r ceisiadau mynych yn Oes Victoria i gyfiawnhau imperialaeth am ei bod yn foddion i ledaenu Cristionogaeth.[111]

Prin y mae angen dweud fod J.R. hefd yn gwrthwynebu dienyddio troseddwyr. 'Nid wyf yn credu', meddai yn 1878, 'bod gan ddyn na llywodraeth o dan y Testament Newydd, hawl i gospi eu cyd-ddynion â *marwolaeth* . . .'[112] a phan grogid troseddwyr amlwg fel Richard Rowlands ym Miwmares[113] neu Charles Peace[114] manteisiai ar y cyfle i esbonio ffolineb y gosb.

**'Segur-swyddiaeth'**

Ofnai J.R. fiwrocratiaeth. Codai hyn o'i argyhoeddiad mai peth peryglus yw canoli awdurdod mewn ychydig ddwylo. Yn y wladwriaeth yr oedd y perygl mwyaf oddi wrth fiwrocratiaeth ond ceid yr un tueddiadau mewn cymdeithasau o bob math ac yr oedd angen gwyliadwriaeth arbennig o ofalus gyda chymdeithasau crefyddol a dyngarol gan mor rwydd yw hi i'r rheini guddio trahausder swyddogion o dan gochl amcanion da y gymdeithas. Mewn cymdeithasau, fel yn y wladwriaeth, lle telir swyddogion am eu gwaith y mae tuedd ddigon naturiol i'r swyddogion fod yn awyddus i gyfiawnhau eu bodolaeth trwy greu gwaith newydd iddynt hwy eu hunain – ac ychwanegu at eu hawdurdod dros eraill yr un pryd. Yn y wladwriaeth dwysheir y perygl gan ei bod yn demtasiwn i ddynion dybio am eu bod wedi eu hethol gan gylch eang o ddinasyddion fod ganddynt hawl trwy hynny i fowldio meddwl ac ysbryd pobl y wlad gyda chymorth crefydd sefydledig, deddfau addysg gorfodol, a mân fesurau o bob math i reoli pob agwedd ar fywyd cyhoeddus a phersonol. Agwedd ar 'glymbleidiaeth' neu 'glicyddiaeth' (sef y duedd i gadw awdurdod mewn ychydig ddwylo dethol) yw'r ysfa i greu 'segur-swyddogion'.

Yr oedd yr Eisteddfod Genedlaethol, yn nhyb J.R., yn enghraifft dda o'r duedd hon. Rheolid hi gan gylch bychan. Deuent at ei gilydd i ganmol ei gilydd ac i wobrwyo ei gilydd; i waeddi 'Oes y Byd i'r Iaith Gymraeg' a'i lladd yr un pryd. Cwbl gyson â hyn oedd y gwrthuni o weld gweinidogion Ymneilltuol yn cymryd rhan yn nefodau gweigion yr Orsedd.[115] Gellid maddau hyn i gyd wrth gwrs, fel difyrrwch teip neilltuol o bobl. Y peth na ellid ei faddau oedd galw eisteddfod yn sefydliad 'cenedlaethol' ac yntau'n ddim ond difyrrwch lleiafrif. Cwbl gyson â bychander o'r math hwn oedd gwahardd Miss Edith Wynne rhag canu yn Eisteddfod Caernarfon oherwydd i rywun glywed mai Pabyddes oedd hi.[116] Ac aethpwyd dros ben y llestri'n llwyr pan ofynnwyd i Fwrdd Lleol yr Wyddgrug am gyfraniad at gynnal yr Eisteddfod; 'Dengys hyn nad yw eisteddfodwyr yn deall rhyddid na gonestrwydd. Gofyn i swyddogion i fyned i god y cyhoedd i ddwyn arian i gynal hobi plaid'.[117]

Felly hefyd gyda chymdeithasau dyngarol. Dangosodd Cymdeithas Genhadol Llundain ei gwendid trwy wneud cam â Chymry fel Ebenezer Davies, Berbice; a T. M. Thomas, De Affrig.[118] Ymosododd J.R. yn ogystal ar Gymdeithas y Traethodau am nad oedd yn ddim namyn peiriant rhwydd i rai awduron gael cylchrediad enfawr i'w llyfrau[119] ac ar y Gyngres Efengylaidd am i'w swyddogion, yn niffyg dim byd gwell i'w wneud, ochri gyda'r bobl a geisiai orfodi Bradlaugh i dyngu llw crefyddol ac yntau'n gwrthod.[120] Rhaid gwylio'r cymdeithasau hyn oherwydd 'y mae perygl ffurfio cymdeithasau a swyddau er mwyn y swyddogion, ac nid er mwyn y gwaith. Rhaid i bob cymdeithas gael ei hysgrifenwyr, canmolwyr, a'u trysorwyr; a rhaid talu i'r rhai hyny'.[121]

Ond mewn cysylltiad â llywodraeth y ceid 'segur-swyddwyr' gwirioneddol beryglus – a chostus. Ymosododd J.R. yn ddiarbed ar y rhai a grewyd i redeg y fyddin a'r llynges, yn ogystal â'r rhai a weinyddai'r Ddeddf Addysg a Deddf y Tlodion.[122] Y mae agwedd J.R. at gynlluniau Henry George a'i ddisgybl Cymreig, Dr. Pan Jones, at y cynllun i genedlaetholi'r tir, yn dangos ei arswyd rhag biwrocratiaeth wladwriaethol gystal â dim. Pe cenedlaetholid y tir, meddai J.R., 'byddai y llywodraeth a'i swyddogion yn llawer gwaeth arglwyddi na'r rhai presennol'.[123] Nid oedd J.R. yn gwbl sicr a ddylid cynnwys y teulu brenhinol ymhlith y segur-swyddwyr ai peidio. Fel gyda'i gyfoeswyr yn gyffredinol, tueddai ei agwedd at y goron i newid o bryd i'w gilydd. Yn ddamcaniaethol, yr oedd o blaid brenhiniaeth fel y dengys wrth ysgrifennu ar 'Ein dewisol Ffurf-lywodraeth' yn 1872 – ond dylid ei diwygio.[124] Pragmatig oedd ei agwedd at deulu Victoria. Pregethodd bregeth goffa ar ôl y Tywysog Albert[125] ac yr oedd yn barchus iawn, hefyd, o'r Dywysoges Alecsandria pan ddaeth drosodd i Loegr i briodi Tywysog Cymru[126] – yn wir, yr oedd yn ddigon brwdfrydig i blannu coeden i ddathlu'r amgylchiad. Cost cadw'r teulu brenhinol oedd un o'r prif bethau a'i poenai. Credai yn 1864 eu bod yn werth y gost[127] a phan godwyd cyflog Dug Caeredin o £15,000 i £25,000 ar ôl ei briodas â merch y Tsar, teimlai J.R. bod 'eu gwaddoli oll yn myned yn lled ddrud i'r werin; ond nid arian ofer fyddant os tuedda eu priodasau i attal rhyfeloedd rhwng teyrnasoedd Ewrop'.[128] Mewn gair, cwestiwn cwbl ymarferol ydoedd; os oedd y teulu brenhinol yn gwneud gwaith buddiol yn y byd oedd ohoni yr oedd yn werth eu cynnal, onide, segur-swyddwyr oeddynt.

**Cynildeb**

Un o felltithion segur-swyddogion yw eu bod yn hael ar bwrs y wlad. Rhaid pwysleisio cynildeb, felly. Ac ym meddwl J.R. (fel ei gyd-radicaliaid) y mae cynildeb ar yr un pryd yn bolisi cyhoeddus ac yn ddisgyblaeth bersonol. Ni ddylid gwastraffu dim. Dyma pam y protestia (ond yn dyner iawn !) yn erbyn cred angerddol ei genhedlaeth y dylid llenwi pob silff a chongl sbar yn y ty â theganau tsieni.[129] Yr oedd tinc ddifrifolach yn ei lais wrth ddwrdio'r arfer newydd o anfon cardiau Falentein,[130] ac yn dra ffyrnig wrth gondemnio smocio.[131] Y mae'n gysur gweld nad oedd J.R. yn barod i gario ei resymeg i'w phen pellaf chwaith. Braidd nad yw'n gwenu wrth gondemnio'r crinolin a hetiau ffantastig merched ac y mae'n sentimental reit wrth gydnabod ei fod yn hoffi gwallt melyn neu ddu gan ferch, a hwnnw wedi ei blethu neu ei gwrlio'n swynol.[132] Ond yr oedd o ddifrif calon yn cefnogi cynllun rhyfeddol S.R. i ddefnyddio carthion geudai'r wlad – 'Gu' oedd yr enw a fathodd S.R. i ddisgrifio'r carthion – fel gwrtaith.[133] Y syniad oedd creu diwydiant cenedlaethol ohono gyda llestri o faintioli a ffurf arbennig ('Gu-lestri') i'w gario i ganolfannau hwylus i'w roi ar y trên i'w gario wedyn i'r ffermwyr. Gydag ychydig o drefnu a chydymgais gallai'r ffermwyr wedyn gymryd eu dewis o wahanol fathau o 'u'. I genhedlaeth a fagwyd dan gysgod Edwin Chadwick a'i gymheiriaid yr oedd carthffosaeth effeithiol yn fater difrifol – ac yn gyfiawn felly, o gofio cyflwr echrydus iechyd yn y trefi cyn i bobl sylweddoli pwysigrwydd y pwnc.[134]

**Y Gymraeg**

Un man lle mae rhesymeg J.R. yn cloffi yw'r hyn a ysgrifenna am yr iaith Gymraeg. Yn 1860 dywed, 'Prif anfantais Cymry yw eu *hiaith.* Mae y byd yn myned ymlaen yn Saesoneg, a hwythau yn cael eu magu mewn congl fechan lle y siaradir Cymraeg . . .'[135] Nid oedd wedi newid ei bwyslais ymhen un mlynedd ar hugain, canys ysgrifenna

> . . . y mae y byd yn nesu o hyd i ddyfod o un iaith – ein hysgolion,

> ein telegrams, ein hagerddlongau, a cherbydau yn prysuro hyny. A goreu i fasnach, addysg a chrefydd pa leiaf o ieithoedd fydd yn y byd; a pha fwyaf o bobl fydd yn deall iaith eu gilydd; ac yn ôl pob arwyddion, y mae y Gymraeg yn un o'r hen ieithoedd raid roddi ffordd . . .[136]

Casgliad J.R. oedd y dylid claddu'r Gymraeg.[137] Nid oedd ganddo ddim cydymdeimlad â pholisi dwyieithog. Bydd dysgu dwy iaith yn ei gwneud yn anodd iawn i'r Cymry 'gydymgeisio' â'r Saeson 'mewn pulpud, gwasg, na gweithdy. Pan ddaw Saesneg yn iaith pawb, pa fantais fydd i Gymro fedru dweyd bara na chig, ffon na ffastwn mewn dwy iaith?'[138] Ar un olwg, y mae gosodiadau fel hyn yn rhedeg yn groes i holl resymu J.R. Gan iddo ymladd yn ffyrnig yn erbyn pob tuedd i ganoli, a phwysleisio hawl pobl i fod yr hyn ydynt heb gael eu mowldio gan lywodraethwyr a swyddogion, a chan iddo fel Annibynnwr ddadlau'n gyson tros bwysigrwydd y gymdeithas leol, buasid yn disgwyl gweld J.R. yn rhoi pwys mawr ar yr iaith fel offeryn i ddiogelu rhyddid pobl Cymru yn erbyn dylanwadau caethiwus. Ond y mae'n amlwg fod ystyriaethau eraill yn pwyso ar ei feddwl. Y gwir yw, nad oedd J.R. yn gryf ar arbenigrwydd cymdeithas leol. Dadleuodd y dylai chwarelwyr Bethesda ymfudo i'r Taleithiau Unedig yn hytrach na streicio gyda'i gilydd i orfodi teulu'r Penrhyn i roi bywoliaeth deg iddynt ym Methesda.[139] Ni feddyliodd J.R. am foment mai trychineb fyddai chwalu'r gymdeithas ym Methesda ei hun. Yr oedd gwasanaethu deddfau economeg *laissez-faire* yn bwysicach yn ei olwg na diogelu cymdeithas o bobl. Felly hefyd gyda Chymru'n gyffredinol. 'Cydymgeisio' â'r Saeson ar amodau ffafriol yw'r safon; ac yn ôl y safon yna y bernir gwerth y Gymraeg. Heb yn wybod iddo'i hun, y mae J.R. trwy gredu bod masnachu rhydd yn un o 'ddeddfau'r nef' wedi dod ag egwyddor cwbl faterol i ganol ei athroniaeth. Oni all y Gymraeg ddal ei thir mewn cystadleuaeth agored â'r Saesneg, ymyrryd â deddfau bywyd yw ceisio ei diogelu. Credai'n gydwybodol fod y Gymraeg yn colli'r dydd yn y gystadleuaeth. Os oedd yn wir fod mwy o bobl yn ei oes ef yn siarad Cymraeg nag erioed o'r blaen, yr oedd yn wir hefyd fod mwy ugain gwaith o bobl yn siarad Saesneg (Ni chododd J.R. y cwestiwn a oedd y gystadleuaeth rhwng y Gymraeg yn gystadleuaeth 'agored'; pe bai wedi gwneud hynny, byddai'n rhaid iddo gydnabod bod ar y mwyaf o 'glymbleidiau' a 'segur-swyddwyr' wedi trefnu amodau'r gystadleuaeth yn ffafr y

Saesneg!). Ofer cario'r frwydr ymlaen felly; gwell gadael i'r Gymraeg drengi – gan gydnabod, yr un pryd ei bod yn rhoi ei lle i'w salach.[140]

Nid yw'n rhan o amcan y bennod hon i ddadansoddi agweddau J.R. at gwestiynau enwadol a rhyng-enwadol. Digon yma yw pwysleisio fod ganddo yr un ddiddordeb ysol yn y rheini ag oedd ganddo mewn cwestiynau gwleidyddol a'i fod yn cymhwyso'r un egwyddorion yn y ddau gylch. Dymunai weld ymhlith Cristionogion undeb ffydd a chariad. 'Nid oes dim sy'n gwneud cymaint o anffyddwyr mewn Cristionogaeth na diffyg undeb ei phroffeswyr'.[141] Ond yr oedd am weld dynion yn cyd-weithio'n wirfoddol yng ngwaith Teyrnas Crist ac yn parchu annibyniaeth a rhyddid ei gilydd.[142] Credai mai difa undeb ffydd a chariad yr oedd y tueddiadau i ddyfnhau ymwybyddiaeth enwadol. O'r gwreiddyn hwn y cyfyd ei wrthwynebiad chwyrn i'r trefnu cynyddol ar fywyd yr Annibynwyr a'r Methodistiaid. Ymhlith yr Annibynwyr yr oedd sefydlu Undeb yr Annibynwyr Cymraeg yn ddatblygiad tra pheryglus.[143] Yr oedd yn canoli awdurdod a gallu; yn troi eglwysi Annibynnol yn 'enwad' ac yn rhoi gormod bri o lawer ar weinidogion fel urdd. Gwna hi'n llai posibl i eglwysi Annibynnol gyd-weithio mewn rhyddid â chynulleidfaoedd o 'enwadau' eraill. Y mae amrywiaeth mewn rhyddid yn un o nodau angen Cristionogaeth; 'ni ddylai gwahaniaeth barnau ein hatal i gydweithredu mewn pethau da. Y mae gwrthod cymuno gyda ein gilydd am nad ydym o'r un olygiadau am fedydd, mor afresymol a gwrthod am nad ydyw o'r un daldra, lliw gwallt, a llun gwyneb'.[144] Rhaid parchu'r amrywiaeth. Dyna'r rheswm am ymgyrchoedd J.R. yn erbyn trefniadau ei gyd-annibynwyr i gael un coleg enwadol; i grynhoi trysorfeydd canolog; i ffurfio Undeb; i gael dyddiaduron a chylchgronau a phapurau Annibynnol i gyd ym meddiant 'enwad'.

Nid oes dim gwreiddiol yn syniadau J.R. Nid yn ei wreiddioldeb y mae ei bwysigrwydd. Ei bwysigrwydd yw ei fod wedi esbonio ac amddiffyn y syniadau hyn am chwarter canrif yn un o'r cylchgronau mwyaf poblogaidd a gyhoeddwyd yn Gymraeg a hynny pan oedd *laissez-faire* yn ei uchafbwynt fel dylanwad ar fywyd a meddwl y wlad. Oherwydd hynny y mae ei ddylanwad yntau ar wead y meddwl Cymraeg yn dra arwyddocaol.

Diau na ddywedodd Pedrog mewn cyfres faith o englynion coffa i J.R ddim mwy na'r gwir amdano:

Ai ag ysol ddygasedd – yn onest
I wyneb pob trawsedd;
Digryn o blaid y gwirionedd
Ei fywyd fu, hyd ei fedd...

Ac os ceir llawer i herio – ei farn
Un ni fydd, rwy'n coelio,
Dry i achwyn, pan edrycho
I wyneb ei burdeb o . . . [145]

[1]Cyhoeddwyd yr ysgrif hon gyntaf yn *Nhrafodion Cymdeithas Hanes Sir Gaernarfon* (1960), 149-71
[2]E. Pan Jones, *Cofiant y Tri Brawd o Lanbrynmair a Conwy* (Bala, 1892), 30
[3]*Cronicl* (1871), 61-5
[4]Llawysgrif. Seion Conwy, 60
[5]Ibid., 44, 61
[6]Ibid., 40
[7]Ibid., 41
[8]Ibid., 43
[9]Ibid., 61
[10]Ibid., 62-3
[11]*Cronicl* (1882), 125
[12]Llsg. Seion, 64
[13]Glanmor Williams, *Samuel Roberts Llanbrynmair* (Caerdydd, 1950), 78
[14]*Cronicl* (1879), 84
[15]Ibid. (1874), 159
[16]Ibid.
[17]Ibid., 182
[18]Ibid. (1861), 40
[19]Ibid., 39
[20]Ibid., 53; cf.(1879), 255-6
[21]Ibid. (1880), 325-7
[22]Ibid., 327
[23]Ibid. (1879), 215, 253
[24]Ibid. (1879), 215, 253
[25]Emlyn G.Jenkins, *Cofiant Elfed, 1860-1953* (Aberystwyth, 1957), 52
[26]O.Llew Owain, *Hanes y Ddrama yng Nghymru, 1850-1943* (Lerpwl, 1948), 43-4
[27]*Cronicl* (1860), 157
[28]Pan Jones, *Cofiant*, 250-4
[29]*Cronicl* (1860), 89-96 am y bregeth; ibid., 149-65 am ateb Ap Fychan; cf. Pan Jones, *Cofiant*, 272-7 ac R.Tudur Jones, *Hanes Annibynwyr Cymru* (Abertawe, 1966), 232
[30]*Cronicl* (1860), 91
[31]Ibid.
[32]Ibid., 92
[33]Ibid., 93
[34]Ibid., 94
[35]Ibid. (1857), 3

[36]Ibid. (1866), 162-3
[37]Ibid. (1873), 75-6
[38]Ibid. (1865), 81-2; cf. R.Tudur Jones, *Congregationalism in England, 1662-1962* (1962), 260
[39]Ibid. (1862), 140
[40]Ibid. (1878), 357
[41]Ibid., 358
[42]Ibid. (1868), 182; cf. R.Tudur Jones, *Yr Undeb: Hanes Undeb Annibynwyr Cymru, 1872-1972* (Abertawe, 1975), 99-100
[43]Ibid. (1879), 261-2
[44]Ibid. (1874), 145-54
[45]Ibid. (1879), 226
[46]Ibid. (1861), 3
[47]Ibid. (1862), 62
[48]Ibid. (1873), 44-7
[49]Ibid. (1860), 279-80
[50]Ibid. (1863), 54-5
[51]Ibid. (1859), 251-2
[52]Ibid. (1874), 79
[53]Ibid. (1881), 28
[54]Ibid., 28
[55]Ibid. (1880), 161
[56]Ibid. (1882), 154-7
[57]Ibid. (1880), 188-90
[58]Ibid., 249
[59]Ibid., 348
[60]Ibid. (1882), 325-8
[61]Ibid. (1867), 55
[62]Ibid. (1858), 3 ym.
[63]Ibid. (1859), 112
[64]Ibid. (1857), 322
[65]Ibid. (1873), 194-6
[66]Ibid. (1880), 347
[67]*Evangelical Magazine* (1833), 477
[68]*Cronicl* (1881), 98, cf (1882), 354, (1876), 200, (1864), 192-3
[69]Ibid. (1879), 248-50
[70]Ibid. (1878), 65
[71]Ibid. (1860), 21-4
[72]Ibid. (1873), 137
[73]Ibid. (1870), 276
[74]Ibid. (1875), 201-6; cf. *Hanes Annibynwyr Cymru*, 265
[75]Ibid. (1873), 58
[76]Ibid. (1870), 102
[77]Ibid. (1865), 201-6
[78]Ibid., 204-5
[79]Ibid. (1880), 192-3
[80]Ibid. (1883), 349-50
[81]Ibid. (1873), 25-6
[82]Ibid., 218
[83]Ibid., 85-6
[84]Ibid. (1883), 349-50

[85]*Y Celt*, 19 Rhagfyr 1882, 5
[86]*Cronicl* (1867), 85
[87]Ibid. (1865), 143-4
[88]Ibid., 282
[89]Ibid.(1873), 105
[90]Ibid.(1874), 224-6; cf. *Hanes Annibynwyr Cymru*, 269
[91]Ibid.(1875), 102
[92]Ibid., 75
[93]Ibid., 271
[94]Ibid.
[95]Ibid., 273
[96]Ibid., 272
[97]Ibid.(1873), 83-4
[98]Ibid.(1864), 249
[99]Ibid.(1881), 223-4; 321-2
[100]Ibid.(1874), 83
[101]Ibid.(1867), 282
[102]Ibid.(1869), 26
[103]Ibid.(1875), 24
[104]Ibid.(1857), 77-8; (1883), 85-6
[105]Ibid.(1883), 167
[106]Ibid.(1861), 168
[107]Ibid.(1883), 127
[108]Ibid.(1882), 351-2; 364-6
[109]Ibid.(1873), 305-6; (1874), 137-9
[110]Ibid.(1875), 138
[111]Ibid.(1879), 160
[112]Ibid.(1878), 27
[113]Ibid.(1862), 142
[114]Ibid.(1879), 61
[115]Ibid.(1871), 278-81; (1876), 279, 281-3
[116]Ibid.(1862), 290
[117]Ibid.(1882), 290
[118]Ibid.(1873), 225
[119]Ibid.(1883), 63
[120]Ibid., 157
[121]Ibid.(1880), 222
[122]Ibid.(1873), 251: (1880), 156-7; (1883), 318-19
[123]Ibid.(1884), 94
[124]Ibid.(1872), 109-11
[125]Ibid.(1862), 33-41
[126]Ibid.(1863), 113-14
[127]Ibid.(1864), 80-1
[128]Ibid.(1873), 278
[129]Ibid.(1874), 300-2
[130]Ibid.(1876), 116-7
[131]Ibid.(1878), 188-9
[132]Ibid.(1873), 69
[133]*Gweithiau Samuel Roberts* (Dolgellau, 1856), 57-63
[134]*Cronicl* (1866), 306-7
[135]Ibid.(1860), 46

[136]Ibid.(1881), 255; cf. *Hanes Annibynwyr Cymru*, 270
[137]Ibid.(1872), 33-7
[138]Ibid.(1873), 282-3
[139]Ibid.(1875), 273
[140]Ibid.(1866), 176; (1870), 219-21; (1871), 247
[141]Ibid.(1880), 69
[142]Ibid, 69-70
[143]Gw. *Yr Undeb*, 47
[144]Ibid.(1880), 71
[145]*Y Celt*, 24 Hydref 1884, 9

PENNOD 12

# *O Genefa i'r Bala*

## *Marchnad Rydd y Diwinyddion*

Ar hyd y canrifoedd bu gan y traddodiadau crefyddol yng Nghymru gysylltiadau agos iawn â chyfandir Ewrop. Daw hyn mor amlwg yn y cyfnod modern ag y bu cyn hynny. Rhoir yr argraff ambell dro fod y Diwygiad Protestannaidd wedi ynysu Cymru oddi wrth ddylanwad y Cyfandir trwy ddryllio undod gwledydd Cred. Nid gwir hyn.

**Yr unfed ganrif ar bymtheg**

Gwyddom i gyd i'r Diwygiad Protestannaidd gychwyn yn yr Almaen o dan arweiniad Martin Luther. Yn fuan iawn wedyn dechreuodd ledu yn y Swistir o dan arweiniad Zwingli yn Zurich i ddechrau, ac yna'n ddiweddarach o dan arweiniad John Calfin yng Ngenefa. Ac yn sgîl yr arweinwyr adnabyddus hyn cododd nifer sylweddol o arweinwyr ac ysgolheigion mewn sawl gwlad i helaethu estyniad Protestaniaeth a chyn bo hir yr oedd Cymru hithau'n cyfrannu at yr un cyfnewidiadau. Yr oedd gan yr Esgob Richard Davies brofiad uniongyrchol o'r berw ar y Cyfandir oherwydd bu'n alltud yn Frankfort o 1555 hyd 1558 er mwyn osgoi'r erlid o dan Mari Tudur.[1]

Daw'r cysylltiadau â'r Cyfandir i'r amlwg yng ngwaith llenyddol Protestianiaid y cyfnod. Nid y Diwygiad Protestannaidd oedd yr unig ddylanwad a oedd ar waith. Mudiad diwylliannol neilltuol rymus oedd y Dadeni Dysg. Yr oedd hwnnw'n fudiad amlweddog. Defnyddir y gair 'dyneiddiaeth' yn aml i fynegi'r wedd honno arno a oedd yn mynegi'r diddordeb newydd mewn dyn a'i gampau. Ac yr oedd y pwyslais hwn wedi'i briodi ag ailddarganfod gogoniannau'r hen fyd clasurol, byd Groeg a Rhufain. A gadawodd y diddordeb hwn ei ôl yn drwm ar gelfyddyd Ewrop. Y wedd hon ar y Dadeni a ysgogodd haneswyr yn y gorffennol i ddisgrifio'r Dadeni fel mudiad lled baganaidd. Troes y rhod ymhlith haneswyr erbyn hyn oherwydd rhoi trymach pwyslais ar nodweddion eraill y Dadeni. Cynrychiolir y newid pwyslais gan ein henw Cymraeg ar y mudiad – 'Dadeni Dysg'. Ochr yn ochr â'r diddordeb yn y byd clasurol, tyfodd frwdfrydedd newydd tros godi safonau ysgolheictod ac yn sgîl hynny daethpwyd i ymhyfrydu fwyfwy yn yr ieithoedd cenedlaethol. Gyda gwybodaeth lawnach am y llenyddiaeth a ysgrifennwyd mewn Lladin a Groeg yn y canrifodd cynnar, a hynny'n esgor ar yr arghoeddiad mai yn y llenyddiaeth honno y ceid mireinder iaith a mynegiant, ceid llenorion ar hyd a lled Ewrop yn ceisio moldio eu hieithoedd eu hunain i gydymffurfio â safonau'r ieithoedd clasurol. Ac yng Nghymru hefyd ceid ysgolheigion a oedd yn rhannu'r gred hon yng ngwerth dysg glasurol ac yn ymawyddu am gymhwyso at y Gymraeg y safonau a oedd yn nodweddu'r Dadeni ar draws Ewrop benbaladr.

Dichon mai'r mwyaf dysgedig o ddyneiddwyr ei genhedlaeth yng Nghymru oedd William Salesbury – 'a typical Renaissance polymath', yn ôl yr Athro Glanmor Williams. Dywed ei gyfoeswr, Syr Thomas Williams,

> WS meddaf yw'r Brytaniad dyscedicaf nid yn unig yn y Frytaneg, eithr yn Hebraeg, Groeg, Lladin, Saesneg, Ffrangeg, Ellmyneg, ac eraill ieithoedd, fel y bai ryfedd allu o un un gŵr gyrraedd cyfryw berffeithrwydd yn y tafodau oni bai nad astudiai ddim arall tra fai fyw.[2]

Nid oedd y math yma o frwdfrydedd ieithyddol yn ddieithr yn y cyfnod. Yn ôl Simwnt Fychan, a ddaeth wedyn yn fardd teulu iddo, yr oedd y barnwr Simwnt Thelwall, Plas y Ward (1526-86), yn hyddysg mewn wyth iaith. Ac athro barddol Simwnt Fychan a William Salesbury oedd Gruffudd Hiraethog (bu f. 1564). Am Gruffudd Hiraethog y dywedodd Syr Thomas Parry 'mai arno ef o'r holl feirdd traddodiadol y gwelir amlycaf ddylanwad y Dadeni Dysg'. Ac un o'r rhai y canodd Simwnt Fychan farwnad iddo oedd cymydog Thelwall, Syr Richard Clough (bu f. 1570), Bach-y-graig a Plas Clough, ail ŵr Catrin o Ferain, cynrychiolydd Syr Thomas Gresham yn Antwerp a'r gŵr a ysbrydolodd Gresham i sefydlu'r 'Stock Exchange' yn Llundain. A theithiwr cyfandirol prysur oedd Clough gan iddo ymweld o bryd i'w gilydd ar fusnes â Ffrainc, Sbaen, yr Almaen a Denmarc, heb sôn iddo fynd ar bererindod i Balesteina pan oedd yn ŵr ifanc. Mewn gair, yr oedd Dyffryn Clwyd yn nythle'r Dadeni Dysg yng Nghymru ac yn Nyffryn Clwyd, yn Llanelwy, y dechreuodd Richard Davies ei yrfa esgobol.

Bu'r ymchwydd diwylliannol hwn o bwys eithriadol yn hanes y Gymraeg a'i llenyddiaeth. Wrth baratoi eu cyfieithiad o'r Testament Newydd yr oedd William Salesbury a Richard Davies yn tynnu ar holl adnoddau'r Dadeni Dysg. Ynddynt hwy gwelir dyneiddiaeth Gristionogol yn ei grym yng Nghymru. Mae'n hawdd dychmygu mai'r unig beth yr oedd ei angen ar y cyfieithwyr oedd Testament Groeg a darn o bapur i ysgrifennu'r trosiad Cymraeg. Nid felly yr oedd hi o gwbl. A barnu oddi wrth eiriad Deddf Cyfieithu'r Beibl i'r Gymraeg (1563) yr hyn a ddisgwyliai'r llywodraeth oedd cyfieithiad o'r Beibl Saesneg. Byddai gwneud hynny'n hynod dramgwyddus i ddynion a oedd wedi eu trwytho yn safonau ysgolheictod y Dadeni Dysg.

Y mae gwaith gorchestol Dr Isaac Thornas ar fersiynau'r Testament Newydd Cymraeg wedi dangos sut yr oedd yr ysgolheigion hyn yn mynd at eu gwaith. Wrth drafod *Kynniver llith a bann* Salesbury, mae'n esbonio ei gynllun gwaith. I ddechrau, yr oedd ganddo o'i flaen gopi o'i *Lyfr Gweddi Gyffredin* (Saesneg) 1549 a hefyd argraffiad 1536 o Destament Newydd Erasmus, y mwyaf o'r dyneiddwyr Cristionogol. Dyma un egwyddor bwysig i'r gwir ddyneiddiwr – mynd at lygad y ffynnon. Ac yr oedd argraffiad 1536 o destament Erasmus yn cynnwys y testun Groeg, a hefyd ei gyfieithiad Lladin ohono. Ar ben hynny yr oedd y cyfieithiad traddodiadol, y Fwlgat, wrth ei benelin a'r Beibl Hebraeg. Ond, meddai Isaac Thomas:

> . . . nid oedd yn gaeth i'w gynorthwyon, ac ni phetrusodd wneud ei gyfraniad ei hun. Mewn gair, gellid dweud fod *Kynniver llith a bann*, o safbwynt ei berthynas â'r testun Groeg ac â'r fersiynau a'i rhagflaenodd, yn waith sy'n gynnyrch ymgydnabyddiaeth lwyr, ond beirniadol, â rhai o brif fersiynau y traddodiad Ewropeaidd o gyfieithu'r Ysgrythurau, a'i fod, yn wir, yn helaethiad nid dibwys o'r traddodiad hwnnw.[3]

Pan drown at Destament Newydd 1567 (eto o dan arweiniad Dr Isaac Thomas), fe welwn hyd yn oed yn gliriach fel yr oedd Salesbury yn tynnu'n drwm oddi ar y traddodiad ysgolheigaidd Ewropeaidd. Y mae'n dal i droi at y fersiynau Saesneg, Beibl Genefa, Testament

Genefa, Y Beibl Mawr, Fersiwn Miles Coverdale a Fersiwn William Tyndale, ond hefyd y mae'n pwyso ar Fersiwn Beza, (olynydd Calfin yn Genefa), 1556, Fersiwn Martin Luther a Fersiwn Erasmus.[4] Fel y dywed Isaac Thomas, mae cyfraniad Salesbury at Destament 1567 yn waith 'ysgolhaig mawr'. Ond, fel un o feibion y Dadeni Dysg, yr oedd Salesbury yn meddu syniadau aruchel am ansawdd rhyddiaith:

> Ond fe ellir cael cyfieithiad cywir sydd heb fod yn effeithiol. Gweithredodd Salesbury ar yr argyhoeddiad fod trosi effeithiol o'r Ysgrythurau yn gofyn am amrywiaeth mynegiant ac urddas ymadrodd . . . Yr oedd greddf ysgolheigaidd Salesbury, heblaw ei chwaeth lenyddol, yn gywir yn hyn.[5]

Yr un egwyddorion yn union oedd yn llywodraethu gwaith William Morgan, wrth weithio ar Destament 1588. Ond yr oedd un gwahaniaeth mawr rhyngddo a William Salesbury, 'Os ffyddlondeb manwl i'w gynsail a gafodd y flaenoriaeth gan Salesbury, eglurder mynegiant y cyfieithiad oedd gofal pennaf Morgan'.[6] Ac yr oedd yr egwyddor hon yn llywodraethu nid yn unig ei ddewis o eiriau ond hefyd ei agwedd at orgraff. Llyfr anodd iawn i'w ddarllen, heb dipyn o ymarfer, yw Testament 1567; y mae Beibl 1588 yn dra gwahanol, er gwaethaf y ffaith ei fod wedi ei argraffu mewn llythyren ddu. Dywedwyd digon i awgrymu mor agos oedd y cysylltiadau rhwng ysgolheictod cyfieithwyr y Beibl Cymraeg a'u cymrodyr mewn gwledydd eraill. Yr oedd Beibl 1588 ar ganol llwybr traddodiad dyneiddiaeth Gristionogol Cyfandir Ewrop.

Tros y blynyddoedd ceid enghreifftiau o lyfrau tramor yn cael eu cyfieithu i'r Gymraeg, fynychaf o'r fersiynau Saesneg. Gellid enwi *Perl mewn Adfyd* gan Hugh Lewis (1562-1634) rheithor Llanddeiniolen o 1598 ymlaen. Otto Werdmüller o Zurich oedd awdur y llyfr gwreiddiol ac fe'i troswyd i'r Saesneg gan Miles Coverdale ym 1550. Llyfr Coverdale oedd yr un a gyfieithodd Lewis. Arwyddocâd *Perl mewn Adfyd* yw ei fod yn dangos gofal deublyg y dyneiddwyr Cristionogol yng Nghymru, cariad at y Gymraeg a dymuniad i ddyrchafu moes a chrebwyll grefyddol eu cydgenedl.

Os oedd cysylltiadau'r Protestaniaid Cymraeg â'r Cyfandir yn gryf, yr oedd rhai'r Catholigion Cymraeg hyd yn oed yn fwy felly. Daeth y frenhines Elisabeth i'r orsedd yn 1558. Golygai hynny ddiwedd yr egwyl Gatholig o dan y Frenhines Mari Tudur a dechrau gofidiau i bleidwyr yr Hen Ffydd gyda sefydlu'r drefn Brotestannaidd. Gallai'r offeiriaid naill ai ymostwng yn dawel i'r drefn newydd, neu gilio i ddiogelwch gwledydd Pabyddol y Cyfandir. Felly troes pleidwyr selocaf yr Hen Ffydd yn alltudion. Dalient i obeithio y deuai cyfle i ailsefydlu Catholigiaeth yng Nghymru ac yr oedd sefydliadau fel Douai yn hyfforddi offeiriaid i ddychwelyd i Gymru (a Lloegr) i gynnal ysbryd y ffyddloniaid ac i genhadu'n ddirgel, er perycled gwaith oedd hynny. Ond yr oeddent yn rhannu'r argyhoeddiad fod angen llenyddiaeth Gymraeg addas i hybu'r gredo Gatholig ymhlith y Cymry.

Gŵr a ddaeth yn gymeriad o bwys yn yr Eglwys Gatholig oedd *Morys Clynnog* (1525-81). Cafodd ei addysg yn Rhydychen. Bu wedyn yn gaplan i'r Cardinal Reginald Pole ac yn dal bywiolaethau yn ne-ddwyrain Lloegr. Ym 1558 fe'i penodwyd yn esgob Bangor ond cyn iddo gael ei gysegru gorfu iddo gilio i'r Cyfandir gydag esgob Llanelwy, Thomas Boldwell. Bu'n swyddog yn yr Ysbyty Seisnig yn Rhufain a'i benodi'n warden ym 1577. Y flwyddyn ddilynol dyrchafwyd ef yn rheithor y Coleg Seisnig, sefydliad newydd o eiddo Owen Lewis. Ymddeolodd o'r swydd ym 1579. Fe'i boddwyd ar daith o Rouen i Sbaen yn 1581.[7]

Yr oedd yn gyfaill agos, ac o bosibl yn noddwr, i *Gruffydd Robert* (c.1522 -c.1610). Ym 1558 fe'i penodwyd yn archddiacon Môn ond bu'n rhaid iddo yntau gilio i'r Cyfandir gydag esgyniad Elisabeth. Yr oedd yn gaplan yn yr Ysbyty Seisnig yn Rhufain erbyn 1564. Tynnodd sylw un o arloeswyr amlycaf y Diwygiad Catholig, Carlo Borromeo, archesgob Milan, ac fe'i gwahoddwyd i ymuno â theulu niferus y gŵr hwnnw, gan wasanaethu fel ei gyffeswr ac fel canon diwinyddol yn yr eglwys gadeiriol. Ym 1582 bu'n rhaid iddo roi heibio o leiaf beth o'i waith oherwydd ei ddiffyg meistrolaeth ar Eidaleg lafar. Ni wyddys i sicrwydd beth oedd ei hanes wedyn na pha bryd yn union y bu farw.

O ran dylanwad yn uchel-lysoedd yr Eglwys, nid oedd yr un o'r gwŷr hyn yn gyfysgwydd ag *Owen Lewis*. Gŵr o Fôn oedd Owen Lewis (1532-95). Cafodd ei addysg yn Rhydychen ond ciliodd i'r Cyfandir yn 1561. Cafodd ddwy radd doethur ym mhrifysgol Douai ac fe'i penodwyd yn athro yno. Ym 1568 helpodd William Allen i sefydlu'r Coleg Seisnig yn Douai i hyfforddi offeiriad ar gyfer y genhadaeth yng Nghymru a Lloegr. Yr oedd hefyd yn ganon yn eglwys gadeiriol Cambrai ac yn archddiacon Hainault. Ym 1574 fe'i penodwyd gan y Pab Grigor XIII i swydd o ddylanwad yn ei lys. Erbyn 1580 yr oedd yng ngwasanaeth y Cardinal Borromeo ym Milan fel ei ficer cyffredinol. Wedi marw Borroromeo yn 1584 dychwelodd Lewis i Rufain a threulio gweddill ei oes yn llys y Pab. Ym 1588 cafodd ei benodi'n esgob Cassano. Bu farw yn Rhufain ym 1595 pan oedd ar fin cael ei ddyrchafu'n gardinal.

Un o Lanelwy oedd *Rhosier Smyth* (1541-1624). Cafodd ei addysg, o bosibl, yn Rhydychen. Ciliodd i'r Cyfandir yn y saith degau ac ymaelodi yn y Coleg Seisnig yn Douai. Erbyn 1579 yr oedd yn y Coleg Seisnig yn Rhufain ynghanol yr ymdderu yno rhwng y myfyrwyr Cymreig a'r Saeson. Fe'i diarddelwyd. Dychwelodd i Brydain fel cenhadwr a bu yng ngharchar Newgate tua 1596 ond llwyddodd i ddianc. Tywyll iawn yw ei yrfa, er bod cyfeiriadau prin ato yn ystod y blynyddoedd nesaf. Ymddengys iddo fyw tan 1624. Yr oedd yn un o ddisgyblion llenyddol Gruffydd Robert.

Mab John Wyn ap Huw o Fodwrda, Llŷn, oedd *Robert Gwyn* (f.1568-91). Yr oedd John Wyn yn gryn gymeriad, yn un o wŷr mwyaf pwerus y sir a daeth maes o law yn uchel siryf. Yn ôl cofnodion Llys y Seren, ni feiddiai neb ei herio, 'and no jury will indict him'.[8] Ym 1564 cafodd ei gyhuddo fel 'chief captain of the pirates of Ynys Enlli' a honnid fod ysbail y môr-ladron yn cael ei gludo i Gaer i'w werthu yn y marchnadoedd yno. Yr oedd ganddo ef a'i wraig, Jane, ddeuddeg o blant a Robert yn un ohonynt. Graddiodd Robert Gwyn yn Rhydychen ym 1563. Robert Owen, canon Le Mans, mab Owen ap Gruffudd, Plas-du, a wnaeth Babydd ohono. Yn 1571 aeth i Douai gyda Robert Owen ac ymaelodi yn y brifysgol yno gan raddo'n BD ym 1575. Yr un flwyddyn cafodd ei ordeinio'n offeiriad. Yn nechrau 1576 dychwelodd i Gymru. Bu ar ymweliad â Rhufain ym 1580. Ni wyddys ddim i sicrwydd am ei ddiwedd.

Diolch i waith manwl Griffith John Williams, y mae gennym ddarlun llawn o Gruffydd Robert fel un o gedyrn Cymraeg y Dadeni Dysg ac un a geisiodd roi urddas clasurol ar y Gymraeg trwy ei ramadeg.[9] Ac y mae gwaith ymchwil disglair Geraint Bowen wedi dangos pa mor arwyddocaol oedd gwaith yr alltudion Catholig yn hanes rhyddiaith Gymraeg.[10] Ond nid plant y Dadeni Dysg yn unig oedd Gruffydd Robert, Morys Clynnog a Rhosier Smyth. Yr oeddent hefyd yn gefnogwyr brwd y Diwygiad Catholig, yr ymgyrch fawr i ddiwygio ac adfywio Catholigiaeth ar ôl Cyngor Trent. Yr oeddent hwythau hefyd yn ddyneiddwyr Cristionogol, er mor wahanol eu hamgyffrediad o'r ffydd Gristionogol i'r un a goleddid gan Salesbury, Richard Davies a Phrotestaniaid eraill. Mewn brawddeg awgrymog y mae Geraint Bowen yn priodi eu hargyhoeddiadau llenyddol a chrefyddol â'i gilydd: 'Sylfaen unrhyw gynlluniau llenyddol ydoedd gramadeg iaith newydd, sylfaen unrhyw adferiad crefyddol ydoedd gramadeg crefyddol'.[11] Hynny yw, yr oedd yn rhaid dechrau gyda chyflwyno'r ffydd Gatholig mewn ffordd syml ac uniongyrchol.

Ar 6 Rhagfyr 1568 argraffwyd *Athravaeth Gristogavl (sic)* ym Milan. Mae gweddill y teitl yn dweud: 'Lle ceir wedi cynnwys yn gryno'r holl brif bynciau sydd i garwyddo dyn ar y ffordd i baradwys'. Golygwyd y gwaith a'i lwybreiddio trwy'r wasg gan Gruffydd Robert. Y mae Gruffydd Robert yn ei ragair yn priodoli'r gwaith i'w 'gynheiliad', Morys Clynnog. Dangosodd Geraint Bowen mai trosiad neu gymhwysiad oedd hwn o waith ysgrifennydd cyntaf Cymdeithas Iesu, y Sbaenwr Ioannes Polanco. Gwyddom i'r llyfr gyrraedd Cymru a chael ei ddosbarthu yma.

Y mae peth rhamant o gwmpas y llyfr *Y Drych Kristnogawl*. Yr oedd awdur neu olygydd dienw'r llyfr yn priodoli'r rhagymadrodd a'r testun i 'G.R. o Fulan' (sef Gruffydd Robert) a'r rhagair wedi'i briodoli i 'R.S' (sef Rhosier Smyth). Ond ffug yw hyn. Robert Gwyn oedd y gwir awdur ac argraffwyd y llyfr yn Ogof Rhiwledyn ar lethrau'r gogarth Bach, Llandudno, yn 1585, er bod yr awdur am inni gredu mai yn Rouen y gwnaed hynny. Un rhan o dair o'r cyfansoddiad gwreiddiol a argraffwyd ond y bu'r ddwy ran arall ar gael mewn llawysgrifau, copiau o'r gwreiddiol, nes eu cyhoeddi'n gyfan yn ddiweddar.[12]

Er bod Rhosier Smyth yn hyddysg yn egwyddorion llenyddol Gruffydd Robert, yr oedd yn awyddus i'w waith apelio'n uniongyrchol at y bobl gyffredin. Ac yr oedd ar yr un pryd yn ceisio cadw mor agos ag oedd yn bosibl at ei wreiddiol Lladin. Dyma ddarn cyfarwydd inni yn ei fersiwn ef:

> Cariad perffaith sydd ddioddefgar, gymwynasgar, ni chynfigenaf, ni wnaf yn anfoddol, nid ymchwyddaf, nid yn drachwanog i rwysg, a swyddau, ni bydd yn ceisio ei olud ei hun, ni ddigir yn hawdd, ni feddylia ddrwg, ni lawenha wrth anwiredd ond ef a gydlawenha a'r gair *[sic]*, ef a ddioddef bob peth, ef a greda bob peth, ef a obeithia bob peth, ef a fydd fodlon i bob peth. Hyn a ddywed Sain Paul pan oedd yn enynnu o gariad Crist.[13]

**Cyfryngau'r cysylltiadau**

Da o beth cyn mynd ymhellach fydd gofyn sut yr oedd diwinyddion ac ysgolheigion yng Nghymru'n cysylltu â chyfandir Ewrop?

Un peth hawdd iawn ei anghofio erbyn heddiw yw fod gan Ewrop iaith gyffredin am ganrifoedd, sef yr iaith Ladin. Nid oedd yn rhaid dysgu Ffrangeg neu Almaeneg neu Sbaeneg er mwyn cyfranogi yn y drafodaeth gydwladol ar faterion diwinyddol. Er mwyn gweld sut yr oedd hyn yn gweithio, gadewch inni gymryd enghraifft benodol. Mab y Bryn, Aber-nant, Caerfyrddin, oedd James Owen a gafodd ei eni ym 1654. Cafodd ei addysg yn Ysgol y Frenhines Elizabeth, Caerfyrddin, ac Academi Brynllywarch o dan Samuel Jones, ac wedyn bu o dan hyfforddiant Stephen Hughes yn Abertawe. Tua 1680 agorodd academi yn ei dŷ yng Nghroesoswallt. Yn nechrau 1700 symudodd ei academi i'r Amwythig ac yno y bu hyd ei farw, 8 Ebrill 1706 yn 51 oed.

Yr oedd enw da i'w academi. Nid yw hynny'n syndod yn y byd. Meistr llym oedd James Owen. Yr oedd yn weithiwr dychrynllyd o galed ei hun a disgwyliai'r un dygnwch gan ei fyfyrwyr. Dechreuai'r gwaith academaidd am chwech y bore yn yr haf ac am saith yn y gaeaf. Dyna pryd y cenid y gloch ac âi'r myfyrwyr yn syth i'r cwrdd gweddi. Yr oedd yn rhaid i bob un a oedd yn absennol dalu dirwy. Dechreuid y cwrdd gyda darllen pennod o'r Testament Newydd – mewn Groeg. Wedyn gweddïai'r myfyrwyr, pob un yn cymryd ei dro o ddiwrnod i ddiwrnod. Am naw dechreuai'r darlithoedd. Cychwynnai'r athro trwy adolygu'r hyn a drafodwyd yn y ddarlith flaenorol ac yna âi rhagddo gyda'r pwnc dan sylw. Ac yr oedd y darlithiau i gyd mewn Lladin. Ni chaniateid defnyddio unrhyw iaith arall cyn gyda'r nos. Mewn Lladin yr oedd yr arholiadau, Lladin oedd iaith yr athro wrth y bwrdd bwyd. Yr adeg honno byddai'n ymlacio ac yn adrodd ambell stori ddigrif, neu'n gwneud rhyw sylw gogleisiol, ac onid oedd gan fyfyriwr ddigon o Ladin i chwerthin yn y lle priodol, nid oedd dim amdani ond gwenu'n obeithiol. Wedi i'r myfyrwyr ymneilltuo i'w hystafelloedd gyda'r nos, byddai'r athro'n ymweld yn ddirybudd â hwy a phe darganfyddai fod myfyriwr yn darllen rhyw lyfr ysgafn neu'n siarad yn benwan â myfyriwr arall, câi ei geryddu'n hallt – mewn Lladin mae'n siŵr.

Nid rhyfedd fod canmol ar academi James Owen. Os oedd y ddisgyblaeth yn haearnaidd, yr oedd yn effeithiol. Un prawf o hynny yw i rai dynion nodedig gael eu haddysg ynddi. Dyna Thomas Perrot (bu f. 1733) yn un. Ym 1720 aeth yn brifathro Academi Caerfyrddin.

Un arall oedd Jeremy Owen (c.1704-44), mab David John Owen, brawd James Owen. Daeth ef yn adnabyddus fel awdur *Golwg ar y Beiau* yn adrodd hanes yr helbulon yn Henllan Amgoed, lle magwyd ef. Dylid crybwyll hefyd ei lyfr *Y Ddyledswydd fawr Efangylaidd*, un o glasuron Cymraeg y genhedlaeth honno. Ac yn drydydd, rhaid enwi Samuel Jones (1680?-1719). Fe'i ganed ym Mhensylfania, yn fab i ymfudwr o Gymro. Aeth o academi James Owen i Brifysgol Leyden. Yn hyn o beth yr oedd yn dilyn ôl troed Cymro arall a fu'n athro arno, Roger Griffith (bu f. 1708) a fu'n fyfyriwr yn Utrecht. Bu Griffith wedyn yn cynnal academi yn Y Fenni. Yr oedd Samuel Jones yn fyfyriwr oddi tano yr un pryd â Charles, brawd James Owen. Pan sefydlodd Samuel Jones ei academi ei hun yn Tewkesbury, yr oedd yn dilyn yr un patrwm yn union ag un James Owen, gyda'r gwahaniaeth fod ei fore ef yn dechrau am bump yn y bore haf a gaeaf! Ond dim ond Lladin a ganiateid yn yr academi honno hefyd. Ac nid rhyfedd i hynny oherwydd yn Leyden, enillòdd Samuel Jones gryn enw fel dadleuydd cyhoeddus mewn Lladin ac argraffodd Gwasg y Brifysgol yno lyfr Lladin o'i eiddo. Nid peth anghyffredin yng ngholegau'r cyfnod oedd yr hyfforddiant manwl yma mewn Lladin. Y peth oedd yn arbennig o gwmpas James Owen a Samuel Jones oedd trylwyredd yr hyfforddiant a'r ddisgyblaeth.

Gellir cymryd yn ganiataol felly yn yr ail ganrif ar bymtheg a'r ddeunawfed ganrif fod gan bob dyn addysgedig fwy na chrap ar Ladin – a rhai ohonynt yn gallu ei thrafod mor rhugl â'u mamiaith. A dyma'r drws agored i ysgolheictod gydwladol. Erbyn hyn y mae'r awduron yr oedd myfyrwyr yr academïau'n eu hastudio wedi mynd yn angof – Franco Burgerskijk, Adrian Heereboord, Andreas Frommenius, Asseline Eustachius, Pierre Gassendi, Aegidius Strauch, Johannes Wolleb a Leonhard van Ryssen – y cwbl ohonynt yn ysgolheigion yr oedd eu llyfrau'n destunau gosod yn academi James Owen. A chyfandirwyr oeddent i gyd. Y mae Baronius ar y rhestr hefyd. Ond nid cyfandirwr oedd ef ond Robert Baron (1593?-1639), athro yn Aberdeen ac awdur *Metaphysica generalis* (1657). Yn wyneb hyn, nid yw'n unrhyw syndod fod Vavasor Powell yn medru ysgrifennu Lladin a bod Howel Harris ifanc wedi dechrau cadw ei ddyddiadur yn yr iaith honno. A phan oedd Williams Pantycelyn yn dweud yn y rhag-ymadrodd i *Theomemphus* 'Y mae yn ddarn o waith newydd nad oes un Platform iddo yn Saesonaeg, Cymraeg, nac yn Lladin a'r a wn i', nid siarad ar ei gyfer yr oedd ac nid mympwy uchel-ael oedd rhoi teitlau fel *Pantheologia, Aurora Borealis, Ductor Nuptiarum a Templum Experientiae Apertum* ar ei lyfrau.

Lladin oedd y briffordd i feddwl Ewrop ond pan fyddwn yn trafod syniadau, ni ddylid anwybyddu cyfieithiadau. Wedi'r cwbl, yr oedd Saesneg yn araf dyfu'n iaith gydwladol y Cymry. Yn ein hoes ni, er enghraifft, y mae digon o bobl wedi dod o dan ddylanwad meddyliwr fel Kierkegaard nid am eu bod wedi meistroli Daneg ond am eu bod wedi meistroli'r cyfieithiadau Saesneg o'i waith a'r un modd bu dylanwad Karl Barth yn enfawr ar bobl na wyddant air o Almaeneg ar lyfr. Yng Nghymru yr oedd Morgan Llwyd wedi dod o dan ddylanwad Jakob Böhme nid trwy bori yn ei lyfrau Almaeneg ond trwy ymgydnabod â chyfieithiadau Saesneg o'i waith. Ac y mae Dr Gwyn Thomas yn ei astudiaeth neilltuol gyfoethog o'r Bardd Cwsg wedi dangos fel yr oedd diferion o lawer pistyll diwylliannol wedi percoladu i feddwl Ellis Wynne, gan gynnws gwaith y Sbaenwr Quevedo, trwy'r trosiadau Saesneg o'i waith.[14] Dyma pam nad oes dim byd plwyfol neu daleithiol yn nodweddu'r traddodiad Cristionogol modern yng Nghymru. Y mae'n rhan o'r cyfoeth Ewropeaidd. Er nad oedd cadw disgyblaeth tros ei fyfyrwyr yn un o dalentau Jenkin Jenkins, a aeth yn athro i Academi Caerfyrddin ym 1759 ac yn brifathro ym 1764, yr oedd ganddo ddawn neilltuol i ddysgu ieithoedd i'w ddisgyblion. Ymhlith y rheini yr oedd David Davis ('Dafis Castellhywel', 1745-1827) a fu ei hunan yn athro cynorthwyol iddo cyn cael ei ordeinio'n weinidog Llwynrhydowen a sefydlu ei ysgol uwchraddol ei hunan. Fel y gwelir oddi wrth ei gyfrol farddoniaeth, *Telyn Dewi* (1824), llwyddodd i ddangos ei fedr nid yn unig fel cyfieithydd *Elegy* Gray, ond fel un â digon o feistrolaeth ganddo ar Ladin i gyfansoddi englynion yn yr iaith honno.[15]

Yr oedd Dafis yn uchel ei glod i Jenkins. Yn ei gân, 'Ffarwel i Gaerfyrddin' dywed,

> Ffarwel hyfforddwr union
> A mwyn geryddwr tirion
> Ac ni a'th barchwn di fel tad
> Tra paro gwa'd y galon.[16]

Yr oedd Dafis mewn olyniaeth ddiddorol oherwydd aeth i Lwydrhydowen yn gydweinidog â David Lloyd (1724-79) – 'David

Lloyd, Brynllefrith' – gŵr y dywedodd yr Arglwydd Aberdâr amdano mai ef oedd yr 'unig Gymro hyd ei ddydd a enillodd glod Ewropeaidd'[17] – dipyn o or-ddweud yn sicr. Ond yr oedd David Lloyd yn feistr ar Ladin, Groeg a Hebraeg a siaradai Ffrangeg ac Eidaleg yn rhugl. A chyfansoddodd farddoniaeth yn y pum iaith.

I ddychwelyd at Jenkin Jenkins. Y mwyaf dylanwadol o'i holl fyfyrwyr oedd Thomas Charles o'r Bala a diau mai i Jenkins y mae priodoli ehangder diddordebau ieithyddol y gŵr hwnnw. Mae'n mynegi ei frwdfrydedd yn y rhagymadrodd i'w *Eiriadur*: 'Nid oes un hyfrydwch mwy gennyf yn y byd, na dim moddion yn fwy adeiladol, na darllen yr Ysgrythurau Sanctaidd yn yr ieithoedd y llefarodd yr Ysbryd Glân hwynt; sef, yr Hen Destament yn Hebraeg, a'r Testament Newydd yn y Groeg.' Meddai yn yr erthygl ar y gair 'Groeg', 'Y mae'r iaith Roeg yn rhagori ar bob iaith arall dan y nefoedd mewn cyflawnder, amrywiaeth, a melusder peroriaeth'. Ac yn ystod y llyfr y mae'n dyfynnu cryn dri dwsin o awduron clasurol gan roi llawer mwy o bwys ar awduron ffeithiol fel Plini, Strabo, Herodotus a Josephus nag ar lenorion 'pur'. Nid oedd Charles efallai mor rhugl mewn Ffrangeg ac Eidaleg ag oedd David Lloyd, Brynllefrith, ond yr oedd yn ddigon cyfarwydd â'r ddwy iaith, Frangeg yn fwy felly nag Eidaleg. Ac yr oedd ganddo ddiddordeb byw yn y damcaniaethau ynglŷn â tharddiad y Gymraeg ac ystyron ei geiriau. Gyda chymwysterau fel hyn, gallai Charles dynnu'n hael ar adnoddau diwinyddol y Cyfandir. Gofynnodd Edward Morgan, Syston (1783-1869), i Charles unwaith am gyfarwyddyd ynglŷn â phrynu llyfrau. Yn ei ateb dywedodd Charles: 'Some of the old German and Dutch divines I judge preferable; such as – Jerome Zanchius, Musculus, Vertringa, Venema, Witsius, Cocceius, &c. I think Turretin's works would be very useful to you. It is an excellent body of divinity'.[18]

Digon yn awr yw dweud, heb fanylu ynglŷn â'r diwinyddion hyn, fod y rhestr yn dangos gystal â dim fel yr oedd syniadau'r meddylwyr Cyfrandirol yn treiddio i fywyd Cymru, yn yr achos hwn trwy gyfrwng gwaith Thomas Charles, a hynny mewn cyfrol a ddarllenid yn fanwl gan filoedd lawer o Gymry. Os trowch i erthygl Thomas Charles yn y *Geiriadur Ysgrythurol* ar y gair 'Cyfammod' fe welwch fel yr oedd cynhesrwydd ei galon yn esgor ar lithrigrwydd ymadrodd pur huawdl. Dyma Charles yn telynegu uwchben y Pencyfamodwr, Iesu Grist,

> Wele, y Person rhyfeddol hwn! a syned pawb wrth edrych arno, yn sefyll ei hunan, ac 'o'r bobl nid oedd neb gydag ef'; a thrwy ei rym a'i rinwedd ei hun yn cyflawni y gyfraith, ac yn boddloni cyfiawnder, ar ran miloedd o droseddwyr; yn achub pechadur, ac yn distrywio Satan a'i holl lywodraeth! Wele, EFE, yn mawredd ei berson, a rhinwedd ei aberth, yn disgyn i ddyfnderoedd y felldith, ac i angeu; ac, fel Jonah yn y moroedd mawrion, yn tawelu yr ystorm, ac yn esgyni'r uchelder; gan orchymyn pregethu edifeirwch a maddeuant, yn ei enw ei hun, yn mhlith yr holl genhedloedd! Bydd dirgelẁch ei Berson, a mawredd ei waith trostynt, yn sail gobaith, ac yn sylwedd cân y gwaredigion byth!

Yma y mae Charles yn cydio mewn thema sy'n rhedeg fel llinyn arian trwy feddwl Cristionogol Cymru fodern. Down ar ei thraws gyntaf yng ngwaith John Penri. Fe'i ceir yn ei chyflawnder yn *Christ and Moses Excellency* Vavasor Powell. Porthodd lawenydd Cristionogol Walter Cradoc ac ysbrydoli geiriau Morgan Llwyd:

> Beth yw'r cyfamod newydd? cytundeb rhwng Duw ai fab dros ddyn, a rhwng Duw a dyn trwy waed yr Oen. Cariad yw Duw ac Ewyllys da at ddyn . . . Rhodd fawr anrhaethol yw Christ, a rhodd fawr yw llaw ffydd iw dderbyn, Ni all neb i phrynnu ond fe all y tlottaf ie derbyn.[19]

Fe'i ceir yng Nghyffes Ffydd y Bedyddwyr ym 1689 ac y mae'n asgwrn cefn diwinyddiaeth Griffith Jones, Llanddowror. Gwelir athrawiaeth y Cyfamodau yn ei gogoniant yn *Golwg ar Deyrnas Crist*, Pantycelyn. Drwy *Hyfforddwr* Thomas Charles daeth yn rhan o gynysgaeth ugeiniau o filoedd o blant Cymru. Fe'i ceir yn *Gweledíad y Palas Arian* (1811) gan John Jenkins, Hengoed (1779-1853). Y mae hi yng Nghyffes Ffydd y Methodistiaid Calfinaidd (1823). Fe ymddengys mewn cannoedd o bregethau rhwng 'Duw yn edrych ar ei gyfamod' gan Christmas Evans[20] hyd at 'Y Cyfamod gwell a'r Addewidion gwell' gan Thomas Charles Edwards. Ac er gwanychu ohoni at ddiwedd oes Victoria, ni ddiflannodd yn llwyr. Fe'i harddelwn hi bob tro y byddwn yn canu,

> Melys cofio y cyfamod
> Draw a wnaed gan Dri yn Un (Ann Griffiths)

neu, Cyfamod hedd, cyfamod cadarn Duw (Edward Jones)

neu, Y Gŵr a fu gynt o dan hoelion (Huw Derfel)

neu, . . . Cyfamod hedd yw'r sylfaen gadarn,
Yr hwn ni dderfydd byth mo'i ddawn . . . (Thomas Charles)

Mewn gair dyma'r ddiwinyddiath a ysbrydolodd y traddodiad Efengylaidd yng Nghymru fodern ac y mae ei ffynhonnell yng ngwaith diwinyddion Heidelberg yng nghyfnod y Diwygiad Protestannaidd a'r ffrwd honno wedi ei grymuso gan waith Johannes Cocceius (1603-69) yn Leyden a'i ddisgybl disglair Hermann Witsius (1636-1708) yn Leyden ac Utrecht – y gŵr y bu'r Cymry Roger Griffith a Samuel Jones yn astudio oddi tano. Ac athro yn Genefa oedd François Turretin (1623-87), gŵr a edmygid gan Thomas Charles ac y dywedodd Dr Edward Williams am ei *Institutio* (1679-85), 'a work of singular excellence, by one of the best men.' Ac amser a ballai inni ddangos fel y bu i'r ddiwinyddiaeth hon, trwy gael ei seciwlareiddio erydu'r hen syniadau hierarchaidd am y drefn gymdeithasol a gosod yn ei lle'r argyhoeddiad mai cytundeb rhwng dinasyddion cydradd yw carreg sylfaen y gymdeithas ddemocrataidd. I wneud cyfiawnder â rhediad meddwl Cymry'r cyfnod modern, mae'n rhaid ymgydnabod â'r ffrwd hon a darddodd gyntaf ar y Cyfandir.[21]

**Blaenoriaeth yr Almaen**

Ar ddechrau'r bedwaredd ganrif ar bymtheg, ychydig iawn o bobl yn Lloegr a Chymru oedd ag unrhyw grap ar Almaeneg. Yn wir, dywedodd ieithydd mor ddysgedig â Richard Porson (1759-1808) fod 'bywyd yn rhy fyr i ddysgu Almaeneg'. Y canlyniad oedd fod anwybodaeth lwyr ynglŷn â beth oedd yn digwydd ymhlith ysgolheigion a diwinyddion yr Almaen. Un o'r arloeswyr yn y maes oedd John Connop Thirlwall (1797-1875). Pan oedd yn fyfyriwr yng Nghaer-grawnt dechreuodd ddysgu Almaeneg o dan gyfarwyddyd Julius Charles Hare a daeth maes o law'n feistr arni. Ym 1818-19 bu ar daith yn Ffrainc, y Swistir a Rhufain. Yn Rhufain daeth i adnabod Christian Karl Bunsen (1791-1860), ysgolhaig, diwinydd a llysgennad. Yr oedd ef yn ysgrifennydd i Georg Barthold Niebuhr (1776-1831) a oedd ar y pryd yn llysgennad Prwsia i'r Fatican. Yn ddiweddarach daeth Bunsen yn llysgennad ei hunan. Bu'n llysgennad yn Llundain o 1841-54. Ymroes Thirlwall i gyfieithu. Ei gyfieithiad cyntaf oedd esboniad F.D.E. Schleiermacher ar Efengyl Luc, *A Critical Essay on the Gospel of St Luke* (Llundain, 1825 – nid oes enw'r cyfieithydd arno) – a thrwy'r esboniad hwn cyflwynwyd am y tro cyntaf rai o'r damcaniaethau beirniadol am yr efengylau i ddarllenwyr Saesneg. Ond oherwydd y gred fod y gwaith yn hereticaidd ni bu unrhyw groeso iddo. Yna aeth Thirlwall ati i gyfieithu gwaith mawr Niebuhr ar hanes Rhufain – *Roman History* – ymddangosodd y rhan gyntaf ym 1828 a'r ail ran ym 1831 ond arhosodd rhan 3 heb ei chyhoeddi. Yr oedd Thirlwall, felly, o'r dechrau wedi cymryd ei ochr gyda'r sawl a oedd am ddiwygio hen gredoau Eglwys Loegr mewn ffyrdd pur radicalaidd. Bargyfriethiwr oedd ar ddechrau ei yrfa ond ym 1828 cafodd ei ordeinio ac yna ym 1840 fe'i dyrchafwyd yn esgob Tyddewi. Oherwydd ei olygiadau rhyddfrydol mewn diwinyddiaeth bu gwrthwynebiad i'r penodiad. Ond er ei fod yn ŵr o argyhoeddiadau Efengylaidd cryfion, yr hyn a oedd yn poeni David James 'Dewi o Ddyfed' (1803-71), person Kirkdale, Lerpwl, ar y pryd, oedd na wyddai Thirlwall Gymraeg. Ysgrifennodd i ddweud hynny wrth y darpar-esgob ac o fewn blwyddyn yr oedd wedi dysgu'r iaith, er nad oedd y werin yn deall fawr ddim a ddywedai pan bregethai yn yr iaith. Ond dyn pell oedd Thirlwall heb unrhyw berthynas bersonol gynnes rhyngddo â'i offeiriaid na'i braidd ac ychydig iawn o argraff a gafodd ei syniadau rhyddfrydol ar Gymru. A digon llugoer oedd ei ymateb pan gododd storm fawr yn yr Eglwys uwchben y syniadau radicalaidd newydd.

Digwyddodd hynny yn achos Rowland Williams (1817-70). Mab person Helygain oedd Williams ac ysgolhaig dysgeidg. O 1850 hyd 1862 ef oedd Athro Hebraeg ac Is-brifathro Coleg Dewi Sant, Llanbedr. Yr oedd yntau, fel Thirlwall, wedi dod o dan gyfaredd Bunsen a bu'n ymweld ag ef yn Heidelberg ym 1857 a phan gyhoeddwyd y gyfrol gyfansawdd, *Essays and Reviews*, yn Chwefror 1860 yr oedd ganddo ysgrif ynddi'n adolygu ymchwiliadau Beiblaidd Bunsen. Bu helbul fawr iawn o ganlyniad i gyhoeddi'r gyfrol a gwysiwyd Williams i'r llys eglwysig ar gyhuddiad o heresi. Yn Broad Chalke, wrth ymyl Salisbury, bywiolaeth a oedd yn ei feddiant ers 1858, a treuliodd weddill ei flynyddoedd ar ôl gadael Llanbedr ym 1862. Er bod Thirlwell mewn cydymdeimlad â'r math safbwynt beirniadol a goleddid gan Williams, ni roddodd fawr o gefnogaeth iddo. Ym 1871 ymddangosodd cyfrol gyntaf Rowland Williams, *The Hebrew Prophets*, a'r ail ym 1871 (nid ymddangosodd y drydedd gyfrol). Yma eto cymerai olwg resymoliaethol ar y Beibl. Er enghraifft, ni fynnai mai rhagweld y dyfodol yr oedd y proffwydi ond ymateb i amgylchiadau eu hoes eu hunain. Ond yr oedd yn arwyddocaol i'w waith dderbyn cymeradwyaeth am ei ysgolheictod gan wŷr fel Ewald, Dünen a Diestel.[22]

Cymharol fychan oedd dylanwad uniongyrchol hyn i gyd ar feddwl a llenyddiaeth Cymru. Yr oedd un ysgolhaig a oedd yn bont fwy uniongyrchol rhwng Cymru a'r Almaen. Y gŵr hwnnw oedd John Harris Jones; Fe'i ganed yn Waenwthan, Llangeler, ym 1827. Cafodd ei addysg yng Ngholeg Caerfyrddin a Phrifysgol Glasgow. Ym 1852 aeth i Brifysgol Göttingen, lle bu'n myfyrio o dan gyfarwyddyd Georg H.A. Ewald (1803-75). Un diddorol oedd Ewald – beirniad llym brenhinaeth Prwsia, pamffletwr ffyrnig, pleidiwr rhyddid dinesig a garcharwyd gan Bismarck. Ond ysgolhaig o'r radd flaenaf. Darganfu lawysgrif Arabeg ym Mharis, 'Hanes Concro Sbaen', a gosododd Harris Jones i wneud ei draethawd ymchwil ar y ddogfen honno. Fe'i cyhoeddwyd yn Göttingen, *Ibn Abd-ek-Hakem's History of the Conquest of Spain* (1858). Yna aeth i Halle lle bu'n astudio o dan Friedrich August Tholuck (1799-1877). Nid oedd gan Tholuck gydymdeimlad â'r pwyslais sgeptigaidd a oedd yn ennill tir yn yr Almaen. O dan ei ddylanwad ef daeth Cyfadran Ddiwinyddiaeth Halle yn un o gadarnleoedd y pwyslais Efengylaidd yn yr Almaen. Fel y dywedodd disgybl enwog iddo, Philip Schaff, yr hanesydd, 'His lecture room was truly a school of Christ, And herein was his chief significnce and merit. Thousands of students from different lands owe to him their spiritual life'. Ac yr oedd Harris Jones yn eu plith. Nid oedd neb yn fwy cyfarwydd â theithi ysgolheictod y Cyfandir nag ef ac eto ni themtiwyd mohono i wyro oddi wrth ei ffydd Galfinaidd. Cafodd ei ordeinio gan y Methodistiaid Calfinaidd ym 1859 a bu'n athro yng Ngholeg Trefeca o 1865 hyd ei farw ym 1885.

Yn hyn o beth nid oedd safiad Harris Jones yn wahanol i fwyafrif ei gyfoeswyr Cymraeg. Gellir gweld fel yr oedd golygiadau'r Cyfandirwyr yn treiddio i lenyddiaeth Cymru os troir i'r *Gwyddoniadur*, y gwaith enfawr y dechreuodd Thomas Gee i gyhoeddi ym 1855 ac a orffennwyd ym 1879. Y mae'r erthyglau ar bynciau Beiblaidd a diwinyddol yn dangos yn eglur sut yr oedd y gwynt yn chwythu. Dyna'r erthygl ar 'Genesis', er enghraifft. Ceir cyfeiriadau ynddi at olygiadau pobl fel Kalisch, Hengstenbert, Rosenmüller, de Wette, Eichorn, von Bühlen, Gamberg, Ewald, Hïpfelt, Knobel, Dreschsler, Kurtz, Gesenius a Havernick. Hynny yw, nid oedd y Cymro uniaith o dan anfantais wrth geisio darganfod beth oedd yn digwydd ar y Cyfandir yn y maes arbennig hwn. Ond pan drowch i sylwi ar gasgliadau'r erthyglau, fe sylwch fod gogwydd yr awduron at yr ysgolheigion llai radicalaidd. Yr oeddent, er enghraifft, yn meddwl cryn dipyn o Ernst Wilhelm Hengstenberg (1801-69), prif seren yr 'Uniongrededd Newydd', fel y'i gelwid. Yr un modd, yr oedd gwaith ei ddisgybl, Heinrich Havernick (1805-46), yn dra derbyniol yng Nghymru. A gellid ychwanegu rhestr reit sylweddol o ddiwinyddion ceidwadol Almaenig a geisiai amddiffyn y safiad traddodiadol Lutheraidd.[23]

Un o'r rhai a oedd yn gysylltiedig â'r Gwyddoniadur oedd Ioan Pedr (John Peters, 1833-77). Un o'r Bala oedd Peters ac un a brentisiwyd fel saer melinau, y grefft a arferai ei dad. Yn ifanc iawn magodd awch anniwall am wybodaeth ac er iddo gael addysg yng Ngholeg yr Annibynwr yn Y Bala, yr oedd i fesur mawr yn hunanaddysgedig. Buan y meistrolodd Ffrangeg ac Almaeneg. Bu ym Mafaria'n perffeithio ei Almaeneg o dan addysg Dr Schwab a cherddodd y rhan fwyaf o'r ffordd yn ôl i Bala. Ym 1857 bu ym Mharis yn perffeithio ei Ffrangeg. Gyda threiglad amser daeth yn bur wybodus ym maes ieitheg ac yr oedd mewn cysylltiad ag ysgolheigion yn y maes hwnnw yn Lloegr a'r Cyfandir. O 1859 hyd ei farw yr oedd yn athro gyda Michael D. Jones yng Ngholeg Annibynnol Y Bala. Ond er ei fod yn hyddysg ddigon yn llenyddiaeth Ffrainc a'r Almaen, ni ellir dweud iddo wneud cyfraniad sylweddol at drosglwyddo syniadau diwinyddol i ddarllenwyr Cymraeg.

**Y cyfnod diweddaraf**

Erbyn heddiw y gŵr mwyaf adnabyddus ar gorn ei gysylltiadau cyfandirol yw Emrys ap Iwan (Robert Ambrose Jones, 1851-1906). Fe'i magwyd yn ymyl Abergele, lle mae ysgol erbyn heddiw'n dwyn ei enw. Hoffai gredu fod ei hen-nain yn Ffrances ac yn gynnar iawn daeth Emrys i ymfalchïo yn y peth gwaed Ffrengig y tybiai oedd yn ei wythiennau. Dechreuodd weithio fel garddwr nes iddo fynd i goleg y

Methodistiaid yn Y Bala. Ym 1874 aeth yn athro ysgol i Lausanne lle cafodd gyfle i berffeithio ei Ffrangeg a'i Almaeneg. Ar hyd ei oes byddai'n treulio mis neu ddau ar y Cyfandir bob blwyddyn. Bu cryn daeru uwchben ei ordeinio oherwydd ei ysgreifennu miniog yn beirniadu sefydlu eglwysi Saesneg gan yr Hen Gorff, ond ei ordeinio a gafodd yn Sasiwn yr Wyddgrug ym 1883. Treuliodd ei oes fel gweinidog gyda'r Methodistiaid Calfinaidd yn Nyffryn Clwyd ac yr oedd y rhai a fagwyd o dan ei weinidogaeth yn meddwl y byd ohono.

Erbyn heddiw perchir Emrys ap Iwan fel un o arloeswyr cenedlaetholdeb Gymraeg yr ugeinfed ganrif. Ei amcan canolog oedd adfer hunanbarch i'r genedl. Nid gwladgarwr culfarn mohono. I'r gwrthwyneb ysgrifennodd bethau llymach am y Cymry na fawr neb o'i gyfoeswyr. Ond yr oedd ei weledigaeth wedi ei thymheru gan ei wybodaeth drylwyr o Loegr, Ffranic, y Swistir a'r Almaen. Y gair olaf i'w ddefnyddio am Emrys ap Iwan yw 'plwyfol'. Yr oedd am i Gymry ddysgu gan genhedloedd y Cyfandir a dynwared eu rhinweddau ac ymgroesi rhag eu gwendidau. Ac yn wir, dyna ei agwedd at Loegr hefyd. Daeth yn gynnar o dan gyfaredd y llenor Ffrengig Paul-Louis Courier (1773-1825).[24] Gan ddilyn esiampl y gŵr prysur hwnnw, daeth i gredu'n gryf yng ngwerth ysgrifennu erthyglau bachog. A'r llenor Ffrengig arall a ddylanwadodd yn drwm arno oedd Blaise Pascal. Yn anad dim dysgodd roi gwerth mawr ar arddull lenyddol gaboledig. Ymdrwythodd yn y clasuron Cymraeg, fel y Bardd Cwsg a Theophilus Evans a Morgan Llwyd. Y canlyniad oedd fod ei waith ef ei hun, yn arbennig ei Homilïau, wedi ennill eu lle yn rhestr clasuron yr iaith. Dilynodd yn ôl traed pobl fel Dewi o Ddyfed, Gwilym Hiraethog a Michael D. Jones gan ddadlau'n ddiflino tros roi lle teg ac urddasol i'r Cymraeg yn y bywyd swyddogol a chyhoeddus a rhan o'r un weledigaeth oedd ei gred fod yn rhaid i Gymru gael rhyddid i ddatblygu ei bywyd yn unol â'i theithi cenedlaethol.

Rhan o'r un patrwm oedd ei gred nad oedd angen i'r Cymry fod â chywilyd o'u traddodiadau crefyddol. Gwir iddo ysgrifennu pethau llymion iawn am wendidau crefyddol ei genedl – ei sectyddiaeth, ei gorbwyslais ar fanion ymddygiad, ei thuedd i fawrygu teimladrwydd ar draul gwaith meddyliol caled. Ni allai oddef ffug-barchusrwydd, rhagrith a thaeogrwydd. Mae'r mynegiant yn loyw ac yn osgeiddig ond nid yw'n hawdd iawn dirnad beth yn union y mae'n ei olygu wrth sôn am 'Brotestaniaeth y Cyfandir', 'Pabyddiaeth Lloegr' nac hyd yn oed

'Puritaniaeth'. Ond gellir ymdeimlo â'r cefndir cyfandirol sydd i'w resymu.

Yr oedd Emrys ap Iwan yn ŵr o ysbryd eithriadol ddefosiynol a phan ysgriefennai ar bynciau defosiynol, gallai fod yn dyner ac awgrymog heb aberthu rhin ei arddull. Dyma enghraifft allan o bregeth:

> Os oes neb yn dioddef yn ôl ewyllys Duw ac er mwyn gogoniant Duw, cofied fod ei ddioddefaint yn rhodd Duw mor wirioneddol ag y mae ffydd felly, a'i fod hefyd yn arwydd cael ohono ffafr yng ngolwg yr Arglwydd. Nid pob Cristion sy'n ddigon teilwng i ddioddef yn yr ystyr yma, sef er mwyn enw ac anrhydedd y personau dwyfol. Ni byddai'n ddiogel i Dduw ymddiried ei enw i ambell un – byddai perygl iddo fyned yn ysbail i ddiafol. Ni fedrai Doré na Munkacsy nac un paentiwr arall ddarlunio'r llawenydd nefol a oedd yn goleuo wyneb yr apostolion y diwrnod y cawsant eu cyfrif yn deilwng i ddioddef amarch o achos ei enw ef.[25]

A phrin y gellid siarad am Emrys ap Iwan heb ddyfynnu'r darn mwyaf adnabyddus bellach o'i waith – darn sy'n cyfuno ei fersiwn ef o Galfinyddiaeth gyda gweledigaeth eang o safle Cymru yn y byd ac o ddyletswydd y Cymry at eu cenedl. Daw o'i bregeth, '"Y Ddysc Newydd" a'r Hen' ac y mae wedi ei seilio ar bregeth Paul ar Areopagus, yn arbennig y cymal 'Oblegid ynddo ef yr ydym ni yn byw, symud, ac yn bod' [Actau 17:28]. Mae'n pwysleisio mor allweddol yw athrawiaeth y Creu. Yna mae'n dadlau, 'os Duw yw Creawdr pawb a phob peth, y mae yn canlyn mai efe yw eu Cynnaliwr hefyd'. Y cam nesaf yn yr ymresymu yw, 'os yw Duw yn Greawdwr ac yn Ganhaliwr, y mae hefyd yn Llywodraethwr'. Gan ddilyn yr Apostol, y mae'n dweud wedyn gan fod Duw wedi creu dynion i gyd o un gwaed, y mae hefyd wedi eu dosbarthu'n genhedloedd a'u gwasgaru tros wyneb y ddaear:

> Cofier mai'r Duw a wnaeth ddynion a ordeinodd genhedloedd hefyd; ac y mae difodi cenedl y trychineb nesaf i difodi dynol-ryw, a difodi iaith cenedl y trychineb nesaf i ddifodi'r genedl, am fod cenedl yn peidio â bod yn genedl ym hen mwy neu lai o amser ar ôl colli ei hiaith. Pan fo cenedl yn esceuluso dyscu ei hiaith ei hun ar yr aelwydydd ac yn yr yscolion beunyddiol, y mae'r genedl honno yn euog o ladd ei hun; ac y mae fod dŷn neu genedl yn lladd ei hun yn arwydd o benwendid . . .

Dylid sylwi ar gyd-destun eang ei syniad am genedl:

> Bu yn wiw gan Dduw ddadguddio ini ddarfod gwneuthur o un gwaed bob cenedl o ddynion, er mwyn dangos fod yn rhesymmol i ddynion gydymdeimlo â'u gilydd, a charu eu gilydd fel perthynasau agos, heb wneuthur dim rhagor yn hyn o beth rhwng Iddew a Groegwr, rhwng du a gwyn, na rhwng pell ac agos.

Mae ei genedlaetholdeb wedi'i osod yn daclus y tu mewn i ffrâm brawdoliaeth gyffredinol. Y mae hyn yn berffaith gyson â'i brotestiadau cyson yn erbyn unrhyw duedd orthrymus neu imperialaidd lle ceisir dyrchafu'r naill genedl ar draul gormesu un arall. A dyma'n awr y cam nesaf yn y dadansoddiad:

> Ond bu wiw gan Dduw ddadguddio ini ar yr un pryd ddarfod iddo wneuthur dynion yn genedloedd hefyd. A pha ham y gwahanodd hwynt yn genedloedd?

Ateb Paul, meddai, yw, 'Fel y ceisient yr Arglwydd'. Hynny yw, nid y rhesymau cymdeithasegol neu athronyddol yw'r rhai hanfodol yng ngolwg Emrys ap Iwan, ond y rheswm diwinyddol neu grefyddol.

Y mae'n crynhoi ei gasgliadau fel hyn:

> Cofiwch ym mlaenaf eich bod yn *ddynion*, o'r un gwaed a'r Saeson a'r Bwyriaid a'r Caffiriaid a'r Sineaid; am hynny byddwch barod i roddi iddynt hwy bob braint a fynnech ei chael i chwi eich hun. Cofiwch, yn ail, eich bod yn genedl, trwy ordeiniad Duw; am hynny, gwnewch yr hyn a alloch i gadw'r genedl yn genedl, trwy gadw'i hiaith, a phob peth gwerthfawr arall a berthyno iddi. Os byddwch anffyddlon i'ch gwlad a'ch iaith a'ch cenedl, pa fodd y gellir disgwyl i chwi fod yn ffyddlon i Dduw ac i'r ddynoliaeth?[26]

Gellir gweld yn y dyfyniadau hysbys hyn fel y mae'n plethu ei argyhoeddiadau crefyddol, diwylliannol a gwleidyddol i'w gilydd. Nid oes unrhyw gulni yma. I'w gwrthwyneb gellir ymdeimlo'n fyw iawn â'r ffordd yr oedd ei weledigaeth wedi ei chyfoethogi gan ei gynefindra â chenhedloedd eraill. Ac y mae'n werth sylwi hefyd ar y ffordd y mae ei gred Galfinaidd yn ei arwain i gadw ei argyhoeddiadau'n batrwm cyfan. Gwrthyd ysgaru rhwng y crefyddol a'r seciwlar. Y mae'r cwbl yn wisg ddiwnïad.

Erbyn dechrau'r ugeinfed ganrif yr oedd mwy a mwy o bobl ifainc yn cwblhau ei haddysg trwy fynd i brifysgolion y Cyfandir. Gellid enwi nifer sylweddol o ddiwinyddion a gafodd y profiad hwn. A sut bynnag yr oedd y drefnidiaeth grefyddol a syniadol rhwng y Cyfandir a Chymru'n prysuro yn y blynyddoedd nesaf, yn aml iawn trwy gyfieithiadau Saesneg niferus o weithiau diwinyddol gŵr y Cyfandir. Felly, fe gawn John Morgan Jones yn mynd i astudio o dan Adolf von Harnack ym Mhrifysgol Berlin ac yn dod yn brif ladmerydd ei safbwynt Rhyddfrydol yng Nghymru. Er na bu Miall Edwards na Thomas Rees o dan addysg ar y Cyfandir, daeth teithi meddwl Schleiermacher a Ritschl yn hysbys yng Nghymru trwy eu llyfrau hwy. Yr un modd, daeth athroniaeth Hegel yn hysbys trwy waith David Adams a Henry Jones.

Ond trwy'r cwbl i gyd gweinidog oedd Emrys ac er mor helaeth ei wybodaeth am deithi meddwl y Cyfanidr, nid oedd am lyncu golygiadau Almaenwyr na Ffrancod yn ddihalen. O ran ei ddiwinyddiaeth daliodd i arddel y safbwynt Efengylaidd a fynegwyd yng Nghyffes Ffydd y Methodistiaid Calfinaidd.[27] Y man lle'r oedd yn gwyro oddi wrth safbwynt dynion fel John Elias a Thomas Jones o Ddinbych oedd mewn perthynas â'r Beibl. Yn y maes hwn yr oedd yn croesawu'r beirniadaeth hanesyddol. Yr un pryd yr oedd yn hawdd ganddo ddweud pethau miniog am Galfiniaeth a soniai amdani wedi marw ar y Cyfandir – datganiad od o gofio fod un o flaenwyr y dadeni Calfinaidd – Abraham Kuyper yn yr Iseldiroedd – yn gyfoes ag ef.[28] Ond yn y mater hwn yr oedd Emrys braidd yn fympwyol oherwydd at ei gilydd Calfinydd oedd ef ei hunan. Ond mae'n deg sylwi ar yr un pryd ei fod ef yn ysgrifennu cyn y dadeni mawr mewn astudiaethau Calfinaidd sydd wedi nodweddu ysgolheictod yr ugeinfed ganrif.

O gymryd hyn i gyd i ystyriaeth, gwelwn sut y daeth awelon o'r Cyfandir i chwythu trwy bulpudau Dyffryn Clwyd. Dyma enghraifft o Emrys ap Iwan pan oedd yn ymroi i bryfocio:

> . . . ni raid i neb ymgyffroi o achos bod beirniadaeth haneysddol yn ymwthio o'r Cyfandir trwy Loegr i Gymru; canys unig effaith hynny yn y pendraw fydd gwneud Cristnogoion Cymru yn fwy Protestannaidd, a'u dwyn yn ôl i'r tir diogel y safodd Calfin arno. Dyma'r unig dir y gallwn ymladd oddi arno ag anffyddwyr heb

ddefnyddio arfau'r Pabyddion, ac â Phabyddion heb ddefnyddio arfau anffyddwyr. Na feddylied neb fy mod wrth amddiffyn Anglicaniaeth a Phuritaniaeth y wlad hon; canys nid yw'r rhain amgen na Phabyddiaeth Lloegr wedi ei chymysgu â mwy neu lai o Brotestaniaeth y Cyfandir; a chan eu bod yn gorffwys mewn rhan ar reswm ac mewn rhan ar draddodiad, ni ddichon iddynt sefyll yn hir.[29]

[1]Gw. R.Tudur Jones, *The Great Reformation* (Leicester & Downers Grove, Ill, 1985), 27-82, 169-177; idem., *Cymru a'r Diwygiad Protestannaidd* (Y Colegiwm Cymraeg, 1987)
[2]Isaac Thomas, *William Salesbury a'i Destament* (Caerdydd, 1967), 10
[3]Isaac Thomas, Y *Testament Newydd Cymraeg* (Caerdydd, 1976), 99
[4]Ibid., 237
[5]Ibid., 261
[6]Ibid., 328
[7]Amdano a'r eraill y ceir sôn amdanynt isod gw. *B.* ac Emyr Gwynne Jones, *Cymru a'r Hen Ffydd* (Caerdydd, 1950), 1-40
[8]Geraint Bowen, *Gwasanaeth y Gwŷr Newydd* (Caerdydd, 1970), xxiii
[9]G.J.Williams, *Gramadeg Cymraeg Gruffydd Robert* (Caerdydd, 1939)
[10]Geraint Bowen, 'Ysgol Milan' ac 'Ysgol Douai', yn *Y Traddodiad Rhyddiaith* (Llandysul, 1970), 79-148; idem. *Y Drych Kristnogawl* (Caerdydd, 1996), rhagymadrodd
[11]*Y Traddodiad Rhyddiaith*, 118
[12]Gw. Bowen, *Y Drych Kristnogawl*
[13]*Y Traddodiad Rhyddiaith*, 111
[14]Gwyn Thomas, *Y Bardd Cwsg a'i Gefndir* (Caerdydd, 1971)
[15]D.Elwyn Davies, *Y Smotiau Duon: Braslun o Hanes y Traddodiad Rhyddfrydol ac Undodiaeth* (Llandysul, 1980), 48
[16]*Telyn Dewi* (Aberystwyth, 1927), 106-7
[17]*Yr Ymofynnydd* (1946), 83; am Lloyd gw. B
[18]E. Morgan, *Essays, Letters . . . of . . . Thomas Charles* (1836), 385-6.
[19]T.E. Ellis (gol.), *Gweithiau* (1899) I, 240 – *Llyfr y Tri Aderyn*
[20]Owen Davies (gol.) *Pregethau* (Caernarfon, 1898), I, 220
[21]Gw. penodau 1 a 14
[22]Amdanynt gw. J.Stewart Perowne (gol.), *Remains Literary and Theological of Connop Thirlwall, late Lord Bishop of St.David's* (1877-8); Owain W. Jones, *Rowland Williams, Patriot and Critic* (Llandysul, 1991)
[23]Am natur esboniadaeth feiblaidd yn ystod y cyfnod hwn gw. R.Tudur Jones, 'Astudio'r Hen Destament yng Nghymru, 1860-90', Gwilym H.Jones (gol.), *Efrydiau Beiblaidd Bangor II: Cyfrol Deyrnged i Dafydd ap-Thomas* (Abertawe, 1977), 150-78; idem., 'Esbonio'r Testement Newydd yng Nghymru, 1860-90', Owen E.Evans (gol.), *Efrydiau Beiblaidd Bangor III: Cyfrol Deyrnged i Isaac Thomas* (Abertawe, 1978), 161-99
[24]Gw. *Biographie Universelle* (1966), IX, 360-71
[25]D.Myrddin Lloyd (gol.), *Erthyglau Emrys ap Iwan* (1940), III, 115-6
[26]*Homilïau* (Dinbych, 1907), 41-58
[27]Gw. R.Tudur Jones, 'Ffydd Emrys ap Iwan', *Darlith Flynyddol Cymdeithas Emrys ap Iwan* (Abergele, 1984), 1-19
[28]Gw. R.Tudur Jones, 'Abraham Kuyper', Noel Gibbard (gol.), *Ysgrifau Diwinyddol II,* (Penybont ar Ogwr, 1978), 105-122
[29]*Erthyglau Emrys ap Iwan* III , 20-21

PENNOD 13

# *Y Genedl Galfinaidd a'i Llên*

## *Rhyddiaith Grefyddol y Bedwaredd Ganrif ar Bymtheg*

Y peth cyntaf a dery'r sawl a ddarlleno lenyddiaeth Gymraeg y bedwaredd ganrif ar bymtheg yw fod cymaint ohoni. Y mae meddwl am ei meistroli'n llwyr yn ddigon i yrru'r cryfaf i wendid. Ac eto ni allwn osgoi'r anhawster trwy ei chondemnio yn ei chorffolaeth i ddifancoll oherwydd rhaid bod rhyw arwyddocâd yn y ffaith fod cymaint o ynni ac amser a thalent wedi'u cysegru i gynhyrchu'r fath doreth o lyfrau, pamffledi ac erthyglau. Rywfodd y mae'n rhaid ceisio treiddio i feddwl y cyfnod a darganfod pa rymusterau diwylliannol oedd ar waith. Prin yw'r gwaith manwl a wnaethpwyd hyd yma ar ddatblygiad ac arwyddocâd syniadau yng Nghymru ac ni cheisir yn y llith hon wneud dim byd mwy uchelgeisiol nag agor pwt o lwybr byr i un gornel o'r winllan gyfoethog hon.

Os gofynnwn pa gyfundrefn meddwl oedd fwyaf dynamig a dylanwadol ar ddechrau'r ganrif, yr ateb yw Calfiniaeth. Y mae dweud hynny ar unwaith yn codi anhawster anorchfygol ym meddwl mwyafrif darllenwyr Cymraeg. Treiddiodd dyneiddiaeth mor ddwfn i'w meddwl erbyn hyn fel mai prin iawn yw unrhyw werthfawrogiad deallus o ystyr Calfiniaeth. Ac eto y mae buddugoliaeth dyneiddiaeth tros Galfiniaeth ynddi'i hun yn awgrymu pa mor ddramatig yw arwyddocâd datblygiad syniadol a llenyddol y bedwaredd ganrif ar bymtheg. Mae holl elfennau mawreddog trychineb Roegaidd yn y stori.

### Undod a deuoliaeth

Ond cyn dechrau arni, rhaid dweud rhywbeth am y cefndir. Dyhead Cristionogion o'r dechrau oedd gweld bywyd yn ei gyfanrwydd wedi'i ddarostwng i Grist. Golygai'r gobaith hwn ymddiriedaeth yn sofraniaeth Duw tros ei greadigaeth a'i greaduriaid. Esbonient hanes yn nhermau thema ganolog y Beibl – y creu, y cwymp, yr adferiad trwy'r iachawdwriaeth yng Nghrist yng nghymundeb yr Ysbryd Glân. Ond ar hyd y canrifoedd peryglid yr undod sy'n oblygedig yn y thema hon gan athroniaethau a chredoau oedd yn trawsffurfio'r undod yn ddeuoliaeth. Yn wir, y mae Cristionogaeth yn barhaus yn cael ei bygwth gan ryw ddeuoliaeth neu'i gilydd. Ond ni ildiwyd y weledigaeth mai mêr Cristionogaeth yw adfer gwir undod y cread a gwir undod bywyd dyn.

Yn yr Oesoedd Canol, yn arbennig yn nadeni grymus y ddeuddegfed ganrif a'r ganrif ddilynol, gwnaethpwyd ymdrech fawreddog i Gristioneiddio bywyd Ewrob yn ei holl rannau. Seiliwyd y cais ar gyfosodiad disglair Tomos Acwin lle'r oedd Natur a Gras wedi'u hasio â'i gilydd. Ond brau oedd yr asiad ac yn Nominaliaeth y cyfnod ar ôl Acwin rhwygwyd y cyfosodiad a datblygodd yn ddeuoliaeth a dechreuodd y seciwlareiddio hwnnw a roes gyfle i'r ymchwydd paganaidd a oedd yn nodwedd mor amlwg yn y Dadeni Dysg.

Ailgydiwyd yn thema ganolog y Beibl drachefn gan y Diwygwyr Protestannaidd, ac yn arbennig gan John Calfin. Gwelwyd Crist eto fel Gwaredwr dyn a'i ddiwylliant, a cheisiwyd ar sail dealltwriaeth newydd o'r Beibl adfer undod i'r meddwl Cristionogol. Gwelid gwaith diwylliannol dyn yn ffynhonni yn natguddiad Duw ohono'i hun ac yn ymhyfrydu yn ei wasanaeth i Dduw yn hytrach nag yn ei annibyniaeth. Bygythiwyd Protestaniaeth hithau gan ddeuoliaeth o ddau gyfeiriad. Ar y naill law, atgyfodwyd deuoliaeth Natur a Gras gan lawer o ddilynwyr Calfin a chodi mur rhwng y grefydd Gristionogol a byd diwylliant. Ar y llaw arall, cyfyngwyd Cristionogaeth i fyd preifat defosiwn gan y mudiad Pietistaidd. Y tebygrwydd rhwng y ddau wyriad oedd eu bod yn ymarferol yn cyfyngu Cristionogaeth i adran o fywyd. Am yr adrannau eraill, gadewid iddynt hwy ddarganfod eu safonau eu hunain am y rheswm nad oedd gan y ffydd lawer o ddim i'w ddweud wrthynt. Yn y meysydd hynny y mae dyn yn feistr arno'i hun. Ac fel yr oedd gwareiddiad Ewrob yn cymhlethu, yn trefoli ac yn ymddiwydiannu, fe'i gwelwyd hefyd yn ymwrthod fwyfwy â safonau a rhagdybiau Cristionogol.

Fel rhan o'r stori hon y mae i hynt Cristionogaeth yng Nghymru fodern ei diddordeb neilltuol ei hun. Ystyriwch y sefyllfa ar ddechrau'r bedwaredd ganrif ar bymtheg. Er bod Undodiaeth, Arminiaeth, dyneiddiaeth, rhamantiaeth a rhai mathau eraill o syniadaeth ar y maes, Calfiniaid oedd mwyafrif llethol Cristionogion meddylgar Cymru. Ym 1841, bron yn niwedd ei oes, ysgrifennodd John Elias fel hyn am flynyddoedd olaf y ddeunawfed ganrif:

> . . . yr oedd undeb a chydwelediad hyfryd am byngciau mawrion athrawiaeth gras, ymysg yr amrywiol enwadau yng Nghymru. Yr oedd yr Annibynwyr yn cyduno yn hollol mewn athrawiaeth â'r Methodistiaid: arddelent Gatecism y Gymanfa yn Westminster, fel yn cynwys swm a chrynodeb cyflawn o'u hathrawiaeth, ac yr oedd y brodyr y Bedyddwyr yn gyffredinol hefyd yn gwbl o'r un farn am athrawiaeth.[1]

Ac yr oedd gan y Galfiniaeth hon nythaid o ladmeryddion tra dylanwadol fel Dr George Lewis, Thomas Charles, Thomas Jones, John Jenkins, Edward Williams, Christmas Evans - yn ogystal â John Elias ei hun. Ac ymhlith Eglwyswyr ni chafwyd diwinydd a oedd yn well lladmerydd i Galfiniaeth nag Ieuan Glan Geirionydd.

Ar ben hynny, yr oedd egni mawr yn cyniwair trwy'r enwadau crefyddol. Codid capeli'n ddibaid. Cynyddai rhif yr ysgolion Sul a'u hysgolheigion. Nid oedd brinder dyfeisgarwch chwaith ymhlith crefyddwyr, canys y genhedlaeth hon a ddyfeisiodd y Gymanfa Bregethu boblogaidd, y Gymdeithas Genhadol, Cymdeithas y Beiblau, canu mewn cynghanedd, y cylchgrawn crefyddol – a'r Ysgol Sul ei hun. O ganlyniad i'r gweithgarwch hwn, cododd cenhedlaeth newydd o bobl a gâi flas ar ddarllen llyfrau a chylchgronau Cymraeg a chyfrannu barddoniaeth, llythyrau ac erthyglau iddynt. Ymddangosai fel petai'r llwyfan wedi'i gosod yn barod ar gyfer yr arbrawf mawr mewn Cristioneiddio bywyd Cymru o ben bwy'i gilydd ac adeiladu yma wareiddiad Cristionogol Cymraeg a phob gwedd ar fywyd y genedl, yn llenyddol, yn addysgol, yn wleidyddol ac yn grefyddol yn ffynnu dan sofraniaeth Duw.

Fel y gwyddom, methodd yr arbrawf. Byr fu parhad y weledigaeth gyfoethog a gafwyd o undod bywyd y genedl tan Dduw. Ymchwalodd y seiliau a pheryglwyd bodolaeth y genedl ei hunan gan yr argyfwng nes tarddu o fudiad cenedlaethol newydd o ludw'r hen Galfiniaeth.[2] Teg yw gofyn beth yn y byd a ddigwyddodd? Ond yn y llith hon ni bydd gofod i fynd mor bell ag ateb y cwestiwn hwnnw. Bydd yn rhaid bodloni ar geisio portreadu agwedd neu ddwy ar y weledigaeth a anghofiwyd.

**Catholigrwydd a'r weledigaeth Galfinaidd**

Yn y flwyddyn 1813 cyhoeddodd Thomas Jones, Dinbych, gyfrol yn dwyn y teitl cymalog, *Diwygwyr, Merthyron, a Chyffeswyr Eglwys Loegr, ynghyd a'r Prif Ddiwygwyr yn Scotland, a Gwledydd Tramor; A Phrawf eglur a dilys o'r Egwyddorion Crefyddol yr ymdrechasant o'u plaid: hefyd, Crynodeb o Hanes Eglwys Crist, Hyd Amser y Diwygiad Protestanaidd.* Gwnaeth yr argraffydd, Thomas Gee, gymwynas fawr â'r dyfodol trwy roi'r un gair *Merthyrdraith* yn deitl ar y cas! Y mae hon yn gyfrol gorffol o 1165 o dudalennau – dwy golofn i'r tudalen – ac y mae ei chynnwys mor gymalog â'i theitl. Er hynny, mae hon yn gyfrol arwyddocaol iawn. Nid ailbobi *Acts and Monuments* John Foxe a wnaeth Thomas Jones er ei fod yn defnyddio darnau o'r gwaith enfawr hwnnw. Mae'r gyfrol hon yn amlinelliad o syniad Thomas Jones am y traddodiad Cristionogol o'r dechrau. Iddo ef, y llinell euraid yw'r ffydd yn sofraniaeth Duw. Gwyriad oddi wrth y gwirionedd canolog yw pob diwinyddiaeth ac athroniaeth sy'n ceisio gwneud iachawdwriaeth yn gywaith rhwng Duw a dyn ac sydd trwy hynny'n rhoi ymreolaeth i ddyn rhag gras Duw. Y mae felly o angenrheidrwydd yn gwahardd pob tuedd at ddeuoliaeth. Y mae'n poeni oherwydd fod rhai o wŷr Eglwys Loegr yn ei genhedlaeth yn ceisio profi bod y Diwygwyr Protestannaidd yn cymrodeddu ar y mater hwn trwy 'arddangos y Diwygwyr Protestanaidd, ym Mhrydain, a gwledydd eraill hefyd, fel pe buasent yn Hanner-morganaidd, neu Arminaidd, yn eu hegwyddorion'. Nid yw hynny'n wir o gwbl, meddai pob tudalen o'r *Merthyrdraith.* A gresyn o beth fod ymhlith Eglwyswyr 'ymadawiad pell oddiwrth egwyddorion, athrawiaeth, ac ymddygiad y Tadau hyn'.[3]

Gwêl Thomas Jones linell y traddodiad Cristionogol felly yn rhedeg o'r Testament Newydd, trwy Clement, Ignatius ac Athanasius (er bod 'ganddo rai ymadroddion sy'n ymddangos yn dywyll ac amheus, os nid yn gyfeiliornus'). Wedyn ymlaen trwy Awstin Fawr – ac ni all Thomas Jones ymatal rhag ysgrifennu'n delynegol amdano: 'y mae'n llwyr debygol . . . na bu 'sgrifenwaith un dyn, heb ei fod tan ysprydoliaeth neillduol Duw, o gymmaint defnydd a budd i'r eglwys, a'r eiddo Awstin'. Yn yr Oesoedd Canol, y mae ganddo air da i'r Pauliciaid fel pobl 'yn dwyn eu tystiolaeth mewn modd prydferth a ffyddlawn i efengyl Crist'. Y mae Awstiniaeth Gotteschalk yn ennyn ei edmygedd hefyd yn ogystal â'r Waldensiaid yn ddiweddarach. Rhydd lai o glod i Sant Bernard o Glairvaux nag a ddisgwylid, ond caiff Thomas Bradwardine a John Wycliffe eu llawn hwda o glod. Ac yna down at gewri'r Diwygiad Protestannaidd, dynion a ysgrifennodd lyfrau 'sydd yn fwy dysglaer a buddiol' hyd yn oed na rhai Awstin Fawr.[4] Nid dibwys chwaith ei Gymreictod yn y llyfr. Gwêl Gristionogaeth Cymru fel rhan o hanes Ewrob yn ymestyn yn ôl i gyfnod ymerodrol Rhufain. Gwêl hanes Morgan – fel y geilw Pelagius – fel rhybudd difrifol o'r llygriad athrawiaethol a oedd yn bygwth ei genhedlaeth ei hun[5] a theimla gydymdeimlad cynnes â phawb a gyfrannodd at ddiogelwch y genedl. Nid yw hyd yn oed y chwedloniaeth am Arthur yn ei atal rhag codi'i het iddo: 'Y chwedlau gau am y Penadur hwn ydynt liosog ac anferth: ond er hyny, y mae'n gryn amlwg ei fod yn ymladdwr dewrwych yn erbyn y Saeson Paganaidd, ac wedi cael buddugoliaethau arnynt'.[6] Mewn gair, y mae'n parhau'r traddodiad hwnnw mewn hanesyddiaeth Gymreig a gysylltir ag awduron fel yr Esgob Richard Davies, Charles Edwards a Theophilus Evans. Heb anghofio Simon Thomas, *Hanes y Byd a'r Amseroedd ac Oes Lyfr* Thomas Williams, Mynydd-bach, a *Prydnawngwaith y Cymry* o waith William Williams, Llandygai. Cyfraniad nid bychan oedd atgoffa'r genedl fel hyn o oes i oes o'i thras hynafol gan gofio mai rhan o'r traddodiad hwn oedd gweld arwyddocâd diwinyddol i'w hanes. Bu hithau byw tan gysgod Rhagluniaeth. Cyfraniad Thomas Jones oedd pwysleisio eto'n drymach mor bwysig yw sofraniaeth Duw nid yn unig fel egwyddor i'r diwinydd ond fel sail undod diwylliant a hanes dyn. Ac ar yr un pryd yr oedd yn gosod Calfiniaid ei genhedlaeth yng Nghymru ar ganol llwybr y gwir draddodiad Cristionogol fel yr oedd ef yn ei ddeall. Dyna pam mae'n rhaid bod yn neilltuol ofalus wrth drafod yr enwadau Ymneilltuol fel mudiadau sectaraidd. I Thomas Jones a'i gyfeillion, hynodrwydd yr enwadau Ymneilltuol a'r Eglwyswyr Calfinaidd oedd mai hwy oedd gwir gynheiliaid y traddodiad Catholig.

Ac y mae un pwynt arall i'w ychwanegu am y *Merthyrdraith*. Dyma heb os y llyfr mwyaf mawreddog a ysgrifennwyd yn Gymraeg o blaid goddefiad mewn materion crefyddol. Cyfyd yr argyhoeddiad hwn eto o'i ddiwinyddiaeth Galfinaidd. I Galfin y mae i'r eglwys a'r wladwriaeth bob un ei maes priod ei hun. Ac nid yw'r naill i drespasu ar diriogaeth y llall. Gwelodd disgyblion Calfin mai un o oblygiadau amlwg yr egwyddor hon yw na ellir caniatáu erlid mewn materion crefyddol. Ac ni bu neb yn well lladmerydd i'r argyhoeddiad na Thomas Jones. Wrth sôn am awdurdodau'r Eglwys yn hel ati i erlid Gotteschalk dywed nad 'meddyliau'r Eglwys' oedd y cyfryw gynllwynion ond 'meddyliau Synagog Anghrist'.[7]

Dyna felly ganfas meddwl Thomas Jones – y traddodiad Awstinaidd, pwysigrwydd bodolaeth y genedl, rhyddid cydwybod – mewn gair, gwareiddiad Cristionogol. A dweud y lleiaf y mae'n gefndir goludog, cwbl deilwng o ddiwylliant eang y gŵr o Ddinbych.

## Y sofraniaeth ddwyfol

Ni flina Calfiniaeth bwysleisio mawredd a gogoniant Duw. A dangosir ei fawredd yn ei lywodraeth dros bopeth oll. Ni ellir am foment ganiatáu bod Duw'n rhannu ei frenhiniaeth â neb. Os temtir dynion i ganiatáu i unrhyw un arall lywodraethu drostynt (neu dros ran o'u bywyd) y maent yn euog o frad yn erbyn Duw. Fel Creawdwr, Efe a greodd bopeth ac ni all y greadigaeth nac unrhyw astudiaeth ohoni gyrraedd eu gwir amcan heb gydnabod hyn. Dyma ystyr y siarad am 'sofraniaeth' Duw ac am 'arfaethau' Duw. Cynnyrch ei ewyllys yw'r greadigaeth, nid cynnyrch ei natur. Gan hynny, nid yw'r greadigaeth na dim byd meidrol na gweledig yn ddwyfol ac nid ydynt ar unrhyw gyfrif i ormesu tros fywyd a meddwl dyn. Caeir y drws yn glep ar bob eilunaddoliad trwy'r athrawiaeth hon am fawredd a gogoniant unigryw Duw.

Cwympodd dyn trwy ei bechod. Myn Calfin nad colli doniau ysbrydol ychwanegol – y *dona superaddita* – gan adael y rhan naturiol ohono'n ddilwgr a wnaeth dyn yn y cwymp fel y dysg Acwin, ond dioddef llygru ei holl natur, gan gynnwys ei reswm. Yn ei wrthryfel yn erbyn Duw, ni adawyd i ddyn gornel hyd yn oed y tu fewn i'w bersonoliaeth lle gallai lechu rhag awdurdod y Duw sofran. Felly, pan fo gras achubol Duw'n ymaflyd mewn dyn, y mae'n effeithio'r bersonoliaeth gyfan. Ac y mae'r trawsnewid hwn i'w ddeall yn nhermau gweithrediadau gwaredigol Duw yn Iesu Grist ac yn nylanwadau'r Ysbryd Glân. Gorseddir Crist yn y galon. Ond o'r galon y mae holl egnïon bywyd dyn yn tarddu ac y mae'r sawl sy'n llywodraethu'r galon yn llywodraethu holl weithgareddau dyn. Y mae Crist yn ennill iddo'i hun:

. . . eisteddfa dawel
Yn y galon garreg hon.

Y mae hyd yn oed reswm dyn yn cael ei lywodraethu gan y ffydd (neu'r anffydd) sy'n teyrnasu yn y galon. Ysgrifennodd David Jones, Treborth, un o'r esboniadau gorau o ystyr Calfiniaeth ac ynddo dengys fel y mae ffydd yn rheoli hanfod dyn. 'Rhaid', meddai, 'fod yr anghrediniaeth yn gwreiddio yn ddyfnach na'r deall'. Felly, 'nid yw credu y deall yn unig, yn cyrhaedd yn ddigon dwfn i fyned o dan wraidd yr afiechyd ysbrydol, rhaid credu â'r galon i gyfiawnder'.[8]

Gosoder y ddeubeth ochr-yn-ochr â'i gilydd yn awr, sofraniaeth Duw a Christ yn llywodraethu'r galon. Fel Creawdwr, y mae Duw ag awdurdod tros holl fywyd dyn – nid tros ei fywyd 'crefyddol' neu 'ysbrydol' yn unig – ond tros ddyn fel addolwr, fel gŵr a thad, fel crefftwr, amaethwr, gwleidydd, llenor ac artist. Aeth Duw mor bell yn wir â gorchymyn i ddyn fod yn rhaglaw drosto yn y cread.[9] Ond gwrthryfelodd dyn a mynnu bod yn Dduw iddo'i hun ac ennill ymreolaeth rhag hawliau Duw. Pan gredo dyn yr Efengyl, gorseddir Grist yn y galon. Gwelwn yn awr nad rhywbeth wedi'i gyfyngu i fywyd preifat a defosiynol dyn yw'r fuddugoliaeth hon o eiddo Crist. Y mae'n golygu ar y naill law fod dyn mewn llawenydd yn ymwrthod â'i wrthryfel gan gydnabod sofraniaeth Duw, ac ar y llaw arall y mae'n golygu bod dyn wedi'i adfer i wneud y gwaith a ewyllysiodd Duw'r Creawdwr ar ei gyfer. Daw dyn unwaith eto yn wir greawdwr diwylliant, yn wir raglaw'r Hollalluog yn y cread. Fe welir ar unwaith mor allweddol bwysig yw'r dasg efengylu ac addysgu yn y gyfundrefn hon. O safbwynt y dyn ei hun, mae'n fater o bwys tragwyddol ei fod yn 'credu â'r galon i gyfiawnder' ac o safbwynt bywyd cymdeithasol dynion mae'n sylfaenol bwysig oherwydd fel hyn y mae'r ffydd Gristionogol yn troi'n greawdwr diwylliant a gwareiddiad.

Nid cyfundrefn ddamcaniaethol mo hon o gwbl. Nid oedd dim yn fwy atgas gan Calfin ei hun na damcaniaethu athronyddol hy am Dduw a thynged dyn. Ymgais i ufuddhau i ddatguddiad Duw ohono'i hun yn ei Air yw cyfundrefn Calfin drwyddi draw. Edrydd Thomas Jones mai ateb Calfin i'r cwestiwn, 'Beth yw tair rheol bwysicaf crefydd?', yw, 'yn gyntaf, yn ail, ac yn drydydd, gallwn ateb o hyd, Gostyngeiddrwydd'.[10] Dengys Dr George Lewis y gostyngeiddrwydd hwn yn y rhagymadrodd i un o'i bregethau pan ddywed, 'Am hynny, os nad yw'r golygiadau a gyhoeddir ymma yn unol a'r ysgrythyrau sanctaidd, gobeithio y bydd rhyw un yn meddiannu cymmaint o zêl dros y gwirionedd a chariad at eneidiau ag a'i cymmello i osod gwell meddyliau o'm blaen i a'm darllenwyr'.[11] Gair bywiol Duw wedi'i 'ysgrythyru' yn anffaeledig yn y Beibl yw safon pob diwinydda Cristionogol ac efe hefyd sy'n diffinio agwedd briodol pob crediniwr at holl agweddau bywyd.

Dyma felly rai o'r egwyddorion Calfinaidd i'w cofio wrth drafod llenyddiaeth y ganrif.

Ar unwaith fe welir bod amwyster yn y testun 'Rhyddiaith Grefyddol y Bedwaredd Ganrif ar Bymtheg'. Beth yw ystyr y gair 'crefyddol' yn y cyswllt hwn? Ai'r darn o lenyddiaeth sy'n trafod enaid a chapel a phregethu a diwinyddiaeth a Duw? Ond ni fyddai unrhyw Galfin gwerth ei halen yn cydnabod bod hon yn ffordd briodol i ddefnyddio'r gair 'crefydd'.[12] Y mae crefydd yn golygu gogwydd calon dyn, yr union gymhelliad sy'n tynghedu ei holl weithgarwch ymhob cylch. Y mae pob dyn yn gwasanaethu rhyw dduw neu'i gilydd – hyd yn oed os yw'r duw hwnnw yn ddim namyn ei reswm ei hun. Y mae rhai'n addoli delwau ac eraill yn addoli'r gwir Dduw. Ond mae pawb yn addoli; mae popeth yn grefyddol. Mewn diwinyddiaeth lle sonnir am ddwy deyrnas fel Natur a Gras, y mae'n deg sôn am y 'crefyddol' a'r 'seciwlar'. Ond gwadu'r math yma o ddeuoliaeth yw un o brif nodweddion Calfiniaeth. A daw grym y pwynt yma'n eglurach wrth inni fynd rhagom.

**Deddfau'r greadigaeth**

Un o'r datganiadau mwyaf grymus o'r agwedd Galfinaidd at y cread ac at wyddoniaeth yw llith agoriadol Ieuan Glan Geirionydd yn ei gylchgrawn *Y Gwladgarwr* ar 'Buddioldeb Gwybodaeth'.

> Mae y Creawdwr mawr wedi gweled bod yn dda gynnysgaeddu ei greaduriaid o ddynolryw, yn eu cyflwr presennol, â dau lyfr nodedig, yn y rhai y mae efe wedi rhoddi iddynt ddadguddiad tra helaeth o'i natur a'i briodoliaethau. Y cyntaf yw Llyfr y Greadigaeth, a'r llall yw Llyfr yr Ysgrythyr.[13]

Dyma thema a geir yn aml gan y Calfiniaid. Diben Duw yn y greadigaeth, meddai Dr George Lewis, oedd 'i osod allan ei allu, ei ddoethineb, a'i ddaioni'. Ac meddai ymhellach, y mae'r cread:

> I fod yn wasanaethgar i ddyn, fel y byddai iddo gael teyrnged o glod oddi wrtho. Ac fel y byddai lle iddo yn ei ragluniaeth osod allan ei ogoneddus briodoliaethau. Ac yn neillduol, fel y byddai i'r Messiah gael ei ogoneddu; canys pob dim a grewyd trwyddo ef ac erddo ef.[14]

Yn ei bechod, meddai Glan Geirionydd, nid yw dyn yn gallu iawn ddarllen tystiolaeth y cread, rhaid iddo wrth wybodaeth yr Ysgrythur oherwydd 'hebddi ni bydd ei holl wybodaeth ond plentynaidd . . . ac eithafion ei dreiddiadau ond mawredd ffolineb'.[15] Neu, fel y mae John Hughes, Lerpwl, yn gosod y peth yn yr erthygl gyntaf un yn *Y Traethodydd*, 'Heb sancteiddrwydd nid yw gwybodaeth angel ond cyfrwysdra cythraul'.[16] Dull David Jones, Treborth, o roi'r peth yw dweud bod gorchudd ar galonnau dynion 'yn eu hattal rhag canfod y Goruchaf yn y pethau a welir, gan ymdroi gyda drych natur, ac heb ei gydnabod yn ddrych'.[17] Y mae Glan Geirionydd yn ofni rhag i bobl Cymru fynd i wneud eu crefydd yn rhywbeth adrannol yn eu bywyd oherwydd er bod gwybodaeth Feiblaidd ar gynnydd, 'y mae achos i ofni fod Llyfr natur, ac athrawiaeth y greadigaeth yn cael eu hesgeuluso yn ormodol'. Felly rhaid ymegnïo 'i gyrhaeddyd gwybodaeth o Dduw yngwaith y greadigaeth'. A hynny oherwydd mai dyma fusnes dyn 'yn ei sefyllfa fel rhaglaw o dan y Prif-Lywydd ar y greadigaeth isod, a'i arglwyddiaeth ar y creaduriaid direswm'. Ewyllysiodd Duw i ddyn fod yn grëwr diwylliant ac ni ddigwyddodd dim er y Cwymp i awgrymu fod Duw wedi dileu'r gorchymyn i 'arglwyddiaethu ar weithredoedd ei ddwylo'; 'yn llaw dyn y mae awenau ffrwyn y greadigaeth ddireswm'.[18] Dengys Llyfr Genesis fel y mae Duw wedi gorchymyn dyn i drin y ddaear ac arglwyddiaethu drosti ac fel y mae Ysbryd Duw'n donio dynion i fod yn artistiaid a chrefftwyr. 'Efe a roddodd ddoethineb a gwybodaeth i Bezaleel ac Aholiab mewn pob cywreinwaith, i weithio mewn aur, ac mewn arian, ac mewn pres'. Wedi dweud hyn, ychwanega John Hughes: 'Nid yw gwybodaeth a medrusrwydd mewn celfyddyd neu grefft i'w diystyru, gan mai o Dduw y maent. Nid annheilwng y cyfrifid gan Ysbryd Duw groniclo enwau tadau y crefftau'.[19] Y ddealltwriaeth hon o ystyr y greadigaeth a wnaeth Galfiniaeth yn un o brif noddwyr gwyddoniaeth fodern. Dyna pam yr oedd prifysgolion yr Iseldiroedd a'n hacademïau Anghydffurfiol ninnau'n arloeswyr mewn addysg wyddonol.

Y ddealltwriaeth hon o berthynas dyn â'r cread ac o'r cread â'r Ysgrythur sy'n esbonio prysurdeb addysgol a gwyddonol gwŷr y bedwaredd ganrif ar bymtheg. Yr oedd *Y Gwladgarwr* yn llawn o erthyglau gwyddonol. Yr oedd *Y Dysgedydd* yn ystod ei flwyddyn gyntaf yn telynegu uwchben gwerth 'anianyddiaeth': 'Gwybodaeth o'r fath oreu ydyw gwybodaeth o *anian* gwahanol bethau; perffeithrwydd gwybodaeth yw hyn'.[20] A dyma sy'n esbonio'r amrywiaeth o wybodaethau (heb anghofio'r posau mathemategol) sy'n britho cylchgronau'r ganrif. O ran hynny, yr oedd cylchgronau'r ganrif a'r prysurdeb ynglŷn â hwy'n dystiolaeth i'r argyhoeddiad fod Duw wedi ordeinio dyn i fod yn weithiwr diwylliannol. Ys dywedodd Robert Williams, Aberystwyth, 'Pan dynodd [Duw] oddiwrth yr eglwys y dawn wyrthiol, efe a roddes yr argraffwasg yr hon sydd fendith anmhrisiadwy'.[21] Er ei bod yn demtasiwn i ddweud bod bwlch go hir rhwng diwedd gwyrthiau a dechrau argraffu, y mae'n rhaid cydnabod bod pwynt cryf gan Robert Williams. Prin y gwnaeth unrhyw gorff o Gristionogion fwy o ddefnydd o'r wasg argraffu na'r Calfiniaid. A hawdd gweld pam y cofir brawddeg John Hughes, 'Mae diystyru gwybodaeth yn ddiystyrwch ar Dduw, oblegid efe ydyw ei awdur'.[22]

Efallai mai'r golofn fwyaf syfrdanol i'r syniad Calfinaidd am gwmpas a gogwydd gwybodaeth Gristionogol yw *Gwyddoniadur Cymreig*. Ei olygydd cyntaf oedd John Parry (1812-74), gŵr o Bersham, sir Ddinbych, a gafodd ei addysg yng Ngholeg M.C. Y Bala a Phrifysgol Caeredin. Priododd â Sarah, merch hynaf Thomas Gee a chwaer i Thomas Gee a gyhoeddodd *Y Gwyddoniadur*. Ei frawd-yng-nghyfraith a'i perswadiodd i ymgymryd â'r olygyddiaeth yn 1853. Yr oedd Parry'n ysgolhaig da – fel y gweddai i athro yng Ngholeg y Bala. Y mae gennym air Dr Owen Thomas am ei feistrolaeth ar ddiwinyddiaeth Calfin, Melanchthon, Turretin, Mastricht a Stapfer a hynny yn y Lladin gwreiddiol.[23] Gwaith anorffenedig yw'r *Gwyddoniadur*. Dim ond yr hanner cyntaf a geir ynddo fel y mae'n awr. Yn ôl y cynllun gwreiddiol, yr oedd hwn i gynnwys daearyddiaeth, diwinyddiaeth, bywgraffiaeth, hynafiaethau a Hanes yr Eglwys. Yna yr oedd yr ail 'ddosbarth' i gynnwys y celfyddydau, hanes, llenyddiaeth a gwyddoniaeth. Ni chwblhawyd y cynllun, wrth gwrs, ond pan ddaeth yn amlwg na ellid cadw at y cynllun gwreiddiol, dechreuwyd cynnwys rhai o'r erthyglau a baratowyd at yr ail hanner yn y cyfrolau a gyhoeddwyd.

Os yw'n wir mai dim ond pobl sy'n ymwybodol o gyfanrwydd eu gwareiddiad sy'n mynd i'r drafferth i baratoi a chyhoeddi gwyddoniaduron, y mae i'r gwaith enfawr hwn le go arwyddocaol yn natblygiad ein hymwybyddiaeth genedlaethol. Unwaith eto gwelwn yr egni crefyddol a ysbrydolwyd gan Galfiniaeth yn mynegi'i hunan mewn gwaith sy'n bradychu ffydd fawr yn y genedl ac yn ei hiaith. Mewn gair, y mae'r ymdeimlad ag undod pethau mewn ffydd yn dygyfor i'r wyneb yma. Nid anniddorol, nac amherthnasol, yw sylwadau Dr Owen Thomas arno ar ôl ymddangosiad y rhifyn cyntaf wrth ei adolygu yn *Y Traethodydd* (1855): Nid oes dim ynddo yn 'anghydweddol i gymmeriad, a'r ymddarostyngiad llwyraf i awdurdod, y Dadguddiad Dwyfol'. Nid estyn calondid i ddarllenwyr nerfus y mae'r adolygydd yn y geiriau hyn ond cydnabod ffynhonnell ddwyfol pob gwir ysgolheictod.

Gellid lluosogi enghreifftiau o lyfrau daearyddol, cerddorol, gwyddonol ac addysgiadol – heb sôn am wahanol fathau o eiriaduron – a gyhoeddwyd yn ystod y ganrif. Ond y pwynt yn awr yw ceisio awgrymu eu harwyddocâd fel cynhyrchion ymdrech arwrol i greu gwareiddiad cyflawn Cymraeg a hwnnw'n un Cristionogol. Yr unig lenyddiaeth sy'n syrthio'n glir y tu allan i arfod yr ymgyrch hon yw llyfrau gwrth-Gristionogol neu lyfrau gwyddonol sy'n atheistaidd am eu bod yn ymgadw 'rhag rhoddi sylw dyladwy i'r Creawdwr a dyben eithaf ei weithredoedd'.[24]

Wedi ysgrifennu gymaint â hyn, daw'n eglur pa mor fawr yw cwmpas llenyddiaeth Galfinaidd a sut y dylid mynd ati i'w thrafod. Yn gyntaf, y mae'n llenyddiaeth grefyddol yn ystyr arferol y gair – popeth sy'n gysylltiedig â ffydd a bywyd yr Eglwys. I'r maes yma y perthyn llyfrau diwinyddol, esboniadau Beiblaidd, pregethau, llyfrau defosiynol, credoau, catecismau a leitwrgiau. Yn ail, gwyddoniaeth yn ei gwahanol arweddau. Yn drydydd, y celfyddydau ac estheteg. Yn bedwerydd, rhyddiaith a barddoniaeth 'bur' gan gynnwys cofiannau. Yn bumed, addysg. Yn chweched, moeseg. Yn seithfed, economeg a gwleidyddiaeth.

Egwyddor dra phwysig mewn Calfiniaeth yw parchu annibyniaeth briodol y gwahanol feysydd tan Dduw. Nid yw dweud bod y cyfan o fywyd dyn i fod dan sofraniaeth Duw yn gyfystyr â dweud y dylai'r Eglwys fusnesu ym mhopeth. I'r gwrthwyneb, y mae cyhoeddi sofraniaeth Duw'n diogelu amrywiol weithgareddau dyn rhag gorthrwm eglwysig. Y mae'n dilyn wedyn nad oes angen cyfyngu'r ansoddair 'Cristionogol' i'r pethau sydd dan fawd y sefydliad eglwysig. Perthynas y gwahanol feysydd â datguddiad Duw sy'n penderfynu a ydynt yn Gristionogol ai peidio. Felly (a chaniatáu bod calon dyn dan lywodraeth Gair Duw) nid yw pregethu yn waith mwy Cristionogol na barddoni neu wleidydda. Mynegir sofraniaeth Duw drwyddynt mewn dulliau gwahanol a'r naill ohonynt mor Gristionogol â'r llall. Nid gwahaniaeth rhwng yr eglwysig a'r bydol yw'r gwahaniaeth rhwng y sanctaidd a'r seciwlar felly. Y sanctaidd yw'r hyn sy'n ddarostyngedig i Gyfraith Crist, boed yn dorri glo neu'n wella cleifion neu'n arbrofi gwyddonol. Y seciwlar yw'r hyn sy'n dyffeio meddwl Crist, boed yn bedlera cyffuriau, yn ysgrifennu nofel neu'n bregethu pregeth.

Gan mai pennod yw hon ac nid gwyddoniadur, rhaid llithro'n fain heibio i'r maes toreithiog hwn a chydio mewn enghraifft neu ddwy, y naill o'r cylch eglwysig a'r llall o fyd estheteg, i awgrymu sut y gellir datblygu'r dadansoddiad ymhellach.

**Yr Institutiae**

Ceir amlinelliad reit gryno o feddwl Calfin ei hun gan Thomas Jones o Ddinbych yn *Merthyrdraith.* Hyd y gwn efe oedd y cyntaf yng Nghymru i roi crynodeb o'r Llyfr Egwyddorion – fel y mae Thomas Jones yn cymreigio y teitl *Institutio Christianae Religionis* – ac y mae'r crynodeb yn cynnwys cyfieithiad o amryw baragraffau yn y gwaith. Ychwanegir at yr amlinelliad gyfieithad o amryw erthyglau o Gyffes Eglwysi Ffrainc (1559).[25] Y mae Thomas Jones yn debyg mewn un peth go bwysig i Dr George Lewis. Yr oedd y ddau'n hoffi mynd yn syth at lygad y ffynnon – at John Calfin ei hun – am ysbrydiaeth. Yn hyn gwahaniaethent oddi wrth fwyafrif eu cyfoedion oedd yn tynnu'n hytrach oddi ar y genhedlaeth ar ôl Calfin – y Scolasticiaid Calfinaidd ac yn arbennig Diwinyddion y Cyfamod. Mae *Drych Ysgrythurol: neu Gorph o Dduwinyddiaeth* George Lewis yn hawlio lle arbennig, nid yn unig oherwydd mai hwn oedd y gwaith cyntaf o'i fath yn Gymraeg ond oherwydd ei ansawdd. Dywed y Rhagymadrodd mai amcan y llyfr oedd gosod 'o flaen y darllenydd DDRYCH, wrth edrych yn yr hwn y dichon gael golwg ar yr holl gorph o wirioneddau dadguddiedig, yn eu cydgordiad, eu cysylltiad, a'u hymddibyniad y naill ar y llall'. Ac fe wna George Lewis hyn yn llwyddiannus. Y mae'n waith cynhwysfawr a chryno ac yn dilyn trefn sy'n eglur ac yn brydferth. Patrwm y drafodaeth yw Duw, Dyn, Crist, Bendithion Iachawdwriaeth, Yr Ysbryd Glân, Y Gyfraith Foesol a'r Eglwys. Trindodaidd yw ei batrwm felly ac yn rhoi'r pwyslais yn bendant ar ogoniant Duw yn hytrach nag ar ddyn. Y peth sy'n ddiddorol yw ei fod yn ymwrthod â diwinyddiaeth y cyfamodau fel ffrâm i gynnwys ei athrawiaeth ynddi. Diau y byddai Thomas Charles, er enghraifft, yn teimlo'n hapusach gyda'r olaf ond perygl canoli ar y cyfamodau yw gosod dyn yn y canol a phwysleisio fel y mae Duw'n gwasanaethu dyn a thrwy hynny golli'r gwrthrychedd mawreddog sydd mor nodweddiadol o Galfiniaeth ar ei gorau.[26] Calfin ei hun yw ffynhonnell patrwm George Lewis.[27] Nid anodd gweld pam y daeth y *Corph o Dduwinyddiaeth* yn boblogaidd. Ac yn sicr yr oedd yn boblogaidd oherwydd gwerthwyd yr argraffiad cyntaf (1797) a'r ail (1810) mewn byr amser.[28]

Ni chytunai'r Bedyddiwr adnabyddus, Dr John Jenkins, Hengoed (1779 – 1853), â George Lewis. Yn *Gweledjad y Palas Arian* (Merthyr Tydfil, 1820), lluniodd gorff o ddiwinyddiaeth sy'n gwneud defnydd helaeth o'r ddau gyfamod a wnaeth Duw â dynion fel sylfaen i'w ddehongliad. Fel yr oedd y pwyslais Efengylaidd ar brofiad personol yn cryfhau, yr oedd tuedd i esbonio'r cyfamod gras mewn ffordd bietistaidd. Ceir llu o emynau'n moli'r bendithion personol sy'n tarddu o'r cyfamod 'nas torrir gan angau na'r bedd'. Yr oedd yr athrawiaeth fod Duw wedi gwneud cyfamod grasol â'i bobl yn gallu llithro'n rhwydd iawn i roi'r argraff fod yr Hollalluog wedi datblygu'n rhyw fath o frenin cyfansoddiadol yn rhannu ei frenhiniaeth gyda'i saint. Ond brenhiniaeth ddefosiynol oedd hi, serch hynny, heb lawer iawn o oblygiadau diwylliannol. Pe byddem yn olrhain dirywiad Calfiniaeth, diau y byddai'n rhaid rhoi sylw i'r posibilrwydd hwn. Nid teg fyddai honni fod John Jenkins wedi syrthio i'r fagl hon. Wedi'r cwbl, yr oedd yn un o ddau olygdd *Y Parthsyllydd, neu Eirlyfr Daearyddol* ym 1815 ond er hynny, nid yw *Gweledjad y Palas Arian* yn rhoi llawer o le inni dybio bod Calfiniaeth y Cyfamodau'n rym diwylliannol byw.

Gyda Lewis ar y llaw arall, gan ei fod dipyn yn nes at Galfin, y mae yn ei athrawiaeth oblygiadau diwylliannol amlwg. Gellid dangos hyn mewn sawl ffordd ond edrycher ar ei drafodaeth ar ryddid y Cristion. Yn awgrymog iawn, daw'r darn yma'n union ar ôl ei adran ar Gyfiawnhad trwy Ffydd. Wedi disgrifio amryw agweddau ar ryddid, daw at fater rhyddid *'Oddiwrth awdurdod ddynol yn y pethau a berthynent i gydwybod'*. Esbonia i ddechrau mai 'Un yw eich athraw chwi, sef Crist'; yna ychwanega, 'Dan y pen hwn ni allwn ddal sylw fod plant Duw yn rhydd i *ymddwyn fel y gwelont yn oreu mewn pethau canolig*, neu y pethau nad oes ynddynt na daioni na drygioni moesol, gan nad oes un gyfraith neillduol yn eu gorchymyn, neu yn eu gwahardd'.[29] Dyma athrawiaeth bwysig Calfin am ryddid mewn *adiaphora*, sef 'y pethau niwtral'. 'Am bethau allanol sydd ynddynt eu hunain yn foesol niwtral, nid ydym wedi ein rhwymo gerbron Duw mewn ffordd grefyddol rhag eu defnyddio ambell dro, na rhag peidio â'u defnyddio dro arall'.[30] Ym meddwl Calfin y mae'r maes hwn yn gorwedd ochr-yn-ochr megis â'r diriogaeth sydd dan ofal yr Eglwys a'r diriogaeth sydd dan ofal y wladwriaeth. Y mae'n rhan o waith yr Eglwys i ddweud wrthyf y dylwn ddarllen y Beibl ac y mae'n rhan o waith y wladwriaeth i'm gorfodi i dalu treth incwm, ond nid oes gan y naill na'r llall hawl i ddweud wrthyf sut het y dylwn ei gwisgo. Yn y maes hwn, y gydwybod sy'n llywodraethu ac nid yw awdurdod na brenin na phab na chyngor na gweinidog yn ymestyn i'r tir hwn. Er hynny, y gydwybod sy'n teyrnasu ac nid blysiau dyn neu ei drachwant. Ac y mae'r gydwybod yn atebol i Dduw gan mai Crist yw'r athro a dylai pob un ystyried 'mai i'w Arglwydd ei hun y mae pob un yn sefyll neu yn syrthio'.[31] Nid teyrnas y dyn awtocrataidd ac ymreolaethol yw cylch yr adiaphora.

Camliwio Calfin, a George Lewis, fyddai gadael yr argraff mai rhyw fanion yn unig, fel dillad a bwydydd, sy'n syrthio i ddosbarth yr adiaphora. Myn Calfin fod Paul yn Rhufeiniaid 14:14, 'yn darostwng popeth allanol i'n rhyddid'.[32] A golyga hyn fod pethau fel amaethyddiaeth, masnach, gwyddoniaeth a thechnoleg yn dod i mewn i gylch rhyddid – darn go fawr o weithgarwch diwylliannol dyn. Wrth astudio goblygiadau hyn, fe welir ein bod yma'n cyffwrdd un o ffynonellau'r pwyslais Calfinaidd ar ryddid yr unigolyn. Y mae gan ddyn faes cyfrifoldeb sydd mor bwysig â meysydd yr Eglwys a'r Wladwriaeth a rhaid iddo yn enw'r cyfrifoldeb hwnnw amddiffyn ei hun rhag totalitariaeth eglwysig ar y naill law a thotalitariaeth y wladwriaeth ar y llaw arall. Gwaetha'r modd, pan oedd Calfiniaeth yn dadfeilio, aethpwyd i esbonio'r athrawiaeth hon yn nhermau dyn awtocratig y Dadeni Dysg, y dyn sy'n ymateb nid i ddysgeidiaeth ei athro Crist yn ei gydwybod ond y dyn cwbl annibynnol sy'n tynnu ei safonau o berfeddion ei brofiad goddrychol ei hun. A phan ddigwyddodd hynny, yr oedd unigolyddiaeth atomig ac anghyfrifol yn datblygu. Ond swm y cwbl yw fod yr athrawiaeth am ryddid mewn adiaphora yn allweddol bwysig i ddeall goblygiadau diwylliannol Calfiniaeth.[33]

Y mae'r gwahaniaeth rhwng y gwahanol feysydd hyn – Eglwys, Gwladwriaeth ac adiaphora – yn gymorth i werthfawrogi amcan unrhyw 'gorff' o ddiwinyddiaeth. Nid ei amcan yw dweud popeth posibl am gynnwys a goblygiadau Cristionogaeth. Â sylfeini ufudd-dod dyn i Dduw y mae a wnelo'n hytrach. Ei amcan o ganlyniad yw esbonio mewn ffordd drefnus yr hyn a roddodd Duw inni yn 'y dwyfawl ddatguddiad; sef, yr ysgrythyr santaidd'[34] neu rhoi 'golwg ar yr holl gorph o wirioneddau dadguddiedig'.[35] Yn y datguddiad hwnnw fe ddangosir sut y mae Duw'n mynegi ei sofraniaeth dros bopeth a sut y mae'n galw ei etholedigion i fod yn blant cyfrifol iddo Ef yn holl weithgareddau eu bywyd fel addolwyr, fel aelodau eglwysig, fel gwleidyddion, fel artistiaid, fel masnachwyr, fel rhieni, fel cymdogion ac fel gweithwyr. Ond amodau sylfaenol y gweithredu hwnnw a geir yn y datguddiad dwyfol – y canllawiau y mae'r Cristion i gerdded rhyngddynt. Os yw'r datguddiad hwn yn gweld yn dda i fanylu ar sut yr ydym i weithredu mewn ambell faes, yna y mae'r manylion hynny'n dod y tu mewn i faes priod pob corff o ddiwinyddiaeth. Ond os yw'r datguddiad yn bodloni ar ganiatáu i ddynion weithredu mewn rhyddid mewn unrhyw faes, yna ni pherthyn i gorff o ddiwinyddiaeth fynd ymhellach na dangos mai felly y mae. Ofer gan hynny troi i Gweledigaeth y Palas Arian i gael gwybod beth yw'r ddysgeidiaeth Gristionogol am wyddoniaeth neu lenyddiaeth neu amaethyddiaeth. A chamddealltwriaeth yw ei feirniadu am nad yw ei gwmpas yn ddigon eang. Nid yw Calfiniaeth gyson yn meddwl am ddiwinyddiaeth fel 'brenhines y gwyddorau' ond fel cyfraniad o fath arbennig i gyfanrwydd gwybodaeth dyn. I gael gwybod beth yw'r ddysgeidiaeth Gristionogol am wyddoniaeth, rhaid troi at y gwyddonydd o Gristion; ac i ddeall beth yw'r ddysgeidiaeth Gristionogol am lenyddiaeth rhaid troi at y llenor Cristionogol. A bydd y llenor Cristionogol a'r gwyddonydd Cristionogol yn gwreiddio eu trafodaeth yn y Beibl ac yn caniatáu i'w hagwedd at eu pwnc gael ei foldio gan y datguddiad sydd yn y gyfrol awdurdodol honno.

**Credo a chatecism**

Perthyn credoau, cyffesion a chatecismau'n agos i'r llawlyfrau diwinyddol fel mynegiadau o'r ffydd.

Y pwysicaf o'r credoau a gynhyrchodd y ganrif oedd *Cyffes Ffydd* y Methodistiaid Calfinaidd a fabwysiadwyd ym 1823. Cyfyd ei phwysigrwydd o'r ffaith ei bod yn ffrwyth trafodaeth ofalus a'i bod yn cynrychioli barn corff dylanwadol o bobl.[36] At ei gilydd, y mae'n dilyn patrwm Cyffes Westminster eithr gan wneud cyfnewidiadau sylweddol yma ac acw. Er enghraifft, y mae'n ychwanegu cymal 'Am Ailenedigaeth' rhwng yr un ar Fabwysiad a'r un ar Sancteiddhad, ychwanegiad digon naturiol gan Fethodistiaid. Cloff braidd yw'r cymal agoriadol ar yr Ysgrythurau o'i gymharu â'r cymalau enwog ar y pen hwn yng Nghyffes Westminster. Yn od iawn, mae Cyffes Ffydd y Methodistiaid yn rhoi'r argraff fod yn bosibl rhestru nifer o ystyriaethau i gymeradwyo'r Ysgrythur fel Gair Duw i reswm dyn. Annisgwyl braidd yw'r elfen resymoliaethol hon sy'n awgrymu bod awdurdod y Gair yn gorfod aros wrth ddyfarniad rheswm annibynnol dyn. Y mae Cyffes Westminster yn ofalus i ddatgan mai ategion yw'r dadleuon y gellir eu rhestru tros gredu bod y Beibl yn Air Duw a bod yr argyhoeddiad 'o wirionedd anffaeledig ac awdurdod dwyfol y Beibl, yn ffrwyth gwaith mewnol yr Ysbryd Glân yn tystiolaethu trwy'r Gair a chyda'r Gair yn ein calonnau'.[37] Ac yn y cyfeiriadau at ystyr marwolaeth Crist, gwelir sylweddoli pryder Thomas Jones o Ddinbych pan wrthwynebai lunio cyffes rhag i rai o arweinwyr y Methodistiaid 'lunio y Gyffes yn rhy gyfyng i ehangder y gwirionedd Biblaidd'.[38] Yma eto doethineb fyddai glynu wrth ddatganiadau cywirach Cyffes Westminster. Ond wedi dweud hyn, y mae'n gyfansoddiad mawreddog ac arwyddocaol ac erys naws ambell gymal yn hir yn y cof ar ôl ei ddarllen, fel, er enghraifft, hwnnw 'Am Ddarostyngiad a Dyrchafiad Crist'.

Cynhyrchwyd llu mawr o gatecismau yn ystod y ganrif ac y maent yn faes astudiaeth ynddynt eu hunain. Canolbwyntiwn am y tro ar dri ohonynt, catecism Griffith Jones, Llanddowror; Catecism Gwŷr y Gymanfa a *Hyfforddwr* Thomas Charles. Er mai un o gynhyrchion y ddeunawfed ganrif oedd catecism Griffith Jones, *Hyforddiad Cynnwys i Wybodaeth Iachusol o Egwyddorion a Dyledswyddau Crefydd*, ymestynnai ei ddylanwad ymhell i'r ganrif ddilynol.[39] Ei sylfaen yw Catecism Eglwys Loegr a awdurdodwyd yn ei ffurf derfynol ym 1662 ond y mae'r sylfaen bron wedi diflannu o dan ychwanegiadau'r gŵr o Landdowror. Er hynny, y mae Catecism yr Eglwys yn diffinio patrwm y llyfr, sef hen batrwm catecismau, Credo'r Apostolion, Y Deg Gorchymyn a Gweddi'r Arglwydd. Dyma draddodiad sy'n ymestyn yn ôl efallai cyn belled ag oes Siarlymaen. O ran ei ddylanwad, nid oes amheuaeth nad *Hyfforddwr* Thomas Charles sy'n ennill y lle blaenaf. Fe'i cyhoeddwyd gyntaf ym 1807 a chyn diwedd y ganrif aeth trwy bum argraffiad a phedwar ugain – un o lyfrau mwyaf poblogaidd y ganrif.[40] Y mae ei deitl llawn, *Hyfforddwr i'r Grefydd Gristionogol*, yn gyfieithiad o gampwaith Calfin, *Institutio Christianae Religionis*. Fel Griffith Jones, cynhwysodd Charles ychydig o Gatecism Eglwys Loegr yn yr *Hyfforddwr* ond y mae naws y ddau gatecism yn bur wahanol. Y mae Charles yn symlach ac yn fyrrach lawer na Griffith Jones. Y mae'n amlwg yn ffrwyth profiad helaeth o holi plant ac er bod ambell bennod yn cynnwys atebion sydd uwchben crebwyll plentyn bychan, y mae llawer o'r penodau'n esiampl ragorol o eglurder ac uniongyrchedd. Y mae'r Hyfforddwr a'r Hyfforddiad yn dangos dylanwad diwinyddiaeth y cyfamodau, yn union fel y Cyffes Ffydd.

Dylanwadwyd ar yr *Hyfforddwr* gan *Gatecism Byrraf* Gwŷr y Gymanfa.[41] Un o gynhyrchion Cymanfa Westminster, 1642-7, fel y Cyffes Ffydd y soniwyd amdani eisoes, oedd hwn. Fe'i cyfrifir yn un o glasuron y traddodiad Diwygiedig, yn wir yn un o'r catecismau mwyaf a gynhyrchwyd gan yr Eglwys Gristionogol a bu defnyddio mawr arno ymhlith Ymneilltuwyr yng Nghymru, fel yn Lloegr.

Un peth sy'n gyffredin i'r tri chatecism, ac yn eu gwahaniaethu oddi wrth gatecismau'r genhedlaeth gyntaf o Brotestaniaid, yw fod ganddynt ddiddordeb mawr mewn dyn a'r ffordd y mae'n derbyn iachawdwriaeth. Gwrthrychedd y catecismau cynnar sy'n drawiadol; ar Dduw y mae'r pwyslais. Ond ar ôl y genhedlaeth gyntaf daw'r elfen oddrychol yn amlycach a dyfnhawyd y diddordeb hwn gan y Diwygiad Methodistaidd. Dylid sylwi hefyd fod mabwysiadu fframwaith y ddau gyfamod yn tueddu i wneud i brynedigaeth dyn swnio'n broses od o gyfreithiol a pheiriannol, yn arbennig o'i ddefnyddio mewn catecism. Er hynny, y mae'r *Hyfforddwr* fel y *Catecism Byrraf* yn haeddu'r parch a roddwyd iddynt a *Hyfforddiant* Griffith Jones yn haeddu llawer mwy o barch a sylw nag a roddwyd iddo hyd yma.

Er bod gorchymynion i egwyddori'r ffyddloniaid, yn arbennig pan oeddynt ar fin cael eu cymun cyntaf, yn mynd yn ôl yn go bell yn hanes yr Eglwys, tua'r unfed ganrif ar ddeg y dechreuwyd cateceisio trwy holi ac ateb. Ond ni wnaeth yr Eglwys Gatholig ddefnydd mawr ohono.

Y Diwygiad Protestannaidd a ddaeth â'r moddion addysg arbennig yma i fri mawr. Erbyn heddiw collodd y cyfrwng hwn ei barch ac ymwrthodir ag ef ac y mae hynny'n ei gwneud yn anos i ddarllenwyr werthfawrogi'r rhesymau pam y gwnaeth Protestaniaeth glasurol y fath ddefnydd helaeth ohono. Ac o fethu ei werthfawrogi y mae darn reit bwysig o ddiwylliant y bedwaredd ganrif ar bymtheg yn mynd yn llyfr caëedig. Beth, ynteu, oedd arwyddocâd y catecism?

Trowch yn gyntaf i *Hyfforddiad* Griffith Jones. Daw'r cwestiwn agoriadod o Gatecism Eglwys Loegr, 'Beth yw dy enw di?' Griffith Jones ei hun biau'r ail, sef, 'Pa ham y dylech ddysgu'ch Catecism?' Y mae saith ateb i'r cwestiwn a'r cyntaf ohonynt yw 'Er mwyn adnabod Duw a Christ'. Hynny yw, y mae'n rhan hanfodol o'r meddwl Calfinaidd am waith yr Eglwys fod a wnelo addysg rywbeth â magu Cristionogion. Nid gweithred yn y gwagle na all yr eglwys gyfrannu dim ati yw troëdigaeth. Y mae i'r hyfforddiant a gaiff plentyn bach yn ei eglwys gysylltiad â'i fywyd tragwyddol. Ond yn yr ateb hwn hefyd darnodir gwrthrych y wybodaeth yn glir. Ac y mae'r gwrthrych yn tynghedu agwedd meddwl y dysgwr. Y mae'r Gwrthrych hwn yn gwbl unigryw a rhaid i'r dysgwr gymhwyso ei feddwl a'i dalentau yn y ffordd sy'n gweddu i wybodaeth o Dduw. Mewn gwirionedd, dyma gyfrinach pob dysgu – cymhwyso'r meddwl i'r gwrthrych a astudir. A nodwedd ganolog y Gwrthrych hwn yw fod y wybodaeth amdano'n un sy'n dod i'n cyfarfod ni. Nid ei rheffynnu o'n profiad ni ein hunain yr ydym; rhaid ei datguddio inni. Yr adnod a ddyfynnir gan Griffith Jones i ategu'r ateb yw, 'Canys hyn yw'r bywyd tragywyddol; iddynt dy adnabod di yr unig wir Dduw, a'r hwn a anfonaist ti Iesu Grist'. Gwirionedd a anfonwyd ydyw; ni chododd o goluddion ymenyddol dyn. A gosod y peth yn ei gefndir athronyddol, y mae Cristionogaeth yn ymwrthod â'r syniad Platonaidd mai math o gofio yw ein gwybodaeth am Dduw. Alltudir y muth ddyneiddiol am y dyn hunanddigonol yn dirwyn diwinyddiaeth o'i berfedd fel y pryf copyn yn dirwyn ei we o'i fol ei hun. Y mae'r catecism, hyd yn oed o ran ei ffurf, yn rhagdybio bod yn rhaid i'r wybodaeth am Dduw ddod oddi wrth Dduw ei hun. A dyma gau'r drws yn glep ar y syniad rhamantaidd fod pob plentyn bach yn ddiwinydd wrth reddf ac y gall wybod popeth sydd eisiau ei wybod am Dduw a'r cread a'i dynged ei hun trwy dynnu lluniau blodau.

Cystal i blant bach sylweddoli beth yw effeithiau llwyr

lygredigaeth. '42. Beth a fu y canlyniad o'i anufudd-dod? Efe a fu farw, ac a gollodd ddelw Duw, y'mha un y crewyd ef', meddai Hyfforddwr Charles am gwymp Adda. Ac un o oblygiadau hyn, meddai Charles eto, yw fod dyn wedi colli 'gwybodaeth'. Sut y medrwch adennill gwybodaeth a gollwyd? Trwy holi, siŵr iawn! Ond sut y gwyddoch pa gwestiynau i'w gofyn? Ni ellwch holi i unrhyw bwrpas am unrhyw bwnc oni wyddoch rywbeth amdano. Gwir fod dynion yn holi digon am Dduw. Ac y mae eu cwestiynau'n gallu bod yn druenus o hunanol, fel y cwestiwn cyntaf a ofynnodd dyn erioed yn ôl yr hanes Beiblaidd, 'Ai ceidwad fy mrawd ydwyf fi?' Cwestiwn dyn anwybodus oedd hwnnw, ac o'i anelu at Dduw yr oedd yn gableddus. Yr oedd mwy o optimistiaeth oes Victoria nag o realaeth Gristionogol yng ngeiriau Elfed pan ganodd,

I holl gwestiynau dynol ryw,
Tydi, tydi, yw ateb Duw.

Pan ofynnodd twrnai i Iesu Grist, 'Pwy yw fy nghymydog?', bu'n rhaid i'r Arglwydd Iesu adrodd Dameg y Samariad Trugarog wrtho er mwyn ei ddysgu mai'r cwestiwn priodol i'w ofyn yw 'Cymydog pwy ydwyf fi?' Yn fyr, y mae Gair Duw'n dysgu dynion pa gwestiynau i'w gofyn. Ond yr oedd Griffith Jones wedi gweld y pwynt yn ei bumed ateb i'r cwestiwn, 'Pa ham y dylech ddysgu'ch Catecism?' Dyma'r ateb, 'Heb imi gael fy nghateceisio a'm holi, pa fodd y medraf holi fy hun, fel y mae Duw yn gorchymyn?' Rhaid i ddyn os yw am fod yn Gristion wybod lle i ddechrau holi a deall yn glir fod llawer o 'gwestiynau dynol ryw' nad oes gan Dduw y bwriad lleiaf i'w hateb. Ac ni eiriwyd y cwestiwn cyntaf y dylai dyn ei ofyn yn odidocach erioed nag yn nechrau'r Catecism Byrraf:

> *'Pa beth yw dyben penaf dyn?'*
> 'Dyben penaf dyn yw gogoneddu Duw, a'i fwynhau ef yn dragywydd'.[42]

Nid yw Thomas Charles lawn mor odidog, ond y mae'n wych o uniongyrchol:

> *'Pwy a'ch gwnaeth chwi?'*
> 'Duw'.

Arswydai'r Calfiniaid rhag peryglon chwarae a symbolau a darluniau. Bu'n ffasiwn i siarad yn fychanus am yr elfennau gwrth-esthetaidd mewn Calfiniaeth ac i'w portreadu fel Philistiaid difaol. Fel y mae'r agwedd esthetig at grefydd yn bygwth seiliau'r gwareiddiad Cristionogol yn yr ugeinfed ganrif, nid yw mor hawdd bellach bod yn sbeitlyd. Un o'r amddiffynfeydd yn erbyn eilunaddoliad oedd y catecism. Rhowch y peth fel hyn; yn y catecism ceisir gweu'r ddelwedd a'r syniad yn gyfrodedd drwy'i gilydd. Er enghraifft, cwestiwn 10 yn yr *Hyfforddwr:* 'A ydyw Duw yn holl-bresennol?' Athrawiaeth yw fod Duw'n holl-bresennol. Ond yn yr ateb dywedir, 'Ydyw' a dyfynnir o Salm 139, adnodau 7-10, 'I ba le yr af oddi wrth dy Ysbryd? ac i ba le y ffoaf o'th ŵydd? Os dringaf i'r nefoedd . . .' Dyma'r delweddau. Ond os temtir disgybl i dynnu'i focs paent allan a phortreadu dyn mewn cot laes yn dringo ysgol nes ei fod yn esgyn uwchbell y cymylau, y mae mewn perygl mawr o gredu fod y ddelwedd yn *bortread* o Dduw. Atelir hyn trwy bwyntio at y ddelwedd a dysgu'r athrawiaeth yr un pryd.

Sylwer hefyd mai cyfrwng llafar yw'r catecism. Delweddau i'w clywed yw delweddau'r Beibl i Galfiniaid, nid delweddau i'w darlunio. Parhad yw'r pwyslais hwn o'r traddodiad Beiblaidd. Yn y Beibl, Gair a glywir yw datguddiad Duw. Gwir fod Duw'n gweithredu mewn ffordd weledig yn y Cread ac yn hanes Israel. Ond fel y dywed Amos, 'Canys ni wna yr Arglwydd ddim, a'r nas dangoso ei gyfrinach i'w weision y proffwydi'. Rhaid i'r athrawiaeth a gyhoeddir gan y proffwyd esbonio'r gweithredu dwyfol. A gŵr yn trosglwyddo ei genadwri ar lafar yw'r proffwyd, er iddo ar dro ddefnyddio'r weithred symbolaidd. A dyn yn clywed cyfrinach Duw, ydyw, er iddo ar dro weld gweledigaeth. Nid rhyfedd o ganlyniad mai'r hoff enw ar ddatguddiad Duw yw 'Gair Duw' a'r Gair a glywir sydd i reoli'r llun a welir. A gwyddai Israel yn dda trwy'r Deg Gorchymyn am y gwaharddiad yn erbyn 'delwau cerfiedig na llun dim a'r y sydd yn y nefoedd uchod nac yn y ddaear isod'. A pharhaodd Protestaniaeth Ddiwygiedig i gymryd y gwaharddiad hwn o ddifrif. Dyma sy'n diogelu'r ddelwedd rhag troi'n eilun; dyma'r rhagfur yn erbyn eilunaddoliad. Ymwrthodir â syniadau sacramentaidd a Phlatonaidd am y byd gweledig, yn union fel yr ymwrthodir â'r athrawiaeth am draws-sylweddiad yn y Cymun. Yr unig draws-sylweddiad Ysgrythurol yw pan fo gair proffwyd ac apostol a phregethwr yn cael ei draws-ffurfio tan ddylanwad yr Ysbryd Glân yn Air Duw. Ond nid cerfluniau o faen a metal na pheintiadau ar ganfas yw'r unig bethau y gellir gwneud eilunod ohonynt. Gall delweddau'r meddwl hefyd fod yn eilunod. Ar ôl gofyn, 'Pa bechodau a waherddir yn yr ail Orchymyn?', rhydd Griffith Jones fel ei drydydd ateb y gosodiad arwyddocaol hwn, 'Dychymmygu llun neu ddelw o Dduw yn ein meddyliau; canys delwaddoliad ysbrydol yw hyny'.[43] Nid peth i chwarae ag ef yw perygl eilunaddoliad oherwydd ei hanfod yw camgymryd y llun meidrol neu'r ddelwedd feidrol am bortread o Dduw.

Gafael yn nadansoddiad miniog Calfin o eilunaddoliad y mae Griffith Jones.[44] Dadleua Calfin fod pob ymgais i bortreadu Duw mewn cerflun a pheintiad i'w gondemnio. Ni ellir eu cyfiawnhau hyd yn oed ar y tir mai 'lluniau yw llyfrau'r anllythrennog'. Y mae pob ymgais i ddarlunio Duw'n gamarweiniol am nad oes ffurf ganddo.[45] Ac y mae dychymyg dyn hefyd yn creu eilunod trwy ei bortreadu ar ein llun a'n delw ni.[46] 'Ffug tila yw popeth a ddychmygwn am Dduw yn ein meddyliau ein hunain'.[47] Ac nid oes ball ar brysurdeb dychymyg dyn yn cynhyrchu lluniau meddyliol o Dduw. 'Y mae meddwl dyn, os caniateir imi ei roi felly, yn ffatri delwau ddiorffwys'.[48] Ac unwaith y llwyddo dynion i'w perswadio eu hunain fod eu dychmygion a'u delweddau a'u lluniau hwy'n portreadu Duw, dyma'r Duw sydd wedyn yn llywodraethu yn eu calonnau. Nid yw'r darluniau a'r delweddau Beiblaidd chwaith yn rhydd o berygl oni ofelir eu cadw yn eu priod le a rhoi iddynt eu priod swydd trwy eu trin yng ngolau'r athrawiaeth. 'Ym mhregethiad ei Air ac yn y dirgelion santaidd gorchmynnodd Ef fod athrawiaeth gyffredin i'w datgan i bawb. Ond y mae'r sawl y mae ei lygaid yn crwydro o amgylch yn rhythu ar eilunod yn bradychu'r ffaith nad yw ei feddwl yn canolbwyntio'n ddiwyd ar yr athrawiaeth hon'.[49]

Yr athrawiaeth – *doctrina* – yw'r elfen lywodraethol felly a dyma arwyddocâd y catecism. Derbyniai plentyn ei wybodaeth ffeithiol am gynnwys y Beibl yn y dosbarth Ysgol Sul ond yr oedd angen i'r wybodaeth hon gael ei threfnu a'i phatrymu fel y gwypai'r plentyn wir arwyddocâd y delweddau, y trosiadau a'r cymariaethau a ddefnyddiai. Nid yw arwyddion a symbolau'n bethau diogel oni chyfleir yr athrawiaeth sy'n diffinio'r gwrthrychau y mae'r llun yn pwyntio atynt. Ac am y pethau am Dduw a'r Drindod, ni chaniateir llun gweledig ohonynt o gwbl. Diogelach yw aros gyda'r delweddau meddyliol. Gwaetha'r modd, caniataodd llawer o Gristionogion iddynt eu hunain dynnu lluniau o Dduw a sylweddau ysbrydol. Y cam nesaf (ac oherwydd tuedd anorfod dyn at eilunaddoliad rhaid ei ddisgrifio fel cam angenrheidiol) yw anghofio mai arwyddion yw hyd yn oed y lluniau Beiblaidd. Mynegbyst ydynt yn pwyntio oddi wrthynt eu hunain at y sylwedd. Ond aethpwyd i'w hystyried fel portreadau. A thrychineb fawr yw i hyn ddigwydd mewn Cristionogaeth. Gair Duw yw'r cysylltiad rhwng yr arwydd a'r sylwedd; y peth yr oedd y proffwyd yn ei gyhoeddi, yr esboniad yr oedd apostol yn ei roi, – dyma'r *doctrina* oedd yn bont rhwng arwydd a sylwedd. A hwn hefyd oedd yn diogelu'r arwydd rhag iddo ymchwyddo i fod yn bortread. Nid portreadol yw'r cyswllt rhwng y ddelwedd 'Tad' a Duw ond clywedol. Ac i'r Calfiniaid, fel i Brotestaniaid eraill, y mae'r athrawiaeth – y *doctrina* – yn tarddu o'r Ysgrythur. Nid yw'n ffrwyth cywaith rhwng profiad yr Eglwys a'r Beibl (fel y dywed yr Eglwys Gatholig Rufeinig) na rhwng profiad yr unigolyn a'r Beibl (fel y dywed y Protestaniaid modern sy'n sefyll yn nhraddodiad Schleiermacher).

Yn awr, yr oedd miloedd lawer o bobl Cymru wedi cael eu trwytho mewn catecismau Calfinaidd yn ystod y ganrif ddiwethaf ac yr oedd yr agweddau y ceisiwyd eu dadansoddi uchod wedi mynd yn rhan o'u gwead heb yn wybod iddynt. Nid yw'n syndod felly fod effeithiau'r trwytho yma i'w weld ar bob llaw. Mewn llenyddiaeth, y mae'n allwedd i ddeall pam yr oedd cymaint o farddoniaeth y ganrif yn syniadol a pham yr oedd llenorion wrth ddefnyddio delweddau, nid yn unig yn swil ohonynt, ond yn teimlo'n ddiogelach wrth ddefnyddio rhai Beiblaidd nag wrth ddefnyddio rhai o feysydd eraill. Y mae'n rhybudd hefyd i beidio â rhwygo delweddau llenorion o'u pridd cynhenid. Gellir gwneud melin a phandy, er enghraifft, o ddelweddau Ann Griffiths, os anghofir mai'r *doctrina* Calfinaidd yw eu priod gynefin.

Mewn addysg drachefn gellir gweld beth oedd yn digwydd pan oedd y cyfosodiad Calfinaidd yn gwanychu ac ysgariad yn digwydd rhwng y syniad a'r llun, rhwng yr athrawiaeth a'r delweddau. Un enghraifft o hyn yw'r rhwyg a grewyd yn niwedd eithaf y ganrif rhwng Iesu Hanes a Christ Paul. Ffurf arall oedd yr ymdrech ryfedd i wahaniaethu rhwng addysg Beiblaidd ac addysg ddogmatig. Ac unwaith yr oedd yr ysgariad wedi digwydd, datblygai delweddau'r Beibl yn broblem. A hynny am fod tuedd gynyddol i feddwl amdanynt fel portreadau yn hytrach nag arwyddion. Wrth droi delweddau'r Beibl yn lluniau lliw ar wal y festri, yr oedd yn hawdd meddwl amdanynt fel portreadau ar yr un gwastad a muthau Groeg a Rhufain. A'r cam nesaf oedd galw am eu dad-fythu. Ond yr oedd pob Calfin golau ei gred wedi arfer gwneud ei ddad-fythu wrth fynd yn ei flaen byth oddi ar y diwrnod y dysgodd ateb y cwestiwn cyntaf yn yr *Hyfforddwr*.[50] Felly, i werthfawrogi'r safbwynt Calfinaidd at addysg, at lenyddiaeth, at natur gwybodaeth ac at gelfyddyd, rhaid myfyrio'n ofalus uwchben arwyddocâd y catecism.

**Buddioldeb**

Wrth ddarllen erthyglau a llyfrau'r ganrif ddiwethaf, daw dyn byth a hefyd ar draws geiriau fel 'ymarferol', 'defnyddiol', 'lles', 'adeiladaeth' ac yn arbennig y gair sy'n eu cynnwys i gyd, 'buddiol'. Yr oedd yn bwyslais y gellir ei olrhain yn ddi-dor i Galfin ei hun. Cyhoeddid cofiannau duwiolion i ogoneddu Duw ac fel 'y byddo i'w hesiamplau effeithio yn ddaionus ar eu holynwyr'.[51] Y mae llyfrau ar wyddoniaeth, y celfyddydau, ieithoedd, hanes a gwleidyddiaeth yn 'nesaf' o ran gwerth 'at wybodaeth grefyddol'.[52] A bod yn ddefnyddiol oedd amcan Adda yn Eden, a dyna wir ddiben bywyd dyn o hyd. Ac y mae llenyddiaeth yn faes amlwg i fod yn fuddiol ynddo. Nid oes unrhyw fath o lenyddiaeth yn ddrwg ynddo'i hun, ond y mae llenyddiaeth anfoesol yn ddrwg. A busnes Cristionogion yw ymlid y drwg. Rhwng popeth, mae llenydda'n waith sy'n gwahodd sylw Cristionogion. Pwysodd David Charles, Trefeca, y ddyletswydd hon ar Fethodistiaid mewn anerchiad tra diddorol yn y Gymanfa Gyffredinol gyntaf yn Abertawe 1864. Ond wrth ymgymryd â llenydda, dylai'r Cristion, meddai, sylweddoli fod y ffeithiol yn werthfawrocach na'r haniaethol. 'Nid meddyliau dansoddol . . . gymaint, na dychmygion athronyddol, dan y ffug o ddangos gwreiddiolder . . . ond *pethau, ffeithiau, gwirioneddau* . . . Dyma'r hyn a wna les yn ein hysgrifeniadau . . .' Gan mai gwneud 'lles' yw'r amcan mewn golwg, sieryd David Charles yn siarp am farddoniaeth,

> mae'r dyb yn rhy gyffredin mai Llenyddiaeth yw Barddoniaeth, a Barddoniaeth yw Llenyddiaeth; y bardd felly yw y llenor mawr, a'r testynau llenyddol mewn Eisteddfodau, testynau barddonol ydynt hwy bron i gyd. Y mae hyn yn dra anffodus, ac wedi attal gwir Lenyddiaeth Cymru i raddau helaeth.

Beth yw'r ateb ynteu ? Mae Charles am weld llenorion yn ysgrifennu:

> mewn rhydd-iaith bur, syml, a chref ar wahanol destynau sylweddol, pwysig, ac adeiladol, a barant eangiad meddwl, helaethiad gwybodaeth, gynnyrchiad myfyrdod, a hyfforddiant gwirioneddol i'r genedl.[53]

Nid oedd ambell feirniad yn brin o wneud apêl economaidd digon digywilydd. Gwerth darllen yw 'gwneuthur dynion yn gywreinach a defnyddiolach yn eu goruchwylion at ennill eu bara'. Ac y mae'r un awdur yn ychwanegu'r ystyriaeth smyg fod 'boddlonrwydd mewn gwybod mwy nag eraill'. Ond rhybuddia nad yw 'darllain llyfrau er mwyn difyrwch' o 'un lles na budd'. Colled i gyrff ac eneidiau plant yw rhoi llyfrau iddynt 'am ysbrydion, breuddwydion, a phethau disail'. Effaith hyn yw difetha eu harchwaeth 'at y fath lyfrau ag ydyw gwersi buddiol Mrs. Barbauld, Miss Edgeworth, Dr. Lewis, y Parchedig Charles o'r Bala, yr hen sant y Parchedig Jones o Landdowror, a'r Pyngciau Athrawiaethol y Dr. Jones, Bangor'.[54] Tipyn o gawdel, rhwng popeth! Ond mae'r wers yn eglur. Nid 'llenyddiaeth bur' yw llenyddiaeth i'r dynion hyn ond llenyddiaeth fuddiol. Ac wedi'r cwbl, nid drwg o beth oedd atgoffa'r Cymry na allai'r genedl fyw ar farddoniaeth a llenyddiaeth ffansi'n unig. A thystiolaeth fawr i'w difrifoldeb oedd yr amrywiaeth fawr o bynciau a drafodid ganddynt yn Gymraeg yn eu llyfrau.

Ofer disgwyl felly am gnwd o lenyddiaeth y dychymyg mewn nofel, drama ac ysgrif ffansïol. Wrth gwrs, yr oedd ysgrifau Francis Bacon yn cael pasio nid yn unig am fod pawb yn eu canmol ond am eu bod yn 'fuddiol'[55]. Ac nid oedd fawr o ddrama i'w chael ar wahân i'r interliwtiau. Gwir fod John Elias wedi condemnio'r rheini ond yr oedd ef bob amser yn llawdrwm ar ysgafnder. Gweddïodd unwaith am farn Duw ar y *mountebanks* oedd yn perfformio ar y stryd yng Nghaernarfon. Ac onid oedd tri ohonynt wedi marw drannoeth?[56] Camp fwy na hynny oedd rhoi stop ar y rasys ceffylau ym Manceinion trwy weddïo am i Dduw ymyrryd, a chenllif digymar o wlaw yn rhoi terfyn disyfyd ar yr oferedd.[57] Ond nid yw agwedd John Elias at interliwtiau'n beth cwbl syml. Y peth a'i cythruddai fwyaf oedd y gyfeddach a'r rhysedd oedd yn gysylltiedig â hwy a'r perfformio ar y Sul. O leiaf y mae gennym air Isaac Foulkes, 'Byddai Mr. Elias yn sôn am athrylith Twm o'r Nant gydag edmygedd'.[58] Ai gwir y dystiolaeth? Wel, y mae un ystyriaeth bosibl. Ni bu crefyddwyr yn ffafriol iawn i'r ddrama ar ôl marw'r interliwt nes iddi gael ei hatgyfodi ar ffurf ddiniweitiach gan J.R. tua chanol y ganrif. Ond un ddolen gyswllt rhwng Twm o'r Nant a J.R. oedd *Ymddyddan difyrus a buddiol, rhwng pedwar o gyfeillion, am Gymdeithas Cymedroldeb* a gyhoeddwyd ym 1836. Enw'r awdur oedd John Elias![59] Ffansi a buddioldeb wedi cusanu, mae'n ddiau !

O ran eu harddull diau petai'r ysgrifenwyr wedi glynu wrth y 'rhydd-iaith bur, syml a chref' y soniodd David Charles amdani, y byddai gwell graen ar lenyddiaeth y ganrif. Gwelai Lewis Edwards y feddyginiaeth mewn gwell gwybodaeth o'r clasuron,

> Pe bai awdwyr Cymreig yn darllen mwy ar ysgrifeniadau y Groegiaid, byddai llai o hyawdledd gau a ffraethineb ffugiol i'w weled yn ein cyhoeddiadau cyfnodol. Nid oes bron neb yn cymeryd ei ysgrifell mewn llaw y dyddiau hyn nad yw yn y fan yn ymsythu, ac yn ymestyn, ac yn ymorchestu i fod yn hyawdl anorchfygol, neu yn ffraeth ddigyffelyb.[60]

Y mae diagnosis y Doctor yn iawn ond amheus yw'r feddyginiaeth. Nid dynwared llenorion estron yw cyfrinach arddull dda. Yn wir, gellid dadlau mai malltod rhyddiaith y ganrif oedd talu gormod o sylw i safonau clasurol. Sylfaenodd llenorion eu damcaniaethau llenyddol ar athrawiaeth y rheithregwyr.[61] Stori ddiddorol yw hanes yr amrywiol ddylanwadau rheithegol a effeithiodd ar ryddiaith a barddoniaeth y ganrif, ond nid dyma'r lle i'w hadrodd. Digon yw dweud bod llenorion ar ôl stwffio eu pennau'n llawn o ddylni am huotledd ac arucheledd yn gallu ysgrifennu mewn arddull oedd bron yn hollol annealladwy. Ac yr oedd damcaniaethau rhamantus a ffôl am gystrawen a tharddiad a gramadeg y Gymraeg yn help mawr i ddyfnhau'r tywyllwch. Ond y mae dyn yn sylwi hefyd fod llyfrau defosiynol a diwinyddol yn aml iawn yn osgoi'r perygl am y rheswm syml fod difrifoldeb ac angerdd yr ysgrifenwyr a'u hawydd i fod yn 'fuddiol' yn eu hachub.

Ond y mae elfennau eraill oedd yn cadw ysgrifenwyr 'crefyddol' rhag mursendod. Yr oedd gan Robert Jones, Rhos-lan, a Thomas Jones o Ddinbych feistrolaeth reddfol ar deithi'r Gymraeg. Mynnai ysgrifenwyr eraill mai ystyr gwneud y Beibl yn rheol bywyd oedd dynwared ei arddull wrth ysgrifennu Cymraeg.[62] Beth bynnag am briodoldeb diwinyddol cred o'r fath, yr oedd yn batrwm rhagorol a gwelir ei ôl yn amlwg iawn, er enghraifft, ar ambell baragraff o eiddo

Thomas Jones. Ond yr oedd yr Ymneilltuwyr hefyd wedi etifeddu traddodiad 'arddull blaen' yr hen Biwritaniaid. Ni ddylai pregethwr, meddai Dr. George Lewis, 'gyhoeddi y cyfryw bethau ag a fyddo'n tueddu'n unig i ddwyn y gwrandawyr i ryfeddu dysgeidiaeth, gwybodaeth, neu ddoniau y sawl a fyddo yn llefaru'.[63] Cymhwysid yr egwyddor yr un modd at ysgrifennu. Crynhowyd y safbwynt gan William Jones, Pen-y-bont ar Ogwr,

> Yr iaith. Dylai hon fod bob amser yn eglur, yn bur, ac yn addas. Dylai fod yn isel, ond nid yn wael; yn syml, ond eto yn sylweddol. Y cynllun goreu i'w efelychu yw gair Duw; yn neillduol pregethau ac ymddyddanion yr Arglwydd Iesu Grist. Yr oedd y rhai hyn bob amser yn naturiol, yn addas, yn sylweddol, ac eglur. Yr oeddynt yn wastad yn isel, ond nid yn wacl . . . dylid ymwrthod â phob enwau dyeithr a hynod, pob geiriau caledion, a phob ymadroddion chwyddedig. Dyfyniadau brawddegol allan o ieithoedd estronol, ydynt yn gyffredin yn hollol ddifudd.[64]

Am bregethu y mae'n sôn, ond dyma ddelfryd y Calfiniaid oll pan na thywyllid eu gweledigaeth gan syniadau estron. Ac ategir y peth gan gofianwyr Thomas Jones. Dywedant wrthym, 'nid cywreinrwydd addurniadol y dull, oedd y peth mwyaf ar ei feddwl syml ef, ond sylweddolrwydd ac ysprydolrwydd y defnydd'.[65] Yr oedd yn eithaf delfryd i lenor hefyd.

**Gwerthfawrogi**

Oherwydd y chwalu a fu ar ein bywyd cenedlaethol, y mae'n gofyn tipyn o ymdrech i werthfawrogi harddwch y weledigaeth Galfinaidd am ddiwylliant dyn tan Dduw. Iddynt hwy y mae gweithgarwch diwylliannol dyn fel caeau cymen ar stâd. Y mae i bob cae ei liw a'i ffurf briodol ac eto mae'r cwbl ohonynt yn asio'n berffaith i'w gilydd. Cynganeddir yr holl gaeau ym mhatrwm y Gwinllannwr. Er bod dyn yn gweithio'n llawen yn y cae yma neu'r cae acw – hwn fel gwyddonydd a 'nacw fel bardd – nid dynion a luniodd y gynghanedd ond Duw. Ei darganfod hi y mae dyn ar ôl y trawsnewid mawr sydd yn ei gymhwyso i fod yn weithiwr cyfrifol ac yn ddarganfyddwr patrwm Duw. Yn wrthrychol felly Duw a greodd y gynghanedd; dyma sy'n rhoi ei hunoliaeth iddi. Yn oddrychol, daw'r undod yn ddarganfyddiad gwefreiddiol i ddyn pan orseddir y Duw hwn yn ei galon trwy ei Air.

Daw dyn wedyn yn wir ddrych o'r greadigaeth; yn ei galon ef yr adlewyrchir dychymyg creadigol Duw.

A chyfrwng esbonio a chanmol yr undod hwn oedd iaith – yn yr achos yr ydym ni yn ei astudio, yr iaith Gymraeg. Fel y gwelsom, dyma pam yr oedd llenorion y ganrif ddiwethaf yn gwneud eu gorau glas i fynegi cyfanrwydd bywyd y cread trwy gyfrwng y Gymraeg. Ac i Griffith Jones a Thomas Charles ac Ieuan Gwynedd, rhodd Duw oedd hon. Nid gwiw inni anghofio'r pwyslais a roddai'r Calfiniaid ar Ragluniaeth Duw. Nid damwain hanesyddol mo'r Gymraeg. Gwir bod eu hieithyddiaeth yn sigledig ddigon wrth geisio dangos y cysylltiad rhwng y Gymraeg â'r Hebraeg a'u hoffter o gyfeirio at ei chysylltiad hi â Gomer, mab Noa. Beth bynnag am eu hieithyddiaeth, yr oeddynt yn gwneud eu gorau yn ôl eu goleuni i fynegi'r argyhoeddiad fod yr iaith ei hunan, cyfrwng y gwareiddiad a oedd dan eu dwylo, yn rhodd Duw. Yr oedd iddi hithau ei lle anrhydeddus yn harmoni'r Cread.

Nid oes amser i ddangos yn awr sut y dadfeiliodd y weledigaeth. Gellir olrhain fel y dechreuodd y patrwm ddisgyn oddi wrth ei gilydd ac yr aeth y Cymry i wadu bod ystyr grefyddol o gwbl i lawer darn o'u bywyd. Arwydd amlwg iawn o'r datgymalu oedd fod yr hen argyhoeddiad Calfinaidd am yr iaith fel sylfaen cyfathrebu yn ein plith wedi gorfod ildio o flaen iwtilitariaeth. Tybiodd y Cymry fod cadw neu ddileu hon yn rhywbeth a oedd yn gorffwys ar eu dewis a'u dyfarniad hwy. Yr oedd yr ysgrifen ar y mur pan ddechreuwyd gofyn, 'Pa ddefnydd sydd i'r Gymraeg?' 'Pa fantais gaiff ein plant wrth ei siarad?' 'A yw'r iaith yn help i ddod ymlaen yn y byd?' O safbwynt Calfiniaeth gyson ystyr y cwestiynau yma oedd fod dyn unwaith eto'n tyfu'n annibynnol, yn ymwrthod â'i briod le fel gwas Duw yng Nghymru. Ac nid oedd ond ychwanegu at eironi pethau fod llawer Calfin y gellid ei ddyfynnu'n gofyn y cwestiynau hyn.

Ac nid oes raid i neb gytuno â'u safbwynt i gydnabod bod eu breuddwyd yn un go fawreddog ac yn sicr yn un a gyfrannodd yn helaeth i swm ein llenyddiaeth ni a chyfoeth ein gwareiddiad.

[1]J.Roberts, *Cofiant . . . John Elias* (Liverpool, 1850), 110

[2]Gw. R.Tudur Jones, *Ffydd ac Argyfwng Cenedl: Crefydd a Chymdeithas yng Nghymru, 1890-1914*, 2 gyfrol (Abertawe, 1981-2), passim

[3]Thomas Jones, *Merthyrdraith*, iv

[4]Ibid., 964, 1002, 1048, 1057-60, 1061-1100, 1104, 1002

[5]Ibid., 999

[6]Ibid., 1016

[7]Ibid., 1057. Nid oedd y Calfiniaid, mwy na Calfin ei hun, bob amser gystal â'u hegwyddorion

[8]David Jones, *Perffaith Gyfraith Rhyddid* (Wrexham, d.d.), 93, 95

[9]Ieuan Glan Geirionydd biau'r gair, gw. *Y Gwladgarwr* (1833), 2

[10]Jones, *Merthyrdraith*, 817

[11]George Lewis, *Cyfiawnhad trwy Ffydd* (Machynlleth, 1803), 4

[12]Mae'n deg dweud fod llu mawr o lenorion y ganrif ddiwethaf yn defnyddio'r gair 'crefydd' i olygu 'Cristionogaeth' a'u bod yn tueddu'n fynych i feddwl am grefydd fel rhyw adran o weithgarwch dyn yn gyfochrog â'i waith gwleidyddol neu wyddonol neu ddiwylliannol. Y mae hyn ynddo'i hun yn enghraifft o hen ddeuoliaeth yn atgyfodi

[13]*Y Gwladgarwr* (1833), 2

[14]George Lewis, *Drych Ysgrythyrol* (arg. Lewis Edwards), (Wrecsam, 1865), 53

[15]Adleisir yma gymhariaeth enwog Calfin ei hun lle dywed fod pechaduriaid yn union fel hen ddynion gwan eu golygon na allant ddarllen llyfr heb gymorth sbectol - 'si vel pulcherrimum volumen illis obijcias . . . vix . . duas voces contexere poterunt: specillis autem interpositis adiuti, distincte legere incipient'.*Institutio* I.6.1

[16]*Y Traethodydd* (1845), 2

[17]David Jones, *Perffaith Gyfraith Rhyddid*, 100

[18]*Y Gwladgarwr* (1833), 2

[19]*Y Traethodydd* (1845), 3

[20]*Y Dysgedydd* (1822), 298

[21]*Drych y Merthyron* (Aberystwyth, 1843), v

[22]*Y Traethodydd* (1845), 3

[23]Philipp Melanchthon (1497 -1560), gŵr deheulaw Luther; François Turretin (1623 - 87), awdur *Institutio* tra phoblogaidd; Johann Friedrich Stapfer (1708-75), awdur corff o ddiwinyddiaeth adnabyddus, a Petrus van Mastricht diwinydd Calfinaidd yn yr Isalmaen tua 1700

[24]David Jones, *Perffaith Gyfraith Rhyddid*, 98

[25]*Merthyrdraith*, 812 - 27. Wrth ddyfynnu Cyffes Eglwysi Ffrainc (1559) dywed Thomas Jones am Calfin 'y mae'n debygol fod ganddo law yn eu Cyffes hwy'. Gellir bod yn bendantach na hynny. Calfin ei hun a luniodd y drafft cyntaf o'r gyffes a'i hanfon yn llaw cynrychiolwyr Genefa i'r synod ym Mharis. Ymhelaethodd y synod arni gyda chymorth disgybl Calfin, Antoine de la Roche Chandieu, a'i mabwysiadu. Ym 1571 ychwanegwyd pum cymal ati yn synod La Rochelle. Posibl na welodd Thomas Jones fersiwn 1571 neu buasai'n siwr o wneud sylw miniog o gymal 39 sy'n cyfiawnhau erlid: 'Il [sc. Duw] a mis le glaive en le main des magistrats pour réprimer les pechés commis non seulement contre la seconde table des commandements de Dieu, mais aussi contre la première'. Am wybodaeth bellach, gw. Philip Schaff, *History of the Creeds of Christendom* (Llundain, 1878), 493-8

[26]Gw. Pennod 1, 'Athrawiaeth y cyfamodau'

[27]Am batrwm Calfin gw. Jean-Daniel Benoit, 'The History and Development of the *Institutio:* How Calvin Worked', yn G. E. Duffield (gol.), *John Calvin* (Sutton Courtenay, 1966), 102-17. Mae'n bosibl fod Lewis yn gwybod am waith Melchior Leydecker (1642 - 1721) gwrthwynebydd diwinyddion y cyfamod ac amddiffynydd pybyr y patrwm Trindodaidd

Calfinaidd yn ei lyfrau *De veritate fidei Reformatie* (1694) a *De oeconomia trium personarum* (1682)

[28]*Gwyddoniadur*, s.n., George Lewis. Apeliai'n arbennig at Fethodistiaid Calfinaidd a golygodd Lewis Edwards un argraffiad ohono

[29]Lewis, *Drych Yrsgrythyrol*, 264

[30]*Inst.* III 9 vii: 'ut nulla rerum externarum, quae per se sunt [adiaphorai], religione coram Deo teneamur: quin eas nunc usurpare, nunc omittere indifferenter liceat'

[31]Lewis, *Drych Yrsgrythyrol*, 264

[32]*Inst.* III 19 viii: 'Res omnes externas libertati nostrae subiicit'

[33]'The doctrine of Christian liberty is therefore one of the foundation stones of Calvin's cultural philosophy', Henry R. Van Til, T*he Calvinistic Concept of Culture* (Philadelphia PA, 1959), 99

[34]Jenkins, *Y Palas Arian*, v

[35]Lewis, *Drych Ysgrythurol*, Rhagymadrodd

[36]Gw. E.O.Davies, *Ffydd, Trefn a Bywyd* (Caernarfon, 1930), 1-58

[37]*The Confession of Faith . . . Composed by the . . . Assembly of Divines* (Ail arg. London, 1658), 4

[38]E.O.Davies, *Ffydd, Trefn a Bywyd*, 7

[39]Cyhoeddwyd ef gyntaf ym 1743 fel *Drych Difinyddiaeth* ac wedyn ym 1748. Ym 1749 newidiwyd y teitl i *Hyfforddiad Cymwys*. Defnyddir argraffiad Wrecsam (1820) yn y llith hon

[40]Cyhoeddodd Charles gatecismau eraill. Ym 1789 cyhoeddodd *Crynodeb o Egwyddorion Crefydd*, teitl a ddefnyddiodd ar gyfer catecism arall ym 1799 ond gyda'r trydydd argraffiad o hwnnw ym 1805, rhoddodd enw newydd arno *Catecism Byr*. Gw. D. E. Jenkins, *Life of . . . Thomas Charles* (Denbigh, 1908), III, 181-2, 651 - 61

[41]Dengys agoriad yr *Hyfforddwr* ddylanwad *The A.B.C. or A Catechism for young Children* (1641) ond trymach lawer yw dylanwad y Catecism Byrraf. Ailargreffir y ddau yn T. F. Torrance, *The School of Faith* (1959)

[42]Thomas Phillips (gol.), *Y Catecism Byraf* (Caerfyrddin, 1815), 2

[43]*Hyfforddiad*, 140; cf. Gwyn Davies, *Griffith Jones, Llanddowror: Athro Cenedl* (Penybont ar Ogwr, 1984), 37-42

[44]*Inst.* 1, II a 12

[45]Ibid., 1, II, v

[46]Ibid., I, II, viii

[47]Ibid., I, II, iv

[48]Ibid., I, II, viii, 'perpetuam . . . idolorum fabricam'

[49]Ibid., I, II, vii

[50]Y mae T. F. Torrance yn awgrymu mai dyma pam y tyfodd 'dadfythu' yn llawer mwy o broblem yn yr eglwysi Lutheraidd ac Anglicanaidd nag yn yr eglwysi Diwygiedig, gw. *Theology in Reconstruction* (1965), 18-20

[51]*Hanes . . . Richard Jones, Bala* (Llanrwst, 1841), Rhagymadrodd

[52]'Defnyddioldeb gwybodaeth', J. a Ll. Jenkins, *Hanes Buchedd . . . John Jenkins, D.D.* (Caerdydd, 1859), 104 – 10

[53]*Gweithrediadau Cymanfa Cyffredinol y Methodistiaid Calfinaidd . . . Abertawy, Mai 3, 4, 5, 1864* (Gwrecsam, d.d.), 15 – 31

[54]'Llesoldeb ac Hyfrydwch Gwybodaeth o'r Celfyddydau', *Y Wawr* (1850), 5-8

[55]Richard Williams, *Traethodau Gwladol a Moesol, Gan Francis Bacon* (Wrexham, d.d. ond 1862); cf. *Y Gwyddoniadur*

[56]Roberts a Jones, *Cofiant*, 163

[57]Ibid., 225

[58]*Gwaith Thomas Edwards* (Liverpool, 1874), 481

[59]Roberts a Jones, *Cofiant*, 204-5
[60]Lewis Edwards, *Traethodau Llenyddol* (Wrexham, d.d.), 660
[61]Gw. erthygl 'Rhethreg', *Y Gwyddoniadur*
[62]Gw. R.Geraint Gruffydd (gol.), *Y Gair ar Waith, Ysgrifau ar yr Etifeddiaeth Feiblaidd yng Nghymru* (Caerdydd, 1988), yn arbennig ysgrifau D.Ll.Morgan, 'Y Beibl a llenyddiaeth Gymraeg' ac R.Tudur Jones, 'Dylanwad y Beibl ar feddwl Cymru', 87-112, 113-134
[63]*Buddioldeb Dwyfol Wirioneddau* (Gwrecsam, 1814), 7.
[64]*Geiriadur Duwinyddol* (Aberdâr, 1864), 657
[65]John Humphreys a John Roberts, *Cofiant . . . Thomas Jones* (Dinbych, 1826), 110

PENNOD 14

# *Awr Anterth Efengylyddiaeth yng Nghymru 1800-1850*

Daeth yn arfer ymhlith haneswyr diweddar i grynhoi nodweddion Efengylyddiaeth o dan bedwar pen. Yn gyntaf, pwyslais pendant ar dröedigaeth, sef yr angen am gyfnewidiad sylfaenol a sydyn ym mywydau pobl. Yn ail, diwydrwydd ymosodol, sef mynnu y dylai Cristionogion fod yn weithgar a phrysur mewn cenhadu, addysgu, gwneud gweithredoedd da a gwasanaethu cymdeithas mewn ysbryd elusengar. Yn drydydd, parchu'r Beibl fel datguddiad dwyfol sy'n safon cred a buchedd. Ac yn olaf, coleddu diwinyddiaeth sy'n canoli ar farw aberthol Iesu Grist.[1] Y mae nodweddion eraill yr ydym yn eu cysylltu ag Efengylyddiaeth yng Nghymru yn y cyfnod rhwng 1800 a 1850, fel yr elfen bentecostalaidd neu ddiwygiadol a'r diddordeb cynyddol mewn gwleidyddiaeth radical, ond ar ddechrau'r drafodaeth gallwn weithio gyda diffiniad David Bebbington. Mae'n arfer gan haneswyr cyfoes hefyd i ddechrau eu dadansoddiad gyda'r Tadau Methodistaidd. Y mae hynny'n ddigon dealladwy. Ond wrth drafod datblygiad yr argyhoeddiadau efengylaidd yng Nghymru yn y bedwaredd ganrif ar bymtheg, mae'n rhaid cynnwys yn y darlun y traddodiad hŷn sy'n gwreiddio yn y Diwygiad Protestannaidd a'i blentyn, y mudiad Piwritanaidd. O ran hynny yr oedd Methodistiaid brwd fel Thomas Charles a Robert Jones, Rhos-lan, yn arddel perthynas fyw â'r Hen Ymneilltuaeth ac nid rhyfedd hynny o gofio mor ddibynnol oedd gŵr fel Williams Pantycelyn ar syniadaeth y Piwritaniaid, syniadaeth a oedd wedi dylanwadau arno mae'n siwr trwy ei fagwraeth fel Annibynnwr. Wedyn, er i'r Methodistiaid Calfinaidd dorri'r cysylltiad â'r Eglwys Anglicanaidd ym 1811, ni ddylid anghofio'r clerigwyr hynny a arddelai'r safbwynt efengylaidd heb deimlo'r awydd lleiaf i droi'n Ymneilltuwyr. Y mae hyn i gyd yn awgrymu ar unwaith fod y traddodiad efengylaidd yng Nghymru rhwng 1800 a 1850 yn un amlochrog a'r berthynas rhwng ei wahanol ganghennau ar brydiau'n gymhleth.

Yn ei *Hunangofiant* (1841), y mae John Elias yn dweud am y cyfnod yn union cyn 1800: 'Yr oedd undeb, cariad, cydweld, a dweud yr un peth ymhlith y brodyr, dim dadl am un gangen o'r athrawiaeth: dim amheuaeth am un pregethwr ei fod yn gwyro'. Sôn y mae yma am y Methodistiaid Calfinaidd. Ond y mae'n amodi'r gosodiad trwy gyfaddef fod rhai yn y De wedi gwyro i gyfeiriad Antinomiaeth ac eraill tuag at Sabeliaeth. Yr Antinomiaid oedd pobl fel Moses Lewis (fl.1748-1800), Thomas Sheen (1718-90) a Thomas Meredith (fl.1747-70) a'u dilynwyr. A'r amlycaf o'r rhai a gyhuddid o Sabeliaeth oedd Peter Williams (1723-96). Ond y mae Elias yn cyfeirio hefyd at rai y tu allan i'r gwersyll Methodistaidd: 'Yr oedd yr Annibynwyr yn cytuno'n hollol mewn athrawiaeth â'r Methodistiaid. Yr oeddynt yn arddel catecism y Gymanfa yn Westminster fel yn cynnwys eu hathrawiaeth. Yr oedd y Bedyddwyr yn gyffredinol hefyd yr un farn am yr athrawiaeth . . .'[2] Er nad oedd John Elias yn cymeradwyo Arminyddiaeth y Wesleyaid, a gychwynnodd eu hymgyrch yng Nghymru ym 1800, byddai'n chwithig iawn peidio â'u cynnwys hwy yn y gwersyll efengylaidd.

Ac wrth gwrs yr oedd yr ymwybod efengylaidd yn gryf yn yr Eglwys yng Nghymru. Pan dorrodd y Methodistiaid eu cyswllt â'r Eglwys, gwrthododd amryw offeinaid ymuno â hwy. Yr oedd clerigwyr fel John Roberts, Tremeirchion (1775-1829), John Williams (1762-1802), David Herbert, Llansantffraid, Llannon, Ceredigion (1798-1833) a Thomas Richards, Darowen (1754-1837) yn dal y safbwynt efengylaidd ac yn mabwysiadu rhai arferion Methodistaidd yn eu plwyfi.[3]

Cynyddodd Efengylyddiaeth gyda chyflymder mawr yn hanner cyntaf y ganrif. Ystyrier yr Eglwysi Rhyddion i ddechrau. Ym 1801 yr oedd ganddynt 418 o gapeli. Erbyn 1851 yr oedd y rhif wedi cynyddu i 2,088. A bu'r cynnydd cyflymaf rhwng 1821 a 1841 pan agorwyd 1,063 o gapeli – mwy na 53 bob blwyddyn. Ac yr oedd 52% o boblogaeth Cymru yn yr eglwysi efengylaidd hyn erbyn 1851.[4]

Y mae'n anos mesur maint ystadegol y blaid efengylaidd yn yr Eglwys yng Nghymru ond dyma'r hyn a ddywed Roger L. Brown am ddylanwad y clerigwyr efengylaidd:

> Yr oedd eu camp yn sylweddol iawn, hyd yn oed os oedd yn gyfyngedig i dde-orllewin Cymru – y cadarnle Efengylaidd – a rhai rhannau o Gymru ddiwydiannol y de-ddwyrain. Nid yn unig llwyddasant i barhau'r bywyd eglwysig yn y broydd hyn, ond bu iddynt hefyd gadw ewyllys da a pharch y mudiad Methodistaidd fel cymunedau Cristnogol ac Efengylaidd.[5]

Mewn gair, erbyn canol y ganrif, crefydd efengylaidd oedd y dylanwad ysbrydol mwyaf pwerus ym mywyd Cymru. Y pwnc yr hoffwn ganolbwyntio arno'n awr yw'r rhesymau am y cynnydd hwn ac am boblogrwydd Efengylyddiaeth. A gwnaf hynny gan gadw golwg ar brif nodweddion y safbwynt fel y ceir hwy ar ddechrau'r bennod.

**Yr ysfa genhadu**

Un agwedd allweddol ar ddiwydrwydd efengyleiddwyr oedd eu hysfa genhadu. Mynnent ymroi gydag egni mawr i gario'r neges i bob rhan o Gymru. Ac nid hynny'n unig; hwy oedd prif arloeswyr y genhadaeth dramor hefyd. Yr oedd yr Eglwys yng Nghymru'n dibynnu ar y drefn blwyfol. Disgwylid i bob offeiriad gyfyngu ei lafur i'w blwyf ei hun a chan fod pob modfedd sgwar o dir Cymru mewn rhyw blwyf neu'i gilydd, y gobaith oedd fod y genadwri Gristionogol yn dylanwadu ar fywyd a meddwl pawb yn y wlad. Yn ymarferol, y duedd oedd i'r offeiriaid ddisgwyl i'r bobl ddod atynt hwy. Ac nid oedd yr Hen Ymneilltuwyr fawr gwahanol. Tuedd eu gweinidogion hwythau oedd disgwyl i'r bobl ddod atynt.

Pan ddechreuodd Howell Harris fynd o dŷ i dŷ yn ardal Trefeca i genhadu ymhlith ei gymdogion, yr oedd yn gwneud peth dieithr iawn. Gwir fod person y plwyf, Pryce Davies, wedi'i gythruddo am fod Harris yn lleygwr a heb awdurdod i wneud y fath beth. Ond yr oedd Harris hefyd yn mynegi mewn ffordd ymarferol yr argyhoeddiad y dylai'r cennad Cristionogol fynd at y bobl yn hytrach na disgwyl iddynt hwy ddod ato ef. Nid oedd hyn yn beth cwbl newydd oherwydd nid oedd yr egwyddor yn un ddieithr o gwbl i'r Piwritaniaid ond erbyn 1735 yr oedd hynny wedi'i anghofio. Fel yr oedd dylanwad y Diwygiad

Efengylaidd yn lledu i'r enwadau eraill, yr oeddent hwythau'n cael eu hysbrydoli gan yr awch i efengylu. Erbyn 1775 yr oedd yr ysfa'n amlwg ymhlith y Bedyddwyr ac yn fuan iawn wedyn fe'i cawn ymhlith yr Annibynwyr.

Yr oedd pregethu crwydrol yn dod yn rhan o batrwm bywyd crefyddol Cymru. Gadewch inni gymryd enghraifft. Dyma John Elias ifanc – yn 27 oed – yn cychwyn ar daith i'r De ar ddydd Llun, 20 Mawrth 1801. Dechreuodd yn Waun-fawr ac yna ymweld ar ei ffordd â Dyffryn Ardudwy, Machynlleth, Aberystwyth, Llangeitho, Caerfyrddin, sir Benfro, Abertawe, Caerdydd, Bryste ac yna tuag yn ôl gan bregethu yn Llywel. Bu 45 diwrnod ar y daith ac mewn 44 o leoedd traddododd 122 o bregethau. Ac wrth gwrs, nid oedd ei bregethu wedi ei gyfyngu i'r Suliau. Traddododd ddeunaw o bregethau ar y Suliau y bu ar y daith ond traddododd 104 o bregethau ar ddyddiau gwaith. Yr oedd hynny'n peri peth anesmwythyd iddo. Ym Mryn-crug, meddai yn ei ddyddiadur, 'yr oedd fy meddwl yn derfysglyd wrth weled y bobl yn gadael eu goruchwylion i ddyfod i'r oedfa'. Ond nid oedd yr anesmwythyd yn ddigon i'w rwystro rhag dal i bregethu ar ddyddiau gwaith.[6]

Mae'n amlwg fod pobl yn teimlo digon o ddiddordeb i ddod i wrando arno. Ac y mae'n werth pwysleisio pa fath bobl oeddent. Gweithwyr cyffredin – gwerin gwlad – oedd y gwrandawyr. Gwir mai ychydig oedd yn dod ynghyd mewn rhai mannau ond gwahanol iawn oedd hi mewn lleoedd eraill. Ym Mhenmorfa, Ceredigion, er enghraifft, yr oedd yno 'dorf fawr o bobl' ac yn Nhŵr-gwyn drannoeth 'yr oedd lluoedd mawrion yn dyfod'. Fynychaf pregethai yn y capeli ond yn Llechryd, pan fod 'yno dorf fawr iawn o bobl; amryw filoedd, meddid. Dywedwyd nad oedd bosibl iddynt glywed oddieithr i ni sefyll allan'. Yn Llanboidy drachefn pregethai wrth ddrws y tŷ tafarn ac yn Tregatwg 'dan bren cysgodfawr'.

Nid oedd Elias yn eithriad yn hyn o beth. Yr oedd Christmas Evans ac Ebenezer Richard a Williams o'r Wern ac ugeiniau o bregethwyr wrthi trwy'r blynyddoedd yn crwydro'r wlad yn pregethu. Yn wir, erbyn diwedd y dauddegau yr oedd pregethwyr crwydrol o bob math yn dechrau mynd yn bla ar yr eglwysi. Ym 1829 fe gawn un gohebydd yn gofyn: 'Pa achos i ni mwy na'r Saeson i gefnogi pob un sydd yn ewyllysio agor ei enau, a than esgus o hynny i gael byd da helaethwych beunydd?'[7] Er cydnabod fod pregethwyr i'w cael a oedd yn manteisio ar y drefn, y mae'n amlwg fod egni mawr yn cael ei losgi yn yr ymdrech i gysylltu â'r werin bobl yn eu cynefin eu hunain.

**Cyfathrebu**

Mae'n amlwg fod y pregethwyr efengylaidd yn feistri ar gyfathrebu â'r werin. Meibion y werin oedd y mwyafrif llethol ohonynt – John Elias yn was fferm; felly hefyd Christmas Evans, Henry Rees, David Rees, Llanelli, a John Evans, Eglwys-bach. Saer maen oedd Owen Thomas, a'i frawd John yn gweithio mewn siop groser cyn cael ei brentisio'n grydd. Prentis o grydd oedd John Hughes, Lerpwl hefyd, Gwilym Hiraethog yn fugail a David Price, Aberdâr, yn golier. A gellir ymestyn y rhestr yn ddiddiwedd.

Prin oedd manteision addysg elfennol ac yn amrywiol iawn ei safon o ysgol i ysgol. Câi Annibynwyr a Bedyddwyr fanteision coleg ond yr oedd cryn ragfarn ymhlith y Methodistiaid yn erbyn addysg coleg. Ym 1837 y sefydlodd Lewis Edwards a David Charles eu hysgol yn Y Bala, yr ysgol a ddatblygodd yn fuan iawn yn Goleg y Bala. Er bod mwyafrif gweinidogion hanner cyntaf y ganrif yn brin o addysg uwchraddol, y mae'n syndod gynifer ohonynt a lwyddodd trwy eu hymdrechion preifat i ddod yn ddynion hynod wybodus. Ond y mae'r ffaith sylfaenol yn aros; nid dosbarth ar wahân oedd y dosbarth gweithiol iddynt. Yr oeddent yn agos iawn at y werin bobl ac yn deall eu meddyliau'n iawn. Dim ond ar ôl canol y ganrif y mae'r gweinidogion yn dechrau tyfu'n ddosbarth o uchelwyr.

Un elfen bwysig iawn yn eu cyfathrebu oedd mai yn Gymraeg yr oeddent yn gwneud eu gwaith. Pan oedd mwyafrif pobl Cymru'n Gymry uniaith, yr oedd y ffaith hon yn allweddol i'w llwyddiant. Clapiog oedd Saesneg Williams o'r Wern a Chymro uniaith oedd John Jones, Tal-y-sarn. Ond yr oedd môr o Gymraeg rhywiog ganddynt. Ac y mae mwy na digon o dystiolaeth i'r afael a oedd ganddynt ar eu cynulleidfaoedd. Dywed Christmas Evans am ei daith gyntaf i'r De ym 1791, pan oedd yn pregethu yn ardaloedd Blaen-waun a Chilfowyr: 'Byddai llon'd y mynwentydd a'r tai cyrddau o wrandawyr yn ymdyru i'n gwrando yn nghanol y cynheuaf medi. Byddwn yn pregethu allan yn fynych yn yr hwyr – a'r canu a'r molianu yn parhau dan ddydd goleu'.[8]

Enghraifft ddadlennol iawn o'r cysylltiad rhwng pregethwyr a gwerin gwlad ac o'r ddawn gyfathrebu yw'r stori y mae Dr Owen Thomas yn ei hadrodd am John Elias. Yr achlysur oedd cymanfa bregethu yng Nghaergybi yn Hydref 1824. Yr oedd dwy bregeth yn yr oedfa a gofynnwyd i Elias ddweud gair rhwng y ddwy. Dechreuodd trwy ddweud:

> A oes yma feddwon? Yr wyf yn ofni fod. A gaf fi erfyn arnoch, a wnewch chwi am heddyw, beth bynnag, geisio eich llywodraethu eich hunain? . . .Yr ydych trwy ddyfod i gyfarfod fel hyn, i yfed a meddwi ac ymddwyn yn afreolaidd, yn tori ein character ni . . . Ac y mae meddwon y sasiynau yma yn tori ein character ni . . .

Wedyn aeth ymlaen i roi'r meddwon ar ocsiwn. Mae'n eu cynnig i'r Eglwyswyr ond y maent hwy yn eu gwrthod. A'r un modd yr Annibynwyr, y Bedyddwyr a'r Wesleiad. Yna dywedodd, 'Braidd na chlywn i y cythraul, wrth fy mhenelin, yn dywedyd, "Tarewch nhw i mi; mi cymra i nhw".' Bu eiliadau lawer o ddistawrwydd. Yna, meddai Owen Thomas, dyma fo'n .

> . . . gwaeddi gyda nerth mawr, nes oedd ei lais yn diasbedain trwy'r dref, 'Yr oeddwn i'n myn'd i ddweyd, ddiawl, y cait ti nhw' ond gan godi ei olygon, a thaflu ei law i fynu tua'r nefoedd, a chyda llais buddugoliaethus, tyner, yn llefain, 'mi glywaf Iesu yn gwaeddi, "Mi cymra i nhw, mi cymra i nhw . . . yn aflan i'w golchi: yn feddwon i'w sobri: yn eu holl fudreddi i'w glanhau â'm gwaed fy hun".[9]

Y mae sawl peth y gellid ei ddweud am y darn hwn. Ergyd Dr Owen Thomas oedd fod gan Elias 'ddychymyg areithyddol' unigryw. A gwir y gair. Ond i raddau llai yr oedd dawn gyffelyb gan Christmas Evans, John Jones, Tal-y-sarn, a Herber Evans. Ond y peth yr hoffwn dynnu sylw ato yw fod y meddwon yn y gynulleidfa. Nid dosbarth ysgymun na feiddient ddod i gymanfa bregethu mohonynt. A thystiolaeth eglur iawn i ddawn gyfathrebu pobl fel Elias oedd mai felly yr oedd. Ac y mae'r hanes fel y mae Owen Thomas yn ei adrodd – ac yr oedd ef yn bresennol – yn dangos nid yn unig fod y genadwri'n ddealladwy i'r dorf gymysg ond yn ei chynhyrfu i'r gwaelodion. Yn ôl ei adroddiad, 'Yr oedd y dorf fawr yn un berw drwyddi; a'r effeithiau y fath fel yr oedd llawer wedi tori allan i hwyliau gorfoleddus'. Hynny yw, yr oedd y pregethwyr efengylaidd ar eu gorau'n gwybod i'r dim sut i gyfleu neges mewn iaith a oedd yn cyrraedd meddwl a chalon eu cynulleidfaoedd. Mewn gair yr oeddent yn gyfoes – cyfoes, wrth gwrs, â'u cenhedlaeth eu hunain. Nid yw'n dilyn y byddai'r un dulliau a'r un huodledd yn tycio mewn oes ddiweddarach. Ond nid oedd ymdopi â modernedd yn broblem iddynt hwy.

Rhaid cydnabod fod amrywiaeth ansawdd yn y cyfathrebu. Y mae'n naturiol inni roi bri ar gyfraniad rhai fel John Elias, Christmas Evans, Williams o'r Wern, Robert Roberts, Clynnog, John Jones, Tal-y-sarn, Henry Rees, Gwilym Hiraethog a rhai eraill tebyg iddynt. Y rhain oedd hufen y pregethwyr efengylaidd. Ychydig o sylw sydd wedi'i roi i bregethwyr mwy amrwd a llai sylweddol ond yr oedd y rhain yn peri pryder i'r arweinwyr enwadol ar hyd y blynyddoedd. Yr oedd parodrwydd pobl i groesawu pob math o bregethwr yn rhoi cyfle i ddynion awchus am sylw ac enwogrwydd fanteisio ar y drefn. Enw 'Brutus' (David Owen, 1795-1866) ar y rhain oedd 'Jacs'. Defnyddiodd ei goegni miniog yn ddiarbed i'w blingo:

> Ymaflant yn y Bibl megis gyd ag anewyllysgarwch – megis pe byddai rattlesnake ganddynt mewn llaw: ac wedi troi at y testun, gweflant ar y gynulleidfa, gan droi gwynion eu llygaid allan fel lloi o dan gyllell y cigydd . . . Gwedi dechreu twymo yn y gwaith o ystumio, agorant eu geneuau mor helaeth nes y byddant yn agoriadau o glust i glust; dangosant eu dannedd, megis pe byddent am rwygo y gwrandawyr . . . gwenant mewn rhith sancteidd-rwydd, ac yna galwant eu gweflau adref . . . Weithiau bloeddio mawr, ac yn ddisymwth braidd y ceir eu clywed . . . weithiau yn cammu; weithiau yn ymuniawnu; weithiau yn curo y pwlpud, nes y byddo llwch yn esgyn, fel mai braidd y gellir gweld y llefarwr . . . Y mae llawer o bregethwyr mewn pwlpudau, pan fyddant ar gefn eu hantics, yn debyccach i wallgofiaid nag i ddynion yn cyfrannu Gair y Bywyd i bechaduriaid. Gwaeddant ac ysgrechant megis pe byddent ar drangcedigaeth, nes y byddant mor gryglyd â'r gwccw ar derfyn ei thymmor. . .[10]

Parodi, wrth gwrs, ond parodi wedi'i seilio ar ffeithiau. Yr oedd pregethwyr fel Dafydd Evans, Ffynnonhenri, a Dafydd Rolant, Y Bala, yn mynd yn agos iawn at y dibyn yn eu diffyg chwaeth, ond o leiaf yr oeddent yn ogleisiol, yn ddigrif ac yn boblogaidd. Hwyrach y dylid gwneud lle mwy arwyddocaol i bregethwyr eithriadol o werinol a oedd yn siarad iaith arw a llachar y werin fwyaf cyffredin. Mae'n dra thebyg eu bod hwy'n cyrraedd haen yn y boblogaeth na allai hyd yn oed Elias ei chyrraedd. Ac yr oedd Jacs llawer llai atyniadol na'r rhain ar gael!

Fel y dywedwyd ar y dechrau, un o nodweddion amlycaf Efengylyddiaeth oedd rhoi blaenoriaeth ddigwestiwn i'r Beibl. Pan oedd Thomas Charles yn dechrau ar ei waith cyhoeddus, yr oedd y galw am Feiblau lawer iawn yn fwy na'r cyflenwad a dyma a ysgogodd Charles i bwyso am greu cymdeithas i argraffu a dosbarthu Beiblau am bris rhesymol. Ac wedi sefydlu Cymdeithas y Beibl, arno ef y disgynnodd y dasg o baratoi ei Beibl cyntaf – y Beibl Cymraeg.[11] Ond yr oedd angen cynorthwyon i helpu pobl i ddeall y Beibl. I ateb yr angen hwn y cyhoeddodd Charles ei *Eiriadur*. Yr un pryd cyhoeddodd Dr George Lewis, Llanuwchllyn, y *Drych Ysgrythyrol* (1796) fel arweinydd i'r ddiwinyddiaeth Gristionogol gan ddilyn y gwaith swmpus hwnnw a'i *Esboniad ar y Testament Newydd* o 1802 ymlaen. A chawn y Bedyddiwr, Dr John Jenkins, Hengoed, yn cyhoeddi ei arweiniad yntau i ddiwinyddiaeth o dan y teitl *Gwelediad y Palas Arian* (1811). Diferion blaen y gawod oedd y llyfrau hyn oherwydd yn ystod yr hanner canrif nesaf cyhoeddwyd pentwr mawr o lyfrau ac erthyglau'n trafod pob gwedd ar y Beibl.[12]

Ond nid digon lluosogi Beiblau a chyhoeddi esboniadau arno. Yr oedd yn rhaid sicrhau fod y cyhoedd yn cymathu'r defnyddiau hyn. I'r diben hwn bu'r efengyleiddwyr yn gyfrifol am ddyfeisio a phoblogeiddio cyfrwng a oedd i dyfu'n eithriadol bwerus, sef yr Ysgol Sul. Bu peth gwrthwynebiad iddi ar y dechrau ymhlith yr Hen Ymneilltuwyr a'r Eglwyswyr ond buan y diflannodd y rhagfarn. Lledodd yr Ysgol Sul i bob cwr o Gymru. Erbyn 1901 yr oedd pedwar o bob deg o'r holl boblogaeth yn ei mynychu a'r rheini'n cael eu hyfforddi gan 69,954 o athrawon. A chan fod yr ysgol yn cynnwys pobl mewn oed yn ogystal â phlant, yr oedd yn cynnig addysg am oes i gyfartaledd sylweddol iawn o drigolion y wlad.[13] Y canlyniad oedd fod gwybodaeth Feiblaidd a diwinyddol yn beth syfrdanol o gyffredin yng Nghymru.

Yma eto gallwn weld fel yr oedd Efengylyddiaeth yn ymgodymu â modernedd. Yn y maes hwn yr oeddent yn porthi'r chwant cyffredinol am ragor o addysg. Ac nid oedd unrhyw sefydliad arall ar gael i roi addysg trwy gyfrwng y Gymraeg ar yr un raddfa â'r Ysgol Sul. Rhoddai'r ysgol fri ar y Gymraeg a daeth darllen llyfrau Cymraeg yn beth naturiol i ugeiniau o filoedd o Gymry. Ac wrth gwrs yr oedd hynny'n rhoi cyfle busnes na welwyd ei debyg cyn hyn i argraffwyr a chyhoeddwyr, nid yn unig yng Nghymru ond y tu allan i'r wlad hefyd.

Ac yr oedd sgileffeithiau addysg yn yr Ysgol Sul yn arwyddocaol hefyd. Gan mai'r seminar oedd y cyfrwng arferol i gyfleu gwybodaeth yn nosbarthiadau hŷn yr Ysgol Sul, câi pobl gyfle i ddysgu sut i drafod syniadau ac i wneud hynny'n oddefgar, yn glir ac yn fanwl. Mewn geiriau eraill yr oedd yr Ysgol Sul – er nad dyna ei hamcan – yn disgyblu pobl yn nhechnegau sylfaenol democratiaeth. Yr oedd yn troi gwerin fud yn werin lafar a golygai hynny maes o law roi grym cymdeithasol, diwylliannol a gwleidyddol yn ei dwylo.

Agwedd bwysig arall ar waith yr Ysgol Sul oedd gosod canllawiau moesegol i bobl a'r canllawiau hynny'n cydymffurfio â'u dealltwriaeth o'r Beibl. Yn y modd hwn yr oedd yr ysgol yn meithrin parch at hunanddisgyblaeth. Yr un pryd trwythid plant a phobl ifainc yn rheolau ymddygiad cymdeithasol. Yn y modd hwn yr oedd yn meithrin unffurfiaeth mewn gwisg ac arferion personol a oedd yn dderbyniol yn yr oes honno. Erbyn heddiw y mae llawer o safonau ymddygiad efengyleiddwyr Oes Victoria yn annerbyniol am eu bod yn ymddangos yn gaethiwus a hen-ffasiwn, ac yn aml yn negyddol. Nid da gan genhedlaeth ddiweddarach bethau fel gwisgo dillad parch ar y Sul, gwisgo 'mwrning' trwm ar ôl marwolaeth yn y teulu, ymwrthod â phethau fel alcohol, pêl-droed, y theatr, darllen nofelau ac yn y blaen. Ond nid beth a feddyliwn ni sy'n bwysig wrth geisio deall pam yr oedd pobl efengylaidd yn yr oes honno'n mabwysiadu safonau ymddygiad o'r fath. Y ffaith y mae'n rhaid ei hwynebu yw eu bod o'u gwirfodd yn cofleidio'r canllawiau. Iddynt hwy dyma beth oedd bod yn fodern yn eu hoes. Yn eu golwg hwy yr oedd y cwbl yn welliant mawr ar yr hyn oedd i'w gael cyn hyn. Teimlent eu bod yn cael eu paratoi ar gyfer cymryd lle creadigol yn eu byd cyfoes hwy. Yr oedd y canllawiau a'r safonau a ddysgai'r ieuenctid yn yr Ysgol Sul yn eu cymhwyso i gymryd rhan amlwg ym mywyd y genedl – yn wir, yn mywyd Prydain – yn nes ymlaen yn y ganrif.

**Cenhadaeth y cylchgronau**

Un peth oedd dysgu plant i ddarllen ond unwaith yr oeddent wedi dysgu'r wers honno yr oedd yn rhaid iddynt wrth ddefnyddiau i'w darllen. Dyma oedd yn peri i'r efengyleiddwyr wneud cyfraniad mor sylweddol at gyhoeddi. Un o'r cyfryngau mwyaf effeithiol a boblogeiddiwyd ganddynt oedd y cylchgrawn. Arloeswr y cylchgrawn efengylaidd oedd John Lewis (fl.1728-55), Cymro o sir Faesyfed. Argraffydd a chyhoeddwr yn Bartholomew Close, Llundain, oedd Lewis ac aelod yn y Tabernacl, Moorfields. Ym 1740 lansiodd *The Christian's Amusement*. Ym mhen chwe mis fe ymddangosodd ar ei newydd wedd gyda'r teitl *The Weekly History* o dan nawdd George Whitefield.[14]

Ond y cylchgrawn Saesneg a gafodd fwyaf o ddylanwad yng Nghymru oedd yr *Evangelical Magazine* a gychwynnwyd ym 1793. Yr oedd Dr Edward Williams yn un o'i sefydlwyr ac ef oedd ei olygydd cyntaf[15] ac yr oedd pobl fel John Roberts (Llanbryn-mair) ymhlith ei gyfarwyddwyr. At hynny ceid ynddo newyddion cyson am Gymru yn ogystal ag ambell ysgrif goffa am Gymry amlwg. Dywedid fod ei gylchrediad erbyn 1813 yn gan mil.[16] Gwelir ôl yr *Evangelical Magazine* ar y cylchgronau Cymraeg, gan ddechrau gyda *Trysorfa Ysprydol* Thomas Charles (1799, 1809) ond yn fwy felly yn *Yr Eurgrawn* (1809) ac wedyn daeth *Seren Gomer* (1818), *Y Dysgedydd* (1821), *Y Drysorfa* (1831) a'r *Diwygiwr* (1839), i enwi dyrnaid o blith llawer.

Beth oedd nodweddion y cylchgronau hyn? Cylchgronau crefyddol oeddent. Ceid erthyglau niferus ar bynciau diwinyddol, moesol ac esboniadol. I genhedlaeth ddiweddarach ymddengys y pethau hyn yn drymaidd ac yn sych. Ond rhaid cydnabod pan fo'r diddordeb crefyddol yn eirias, y mae'n syndod fel y gallai pobl ymgolli mewn trafodaethau pur wydn. Ac yn arbennig felly pan geid dadleuon poethlyd yn y cylchgronau ar bynciau crefyddol. Ond rhan bwysig o apêl y cylchgronau oedd yr amrywiaeth a geid ynddynt. Ceid hanesion am yr eglwysi a'r genhadaeth dramor, barddoniaeth, cerddoriaeth, posau mathemategol i biwsio'r deallus, hanes cymdeithasau a chofiannau cymysgfa ryfeddol o unigolion. Yn ail hanner y ganrif yr aeth yr eglwysi ati i gyhoeddi papurau newydd wythnosol. Cyn hynny yr oedd y cylchgrawn yn dwyn llawer o nodweddion y papur newydd.

Un o'r pethau syn taro darllenydd y cylchgronau yw'r lle mawr a roddir ynddynt i bobl. Yn hyn o beth y maent yn hollol wahanol i'n cylchgronau ni heddiw. Er enghraifft, yn rhifyn Ionawr 1870 o'r *Drysorfa* enwir cynifer a 318 o bobl. Yn ystod y flwyddyn honno cyhoeddodd yr un cylchgrawn ysgrifau coffa 39 o bobl, 21 ohonynt yn weinidogion, deg yn lleygwyr ac wyth yn ferched heb sôn am lu o gofiannau byrion. Pam y dylid rhoi pwys ar nodwedd fel hon? Yr oedd y cylchgronau yn rhoi sylw i'r math pobl nad oeddent erioed o'r blaen wedi cael sylw cyffelyb – pobl nad oeddent yn ddysgedig nac yn gyfoethog nac wedi gwneud unrhyw wrhydri i ennill enwogrwydd y tu allan i'w milltir sgwar. Y prif gymhwyster a oedd gan y bobl hyn i beri i gylchgrawn eu coffáu oedd eu teyrngarwch crefyddol. Yr oedd yn ffordd effeithiol iawn gan yr arweinwyr crefyddol i bwysleisio pwysigrwydd crefydd. Wrth ddarllen câi pobl yr argraff eu bod yn perthyn i fudiad mawr, mudiad yr oedd cannoedd o rai tebyg iddynt hwy'n perthyn iddo. Ond y mae ystyriaeth arall hefyd. Yr oedd gweld eu henwau mewn print, neu enwau eu harweinwyr lleol, yn rhoi hyder iddynt. Maes o law byddai'r union bobl hyn yn tyfu'n ddigon hyderus i beri cur pen i'r llywodraethwyr yn Llundain. Pobl a fagwyd yn yr Ysgol Sul ac ar y cylchgronau a fyddai'n ddigon dylanwadol i fynnu cau'r tafarnau ar y Sul ac yn ddiweddarach i fynnu datgysylltu'r Eglwys yng Nghymru. Ac yr oedd y cylchgrawn yn magu hyder mewn ffordd arall hefyd. Bu ysgrifennu ysgrif fach, darn o newyddion lleol efallai neu gyfansoddi darn o farddoniaeth a'i weld mewn print yn y cylchgrawn yn gam cyntaf ar yrfa lenyddol llawer un.

**Chwyldro mewn cymdeithasu**

Bu'r mudiad efengylaidd yn foddion i greu math newydd o gymdeithasu. Wrth gwrs yr oedd digon o gymdeithasu yng Nghymru bob amser. Yr oedd y dafarn yn ganolfan gymdeithasol hynod boblogaidd ac yn wir yr oedd sawl eglwys yn y cymoedd diwydiannol wedi dechrau ei hynt yn 'long room' y dafarn leol. Yr oedd pobl yn cyfarfod â'i gilydd mewn noson lawen a thwmpath dawns a cheid pob mathau o weithgareddau cymdeithasol ynghlwm wrth bethau fel y Nadolig, dechrau'r flwyddyn, y Pasg, priodasau ac angladdau. Yr oedd eglwys y plwyf hefyd yn fan cyfarfod arwyddocaol mewn llawer man.

Fel y lledai'r argyhoeddiadau efengylaidd daeth chwyldro mewn cymdeithasu. Yn un peth yr oedd y cymdeithasau efengylaidd yn symud y pwyslais oddi ar adloniant a difyrrwch yn ffafr dyrchafu difrifoldeb. Nid bod hyn yn golygu ysgymuno hiwmor ond meithrinid math gwahanol o hiwmor. Yr oedd y cymdeithasau efengylaidd fel y seiat, y gyfeillach, yr Ysgol Sul, a'r gymanfa bregethu yn cysylltu â phroffes grefyddol pobl. A deuent a phobl at ei gilydd mewn ffordd drefnus a disgybledig lle'r oedd y cyfraniad personol yn cael ei werthfawrogi. Ac yn nechrau'r bedwaredd ganrif ar bymtheg yr oedd yr eglwysi efengylaidd yn gymdeithasau cyfyngedig. Yr oedd croeso i bawb fynd i oedfeuon ond nid pawb oedd yn cael bod yn aelodau. I fod yn aelod yr oedd yn rhaid cydymffurfio ag amodau penodol – amodau athrawiaethol a moesol. Ond o gydymffurfio â'r amodau a chael derbyniad, teimlai'r aelodau eu bod yn perthyn i gylch breiniol. Mewn geiriau eraill yr oedd nodweddion sectyddol (yn yr ystyr gymdeithasegol) yn perthyn i'r seiat neu'r eglwys efengylaidd. Yr oedd y sect trwy ei phwyslais ar uniongrededd athrawiaethol ac ar gywirdeb moesol yn ei diffinio ei hun yn bendant a chlir yn erbyn y byd bygythiol y tu allan. Gwir fod y sect ym mhob cyfnod yn tueddu at greu ysbryd hunangyfiawn a snobyddiaeth grefyddol ond y mae'n wir hefyd fod math o bobl sy'n cael gwefr o berthyn i gylch cyfyngedig. Yr oedd hynny'n arbennig o wir am werin yr oedd peth felly'n ddieithr iddi. Bu gan sgweiriaid ac uchelwyr eu clybiau a'u cymdeithasau a gyfarfyddai i ddibenion cymdeithasol, neu lenyddol neu ysgolheigaidd ond yr oedd y rheini uwchlaw cyrraedd pobl gyffredin. Ond yn awr daeth tro ar fyd. Yr oedd pobl gyffredin yn mwynhau'r cynhesrwydd a'r agosatrwydd efengylaidd a bod yn gylchoedd caeëdig.[17]

Un o'r pethau atyniadol felly yn y mudiad efengylaidd oedd ei gynhesrwydd. Yr oedd profiad personol yn bwysig gan ei fod yn rhoi pwys ar 'grefydd calon' yn ogystal â 'chrefydd pen'. Os oedd y cynhesrwydd hwn yn ddeniadol i laweroedd, yr oedd y traddodiad hwn yn ei ddrwgdybio. Ni allai ddygymod ag enthiwsiastiaeth. Yr oedd hyn yn wir nid yn unig ymhlith Anglicaniaid ond hefyd ymhlith yr Hen Ymneilltuwyr. Gallwn gymryd Phylip Dafydd, gweinidog Annibynwyr Pen-maen, Gwent, fel enghraifft. Dyma ddyfyniad o'i ddyddiadur:

> 1775, March 22. Ministers' Meeting ... at a place called New Inn, but I seldom or ever spent a day in publick worship, with so little satisfaction . . . two other persons who are rank Methodists, screaming with some hideous noises, and unbecoming gestures, and ye people well liking these things.[18]

Ie, 'ye people well liking these things'! Y mae'r hen Sentar Sych yn gorfod cydnabod fod angerdd teimladol y pregethwr yn ennill cymeradwyaeth. Ni allai gymeradwyo pregethu swnllyd, digyswllt y Methodistiaid a'u hoffter o atalnodi eu traethiad ag eglurebau a chymariaethau. Yr oedd math newydd o rethreg yn dod yn amlwg, croes iawn i rethreg bwyllog, ddeallausol y traddodiad Piwritanaidd. Ond yn y cymdeithasau efengylaidd yr oedd y math yma o siarad a phregethu yn cyfrannu at wres teimladol y cyfarfodydd.

Dechrau'r bedwaredd ganrif ar bymtheg oedd oes aur y cymdeithasau gwirfoddol. Y mae'r rhai amlycaf ohonynt yn ddigon adnabyddus, rhai fel Cymdeithas y Beibl, Cymdeithas Genhadol y Bedyddwyr, Cymdeithas Genhadol Llundain a Chymdeithas y Traethodau Crefyddol. Rhaid ychwanegu at y rhain lu mawr o gymdeithasau lleol, cymdeithasau i hybu efengylu, cymdeithasau dyngarol a gweithgareddau eraill. Ac yr oedd gan y cymdeithasau mawr eu canghennau lleol hefyd. Yr oedd y rhain i gyd yn rhoi cyfle i bobl gael profiad mewn cynnal pwyllgorau, trefnu ymgyrchoedd, codi arian a rhoi cyfrif ohonynt. Rhoddai'r rhain gyfle i gannoedd o bobl ymarfer sgiliau trefnyddol a democrataidd yn ogystal â'u disgyblu mewn dwyn cyfrifoldeb cyhoeddus. A chan fod y cwbl mor newydd i werin gwlad yr oedd yn gyffrous ac atyniadol.

**Y diwygiadau**

Soniwyd eisoes am gynhesrwydd a'r pwyslais ar brofiad personol. Un o'r prif ddylanwadau yn lledaeniad y meddylfryd efengylaidd oedd y diwygiadau crefyddol. I Gymry'r bedwaredd ganrif ar bymtheg yr oedd diwygiad yn un o elfennau sylfaenol eu Cristionogaeth. Y gred gyffredin cyn diwedd y ganrif oedd fod diwygiad yn digwydd bob deng mlynedd. Ac yn ddi-os bu diwygiadau'n foddion i chwyddo aelodaeth yr eglwysi ar hyd y blynyddoedd. Yr oedd diwygiadau'n amrywio o ran eu natur, eu dosbarthiad daearyddol a'u hangerdd. Ceid rhai'n ymestyn tros Gymru gyfan fel diwygiad 1859-60. Yr oedd eraill yn gyfyngedig i dalaith, fel diwygiad 1849 ym Morgannwg. Yr oedd rhai'n drwm eu dylanwad heb fod yn gynhyrfus, eraill yn hynod gyffous. Gan fod hwn yn faes eang iawn, gwell canolbwyntio ar un diwygiad.

Yr oedd Cristionogaeth yn ddigon marwaidd ym Meddgelert yn nechrau 1817. Astudiai dosbarth y merched yn Ysgol Sul y Methodistiaid yn y pentref y rhan olaf o Efengyl Ioan ar ddechrau'r flwyddyn honno. Dechreuodd rhai o'r merched deimlo'n ddwys hyd at ddagrau wrth ddilyn yr hanes a gwelwyd y dwyster hwn wedyn yn ystod y misoedd nesaf. Ond ym mis Awst 1817 y daeth y diwygiad yn ei holl rym. Yr oedd pregethwr, cymharol ddistadl, Richard Williams, Brynengan, yn pregethu mewn ffermdy o'r enw Hafod-y-llan, wrth droed yr Wyddfa. Safai ar gadair freichiau wrth fwrdd mawr y gegin gyda bwrdd crwn wedi'i osod ar ben y bwrdd fel pulpud. Yr oedd llu o bobl wedi dod o lawer man nes bod y tŷ'n orlawn a llawer yn sefyll y tu allan. Cafodd pregeth Richard Williams y fath ddylanwad ar y gwrandawyr fel bod llawer ohonynt yn methu cysgu y noson honno. Yn ystod yr wythnos ddilynol cynhelid seiat – ar ganol dydd yn ôl yr arfer – ac yr oedd bron bawb o gynulleidfa Hafod-y-llan yno. Canwyd emyn ac yn union wedyn aeth yn anhrefn llwyr yno, 'rhai yn gweddio am faddeuant ar eu gliniau yn ngwaelod y sedd; ereill ar eu traed ar y fainc yn diolch am drugaredd; ac ereill yn cerdded ar hyd llawr y capel, ac yn canu â'u holl enaid am waredigaeth'.[19]

Buan y dechreuodd y diwygiad ledu. Ei nodwedd amlycaf oedd ei angerdd teimladol. Ceid gorfoleddu mawr a hir mewn llawer man. Ac nid oedd y cynnwrf wedi'i gyfyngu i'r capeli neu'r eglwysi. Gallai gydio mewn pobl ar ganol eu gwaith. Er enghraifft, ceir adroddiad am weithwyr ar ganol y cynhaeaf gwair yn dechrau canu wrth bladurio ac wedyn, meddir, 'Wele y ffyrch a'r cribiniau yn cael eu taflu ymaith a hwythau yn curo dwylaw gan ddawnsio a neidio mewn gorfoledd'.[20]

Mae'n hawdd iawn gorbwysleisio'r wedd deimladol ar y diwygiadau. Er bod pobl y cyfnod yn tueddu i weld y cynyrfiadau ynddynt eu hunain fel prawf o'r dylanwad dwyfol, pwyslais sy'n amlwg iawn yn y mudiadau Pentecostaidd o hyd, yr oedd parodrwydd i gydnabod fod llawer yn llithro ar ôl diwygiad ac yn gorfod cael eu disgyblu gan yr eglwysi. Y pren mesur oedd effeithiau daionus ar gymeriadau ac ymddygiad pobl a ddaeth o dan ddylanwad diwygiad. Un nodwedd amlwg iawn yn y diwygiadau oedd eu bod yn ysbrydoli pobl i geisio rhannu eu profiadau ag eraill. Yn yr ystyr hon yr oedd diwygiad yn rhoi asbri genhadol i grefyddwyr. Effaith arall oedd ysgogi dynion ifainc i'w cyflwyno eu hunain i waith y weinidogaeth. Yn achos diwygiad Beddgelert cafwyd ymhlith y rhain Henry Rees, John Jones, Tal-y-sarn a'i frodyr, Cadwaladr Owen, John Williams, Llecheiddior, Moses Jones, Robert Owen, Y Rhyl, a Robert Owen, Gaerwen.[21] Ac yr oedd i'r diwygiadau ganlyniadau diwylliannol, moesol a chymdeithasol. Er enghraifft, dichon fod sylwedd yn awgrym Henry Hughes fod Diwygiad Beddgelert wedi creu deffroad llenyddol ac ysbrydoli rhai o'r eisteddfodau a'r cymdeithasau 'Cymreigyddol' a ffurfiwyd yn fuan wedyn.

**Gwleidyddiaeth**

Fel y deuwn yn nes at ganol y ganrif, fe welwn y mudiad efengylaidd yn ymroi i weithgareddau politicaidd ac felly'n dod yn enau i ddyheadau pobl. Blodeuodd y wedd hon ar Efengylyddiaeth yn hanner cyntaf y ganrif yng ngwaith newyddiadurol dynion fel Joseph Harris 'Gomer' (1773-1825), William Williams 'Caledfryn' (1801-69), Roger Edwards, Yr Wyddgrug (1811-86), William Rees 'Gwilym Hiraethog' (1802-83), David Rees, Llanelli (1801-69) ac Evan Jones 'Ieuan Gwynedd' (1820-52) a llu o rai llai adnabyddus.

Nid ar unwaith y daeth pawb yn y gwersyll efengylaidd i gymeradwyo'r datblygiad hwn. Amser pryderus oedd blynyddoedd olaf y ddeunawfed ganrif pan oedd y rhyfel yn erbyn Ffrainc yn gwneud pobl yn swil iawn o ddangos diddordeb gwleidyddol, yn enwedig os oedd yn feirniadol o'r llywodraeth. Rhoddodd Thomas Jones o Ddinbych fynegiant i'r petruster hwn yn ei bamffled wyth tudalen, *Gair yn ei Amser* a gyhoeddwyd ym 1798:

> Am sail y rhyfel, pa un ai doeth ai annoeth ydoedd, ar ein rhan ni, yn y cychwyniad o hono, ac a oedd modd cymmwys i Gynghorwyr ein Brenin ei ochelyd, nid oes gennyf ond bod yn ddistaw: y mae fy llinyn yn rhy fyr i blymio dyfnderoedd y cweryl. Ond yr wyf yn sicr o hyn: Pa beth bynnag oedd fel ail-achosion, yn ei fagu, pechod oedd yr achos gwreiddiol a phennaf o hono.[23]

Ni ellid dychmygu Gwilym Hiraethog neu Ieuan Gwynedd yn ysgrifennu mor nerfus, er y byddent yn ddigon parod i gyd-weld â phwynt olaf Thomas Jones. Â Jones ymlaen wedyn i godi cwr y llen ar ei syniad am natur cymdeithas yn wyneb y ffaith fod rhai'n dweud y byddai tlodion ar eu mantais petai Ffrainc yn cario'r dydd a chywhwyso egwyddorion y Chwyldro yng Nghymru. 'Nid oes modd i bawb fod yn gyfoethogion', meddai oherwydd trwy fod etifeddiaethau a moddion helaethach gan rai y mae llafurwaith a chelfyddydau, ac yn ganlynol bywioliaeth i gyffredin, yn cael eu dal i fynu. Felly ofer i'r tlodion feddwl am roi hyder yn egwyddorion y Chwyldro Ffrengig. Ufuddhau i'r llywodraeth yw braint a dyletswydd pob dinesydd gan fod Ffrainc yn wlad sydd wedi bwrw Cristionogaeth o'r neilltu. Ac er mwyn symud llaw farnol Duw oddi ar eu gwarrau, gwell i bawb edifarhau am eu pechodau.

Os oedd rhyfel a phosibilrwydd ymosod uniongyrchol gan Ffrainc ym 1798 yn peri i Thomas Jones annog ufudd-dod i'r awdurdodau, nid oedd bygythiad felly ym 1827 pan gyhoeddodd John Elias un o'i bregethau sef 'Marwolaeth Tywysog Enwog'. Y tywysog oedd Frederick Augustus (1763-1827), Duc Caerefrog. I'n chwaeth ni heddiw y mae'r bregeth yn enghraifft o ymgreinio eithafol ond y mae hi'n fynegiant clir o syniadau Elias am natur cymdeithas a dyletswyddau dinasyddion.

> Y mae Duw wedi trefnu bod graddau ymhlith dynolryw: Llywodraethwyr a deiliaid: pendefigion a chyffredin; uchel ac isel; cyfoethogion a thylodion . . . Am hynny, bydded i'r uchel radd, a'r isel, ystyried mai Duw a drefnodd eu preswylfod a'u sefyllfa; na falched yr uchel ac na rwgnached yr isel; ond cofied y naill a'r llall, eu bod yn gyfrifol i Dduw. . .[23]

Gwêl Elias gymdeithas fel corff organig, sefydlog, hierarchaidd heb obaith i neb esgyn i fyny'r ysgol gymdeithasol. Ac y mae'r drefn o ddwyfol ordeiniad. Mae'n dilyn mai trosedd yw ceisio newid dim arni na'i beirniadu. Ufudd-dod digwestiwn i'r awdurdodau yw dyletswydd Cristionogion.

Yr oedd y safbwynt hwn eisoes yn cael ei herio y tu mewn i'r mudiad efengylaidd. Yr oedd Elias yn prysur symud i'r gwersyll mwyaf ceidwadol ymhlith yr efengyleiddwyr. Dyma'r ffwdamentaliaid cynnar a oedd yn cael eu harwain gan aristocratiaid a oedd yn arswydo rhag rhoi rhyddid i Babyddion ac yn gwrthwynebu'r awgrym lleiaf o ryddfrydiaeth mewn crefydd a gwleidyddiaeth am fod hynny'n peryglu eu safle freiniol yn yr hierarchi cymdeithasol. Eu lladmerydd oedd y *Record*, papur yr oedd Elias yn ei ddarllen ac yn ysgrifennu iddo.[24] Er gwaethaf y stŵr yr oedd Elias yn ei godi uwchben ei geidwadaeth wleidyddol, yr oedd yn gwybod yn iawn fod cenhedlaeth newydd yn codi a honno'n gwyro oddi wrth ei safbwynt. A'r gwir oedd fod yr union Efengylyddiaeth yr oedd ef yn lladmerydd mor huawdl iddi eisoes yn cynyrchu syniadau a fyddai o dipyn i beth yn erydu seiliau'r patrymau cymdeithasol yr oedd ef mor selog yn eu hamddiffyn. Hawdd y gallai ef ddweud, gan bwyso ar 2 Pedr 1:9-10, 'Rhai sydd yn cael eu cadw i ddydd y farn i'w poenu ydyw y rhai sydd yn diystyru llywodraeth.'[25] Ond o gwmpas ei draed yr oedd gwŷr ifainc yn dechrau cyhoeddi barn ar y math llywodraeth a reolai'r Deyrnas Gyfunol a hynny yn enw eu hegwyddorion efengylaidd.

Sut mae esbonio'r cyfnewidiad o dawelyddiaeth Elias i frwdfrydedd gwleidyddol efengyleiddwyr fel David Rees, Llanelli, neu Gwilym Hiraethog, neu genedlaetholdeb pigog Cymdeithas Clerigwyr Sir Gaerefrog – efengyleiddwyr bob copa ohonynt?

Yn ddiweddar y mae haneswyr wedi rhoi cryn sylw i arwyddocad yr athrawiaeth am Ailddyfodiad Iesu Grist mewn perthynas â gogwydd boliticaidd gwahanol bleidiau o efengyleiddwyr. Yn Datguddiad 20:1-10 ceir cyfeiriad at y merthyron yn teyrnasu 'gyda Christ am fil o flynyddoedd'. Y mae'n ddarn diarhebol o anodd i'w esbonio ond nid yw hynny wedi rhwystro llawer rhag gwneud môr a mynydd o'r mil blynyddoedd. Rhannwyd y gwersyll yn ddwy garfan. Ar y naill law yr oedd y blaid a gredai fod cyflwr y byd yn gwaethygu'n drychinebus ac nad oedd bosibl gwneud dim i'w wella. Deuai'r waredigaeth gydag Ailddyfodiad Iesu Grist ac wedyn byddai'n teyrnasu'n fendigedig am fil o flynyddoedd. Yr enw ar y safbwynt hwn yw Cynmilfwyddiaeth [*Premillenialism*]. Y Cymro mwyaf adnabyddus a gymerai'r safbwynt hwn oedd Vavasor Powell (1617-70). Daliai'r blaid arall y byddai llwyddiant mawr ar Gristionogaeth. Byddai'r Iddewon yn cofleidio Cristionogaeth ac yn dychwelyd i'w gwlad a phregethid yr efengyl trwy'r holl fyd. Byddai'r llwyddiant mawr hwn yn cael ei goroni â'r Milfwyddiant ac wedi hynny byddai Iesu Grist yn dod yn ei holl ogoniant i farnu'r byw a'r meirw. Yr enw ar y safbwynt hwn yw Ôlmilfwyddiaeth [*Postmillenialism*].[27] Dadleuir ymhellach fod y ddau safbwynt yn esgor ar ddau ogwydd meddwl hollol wahanol i'w gilydd at ddiwydrwydd gwleidyddol. Pesimistaidd oedd y rhai a gredai y byddai Ailddyfodiad Crist yn rhagflaenu'r Milfwyddiant. Rhoddent bwys mawr ar 'arwyddion yr amserau' ac arwyddion trychinebus oeddent at ei gilydd: rhyfeloedd, daeargrynfâu, cefnu ar y gwirionedd, ymddangosiad gau-Gristiau, y math arwyddion y cyfeirir atynt yn Mathew 24:3-14. Felly ofer gwneud unrhyw ymdrech i wella amgylchiadau'r byd, na'r eglwys chwaith. Yr unig beth y gellid ei wneud oedd meithrin duwioldeb personol a gweddïo am ymddangosiad buan Crist. Yr oedd y rhai a goleddai'r gred mai ar ôl y Mil Blynyddoedd y deuai Crist yn llawn gobaith a'r gobaith hwnnw'n esgor ar ddiwydrwydd diflino. Atseinir y nodyn gobeithiol yn nheitl llyfr cenhadol Morgan Jones, Tre-lech (1768-1835) *Y Dydd yn Gwawrio* (1798).

Un o'r prif gymhellion a ysgogai sylfaenwyr y cymdeithasau cenhadol yn niwedd y ddeunawfed ganrif oedd yr argyhoeddiad y byddai pregethu'r efengyl i'r holl genhedloedd yn arwain at y Mil Blynyddoedd. Credai'r bobl hyn fod diwygiadau'n brawf fod Duw ar waith yn ddramatig i ledaenu dylanwad Cristionogaeth. Ac yn sgil hynny deuai llif o fendithion, ysbrydol a thymhorol i felysu bywyd. Yn ychwanegol, yr oedd dwyn mwy a mwy o bobl o dan ddylanwad yr efengyl yn golygu cymhwyso safonau Cristionogol at bob agwedd ar fywyd. Yr oedd felly'n beth gwefreiddiol i ymroi i ddiwydrwydd gan fod pob lle i gredu y byddai Duw'n bendithio'r ymdrechion. A dyna lle mae'r cydiad rhwng yr argyhoeddiadau hyn a gweithgarwch gwleidyddol. Dylid ychwanegu fod y brwdfrydedd prysur hwn yn cynganeddu â'r gred mewn cynnydd a oedd yn ennill tir yn ystod Oes Victoria. Yr oedd hefyd yn rhannol gyfrifol am ei gryfhau. Ceisiai'r efengyleiddwyr gadw'r gobaith am gynnydd y tu mewn i ffrâm Feiblaidd ond at ddiwedd y ganrif yr oedd tuedd i ysgaru'r gred mewn cynnydd oddi wrth ei rhagdybiau Cristionogol a golygai hynny ei seciwlareiddio. Ond perthyn hynny i ail hanner y ganrif.

I ba raddau y mae'r dadansoddiad hwn yn un y gellir ei gymhwyso at y datblygiadau yng Nghymru? Yn sicr, y mae'n berthnasol er bod yn rhaid ei amodi gan fod y cydbwysedd yn wahanol yng Nghymru o'i chymharu â'r hyn a geid yn Lloegr.

Gellir ymdeimlo â gwefr y gobaith am lwyddiant anarferol wrth ddarllen erthygl Thomas Charles ar y gair 'Mil' yn ei *Eiriadur*:

> Bydd doniau yr eglwys a'i sancteiddrwydd yn cyfateb i'w gilydd, ac yn helaeth ac yn ogoneddus iawn. Bydd gwybodaeth ysbrydol yn helaeth; cariad ac undeb ysbryd yn aml ac yn ogoneddus; a zêl tros Dduw a'i wirioneddau, y cyffelyb ag oedd yn y merthyron gynt . . . Bydd y brenhinoedd yn dadmaethod i'r eglwys, yn crymu i achos Crist, ac yn caru y gwasanaeth gwaelaf yn perthyn iddo. Bydd y tywysogion yn wŷr nerthol mewn gras a doniau, yn eirwir, yn ofni Duw, ac yn casáu cybydd-dod . . . Er bod teyrnas Crist yn ysbrydol, geill swyddwyr gwladol fod yn ddeiliaid addas i deyrnas Crist, a gwasanaethu yr Arglwydd yn eu hamrywiol sefyllfaoedd: ac felly y gwnant yn y dyddiau gogoneddus hyn.

A cham bychan oedd o delynegu uwchben y delfryd a'i droi'n rhaglen ymarferol yn y bywyd cyhoeddus. Cawn Dr John Jenkins, Hengoed, yn taro'r un tant â Thomas Charles, wrth gyfeirio at Grist:

> Ac fe ddaw y byd i'w ganfod yn ngoruchwyliaeth ei ras a'i Ysbryd, yn y diwygiad mawr (fil, os nid mwy o flynyddau cyn ei ddyfodiad personawl ar gymylau y nef) sef pan y byddo yr Iuddewon yn cael eu himpio yn eu holew-wydden eu hun; a chyflawnder y Cenhedloedd yn dyfod i mewn, pan y clywir yr angel yn gwaeddi mewn llawn a llawen floedd, 'Aeth teyrnasoedd y byd yn eiddo ein Harglwydd ni, a'i Grist ef . . .' [27]

Y mae Dr George Lewis yn gwahaniaethu oddi wrthynt. Y mae ef yn cynrychioli traddodiad hŷn, traddodiad y Diwygwyr Protestannaidd. Gwrthodai cyffesion a chredoau'r traddodiad Calfinaidd gyfrif cred yn y milflwyddiant fel rhan o'r ffydd uniongred. Ynddynt hwy y mae Ailddyfodiad Crist yn gyfystyr â'i ddyfodiad i farn. Nid oes le i filflwyddiant cyn ei ddyfodiad nac ar ei ôl. A dyma safbwynt George Lewis. Er hynny, 'Fe lwydda achos yr Arglwydd, er gwaethaf pob gwrthwynebiadau', meddai.[28]

Ac fel etifedd y Galfinyddiaeth honno a ysbrydolodd Gyfamodwyr yr Alban yn eu hymdrechion yn erbyn Lloegr a Phiwritaniaid cyfnod Cromwell yn eu penderfyniad i wrthsefyll y brenin, nid oedd Lewis yn medru ymuno gyda Thomas Jones a John Elias i delynegu uwchben y rhyddid a'r bendithion eraill tybiedig a gafwyd o dan deulu brenhinol Hanover. Meddai, mewn llythyr at weinidog yn Lloegr Newydd:

> For some time past I have had a great Inclination to come over to America and spend the remainder of my days in a Land of Freedom. In this Kingdom a Dissenter is in a very disagreeable situation . . .We are unjustly stigmatised by the impolitic and iniquitous Test Laws . . .We are considered as the promoters of Discord, Sedition and Treason, the disturbers of Israel, whose principal aim is to turn the world upside down, in a word, that our property and persons are exposed to the fury of a lawless mob.[29]

Archwilio posibiliadau ymfudo i'r America yr oedd ond o dan berswad ei ffrind, Dr Edward Williams, ac eraill, penderfynodd aros yng Nghymru. Nid oes rithyn o ymgreinio yma nac unrhyw deimlad fod eisiau gwenieithio llywodraeth. Gallai John Elias ysgrifennu:

> Y mae Duw wedi ordeinio brenhinoedd a llywiawdwyr i lywodraethu ar ddynion, oddi wrth Dduw y mae eu hawdurdod. Y mae y rhai sydd yn ufudd i Dduw yn eu parchu; a gwrthwynebu ordinhad Duw y mae y rhai sydd yn diystyru llywodraeth wladol.[30]

Ni theimlai George Lewis, mwy nag y teimlai John Knox, neu Dr John Owen, neu Walter Cradoc, fod unrhyw alw ar Gristionogion i ymatal rhag 'diystyru llywodraeth wladol' os oedd yn anghyfiawn. Ond gan fod George Lewis yn arddel y traddodiad Piwritanaidd, y mae ei agwedd meddwl ef yn help i esbonio pam yr oedd Efengylyddiaeth yr Annibynwyr a'r Bedyddwyr yn gallu troi'n wleidyddol ymosodol yn gynt na'r Methodistiaid. Yr oedd hadau protest yn ddwfn ym mhridd eu diwinyddiaeth.

Y mae enwi Dr Edward Williams yn dod â ni at ddylanwad diwinyddol arall sy'n help inni ddeall pam y daeth Efengylyddiaeth yng Nghymru i weithredu'n wleidyddol. Yr oedd Williams yn ddiwinydd praff iawn a chynigiodd ffurf newydd ar Galfinyddiaeth, y 'Galfiniaeth Fodern', fel y gelwid hi yn Lloegr neu'r 'Sistem Newydd', fel y gelwid hi'n fynych yng Nghymru. Amcan Williams oedd rhoi gwedd fwy efengylaidd ar yr hen gyfundrefn er mwyn iddi fod yn fwy addas fel cyfiawnhad tros efengylu a chenhadu'n gyffredinol. Dadleuai ei bod yn ddyletswydd ar bawb i gredu'r efengyl ac y dylid defnyddio'r moddion gras a ordeiniodd Duw er mwyn bod ar lwybr tröedigaeth. Er nad oedd am gyfyngu ar sofraniaeth Duw, yr oedd yn rhoi lle amlycach i werth diwydrwydd yn y bywyd Cristionogol. Gŵr o gyffelyb argyhoeddiadau yn Lloegr oedd y Bedyddiwr, Andrew Fuller (1754-1815). Cyhoeddodd ei lyfr dylanwadol, *The Gospel Worthy of all Acceptation* ym 1785 ac y mae'n arwyddocaol iddo gael dylanwad mawr ar William Carey (1761-1834), arloeswr cenhadaeth y Bedyddwyr yn India. Prif ladmerydd Ffwleriaeth, fel y gelwid ei gyfundrefn yng Nghymru, oedd John Philip Davies (1786-1832), gweinidog y Bedyddwyr yn Tredegyr o 1815 hyd ei farw.[31]

Yr oedd Williams yn athro Academi Croesoswallt o 1782 hyd 1791 ac o 1795 hyd 1813 yn bennaeth Academi Rotherham. Yr oedd felly'n gallu dylanwadu ar genedlaethau o fyfyrwyr – rhai fel John Roberts, Llanbryn-mair, Michael Jones, Llanuwchllyn, a Williams o'r Wern. Trwyddynt hwy daeth ei syniadau'n hysbys yng Nghymru ac i ennill tir maes o law ymhlith yr Annibynwyr. Toc, er gwaethaf dylanwad gwrthwynebus John Elias, lledodd y dylanwad i blith y Methodistiaid trwy ddynion fel Roger Edwards a John Jones, Tal-y-sarn. Trwy ddylanwad offeiriaid fel Ieuan Glan Geirionydd treiddiodd i blith yr Eglwyswyr. Oherwydd y pwyslais moesegol yn y 'Sistem Newydd', daeth 'pregethu ymarferol' i fri, sef pregethu a oedd yn cyfuno arweiniad moesol a'r pwyslais nodweddiadol efengylaidd ar sicrhau dyfarniad o blaid Crist gan wrandawyr. Y tu allan i'r pulpud a'r eglwysi daeth yr un argyhoeddiad yn ysbrydiaeth i'r rhai fel Gwilym Hiraethog a David Rees a ddymunai weld cyfieithu bendithion Teyrnas Crist yn welliannau cymdeithasol a gwleidyddol.

A thrwy hynny daeth Efengylyddiaeth canol y ganrif i ennill lle cynnes yng nghalonnau'r werin fel cyfrwng addas i leisio eu dyheadau am well a thecach byd.

**Grym y Gair**

Gan fod crefydd yn effeithio ar fywyd cymdeithasol pobl ac ar ddatblygiad eu hanes, y mae'n briodol wrth ddadansoddi cynnydd Efengylyddiaeth i roi sylw i'r agweddau hyn. Ond ffolineb fyddai gadael yr argraff mai dadansoddiad cymdeithasegol yn unig sydd ei angen. Y mae a wnelo pob gweithgarwch o eiddo plant dynion â'u hargyhoeddiadau dyfnaf – â'u ffydd. Ffurf ar y ffydd Gristionogol yw Efengylyddiaeth a rhaid codi'r cwestiwn beth oedd o gwmpas argyhoeddiadau'r ffurf hon ar Gristionogaeth a barodd iddi apelio at gynifer o bobl Cymru yn ystod y cyfnod rhwng 1780, dyweder, a 1860.

I rai sy'n dod at y cwestiwn gyda rhagdybiau seciwlar, y mae pob cyffro crefyddol i'w esbonio fel cynnyrch pwysau neu dyndra cymdeithasol neu seicolegol. Ac wedyn gellir esbonio llwyddiant unrhyw ffiurf ar grefydd yng ngoleuni dadansoddiad o'r math yma. Ond nid yw'n foddhaol oherwydd y mae'r dadansoddiad ei hun yn gynnyrch ffydd y dadansoddwr – nid ffydd Gristionogol, yn siwr, ond ffydd seciwlaraidd. Nid yw'n gwneud chwarae teg ag arbenigrwydd yr argyhoeddiad Cristionogol ac oherwydd hynny y mae dirgelwch o gwmpas parodrwydd unigolion a chymdeithas i gofleidio cred neilltuol.

O'r safbwynt efengylaidd y mae esboniad i'w gael. Y mae a wnelo'r ffydd efengylaidd â Duw a'i weithredoedd ym myd dynion. Y mae a wnelo diwygiad, er enghraifft, â dylanwadau'r Ysbryd Glân. Dyma fel y mae un gweinidog yn ei roi:

> Ni fyddid gwell o weddïau yr eglwys, cyhoeddiad yr efengyl, ymdrech pobl Dduw, na thueddrwydd ffafriol y gwrandawyr heb ddylanwad cydfynedol yr Ysbryd Glân . . . Ac effaith dylanwad yr Ysbryd oedd grym y genadwri a'i arddeliad o'r gwirionedd a ddwysbigai galonau y miloedd [ar ddydd y Pentecost], ac y mae

> ei weithrediadau ef yn hanfodol angenrheidiol, fel y peth penaf, yn nygiad ymlaen holl waith crefydd, a diwygiadau yn arbenig.[32]

Fel y mae David Bebbington wedi dadlau, un o nodweddion gwahaniaethol y safbwynt efengylaidd oedd rhoi'r lle canolog i groes Crist. Golygai hyn o angenrheidrwydd roi'r lle canolog i Iesu Grist ei hun. Y mae angen amodi peth ar ddatganiad Bebbington. Yr oedd y ffydd efengylaidd fel y cafodd ei chyflwyno yng Nghymru'n cwmpasu cyfanrwydd yr athrawiaeth Gristionogol. Byddai'n anghywir rhoi'r argraff fod y pwyslais ar un athrawiaeth neu un wedd ar weithgarwch Duw ar draul gwthio'r lleill i'r cefndir. Yr oedd dynion fel Dr George Lewis, Thomas Charles, Thomas Jones o Ddinbych, Dr John Jenkins (Hengoed), Ieuan Glan Geirionydd, Henry Rees, David Jones (Treborth) a Gwilym Hiraethog yn gweithio gyda darlun crwn iawn o'r athrawiaeth. Er hynny, mae'n gywir i ddweud fod lle amlwg iawn yn cael ei roi i bwnc achubiaeth. O hyd ac o hyd dychwelir at y cwestiwn, 'Pa fodd y byddaf gadwedig?' Ac ni ellid ateb y cwestiwn hwnnw'n foddhaol heb ymdroi gyda Iesu Grist a'i waith achubol ar y groes. Er y gallai diwinyddion dreulio amser uwchben unrhyw ran o'r athrawiaeth Gristionogol mewn pregeth neu erthygl, yr oedd ergyd ddirfodol i'w cenadwri. Dyma pam y mae'n gamarweiniol i geisio esbonio dylanwad pregethwyr amlycaf y ganrif ddiwethaf yn nhermau drama. Dichon fod rhai o dechnegau'r llwyfan yn cael eu defnyddio ar dro i hybu'r cyfathrebu ond gall pwysleisio mai actorion oedd y pregethwyr greu'r argraff mai difyrru oedd eu nod. Byddai hyn yn gam mawr â phrif nod eu gwaith, sef argyhoeddi. Rhaid cofio fod cynulleidfaoedd y bedwaredd ganrif ar bymtheg yn cynnwys nifer fawr iawn o bobl nad oeddent yn aelodau eglwysig, na hyd yn oed yn Gristionogion, ac o ganlyniad yr oedd lle amlwg iawn yn y pregethu i argyhoeddi'r rhain i gredu yn Iesu Grist.

Er bod cyfanrwydd y ffydd efengylaidd gyfled â diwinyddiaeth Gristionogol pob oes, yr oedd yn ymarferol yn crynhoi ergyd ei chenadwri mewn ffordd syml iawn trwy roi'r pwysau trymaf ar waith Duw yng Nghrist yn cymodi'r byd ag Ef ei hun heb gyfrif iddynt eu pechodau. A dyma neges yr oedd yn rhaid i bobl, os oeddent am gael eu hachub, ymateb yn bersonol iddi. O ganlyniad yr oedd y pregethwyr efengylaidd yn mynnu gwthio pobl i argyfwng moesol ac ysbrydol, y peth yr oeddent hwy'n ei alw yn 'fwlch yr argyhoeddiad'.

Mewn sgwrs radio ym 1948 dywedodd yr Athro Hywel D.Lewis: 'Ni ddaw'r bobl yn ôl [i'r eglwysi] nes gweld bod crefyddwyr yn cymryd Iesu Grist o ddifrif; fel y mae'r comiwnydd yn cymryd Marx neu Lenin neu Stalin o ddifrif, neu fel y mae dilynwyr Gandhi yn ei gymryd yntau o ddifiif'.[33] Yr oedd yr Athro wedi'i fagu mewn traddodiad a oedd yn cymryd Crist o ddifrif. Ac yr oedd argyhoeddiad blaenwyr y traddodiad hwnnw yn hanner cyntaf y bedwaredd ganrif ar bymtheg yn ddigon grymus i ysgwyd cenedl i'w sylfeini. A phrin y gellir gwneud cyfiawnder â'r argyhoeddiad hwnnw a'r gred angerddol mewn Duw grasol yn nhermau seciwlariaeth sydd wedi cofieidio ffydd anffyddol nad oes le i Dduw a'i weithredoedd yn ei holl feddyliau.

[1]'. . . the four qualities that have been the special marks of Evangelical religion: Conversionism, the belief that lives need to be changed; activism, the expression of the Gospel in effort; biblicism, a particular regard for the Bible; and what may be called crucicentrism, a stress on the sacrifice of Christ on the Cross. Together they form a quadrilateral of priorities that is the basis of Evangelicalism.' D.W.Bebbington, *Evangelicalism in Modern Britain: a History from the 1780s to the 1980s* , ail arg. (1993), 2-3.

Y mae Lewis Edwards yn cydnabod nad peth rhwydd yw diffinio 'nod angen' y Diwygiad Methodistaidd ond mae'n gwneud un neu ddau o osodiadau cynorthwyol. Yr oedd y Diwygiad yn 'dangos fod crefydd yn gwreiddio yn y galon ac nid yn y deall yn unig'; yr oedd 'teimlad yn cynhyrchu gweithgarwch, a bod yr hwn a welodd ei gyflwr ei hun yn llawn o awydd angherddol i achub eraill'; yr oedd hyn yn gwreiddio yn y gwirionedd fod 'effaith gwaith Crist yn dufewnol, neu waith yr Ysbryd Glân yn cyfnewid y galon . . . Mewn gair, os cyfiawnhad oedd pwnc mawr y Diwygiad Protestanaidd . . . pwnc mawr y Diwygiad Methodistaidd oedd ailenedigaeth' , 'Hanes Duwinyddiaeth' , ei ragymadrodd i *Drych Ysgrythyrol* George Lewis (Wrecsam, 1865), cxvii-cxviii

[2]Goronwy P.Owen, *Hunangofiant John Elias* (Pen-y-bont ar Ogwr, 1974) 75-6

[3]Y rhai a arhosodd yn yr Eglwys oedd Joshua Davies, Dingestow (1768-1820); Hezekiah Jones, Gwynllyw (1801-33); David Jones, Llan-gan (1768-1810); Daniel Jones, Radyr (1785-1821): Edmund Leigh, Llanedi (1762-1819) a Llandeilo Tal-y-bont (1785-1821); David Davies, Llangeler (1779-1820); David Griffiths, Nefern (1783-1834): David Pugh, Trefdraeth (1770-1816), William Jones, Llandudoch (1776-1825) a John Hughes, Nantcwnlle (1782-1826)

[4]Seilir yr ystadegau hyn ar adroddiad Horace Mann ar ganlyniadau cyfrifiad crefyddol 1851

[5]Roger L.Brown, *The Welsh Evangelicals* (Tongwynlais, 1986), 67

[6]William Pritchard, *John Elias a'i Oes* (Caernarfon, 1911), 119-136.

[7]*Y Dysgedydd* (1829), 9

[8]William Morgan, *Cofiant . . . Christmas Evans* (Wrecsam, 1839), 125

[9]Owen Thomas, *Cofiant John Jones, Talsarn* (Wrecsam, 1874), 86-92

[10]*Brutusania*, 43-4

[11]Gw. R.Tudur Jones, 'Diwylliant Thomas Charles o'r Bala', J.E.Caerwyn Williams (gol.), *Ysgrifau Beirniadol* IV (Dinbych, 1969), 98-115; idem. *Thomas Charles o'r Bala: Gwas y Gair a Chyfaill Cenedl* (Caerdydd, 1979)

[12]Gw. R.Tudur Jones, 'Astudio'r Hen Destament yng Nghymru' yn Gwilym H.Jones (gol.) *Efrydiau Beiblaidd Bangor* II (Abertawe, 1977), 150-178, ac 'Esbonio'r Testament Newydd yng Nghymru, 1860-1890' yn Owen E.Evans (gol.) *Efrydiau Beiblaidd Bangor* III (Abertawe, 1978), 161-199

[13]Gw. R.Tudur Jones, *Yr Ysgol Sul: Coleg y Werin* (Caernarfon, 1985)

[14]Gw. *B* a Mark Noll, D.W.Bebbington a G.A.Rawlyk (goln.) *Evangelicalism* (Oxford, 1994), 48

[15]Gw. W.T.Owen, *Edward Williams* (Cardiff, 1963), 64-5

[16]F.F. Mineka *The Dissidence of Dissent* (1944), 64

[17]Dadansoddwyd y cyfnewid hwn yn fanwl gan Alun Tudur, 'O'r sect i'r Enwad: Datblygiad Enwadau Ymneilltuol Cymru, 1840-70', Traethawd PhD, Prifysgol Cymru, Bangor, 1992

[18]Dyfynnir gan R.T.Jenkins yn *Y Cofiadur* (1935), 37

[19]Edward Parry, *Llawlyfr ar Hanes y Diwygiadau Crefyddol yn Nghymru* (Corwen, 1898), 102

[20]Ibid., 104. Ceir cyfeiriad at 'canu, gwaeddi, gweddïo, a neidio' yn ystod diwygiad Llanymddyfri (1819) yn *Y Drysorfa* (1870), 2-3. Am John Jones 'y Neidiwr', a fu farw ym 1851, gŵr o Staylittle, Maldwyn, gw., Parry, *Llawlyfr*, 121. Ac am 'canu yn yr awyr' yn niwygiad Staylittle (1851), ar sail tystiolaeth E.K.Jones, Brymbo, gw., Ibid., 127. 129-130.

[21]Ibid., 277-8

[22]Thomas Jones, *Gair yn ei Amser at Drigolion Cymru* (Caerlleon, d.d. ond 1798), 3-4

[23]John Elias, *Marwolaeth Tywysog Enwog*

[24]Gw. sylwadau Ian S.Rennie yn Noll et.al. *Evangelicalism*, 333-4. Yn ôl W.J.Conybeare, 'Church Parties' yn *Essays Ecclesiastical and Social* (1859), 50-67, yr oedd pum mil o glerigwyr efengylaidd yn Eglwys Loegr yr adeg honno, sef traean yr holl offeiriaid, a'u hanner yn gogwyddo at safbwynt y *Record*. Gwelir pa mor eithafol oedd y *Record* oddi wrth ei waith yn condemnio'r mudiad i ryddhau'r caethion fel cynllwyn annuwiol rhwng Ymneilltuwyr a radicaliaid halogedig, gw. Richard Brent, *Liberal Anglican Politics* (Oxford, 1987), 274

[25]Elias, *Marwolaeth Tywysog Enwog*, 8

[26]Gw. Iain H.Murray *The Puritan Hope* (Edinburgh, 1971); cf. Bebbington, *Evangelicalism in Modern Britain*, 62-3

[27]John Jenkins, *Gwelediad y Palas Arian* (Merthyr Tudful, 1820), 255; cf. cyfres anhysbys 'Y mil blynyddoedd' *Y Drysorfa* (1833)

[28]George Lewis, *Drych Ysgrythyrol* (arg. Lewis Edwards), 220

[29]Llythyr at Jedediah Morse, Charlestown, Virginia, 25 Mehefin 1793

[30]Mewn erthygl 'Am lywodraeth a'r pechod o'i diystyru' *Y Drysorfa* (1833), 3-7

[31]Gw. B a T.M.Bassett, *Bedyddwyr Cymru* (Abertawe, 1977), 117-122.

[32]Dafydd Morgan, Resolfen, yn *Y Dysgedydd* (1885), 80, mewn erthygl ar 'Elfenau Diwygiad Crefyddol'

[33]'Arwyddion yr Amserau', *Y Drysorfa* (1948), 156

# *Llyfryddiaeth Dr R. Tudur Jones 1986-1998*

gan *Huw Walters*

**1986**

*Radicaliaeth Crist a Chlefyd Cymru. Anerchiad y Llywydd yng nghyfarfodydd blynyddol Undeb yr Annibynwyr Cymraeg, y Bala, 1986* [Abertawe]: [Undeb yr Annibynwyr Cymraeg], [1986], 14tt. Cyhoeddwyd hefyd yn *Undeb yr Annibynwyr Cymraeg: adroddiad cyfarfodydd y Bala a'r cylch, Mehefin 9-11, 1986*, Abertawe: Undeb yr Annibynwyr Cymraeg, 1986, 76-87.

*Duw a Diwylliant: y Ddadl Fawr, 1800-1830. Darlith a draddodwyd yn yr Hen Gapel, Tre'r-ddôl, Medi 22, 1984,* Caerdydd: Amgueddfa Werin Cymru, 1986, 24tt.

*Goleuo'r Tywyllwch. Anerchiad y gadair a draddodwyd i Eglwysi Rhyddion Cymru, 1986, yn Nolgellau,* [s.l.:s.n.], [1986],12tt.

Cyfraniadau yn Meic Stephens, gol., *Cydymaith i Lenyddiaeth Cymru,* Caerdydd: Gwasg Prifysgol Cymru, 1986. Adargraffiad diwygiedig 1992. Argraffiad newydd 1997. Fersiynau Saesneg: *The Oxford Companion to the Literature of Wales,* Oxford: Oxford University Press, 1986.

'Michael D. Jones a thynged y genedl', yn Geraint H. Jenkins, gol., *Cof Cenedl: ysgrifau ar hanes Cymru, I,* Llandysul: Gwasg Gomer, 1986, 95-123.

'Holi'r Prifathro R. Tudur Jones', *Cristion,* Gorffennaf/Awst, 1986, 14-16. [Sgwrs â W. Eifion Powell].

'Swper yr Arglwydd yn rhodd', *Y Tyst,* 4 Medi, 1986, 2. [Cyhoeddwyd gyntaf yn *O ddydd i ddydd,* 1972].

'Tremion', *Y Cymro.* Parhad o'r gyfres o ysgrifau wythnosol a gychwynnwyd ar 2 Mawrth, 1967.

'The shadow of the swastika?', in Ian Hume, W.T.R. Pryce, ed., *The Welsh and their country: selected readings in the social sciences,* Llandysul: Gomer Press, 1986, 234-43. [Review of *Adfer a'r fro Gymraeg* (Emyr Llywelyn), published originally in two parts in *Tafod y Ddraig,* January and February 1977. Translated from the Welsh by Eirian E. Edwards and B.P. Jones].

Review: *The Welsh Evangelicals,* Roger L. Brown, *The Journal of Welsh Ecclesiastical History,* 3 (1986), 97-9.

**1987**

*Cymru a'r Diwygiad Protestannaidd, Bangor:* Y Colegiwm Cymraeg, 1987, [vii], 76tt.

*Saunders Lewis a Williams Pantycelyn,* Abertawe: Coleg Prifysgol Abertawe, 1987, 34 [2]tt. (Darlith goffa Henry Lewis, 1987).

*John Robinson's Congregationalism,* London: Congregtionalist Memorial Hall Trust, 1987, 25pp. (The Congregational lecture, 1987).

'Cwmni'r 'Celt' a dyfodol Cymru', *Trafodion Anrhydeddus Gymdeithas y Cymmrodorion,* 1987, 113-51. (Darlith goffa Syr Thomas Parry a draddodwyd yn Eisteddfod [Genedlaethol Cymru] Bro Madog, Porthmadog, 6 Awst, 1987.

'Homili'r flwyddyn newydd', *Y Tyst,* 1 Ionawr, 1987, 1.

'Mesur yr iaith Gymraeg', *ibid.,* 7 Mai, 1987, 5, 8.

Adolygiad: *Hanes Henaduriaeth Dyffryn Clwyd,* gol., R.H. Evans, Llais Llyfrau Gwanwyn 1987, 18.

Review: *Samuel Roberts* (Writers of Wales), D. Ben Rees, *Book News from Wales,* Summer 1987, 11-12.

**1988**

*Esgobaeth Llanelwy a'r Beibl Cymraeg = The See of St. Asaph and the Welsh Bible,* [Dinbych/Denbigh]: Cymdeithas Hanes Sir Ddinbych/Denbighshire Historical Society, 1988 [3], [3]tt. (Darlith goffia Frank Price Jones = Frank Price Jones memorial lecture). Testun dwyieithog/Bilingùal text.

'Dylanwad y Beibl ar feddwl Cymru', yn R. Geraint Gruffydd, gol., *Y Gair ar Waith: ysgrifau ar etifeddiaeth Feiblaidd yng Nghymru,* Caerdydd: Gwasg Prifysgol Cymru, 1988, 113-34.

'Glamorgan Christianity in 1905-6: a statistical survey', in Prys Morgan, ed., *Glamorgan County History. Volume VI: Glamorgan society, 1780-1980,* Cardiff: Glamorgan History Trust, 1988, 245-63.

'Rudolf Bultmann a bwlch yr argyhoeddiad', yn Eryl Wynn Davies, gol., *Efrydiau Beiblaidd Bangor,* 4, Dinbych: Gwasg Gee, 1988, 216-31.

Etifeddiaeth Michael [D. Jones], *Taliesin,* 65 (Rhagfyr 1988), 95-100.

'Emrys Jones (1916-1988)', yn G. Eifion Lewis, gol., *Undeb yr Annibynwyr Cymraeg: Blwyddiadur 1989,* Abertawe: Undeb yr Annibynwyr Cymraeg, 1988, 120-1.

Adolygiad: *Bryniau'r Glaw: hanes cenhadaeth dramor Eglwys Bresbyteraidd Cymru,* Ednyfed Thomas, *Llais Llyfrau,* Gaeaf 1988, 16-17.

Review: *The Foundation of Modern Wales,* Geraint H. Jenkins, *Book News from Wales,* Summer 1988, 9-10.

**1989**

'Annibynwyr Cymru ddoe', yn Iorwerth Jones, gol, *Yr Annibynwyr Cymraeg ddoe, heddiw ac yfory,* Abertawe: Ty John Penry, 1989, 9-33.

'The Evangelical revival in Wales: a study in spirituality', in James P. Mackey, ed., *An Introduction to Celtic Christianity,* Edinburgh: T. & T. Clark, 1989, 237-67.

'Llanfaches, 1639 a 1989: anerchiad a draddodwyd yn y cyfarfod a drefnwyd gan Undeb yr Annibynwyr Cymraeg ar 13 Mehefin yn Llanfaches i ddathlu sefydlu'r eglwys Annibynnol gyntaf yng Nghymru', *Y Tyst,* 6 Gorffennaf, 1989, 1, 5; 13 Gorffennaf, 1989, 4-5, 8. [Cyhoeddwyd hefyd ym 1990].

'Amser', *Gorwelion: Cylchgrawn Eglwys Efengylaidd Llangefni,* 22 Mehefin/Gorffennaf 1989, 14-15

Adolygiad: *Corff ac Ysbryd: ysgrifau ar Fethodistiaeth,* gol., Elfed ap Nefydd Roberts, *Llais Llyfrau,* Gwanwyn 1989, 15-16.

## 1990

*Tân yn Eifionydd,* [Caernarfon]: Cyngor Sir Gwynedd, 1990, [ii], 35tt. (Darlith flynyddol Eifionyd a draddodwyd yng ngwesty'r George, Cricieth, 9 Tachwedd, 1988).

'Pulpud Llanfaches: Efengyl Walter Cradoc', *Y Cofiadur,* 55 (1990), 27-48.

'Llanfaches 1639 a 1939', yn *Undeb yr Annibynwyr Cymraeg: adroddiad y cyfarfodydd blynyddol y Barri a Phenarth, Mehefin 12-14, 1989,* Abertawe: Undeb yr Annibynwyr Cymraeg, 74-80. [Cyhoeddwyd gyntaf yn 1989].

'John Williams, Brynsiencyn', *Gorwelion: Cylchgrawn Eglwys Efengylaidd Llangefni,* 25 (Chwefror/Mawrth 1990), 8-10.

Adolygiad: *Cadw Tŷ Mewn Cwmwl Tystion: ysgrifau hanesyddol ar grefydd a diwyllant,* (Geraint H. Jenkins), *Llais Llyfrau,* Gaeaf 1990, 17-18.

'Coleg dylanwadol', *Y Faner,* 20 Gorffennaf, 1990, 14 [Adolygiad: *A History of St. David's University College, Lampeter,* D.T.W. Price].

## 1991

Golygydd: *Credu a Chofio: ysgrifau Edwin Pryce Jones,* Abertawe: Tŷ John Penry, 1991, 132tt.

'Edwin Pryce Jones: portread', *ibid.,* 7-24.

Contributions to Donald McKim, David F. Wright, eds, *Encyclopedia of the Reformed Faith,* Edinburgh: Saint Andrew Press, 1992.
'Huntingdon, Selina Hastings, Countess of (1707-1791)', 188.
'Roberts, Evan John (1878-1951)', 327.
'Williams, William (1717-1791), 395.

'"Y Gair a'r genedl": sgwrs â R. Tudur Jones', *Y Cylchgrawn Efengylaidd,* 28, iii. (Haf 1991), 7-9.

'Caru geiriau,' *Llais Llyfrau,* Gwanwyn 1991, 7, 22.

'Hanner canrif yn ôl', *Y Bangoriad,* 1991, 15-17.

'Brwydro tros Gymru', *Y Faner,* 19 Ebrill, 1991, 14 [Adolygiad: *Fighting for Wales,* Gwynfor Evans].

'Y mudiad heddwch', *ibid.,* 15 Tachwedd, 1991, 14 [Adolygiad: *Heddychiaeth Gristnogol yng Nghymru,* Gwynfor Evans].

**1992**

'E. Curig Davies (1935-1964)', yn Huw Ethall, gol., *Curig: Teyrnged i'r Parchedig E. Curig Davies (1895-1981), gweinidog, gweinyddwr, gweledydd,* Abertawe: Tŷ John Penry, 1992, 31-45.

Cyfraniadau yn Meic Stephens, gol., *Cydymaith i Lenyddiaeth Cymru,* Caerdydd: Gwasg Prifysgol Cymru, adargraffiad diwygiedig, 1992.

'Adeiladwr gwrthgloddiau: cofio Hywel D. Lewis', *Barn,* 353 (Mehefin 1992), 11-12. [Teyrnged a draddodwyd ddiwrnod ei arwyl yn Amlosgfa Bangor, 10 Ebrill, 1922].

'Y gwyddonydd a'i ffydd', *Y Gwyddonydd,* 29 iii (Gwanwyn 1992), 98-100.

'Yr hen athrawon', *Y Bangoriad,* 1992, 21-3.

'Barn bersonol', cyfres o ysgrifau wythnosol yn *Y Tyst,* 10 Mehefin, 1992 – 13 Ionawr, 1994. [Ail-gychwynnwyd y gyfres ym mis Hydref 1994].

'Cloriannu heb wyngalchu', *Barn,* 350 (Mawrth 1992), 43-4. [Adolygiad: *Christmas Evans a'r Ymneilltuaeth Newydd,* Densil Morgan].

'Cofio'r ymgyrchwr', *Y Faner,* 17 Ebrill, 1992, 15. [Adolygiad: *Munudau Cyfiawnder, i gofio'r Parchedig Gareth Thomas,* gol., Annette Thomas].

**1993**

'Wales', in Nigel M. de S. Cameron, ed. *Dictionary of Scottish Church History and Theology,* Edinburgh: T. & T. Clark, 1993, 849-50.

'Cyflwyniad', yn Dewi Eirug Davies, *Protest a Thystiolaeth: agweddau ar y dystiolaeth Gristionogol yn yr Ail Ryfel Byd,* Llandysul: Gwasg Gomer, 1993, xi-xii.

'John Penry 1563-1593', yn Geraint H. Jenkins, gol., *Cof cenedl: ysgrifau ar hanes Cymru, VIII,* Llandysul: Gwasg Gomer, 1993, 37-68.

'Mantoli cyfraniad John Penri', *Y Cofiadur,* 58 (1993), 4-41.

'John Penri ffanatig ynteu Merthyr?', *Cristion,* Mai/Mehefin, 1993, 13-15.

'Yr hen athrawon', *Y Bangoriad,* 1993, 16-18.

Adolygiad: *The Welsh and their Religion,* Glanmor Williams, *Y Traethodydd,* 148 (Ionawr 1993), 59-62.

**1994**

*Teyrnas Crist a'r Tywyllwch yng Nghymru,* Aberystwyth: Ymddiriedolaeth Catherine a'r Fonesig Grace James, Pantyfedwen, 1994, 46tt. (Darlith Syr D.J. James, 1994. Traddodwyd ym Mhrifysgol Cymru, Aberystwyth).

'Rhagymadrodd', yn J. Graham Jones, Goronwy Wyn Owen, gol., *Gweithiau Morgan Llwyd o Wynedd, cyfrol III,* Caerdydd: Gwasg Prifysgol Cymru, 1994, ix-ix.

'Barn bersonol', cyfres o ysgrifau wythnosol yn *Y Tyst,* 6 Hydref 1994 (yn parhau). [Cychwynnwyd y gyfres hon gyntaf yn 1992].

'Y pechod yn erbyn yr Ysbryd Glân', *Gorwelion: Cylchgrawn Eglwys Efengylaidd Llangefni,* 46 (Ebrill/Mai 1994), 16-17.

Adolygiad: *Y Rhwyg,* Gerwyn Williams, *Llais Llyfrau,* Gwanwyn 1994, 15-16.

## 1995

'Mwy na syniadau', *Barn*, 385 (Chwefror 1995), 34-5. [Adolgyiad: *Marêd: detholiad o ysgrifau Dr. Meredydd Evans*, gol., Ann Ffrancon a Geraint H. Jenkins].
'Agenda 2000', *Gorwelion: Cylchgrawn Eglwys Efengylaidd Llangefni*, 50 (Chwefror/Mawrth 1995), 2-4.
'Goleuni ar y seiad', *ibid.*, 388 (Mai 1995), 33-4. [Adolygiad: *Praidd bach y Bugail mawr*, Eryn White].
Review: *Gwalia in Khasia*, Nigel Jenkins, *Books in Wales*, Autumn 1995, 14.

## 1996

*Pwy yw'r Bobl Efengylaidd?* Caerdydd: Cynghrair Efengylaidd Cymru, [1996], 18tt.
'Yr eglwysi'r a'r iaith yn Oes Victoria', *Llên Cymru*, 9 (1996), 146-7.
Adolygiad: *Cyffes Pabydd wrth ei Ewyllys*, Harri Prichard Jones, *Llais Llyfrau*, Haf 1996, 12-13.
Numerous contributions to Donald M. Lewis, ed., *The Blackwell Dictionary of Evangelical Biography: 1760–1860*, Oxford: Blackwell's, 1996.

## 1997

*The Great Reformation*, Bridgend: Bryntirion Press, 1997, 288pp. [First published in 1985].
Cyfraniadau yn Meic Stephens, gol., *Cydymaith i Lenyddiaeth Cymru*, argraffiad newydd, Caerdydd: Gwasg Prifysgol Cymru, 1997. Cyhoeddwyd gyntaf yn 1986. Adargraffiad diwygiedig 1992.
Cyfraniadau yn E.D. Jones, Brynley F. Roberts, gol., *Y Bywgraffiadur Cymreig, 1951-1970, gydag atodiad i'r bywgraffiadur Cymreig hyd 1940 a'r bywgraffiadur Cymreig, 1941-1950*, Llundain: Anrhydeddus Gymdeithas y Cymmrodorion, 1997.
Bowyer, Gwilym (1906-65), 12-13.
Daniel, John Edward (1902-62), 21.
Jones, Herman (1915-64), 98.
Williams, David James (1870-1951), 227-8.
'Dewi Eirug Davies (1922-1997)' *Taliesin*, 99 (Hydref 1997), 22-4.
'Mapio argyfwng cenedl', *ibid.*, 118-20. [Adolygiad: *A Guide to Welsh Literature, c.1530-1700* gol., R. Geraint Gruffydd].

## 1998

Golygydd: *Cudd fy Meiau, Dyddlyfr Enaid gan 'Y Brawd o Radd Isel' (Pennar Davies)*, Abertawe, Tŷ John Penri, 221tt.
Review: *Wales and The Reformation*, Glanmor Williams, *Books in Wales*, Spring 1998, 14.

# Mynegai